계명인문역량강화사업단 한국학 우수 총서 ③

한국사 연구의 새로운 동향

이 저서는 2017학년도 대한민국 교육부와 한국연구재단의 재원으로 대학인
문역량강화사업(CORE)의 지원을 받아 수행된 연구임.

계명인문역량강화사업단 한국학 우수 총서 ③

한국사 연구의 새로운 동향

계명대학교 한국학연계전공 엮음

역락

발간사

　계명대학교에서는 인문역량강화사업의 대학자체 모델로서 한국학 프로그램을 개발하여 운영하고 있습니다. 이는 文・史・哲의 인문핵심역량을 갖춘 한국학 인재를 양성하고 한국학 세계화의 허브를 구축하고자 하는 것입니다. 이를 실현하기 위해 국어국문학전공, 사학과, 철학윤리학과가 참여하여 한국학연계전공을 신설하였으며, 기존의 한국 어문, 역사, 철학 교과목에 더하여 새로운 교과목을 개발하고 학생들을 위한 다양한 교육 프로그램을 운영하고 있습니다.

　또 한국학 연구 역량의 강화와 연구 성과의 확산을 위해 한국학 연구서 저술을 지원하고 우수한 성과를 총서로 출판하는 사업을 시행하고 있는데, 그 세 번째 결과물로 사학과 교수들이 중심이 되어 '한국사 연구의 새로운 동향'을 간행하게 되었습니다.

　계명대학교 사학과는 1956년 역사지리학과로 시작하여 1966년에 사학과로 명칭이 변경되어 오늘에 이르기까지 2000여 명의 학사와 170여 명의 석・박사를 배출한 바 있습니다. 그 동안 여러 교수님들이 계시면서 다양한 분야의 역사 연구를 수행하였고, 특히 한국학 분야에서 중요한 연구 성과를 내왔다고 자부할 수 있습니다.

　사학과에서는 새로 연구서 저술 지원 사업에 참여하면서 어떤 주제로, 어떤 책을 낼 것인지 여러 가지로 고민했습니다. 본과의 한국사 연구 전통을 한 가지로 규정하기는 어렵겠지만, 특히 사회 경제사 분야에서 강점을 보이고 있으며, 고고학 분야의 교육과 연구도 꾸준히 이루어져 왔습니다. 또 최근 김백철 교수가 합류하면서 정치사, 법제사 분야에서도 성과를 나타낼 수 있으리라 기대됩니다. 강판권 교수와 은은기 교수는 한국사 전공은 아니지만 동양사, 생태사의 시각에서, 또 서양사의 시각에서 한국의 역사에 대해서 관심을 가지고 연구를 수행해 왔습니다. 이와 같이 계명대학교 사학과가 그 동안 잘 해온 분야, 그 중에서도 중요하면서도 새로운 주제에 대해서 연구 동향을 정리하고 앞으로의 연구 과제를 제시하는 글을 작성하는 것이 의미가 있다고 생각했습니다.

한편으로 본과 교수들이 늘 고민하는 것은 어떻게 학생들을 교육하고 후학을 양성할 것인가 하는 문제입니다. 연구서의 내용이 학생들이 이해하기 어렵고 사회적인 고민과 괴리되어 있다면 그것은 바람직하지 않을 것입니다. 한국사 연구의 새롭고 중요한 주제에 대해서 전공 수업을 듣는 학부생이나 대학원생이 읽고 잘 이해할 수 있는, 연구 방향을 설정할 수 있는 글을 쓰는 것을 목표로 설정했습니다. 본서는 이러한 문제의식을 공유하고 각 집필자가 반년 이상 작업을 한 끝에 나온 성과라고 할 수 있겠습니다.

촉박한 사업 기간으로 충분한 시간을 드리지 못했지만, 이 연구 과제를 흔쾌히 맡아서 집필해 주신 선생님들께 진심으로 감사를 드리고, 이 책의 간행을 위해 힘써 주신 분들의 노고에도 감사를 드립니다.

2018년 2월
필자를 대표하여
박 성 현 씀

차례

한국 선사 농경 연구의 동향과 과제

김권구*

I. 머리말

　선사 농경은 인류 출현 이후 600-700백 만 년 동안 식량의 채집과 수렵 그리고 어로에 의존하는 생업방식에서 스스로 식량을 생산하는 혁명적인 사건의 하나로 고든 차일드(Gordon Childe)에 의하여 주목되어 '신석기혁명(Neolithic Revolution)'으로 표현되었던 인류역사의 중요한 변화 중의 하나이다. 그래서 토기의 사용, 직조, 정착 등과 더불어 식량생산의 한 방식인 선사농경은 신석기시대의 중요한 문화적 특징으로 여겨져 왔다. 선사농경에 의한 식량의 생산은 잉여식량의 출현도 가능하게 하며 그 잉여식량을 토대로 사제와 서기(scribes) 등의 전문가집단이 출현하고 사회가 분화되어 불평등이 출현하며 인간이 인위적인 환경 속에서 생활하게 되는 도시가 출현하는 기원전 3500년경 메소포타미아 등지에서 도시혁명(Urban Revolution)이 일어날 수 있는 경제적인 기반이 되기 때문에 인류문화사에서 중요한 의미를

* 계명대학교 사학과 교수

가진 사건이라고 할 수 있다.

선사 농경의 시작은 대체로 기원전 1만 년경을 전후로 하여 시작되었으나 전 세계적으로 지역의 자연환경과 선사시대 주민의 문화적 선택과 전통에 따라 다양한 양상을 보이고 있다. 구석기시대의 장구한 기간 동안의 자연에 대한 지식의 축적과 자원활용방식의 연속선상에서 기후의 온난화와 더불어 지역의 환경에 맞게 다양하게 농경의 양상이 전개된 것으로 이해되고 있다. 따라서 실제로는 농경의 대상이 되는 식물이나 동물의 종류에 따라서도 농경의 양상이 달랐던 것으로 보인다. 또 농경이 시작된 지역의 경우와 농경이 시작된 지역으로부터 농경기술이 전파된 제2차적인 지역인 우리나라의 경우는 농경이 시작되어 확산되는 양상이 달랐을 가능성이 크다. 신석기시대의 농경연구는 지역에 따라 다르지만 우리나라의 경우는 농경의 시작과 시기별·지역별 전개양상에 관심이 크게 되며 청동기시대로 들어가서는 시기별·지역별 전개양상과 더불어 농경의 본격화 내지는 농경의 심화과정(intensification)에 대해서 집중된 연구가 진행되기도 하였다.

과거 선사시대 농경연구의 현황과 문제점이 '한국선사농경연구의 성과와 과제(안승모 1996)', '한국 남부지방 신석기시대 농경 연구의 현상과 과제(안승모 2005a)'로 발표되고 후자인 2005년 발표된 논문을 『한국 신석기시대 연구』라는 단행본에 전재한바 있다(안승모 2016). 또 선사농경연구의 새로운 이론과 방법론이 소개되고 다양한 시각에서 신석기시대 농경의 수용과 확산이 논의되었을 뿐만 아니라 청동기시대 농업집약화와 복합사회의 발달 문제 등 새로운 시각에서 농경문제를 다루며 연해주와 일본열도에서의 신석기시대 농경연구의 새로운 동향이 검토된 『선사 농경 연구의 새로운 동향』(안승모 외 2009)이라는 단행본이 출간된 바 있으나 이들 논의는 주로 신석기시대 농경양상을 주로 다루거나 식물고고학이나 동물고고학에서의 새로운 시각에서의 연구나 기존 분석방법의 재검토 등의 문제를 다루고 있

다. 따라서 구석기시대에서 신석기시대 그리고 청동기시대를 거쳐서 초기
철기시대까지 농경의 연속적인 관점에서 바라보며 증대된 발굴 자료와 연
구 자료를 대상으로 그 연구경향을 종합적으로 검토할 필요가 있어서 이
논문을 쓰게 되었다. 따라서 이 논문은 우리나라 구석기시대부터 초기철기
시대까지의 농경 연구의 동향과 앞으로의 연구 과제를 검토하는 것을 목
적으로 하며 농경과 관련된 개념, 시각, 연구방법 등을 먼저 살펴보고 그를
토대로 한국 선사 농경 연구의 동향과 문제점을 검토한 후 앞으로의 과제
를 논의하고자 한다.

II. 선사 농경의 연구관점과 연구방법

1. 농경의 개념

농경과 관련된 개념으로는 순화(domestication), 농업 또는 농경(agriculture,
farming) 등의 용어가 있다. 순화란 야생종을 인간이 재배하기 쉽게 만드는
것을 말하며 야생식물과 야생동물을 재배작물 또는 가축으로 만드는 과정
이라고 할 수 있다. 농업 또는 농경(agriculture)하면 주로 작물의 재배만 생각
하게 되지만 농업의 개념도 야생식물의 재배와 야생동물의 사육을 의미한
다고 할 수 있다. 또 농경(farming)은 주로 야생식물의 재배와 관련된 용어로
사용된다. 보통 식물의 순화(domestication of plants)나 동물의 순화(domestication
of animals) 또는 동물의 사육(animal husbandry)의 표현이 신석기시대 식량의 생
산에 관한 연구에서 자주 사용되는 용어이다.

우리나라 학계에서 사용하고 있는 농경의 개념에 관한 주요 논의를 살
펴보면 다음과 같다.

- 농경(agriculture)은 생계의 전부 또는 대부분을 재배 식물에 의존하는 생산경제체계를 의미하는 것으로 재배종화(domestication)와 경작(caltivation) 등과는 구분되는 개념이라는 견해(이준정 2001 : 3-5)
- 농경이라는 용어는 논밭을 갈아 농사를 짓는다는 일반적인 의미로 사용하는 견해(김도헌 2005)
- 영어단어상의 'agriculture'를 '농업'으로, 'cultivation'을 '재배 또는 경작'으로, 'domestication'을 '순화'로, 'farming'을 '농경 또는 농사'로, 'horticulture'를 '원경(園耕)'으로 번역하자 제안하면서 'agriculture'는 어원 자체가 농경을 의미하며 일반인도 농경, 농업을 병행하고 있어서 'farming'에만 '농경'의 개념을 한정하자는 자신(안승모)의 견해는 무리일 수도 있다고 인정하면서 과거에 농경과 농업의 기원에 대한 고든 차일드의 신석기 혁명이란 말의 영향으로 '농경'과 '농업'을 이분법적 사고에서 바라보았으나 식물자원의 이용이 단순한 야생식물의 획득에서 보호와 관리를 거쳐 야생식물의 재배, 순화종의 출현과 농업으로 이어지는 연속적인 과정이라는 데이비드 해리스(David Harris)의 생태학적·진화론적 관점을 수용한 수정개념을 제시하는 견해(안승모 2005a 2006b)

  농경이란 식량 확보를 위하여 야생식물의 열매, 뿌리, 가지 또는 잎을 채집하거나 야생동물이나 어패류를 수렵하고 어로활동을 하는 것과 같이 단순히 자연으로부터 먹거리를 약탈적으로 확보하는 것을 넘어서서 동물이나 식물을 길러서 식량자원으로 생산하는 것을 말한다. 따라서 농경이란 구석기시대의 수렵, 어로, 채집과 같은 야생자원의 획득을 넘어서서 동물이나 식물의 생육과정에 개입하는 행위로서 동식물과 인간의 상호공생적 의존관계의 단계를 말한다. 실재 벼, 보리, 밀 등의 농작물은 낱알을 붙잡고 있는 부분(rachis)이 강하여 타작을 하지 않으면 줄기에서 곡물이 떨어지지 않으나 야생식물들은 그 부분이 약하여 낱알이 익은 후 바람이 불면 쉽게 줄기에서 떨어져서 바람에 날려서 번식이 쉽게 된다. 이렇게 현생인류의 농경활동과 더불어 재배작물은 인류에게 번식을 의존하고 현생인류는 재배작물에 식량을 의존하는 상호공생적 의존관계를 만들게 된다. 재배작물뿐만 아니라 가축도 가축화된 후 인간과 상호공생적 의존관계를 맺게 된다. 고든 차일드는 현생인류의 식량생산활동의 시작이 인류 출현 후 600~700만년 지나서 기원전 1만년 경 급격히 나타나는 현상으로서 혁명적 사건으로 간주하고 신석기혁명이라고 불렀고 현재 고고학계에서 통설적으로 받아들여지고 있다. 그러나 신석기시대에 일어난 농경이 구석기시대를 거치면서 쌓아온 동식물에 대한 지식 증대의 연속선상에서 보아야 하고 또 동식물의 생육과정에 인간이 개입하는 정도의 어느 부분에서 농경이고 농경이 아닌지를 논해야 하는 문제도 안고 있다. 그것은 재배되는 작물이나 사육되는 동물의 종류에 따라 개입의 유형과 방식 그리고 개입시점과 정도가 다르기 때문이다. 데이비드 해리스의 생태학적·진화론적 관점의 수용에 근거한 농경개념설정이 필요하다고 보며 식량생산이냐 식량의 약탈적 채집이나 수렵 또는 어로의 단계인가를 다각도로 검토해 볼 필요가 있다.

농경의 양상이 농경의 대상물이 되는 식물이나 동물에 따라 다르고 지역마다 각 작물이나 동물이 생업에서 차지하는 비중이 다르며 농경기술과 농경을 위한 조직화양상도 달라서 시기별·지역별 특성도 검토대상이 된다. 파푸아뉴기니지역 등에서의 타로(taro)재배나 가마우지를 길들여 강에서 벌이는 어로활동이나 독수리를 길들인 늑대나 여우 그리고 토끼를 포함한 동물의 수렵 등 실로 다양한 양상의 식물재배나 수렵 및 어로활동이 확인된다. 개를 이용한 수렵활동도 개의 가축화가 단순한 식량자원의 확보뿐만 아니라 더 나아가 수렵을 도와주는 동물 그리고 인간의 동반가족(pet)으로서의 관계 변화로도 진전된다. 실제 식물재배도 다양한 작물의 재배를 통해 위험을 최소화시키며 콩의 재배를 통해 단백질을 공급받고 그와 더불어 각종 야생동물도 활용하면서 관계를 변화시킨다. 동물 가축화의 목적이 원래의 식량자원 확보뿐만 아니라 더 나아가 우유 또는 치즈생산, 가죽생산, 아교생산, 교통운반수단 등의 목적으로 다양하게 전개되는 것을 '부차적 생산물 혁명(secondary products revolution)'이라고 하는데 이에 대한 종합적 검토도 필요하다. 또 제사용 음식으로 주로 쌀을 사용하는 것과 같은 재배 식물의 상징적 사용이나 말(馬)의 사육이후 사람이 타고 달리는 수단이 된 후 말이 갖게 된 상징성과 말을 제물로 바치는 제사 등의 사례와 같이 가축화된 동물이 새롭게 갖게 된 상징성에 대한 검토도 필요하다고 본다.

2. 농경의 연구 관점

농경을 어떤 시각에서 어떻게 연구할 것인가의 문제는 다음과 같은 주요 관점에서 농경에 대한 접근을 할 수 있는데 그것은 혁명론과 점진론, 환경결정론과 상징적·이념적 관점, 외부요인 중심시각과 내부요인 중심시각, 기원론과 전파론/이주론, 농경발생론 중심시각과 농경에 의해 일어난 변화를 주목하는 시각, 농경을 동식물의 생육과정에 대한 인간의 일방적 개입으로 보는 관점과 양자의 상호공생적 관계로 보는 관점, 농경과 정주가 발생한 선후관계에 대한 관점, 농경의 의도적/의식적(意識的) 발생관점과 비의도적/무의식적 발생관점 등이 있다.

1) 혁명론과 점진론

농경의 발생이 기원전 1만 년경 전 세계 여러 지역에서 동시다발적으로 일어나고 있는 현상을 인류의 출현이후 600~700백 만년이 지난 후 기원전 1만 년경을 전후하여 발생한 혁명적인 현상으로 생각하는 견해가 있는데 이 견해가 고든 차일드의 농경을 보는 견해이며 이러한 급속한 농경의 발생현상을 신석기혁명으로 표현한 바 있다. 그러나 농경의 발생은 인류의 출현이후 자연 속에서 살면서 자원을 활용하거나 채취하던 연속선상에서 점진적으로 일어난 사건이며 동식물에 대한 인간의 개입정도는 개별적으로 다양하다고 주장한다. 즉 농경은 수백 만 년 동안 인류가 쌓아온 동식물에 대한 지식을 토대로 진행된 현상으로서 연속론적인 관점에서 보아야지 짧은 시기에 걸쳐 급격하게 발생한 것으로 보려고 해서는 안 된다는 견해가 있다. 즉 신석기혁명이라는 용어는 마르크시즘(Marxism)의 단절적 혁명론의 관점에서 농경현상을 본 것임으로 잘못된 관점이라고 점진론적 관점에서는 비판하고 있다.

2) 환경적응론적 관점과 상징적·이념적 관점

환경적응론적 관점은 농경이 빙하기 이후 온난기를 거치면서 새로운 환경에 인류가 적응하는 과정의 산물로 보려한다. 농경의 시작을 다양한 거주 환경 속에서 적응의 결과로 보는 것이 환경적응론적 관점이다. 이 관점은 신고고학과 과정주의고고학의 기초가 되는 관점으로서 생업을 포함한 모든 문화는 환경에 대한 적응 수단(extrasomatic means of adaptation)으로 보려고 한다. 이에 비하여 탈과정주의고고학의 관점에서는 농경을 단순히 생업적인 차원에서만 접근해서는 안되고 수렵, 어로, 채집과는 구분되는 상징적 이념적 생활양식과 관념이 변화된 결과로 만들어진 것이라는 관점에서 농경양상을 접근하여야 한다고 주장한다.

환경의 변화가 그 동안 많이 있었지만 특정시점에 특정하게 농경이 발생하는 양상을 설명하는 것이 농경이 변화하는 환경에 대한 적응의 결과라는 단순한 관점만 가지고는 어렵다고 주장하면서 상징적·이념적 관점의 농경의 이해와 생활양식의 변화를 검토하는 것이 더 중요함을 역설한다. 즉 환경도 '관념화된 환경', '범주화하여 인식하는 관념화된 환경'이 중요하다고 하는 관점이 제기될 수 있다. 먹을 수 있는 음식의 범위도 관념화된 상징적 범주의 하나이다. 힌두교도는 굶어 죽으면서도 소고기를 먹지 않고 이슬람교도는 돼지고기를 먹지 않는데 이렇게 먹을 수 있는 음식에서 소고기 음식이나 돼지고기 음식 아니면 특정 식물로 만든 음식을 배제하는지 배제하지 않는지의 여부가 그 지역 인구부양력(carrying capacity) 정도를 달라지게 한다. 이러한 요소를 고려하며 수렵 및 채집에서 농경으로의 전환과정을 연구하여야 한다는 주장은 의미 있는 중요한 주장이라고 할 수 있다.

3) 외부요인과 내부요인의 관점

한랭화, 건조화, 온난화 등의 환경적 요인의 결과 지역별·시기별로 다양한 경로로 농경이 출현하여 진행되거나 아니면 농경을 채택한 주민들의 이주나 농경의 전파로 농경이 확산된다는 것과 같이 외부요인이 농경기원과 농경확산의 결정적 요인으로 보려는 견해가 있다. 이에 반하여 농경이 시작되거나 확산되는데 있어서 해당 지역 해당시기에서의 생업유형, 생업전략, 생업기술 등을 포함하여 농경으로 자연스럽게 넘어가도록 하는 여건 등 내부요인에 관심을 더 두는 견해가 있다. 또 해안가에서 굴을 채취하는 집단이 생업상 바쁜 시기와 농경에서의 농번기와 겹칠 때 농경을 시작하지 않거나 다른 집단보다 늦게 받아들이고 농경에 사용될 공간이 기존의 생업공간과 중복될 경우 농경의 시작이 늦어질 수 있다. 예를 들어 밭농사에 필요한 밭과 벼농사에 필요한 논이 겹치지 않는 공간일 경우 벼농사는 보다 쉽게 받아들여지며 밭농사의 농번기와 벼농사의 농번기도 겹치지 않아야 쉽게 받아들여지게 된다. 생업공간의 충돌여부, 생업력(생업시간표)의 충돌여부 등도 생업기술의 변화와 환경의 변화와 더불어 농경의 수용과 확산과정에 큰 영향을 미치게 된다. 농경의 시작과 확산의 경우에도 이러한 생업기술과 전통 그리고 생업공간 등과 같은 내부적인 요인도 영향을 크게 미치므로 이에 대한 연구가 중요하다는 견해도 제기될 수 있다.

4) 기원론과 전파론/이주론

중동의 '비옥한 초승달지대' 등 농경이 시작된 지역을 중심으로 농경의 기원론이 제시되고 농경이 시작된 이유를 찾는 시도들이 이루어졌다. 일찍이 농경이 시작된 지역의 주변지역에서는 농경의 시작과 확산을 농경기술과 문화의 전파결과로 보든지 농경문화를 가진 주민의 이주결과로 보는 견해가 지배적이었다. 우리나라에서의 농경시작에 대한 연구도 농경의 전파론과 주민이주의 관점에서 그 동안 연구되었다.

전파론과 이주론의 경우 전파와 이주가 시작된 지역, 전파경로와 이주경로 그리고 전파와 이주의 시기와 이유 등의 이해가 중요한 요소가 된다. 청동기시대 송국리문화단계 한반도 남부지역에서 일본열도로 주민이 이주하게 되는 이유와 규모, 일본열도 내 죠몽인과의 관계 등도 농경확산의 연구에 중요한 요소가 된다.

5) 농경의 발생과 확산에 주목하려는 관점과 농경이 가져온 결과에 주목하려는 관점

농경의 발생원인과 확산과정에 주목하려는 관점과 농경이 가져온 정치적, 사회적, 경제적, 문화적 결과에 주목하려는 관점이 있다. 후자의 관점은 서로 대립되는 농경의 발생원인과 확산과정에 대한 연구보다는 농경이 가져온 생활양식의 변화에 연구의 중점을 두려는 견해이다. 실제 농경의 시작시기와 기원지를 찾는 것이 고고학적으로 어려울 때 농경의 시작시기나 기원지를 찾기 보다는 농경이 시작된 후 그 결과로 나타나는 농경기술의 변화, 농경의 본격화와 심화과정, 사회분화, 수렵의례 또는 채집의례에서 농경의례로의 의례양상 비중변화와 내용 등을 연구하는 것이 중요하다고 말하기도 한다.

6) 농경을 동식물의 생육과정에 대한 인간의 일방적 개입으로 보는 관점과 양자의 상호공생적 관계로 보는 관점

농경을 인간이 일방적으로 동식물의 생육과정에 개입하는 것이라는 관점으로 보는 견해와 인간과 동식물 간의 상호공생적 관계의 결과로 보는 견해가 있다. 식물의 생육과정에 개입하는 정도는 작물에 따라 다양하며 동물의 사육도 가축의 종류에 따라 다양하다.

실제 식물의 재배이후 작물이 되면 번식을 인간에게 의존하여 알곡이 타작을 해주지 않으면 익어도 바람에 날려 떨어지지 않는 것이나 가축의 뿔과 색상에 어쩌면 인간에게 덜 위험하도록 변화가 일어나는 것은 동식물과 인간 사이의 상호공생적 관계의 결과로 보인다. 또 동물이 가축이 된 후 인간과 가축의 상호관계는 더욱 심화되어 단지 고기를 섭취하는 대상으로서의 가축이 아니라 말과 같은 교통수단, 소와 같은 농지개간수단 및 운송수단, 개와 같은 목축조력자 및 반려자(pet)의 관계, 우유와 털의 제공이 더 중심인 관계, 아교원료의 제공 관계, 가마우지와 같이 하천에서 물고기를 잡아주는 조력관계, 매와 같이 초원에서 여우와 토끼 등을 잡아주는 조력관계 등 다양한 방식으로 동물에 따라 인간과의 상호공생방식이 다르다. 실제 가마우지와 매를 야생조류로 보아야 할지 아니면 이 경우에도 가축으로서의 가금류로 보아야 할지 고민되는 부분이다.

동물을 단순히 육류확보대상물로만 보지 않고 운송, 농지개간, 우유와 털의 생산, 아교의 생산 등 다양한 목적으로 활용하는 단계를 '부차적 생산물 혁명(secondary products revolution)'이라고 하는데 이러한 양상에 대한 연구도 중요하게 이루어져야 한다.

7) 농경과 정주가 발생한 선후관계에 대한 관점

농경이 먼저 발생하고 그 결과 정주가 발생하였다는 관점과 정주가 먼저 발생하고 그 이후 농경이 발생하였다는 관점과 같은 서로 상반되는 두 관점이 농경의 시작과 진행과정에 대한 연구에서 제기되고 있는데 각 관점의 유효성은 지역별로 서로 다르다. 지역별·시기별로 다양한 전개양상에 대한 연구가 필요하다.

8) 농경 발생의 의도적/의식적(意識的) 발생관점과 비의도적/무의식적 발생관점

농경의 발생이 인간이 의도적으로 동식물의 생육과정에 개입한 결과로 일어났다고 보는 관점과 그렇지 않고 무의식적으로 또 비의도적으로 야생식물을 채집하거나 야생동물을 수렵하는 과정에서 발생했다는 관점이 있어서 두 관점이 서로 상반된다. 두 관점에 대한 비판적인 검토가 구체적 사례별로 이루어져야 하며 절충론도 제기될 수 있다.

9) 농경과 인구

늘어난 인구를 부양하기 위하여 농경이 시작되었는지 아니면 농경의 결과 안정된 식량의 공급이 가능하게 되어 인구가 늘어나게 되었는지의 여부를 밝히는 일도 농경과 관련된 중요한 연구 중 하나이다. 즉 농경과 인구증대 양자의 원인과 결과가 어느 것이냐의 문제는 지역별·시기별로 다양할 수 있어서 체계적 연구를 통해 밝혀지고 검토되어야 한다.

3. 농경의 기원의 주요 이론

앞에서 언급한 농경에 대한 여러 가지 관점을 가지고 구체적으로 농경의 기원을 다룬 주요 이론[1]을 살펴보면 다음과 같다.

---

1) 농경의 기원과 관련된 서양고고학계의 경향은 『고고학개론』(이선복 1988)에 잘 정리되

1) 오아시스이론

농경의 기원을 설명하는 이론으로서 중요한 이론이다. 기후가 건조해지면서 오아시스 주변에 동식물이 모여들면서 사람이 식물을 재배하고 동물을 사육하게 되었다는 견해로서 고든 차일드가 주장하였다. 그러나 메소포타미아나 이집트 등에서 일부 가능한 이론으로 말하기도 하지만 기원전 1만 년경에 실제 기후가 건조해졌는지를 확인해야 하는 과제가 남아 있으며 기원전 1만 년경 전 세계적으로 비슷하게 시작된 다양한 농경양상을 설명하기는 어려운 점이 있다. 오아시스이론은 환경변화가 농경을 시작하게 되는 원인이었다고 보는 견해의 하나라고 할 수 있다.

2) 자연서식지이론

자연서식지이론은 농경이 야생식물이 서식하는 자연서식지에서 시작되었다는 견해이다. 자연서식지이론으로 농경의 기원지를 찾으려고 노력한 연구자는 시카고대학의 로버트 브레이드우드(Robert Braidwood)이다. 그는 농경의 기원지로 메소포타미아의 '비옥한 초승달지대(fertile crescent)'를 주목하였다.

3) 주변지이론(Marginal Theory)

주변지이론은 농경의 시작이 자연서식지에서 발생하지 않고 자연서식지 주변지역에서 시작되었다는 견해이다. 자연서식지에서는 농경으로 재배되는 작물의 야생종이 자라고 있음으로 재배할 필요성이 없는데 반하여 자연서식지의 주변지역에서는 야생식물에 대한 지식을 가지고 있으나 야생식물이 자라지 않아 파종을 하여 야생식물을 재배하게 되었다는 이론이다. 켄트 플래너리(Kent Flannery)가 주변지에서 농경이 시작

────────────

어 있다.

되었다는 증거를 찾고자 노력하다가 이라크 자그로스산맥 지역의 알리
코시(Ali Kosh)유적에서 농경의 증거를 찾아서 농경이 주변지에서 시작되
었다고 주장하게 된다. 그러나 이 주변지이론은 한편으로 자연서식지
이론이나 환경변동론과 연계될 수도 있다. 예를 들어 농경발생시점에
주변지에 속하는 지역이 기후변동이 있기 바로 전에는 자연서식지에
속하여 있었다면 그 지역 주민이 자연스럽게 자연서식지에서 야생식물
을 먹거리로 활용하다가 기후변동으로 야생식물이 살 수 없는 주변지
역으로 변화하였을 때 야생식물에 대한 지식을 가진 주민들이 자연스
럽게 농경을 시작할 수 있었다는 가설은 주변지이론, 자연서식지이론,
환경변화론이 서로 연계된 농경기원을 설명하는 모델이 될 수 있음을
암시한다.

4) 인구압이론과 농경

인구압력에 의하여 새롭게 야생식물을 재배하거나 야생동물을 사육하는
농경이 시작되었다는 시각의 이론이 인구압이론이다. 그런데 인구압(인구증
가로 인한 인구 압력의 증대)이 원인이 되어 농경이 시작되었는지 인구증가는
단순히 농경의 결과인지에 관한 논란이 있을 수 있으나 인구압력이 농경
발생의 원인이 되었다는 견해도 주목된다. 인구 압력의 증거로 신석기시대
부터 그 이전 시기인 구석기시대에는 없던 패총이 출현하는데 이는 인구
압력에 의해 먹지 않던 작은 동물이나 패각류도 먹거리로 활용하게 되었
다는 견해이다.

인구압이론의 경우 특정지역의 인구부양능력(carrying capacity)이 문제가 되
는데 이러한 특정지역에서 동식물에 대한 먹을 수 있는 먹거리의 범위를
설정하는 것은 문화적 선택이라고 할 수 있다. 인구 압력을 느끼게 되었을
때 특정 집단의 선택사항으로서는 먹거리(food spectrum)의 범위확대, 특정 먹

거리의 집중화, 다른 장소로의 이동이 있을 수 있으며 농경은 특정 먹거리
에의 집중화 내지는 의존도 강화와 관련된 생업양상이다.

5) 사회갈등이론

농경의 시작이 사회갈등에 의해 유발되었다고 주장하는 이론이다. 후기
구석기시대 사회 갈등을 감추거나 완화하기 위하여 출현한 것이 구석기시
대 동굴벽화라고 보며 후기구석기시대에 진행된 사회갈등이 전 세계적으
로 농경이 다발적으로 출현하게 되는 원인이라고 보는 바바라 벤더(Barbara
Bender)의 주장이다(Bender 1978). 대부분의 농경기원이론이 사회 밖의 환경변
화 등 외부적인 요인에서 발생 원인을 찾는데 비하여 사회갈등이론은 그
원인을 사회내부에서 찾는다는 점에서 주목된다.

6) 전파론과 주민이주론

농경의 시작은 아니지만 농경의 기원지로부터 농경문화와 기술이 확산
되는 지역의 경우 농경현상을 설명할 때 농경문화와 농경기술 전파론이나
농경기술을 가진 주민의 이주론의 시각이 많이 강조된다. 우리나라의 경우
에도 이러한 시각의 주장이 그 동안 아주 강하였다.

7) 원예농경(horticulture)이론

농경의 시작에 대하여 여러 견해가 있겠으나 원예농경처럼 일정 시점
씨앗을 뿌리거나 뿌리작물을 심었다가 그대로 놓아두고 성장한 다음 수확
하는 농경형태를 말하는 것으로서 원시적 형태의 농경의 하나로 주장되는
농경이다. 감자와 비슷한 타로(taro)의 재배는 처음 단순하게 심은 후 그대
로 방치했다가 수확하는 방식의 농경이어서 농경의 시작과 관련되어 주목
되기도 한다.

4. 농경연구방법의 검토

농경을 연구하는 방법은 생업을 연구하는 방법과 유사하다. 그 주요 연구방법을 검토해 보고자 한다.

1) 화분분석

개별 식물은 각각 특성 있는 꽃가루를 가지고 있다. 그래서 호수의 저부에서 층위별로 표본을 추출하여 벼, 보리, 밀 등 특정 농작물의 꽃가루가 있는지 여부를 확인하여 특정 작물의 재배가 이루어졌는지 여부를 확인하는 방법이다.

2) 식물규소체분석

개별 식물의 잎에는 각기 특성을 갖는 유리질 규소체(plant opal)가 달려있는데 이 식물규소체 때문에 갈대나 벼 등을 만지다가 손을 베게 된다. 따라서 경작지 등에서 특정 작물의 규소체의 존재여부의 확인을 통하여 농경의 양상에 대한 정보를 수집할 수 있다.

3) 탄화곡물과 곡물유체의 분석

기장, 조, 쌀, 보리, 콩 등 탄화곡물과 이들 곡물의 유체나 토기 등에 남아있는 곡물자국을 통하여 농경의 시작여부와 확산정도를 추적할 수 있다. 곡물자국분석 말고도 잔존녹말분석 등 과학적 분석도 적용된다.

4) 유적지의 입지분석

유적지의 입지가 수렵, 어로, 채집, 농경 중에서 어느 유형의 생업활동에 더 유리한 입지인가를 주변 토양의 특성과 지형 등을 토대로 검토한다. 유적자원활용분석(site catchment analysis)은 유적의 입지와 환경분석을 통한 농경 양상이나 생업유형을 살펴보는 분석방법이라고 할 수 있다. 유적의 입지가 고지성, 구릉성, 저지성(평지성) 중에서 어느 요소의 비중이 높은가를 검토 하여 농경과의 관련성이 검토된다. 저지성과 구릉성 입지는 고지성입지보 다 더 농경생활을 하기 유리하다고 할 수 있다.

5) 경작유구분석

실제 경작지로 사용되던 밭 유구나 논 유구를 찾아 그 출현시기와 특성 을 연구하여 농경의 진행정도를 알 수 있다. 또 인공수로나 보(洑)의 존재 여부로 농경의 본격화 또는 심화를 추적할 수 있다.

6) 유적 출토 석기구성내용과 비중의 분석

유적에서 출토되는 석기를 농경구, 어로구, 수렵구, 벌목구, 공구류 등으 로 분류하고 농경구의 출현시기와 형식 그리고 농경구의 비중 등을 검토 하여 농경의 시작과 진행정도를 추적할 수 있다.

7) 탄소동위원소 분석방법

음식을 먹고 영양분을 섭취한 결과 성장하게 되는 사람의 뼈 속에는 여 러 종류의 탄소동위원소가 축적된다. 따라서 인골 속에 남아있는 탄소동위 원소를 분석하여 농경의 여부와 정도를 검토해 볼 수 있다. 인골 속의 탄 소동위원소를 분석하여 C3식물군(콩, 보리, 온대성 초본류, 수목류, 시금치 등), C4식물군(기장, 조, 수수, 옥수수, 열대초본류, 사탕수수 등), C5식물군(해양식물군) 중 어느 식물군의 탄소를 많이 섭취했었는지를 알 수 있다.

8) 스트론튬동위원소 분석방법

인골 속의 스트론튬과 칼슘의 비율을 분석하여 말, 소, 사슴 등의 초식 동물의 비율양상과 호랑이, 사자, 표범 등 육식동물의 비율양상과 비교하 여 당시 사람들이 육식위주의 식생활을 하였는지 아니면 채식과 곡물위주 의 식생활을 하였는지도 추적할 수 있다. 가축사육의 여부도 동물 뼈 분석 등과 더불어 추적할 수 있다.

9) 동물 뼈 분석

동물 뼈 등을 분석하여 야생종인지 가축인지 여부를 추적할 수 있다. 우 리나라의 경우 패총 출토 동물뼈의 구성내용과 비중변화 등의 추적을 통 해 가축사육여부를 검토하기도 한다. 또 양과 같은 특정 동물이 죽은 나이 와 성별의 검토(kill-off pattern analysis)를 통하여 특정 동물의 사육목적을 추 적하기도 한다. 예를 들어 양 뼈의 구성내용과 비율에서 수컷의 뼈는 주로 유년기의 뼈인데 반하여 암컷은 장년기-노년기의 뼈라면 양젖을 목적으로 양을 사육한 것이고, 암수를 가리지 않고 모두 노년기에 속한 뼈가 주류를 이루고 있다면 양털을 목적으로 양을 사육한 것이 된다. 암수를 가리지 않 고 장년기에 속하는 양 뼈들이 주류를 이루고 있다면 양의 사육은 양고기 확보를 위하여 행한 것으로 추정할 수 있다.

III. 한국 선사 농경 연구사의 회고와 동향

1. 한국 선사 농경 연구사의 회고

한국 선사 농경의 연구사는 농경의 기원과 전파연구가 주류를 이루었다(안승모 1997 1998a 2000b, 최정필 1989 2000 2001, 甲元眞之 1973, 後藤 直 1984, 宮本一夫 2009, 中山誠 一 2014). 구체적으로 1980년대까지는 주로 탄화미의 발굴에 따른 벼농사 개시시기에 대한 연구와 전파경로에 대한 연구에 집중하였고 또 반월형석도의 종류, 출현 시기, 분포양상 등을 토대로 벼농사의 전파경로에 대한 연구에 집중하였다(김원용 1972, 안승모 1985 1993a 2000a). 그리고 구석기시대 청원 소로리 볍씨, 신석기시대 일산 가와지 볍씨 등 식물유체의 해당 시기가 옳은지 여부에 대한 논쟁 등이 일어나며 벼농사의 개시시기에 대한 관심이 집중되기도 하였다.

1990년대에 들어와서 경작유구의 발굴, 다양한 식물유체의 조사와 분석, 농기구에 대한 관심 증대 등에 대한 연구가 진행되었다. 그리고 2000년대 들어와 현재까지는 식물고고학전문연구자의 왕성한 활동이 이어지고 있었고 동아시아시각에서 한중일지역의 농경양상도 함께 비교검토하며 경작유구자료집성, 식물유체자료집성 등 자료의 집성도 체계적으로 이루어지고 농경의 본격화, 농경양상의 지역성과 시대성, 농경기술의 변천양상 등 연구주제를 넓혀가는 양상이다.

한국 선사 농경 연구사를 식물유체, 경작지, 농경도구의 연구(농경기술의 연구), 토양분석, 유적입지연구와 유적자원활용영역분석, 인골분석, 농경 전파경로, 농경심화과정, 농경비중, 농경과 사회발전 등의 주요 주제로 나누어 검토해 보고자 한다.

1) 식물유체연구

식물유체연구로 탄화곡물연구, 화분분석(pollen analysis)과 식물규소체연구(plant-opal analysis) 등이 있다. 우리나라의 경우 신석기시대 탄화 조와 탄화기장 등의 출현을 중심으로 연구되었다. 특히 봉산 지탑리유적, 부산 동삼동유적 등 신석기시대 유적에서 출토된 탄화기장과 탄화조를 중심으로 신석기시대 농경의 비중은 크지 않아도 원시농경이 시작되고 있음이 논의된 바 있다. 유적에서 출토되거나 토기태토에 포함된 곡물자국이나 식물규소체에 관한 자료와 유적 인근 호수나 저습지 등의 뻘층에서 표본추출된 화분(꽃가루)자료가 축적되면서(국립문화재연구소 2015a 2015d, 국립중앙박물관 2006, 김용간 외 1984, 도유호 외 1961, 백홍기 외 2002, 임효재 1978, 조현종 외 2009, 충청문화재연구원 2009, 한창균 외 2003) 식물유체연구는 탄화미를 포함한 다양한 곡물의 유체를 중심으로 지속적으로 이루어진 양상이다(곽종철 1993 1995, 곽종철 외 2001, 김민구 2010, 김민구 2012 2013 2014, 김민구 외 2013, 김성욱 2009, 김원용 외 1973, 김재홍 외 2005, 김정희 1997 2013, 류춘길 외 2013, 박정미 2001, 박지훈 외 2014, 박태식 외 1995, 박태식 외 1996, 박태식 외 2003, 신숙정 2002, 안승모 1983 2001c 2002b 2002c 2007 2008a 2008b 2009a 2009b 2011 2012a 2012b 2013a 2013b 2013c 2014b, 윤순옥 1997, 이경아 1999 2000 2001a 2001b 2001c 2002 2004 2005 2007 2009 2014, 이경아 외 2002 2005 2011, 이상길 외 1998, 이융조 외 1994 1998 2013, 이춘녕 외 1978 1979, 임효재 1991 2001, 임효재 외 2001, 지건길 외 1983, 하인수 2001, 한창균 외 2003, 한창균 외 2014, 허문회 1991 1992 1997 2000 2001 2003, 허문회 외 1997 2001, 구자진 2003, 한국고고학회 2002 2013, 吉川純子 2001, 山崎純男 외 2014, 藤口腱二 1987). 벼 이외에 조, 기장, 팥, 콩, 피, 맥류 등에 대한 연구도 시작되어 다양한 작물과 작물재배체계에 대한 관심까지 확대되고 있다(김민구 2008, 안승모 2002a 2005b 2005c, 이경아 외 2011 2012, 조미순 외 2015, 조현종 2005, 하인수 2001, 하인수 외 2011, 小畑弘己 2013a, 小畑弘己 외 2011 2014).

　논란은 제기되고 있지만 고성 문암리유적의 문화층을 대상으로 화분분석을 하여 신석기시대 중기층(초기 경작층, 하층밭 경작층, 중기 주거지층)의 경우 재배형 벼과화분 출현율이 28%라며 연속적인 점, 오리나무 화분의 출현율이 6%밖에 안되는 점, 화분 절대량에서 초본화분이 수목화분보다 2.4배 많은 점, 잡초화분인 쑥속 출현율이 12%인 점 등을 근거로 신석기시대 중기 고석 문암리유적 일대에서 농경활동이 있었다고 주장한 논문이 나왔다(박지훈 외 2014 : 95-113).

신석기시대 토기 태토에서 검출된 벼의 식물규소체 분석을 통한 벼농사의 개시시기에 대한 논의가 진행되었다(곽종철 1995, 류춘길 외 2013, 김정희 1997 2013). 특히 청원 소로리 볍씨는 구석기시대까지 연대가 올라가 논란이 되기도 하였고 신석기시대 옥천 대천리주거지에서 쌀 탄화미를 포함한 보리, 밀, 조 등의 탄화곡물이 출토되어(한창균 외 2003) 신석기시대 다양한 곡물이 재배되었을 가능성에 대해 논의되기도 하였다. 그러나 아직도 연구자에 따라 이들에 대한 상반된 견해가 제기되고 있다.

신석기시대 빗살무늬토기인이 대륙 쪽에서 조와 같은 재배식물과 농경을 받아들였다고 보는 견해(안승모 2002c), 부산 동삼동패총 1호주거지 출토 조와 기장 등을 고려할 때 신석기시대 중기 한반도 전역에서 조를 중심으로 한 밭농사가 광범위하게 이루어졌을 가능성이 높아졌다는 견해(하인수 2001), 지역적 편차는 있으나 전체 식물성식료에서 재배식물이 차지하는 비중이 야생식물보다 크게 높았다고 보기 어렵다는 견해(안승모 2002c) 등이 출현하여 신석기시대 농경의 존재양상에 대한 긍정적 검토와 수용이 학계에서 이루어지고 있었다. 또 중부 동해안 지역에서 조기 토기에서 팥, 중기 토기에서 조, 기장, 팥, 콩, 들깨, 조속, 기장속 등의 압흔이 확인되고 중서부지역에서는 전기토기에서 조, 기장, 팥, 들깨, 조속, 기장속 등이 확인되어 신석기시대 전기후반-신석기시대 중기에 이르면 조, 기장의 이용관리가 발전되어 밭 재배가 정착되었다고 주장한 논문도 나왔다. 특히 문암리, 오산리, 지경리, 송전리 유적 출토 토기압흔자료를 통해 중부 동해안지역에서 조기부터 팥을 먹었을 가능성도 제기되었다(조미순 외 2015 : 63-92).

앞으로 신석기시대 조, 피, 기장, 볍씨 등에 대한 자료의 증가와 더불어 생업에서 차지하는 농경의 비중과 지역별 양상에 대하여 검토할 필요가 있게 되었다. 이와 더불어 국립중앙박물관에서 한국선사유적 출토 곡물자

료를 모두 모아 발간한 이래(국립중앙박물관 2006) 국립문화재연구소에서
2015년 동아시아 고고식물자료를 모아 우리나라 출토 선사시대 곡물자료
집(국립문화재연구소 2015a)과 더불어 중국과 일본에서 출토된 선사시대 곡물
자료를 모두 모아 자료집을 냈는데 이는 우리나라뿐만 아니라 동아시아지
역의 곡물자료를 모두 집성하여 서로 광역적인 비교가 가능하게 했다는
점에서 최근까지 조사된 여러 문헌 등에 산재해 있는 발굴 자료의 집적화
와 공유화라는 의미에서 식물유체연구뿐만 아니라 농경연구에 큰 기여를
했다고 판단된다.

　신석기시대에는 농경의 존재여부가 논란이 되다가 지속되는 식물유체발
굴자료의 증대와 더불어 점차 기장, 조, 피 농사를 중심으로 한 밭농사가
신석기시대 중기에 이루어졌음이 인정되는 경향이다. 그리고 고양 가와법
씨, 옥천 대천리주거지의 곡물자료 등 자료의 증대에 따라 벼농사의 가능
성에 대해서도 찬반양론이 갈리기는 하지만 논의대상이 된 것으로 보인다
(이융조 외 1994, 이융조 외 1998, 이융조 외 2013, 김정희 1997 2013).

　청동기시대의 식물유체도 점차 늘어가면서 농경의 비중확대와 벼농사의
전개양상에 대하여 연구가 진행되었다. 특히 평양 남경유적, 여주 흔암리
유적, 부여 송국리유적, 강릉 교동유적, 진주 대평리 옥방유적 등에서 출토
된 탄화미(강인구 외 1979)를 포함한 탄화곡물유체의 확인과 더불어 청동기
시대 벼농사의 지역별 진전과 보리, 밀, 콩, 조, 기장 등 다양한 작물의 재
배가 보여주는 혼합농경양상도 논의가 구체화되었다.

　조와 기장의 확산양상에서 지역적 다양성을 고려할 필요가 있으며 한반
도 선사시대 유적 출토 작물은 다른 지역에서 재배화 후 도입되었음으로 작
물의 기원상 한반도는 2차적 지역에 속하며 작물재배가 이루어진 한반도의
신석기시대 경제상은 집약적 농경단계 이전의 '저차원 식량생산단계'로 볼
수 있다는 견해(이경아 2005)가 발표되었는데 이것은 청동기시대에 시기별·

지역별로 다양하나 점차 생업에서 차지하는 농경의 비중이 증대되거나 농경의 집약화가 진행되는 양상과 차별화될 수 있다는 점에서 주목된다.

청동기시대 농경연구는 쌀농사의 개시시기와 도작농경(쌀농사)문화의 도입경로와 관련하여 논란이 있었다. 특히 쌀농사문화가 중국 화북지역을 거친 후 요동지역-평양지역을 거쳐 남한지역까지 들어왔다는 북방설과 중국 산동반도에서 충남지역으로 들어왔다는 산동반도경유설, 그리고 중국 운남성과 같은 남방지역에서 들어왔다는 남방설이 있었다. 그러나 요동반도 남단에 위치하는 대련 대취자유적과 평양 남경유적에서 탄화미가 출토되고 여주 흔암리유적, 부여 송국리유적, 강릉 교동 등지에서 탄화미가 확인되어 이러한 출토양상을 토대로 화북지역을 제외하고 산동반도에서 묘도열도를 거쳐 요동반도 남단을 경유하는 요동반도경유설이 더 유력해졌다고 판단된다.

우리나라의 재배 벼는 아시아 기원의 *Oryza sativa L.*에서 기원한 것으로 주로 중국, 동남아시아, 남아시아의 어느 지역에서 전파된 것으로 본 연구(안승모 1999)도 벼 농사의 기원지와 전파과정을 찾는 연구로서 중요하였지만 또한 식물유체의 야생종과 재배종 그리고 분포양상을 검토하였다는 점에서 식물유체분석연구의 한 사례라고 할 수 있다.

식물유체의 연구로서 토기 압흔 및 잔존녹말분석을 포함한 식물고고학의 가능성에 대한 방법론의 소개와 잠재력에 대한 연구도 진행되어(손준호 외 2011, 이경아 1998 1999 2001c 2014, 조미순 외 2014a 2014b) 식물유체를 통하여 농경연구와 관련되어 해결해야 하는 작물재배양상에 대해 많은 것을 밝힐 수 있음을 알렸다.

초기농경에 대한 식물고고학적인 연구의 경우 작물처리과정에 대한 민족지 연구를 통하여 더 나은 통찰력을 얻을 수 있다(Fuller 2009 : 14-49).

2) 경작지연구

식물유체의 연구와 더불어 밭이나 논 그리고 수로와 보 등 농경경작시설에 대한 연구도 새로운 경작지유구의 발굴과 더불어 이루어졌다. 강원도 고성 문암리의 경작유구는 신석기시대 중기의 밭과 같은 경작유구로 발굴자는 판단하였다. 이랑과 고랑이 존재하는 양상이고 주거지에서 빗살무늬 토기가 출토되어 신석기시대 중기의 주거지가 경작지에서 확인되는 양상을 고려하여 신석기시대 중기의 경작유구로 보았던 것으로 보인다. 그러나 하층 추정경작지와 그를 파고 들어간 주거지의 층위적 관계와 해당 추정 경작유구가 경작지로 판단될 수 있을지에 대한 의문도 제기되어 향후 연구과제가 되고 있다(안승모 2015, 신종환 2017).

청동기시대 경작유구로 밭과 논이 있다. 청동기시대 진주 대평리 어은지구와 진주 평거동유적 등지에서 조사된바 있고 청동기시대 논유구로는 울산 무거동 옥현유적, 울산 야음동유적, 밀양 금천리유적, 논산 마전리유적 등에서 조사되었다. 밭유구도 진주 평거동과 진주 대평 옥방지구 등에서 다수 조사되었다. 청동기시대를 포함한 선사시대 경작유구의 발굴이 다수 이루어지면서 경작유구에 대한 연구도 비교적 활발하게 진행되었다(경남발전연구원 역사문화센터 2008 2011 2012, 경남문화재연구원 2008, 경상대학교박물관 1999 2001, 국립문화재연구소 2014, 국립진주박물관 2002, 김도헌 2004 2005 2006, 김병섭 2003 2011 2013, 동아대학교박물관 2002, 동아세아문화재연구원 2007, 안재호 2010, 윤호필 2009 2013b, 이상길 1997 2000a 2002, 이한상 2006, 이현혜 1997 2002, 조미순 2013, 중앙문화재연구원 2001, 田崎博之 2002).

논산 마전리유적과 안동 저전리유적 등에서는 보(洑)내지 수로가 확인되어(고려대학교 매장문화재연구소 1999, 곽종철 2000 2002, 동양대학교박물관 2010, 한국고고환경연구소 2010) 수리시설에 대한 자료집성과 수리시설과 토목기술 그리고 농경과 관련된 연구도 진행되었다(곽종철 2010a 2010b, 김도헌 2003, 노

중국 2010, 대한문화유산연구원 2011, 우리문화재연구원 2014). 벼농사와 관련되어
논 이외에도 보(洑)내지 수로를 만들고 관리하는 등 시설투자가 진행되는
양상도 확인되어 농경의 집약화가 진행되는 양상도 보인다. 이러한 농경의
집약화는 청동기시대 전기 말부터 후기에 전개되는 것으로 보인다. 경작유
구로서 논 유구의 경우 소규모 구획 논이 울산 무거동 옥현유적에서 확인
된 바 있으며 울산 야음동유적에서는 지형을 이용하여 만든 계단식의 천
수답도 확인되어 지형에 맞게 다양한 형태의 벼농사가 진행되었음도 보여
준다(밀양대학교박물관 외 2001). 또 청동기시대 전 대전 출토 농경문청동기에
는 쌍날따비로 밭을 가는 그림이 그려져 있어서 경작지와 농구사용모습을
생생하게 보여준다(한병삼 1971).

경작유구에 대한 종합적인 자료집성을 한 연구도 나와 신석기시대에서
청동기시대에 이르는 밭과 논의 입지와 구획, 밭의 이랑과 고랑의 규모, 논
의 규모와 물고를 트는 방식, 보와 수로, 천수답과 수로가 있는 논 등의 특
성이 어느 정도 확인되었다(곽종철 외 2003b). 논과 밭 등의 경작유구조사 증
대와 더불어 효율적인 경작유구의 조사방법에 대한 검토도 함께 활발하게
진행되었다(곽종철 외 2003a, 김병섭 2009, 문백성 2009, 윤호필 2005 2012 2013a
2013b, 윤호필 외 2006, 田崎博之 2002).

화분, 식물규소체, 탄화곡물 등 식물유체에 대한 분석과 더불어 경작유
구에 대한 발굴과 연구는 선사시대 농경의 전개와 농경기술의 발전양상
그리고 생업에서 차지하는 비중의 이해에 큰 도움을 주었다.

전체적으로는 신석기시대에는 벼의 화분이나 식물유체 정도가 확인되었
으나 청동기시대 전기 말서 후기로 가면 다양한 식물유체가 확인될 뿐만
아니라 밭 유구와 논 유구도 조사되어 농경이 생업에서 차지하는 비중이
커가고 있음을 암시한다.

경작유구를 통해본 생산과 소비양상을 검토하는 연구도 나와 경작지의

특성과 배치양상만 연구하는데 그치지 않고 더 나아가 경작지의 규모와 분포양상을 식량의 생산과 소비와 관련시켜 사회분화와 사회구조의 문제를 추적하려는 시도도 이루어졌다(윤호필 2013b).

3) 농경도구와 농경기술의 연구

농경도구의 출현은 농경기술과 밀접한 관련이 있다. 여기서는 농경도구에 대한 연구사를 먼저 살펴보고 그 후 농경기술의 연구사에 대하여 살펴보고자 한다.

선사시대 농경도구에 대한 연구는 석기연구와 목기연구가 있다. 신석기시대 땅을 파는 도구인 굴지구의 출현은 밭농사와 관련된 농기구의 출현과 관련하여 주목받는다. 청동기시대의 경우 굴지구, 반월형석도와 석검과 같은 수확구, 밭과 같은 경작유구에서 주로 출토되는 부리형석기 등의 석기류와 목제괭이나 목제고무래 등 다양한 목제농기구의 출현은 농경의 전개와 더불어 주목된다. 초기철기시대에서 원삼국시대에 이르는 시기의 광주 신창동유적에서 출토된 다양한 목제농기구는 농경기술의 발전양상을 잘 보여주는 사례이다.

석기와 목기의 연구가 다수 진행되었는데 벌채구, 수렵구, 농경구 등 구성비율을 토대로 농경양상의 가능성을 추적하려는 연구도 진행되었고 특히 석기의 구성비율과 생업경제에 대한 연구도 다수 이루어졌다(권경숙 2011, 길경택 1985, 손준호 2005 2008 2014, 윤정국 2016, 최정필 2000 2001, 최종혁 2005 2012 2016, 박성근 2016) 목제 농기구에 대한 자료집성은 농경도구와 농경기술의 연구에 토대가 될 것으로 생각되며(국립가야문화재연구소 2012) 목제도구자료의 축적(국립광주박물관 1997 2012, 국립김해박물관 2008, 영남문화재연구원 2002 2010 2013)에 따라 목제농기구에 대한 연구도 진행되었다(김권구 2008, 김권구 외 2007, 김도헌 2010 2011 2013, 김민구 외 2010, 조현종 2008a 2010 2012a

2012b 2012c 2014, 조현종 외 1997 1992 2005). 석기의 기종별 현황과 빈도분석 그리고 석기조성양상을 토대로 신석기시대 생계유형을 검토하면서 한반도 중부내륙지역의 경우 신석기시대 중기에 잡곡농경이 유입되며 강변 충적 대지에 유적이 입지하며 농경구와 식료가공구가 증대된데 반하여 동해안 권역은 어망추의 증가 등 석기조성의 변화와 더불어 문암리유적의 경우처럼 추정경작유구가 확인되고 토기압흔에서 조와 기장의 식물유체가 증대되어 단기적 적응전략의 하나로 잡곡농경이 이루어지는 등 어로, 수렵, 잡곡농경 등 생계방식의 다양화도 발생하였고 후기에는 동해안권역에서는 수렵채집이 강화되지만 중부내륙권역에서는 잡곡농경이 생계방식의 한 축으로 자리 잡았다고 주장하는 논문(윤정국 2016 : 51-85) 등은 그 대표적 사례이다. 관창리 마제석기조성비 연구를 통한 생계유형 검토를 통하여 관창리 사람들이 농경, 수렵, 채집을 병행하여 수렵이나 농경활동의 비율이 뚜렷하게 높지 않으며 오히려 채집활동이 상대적으로 활발했을 가능성이 있음을 제시한 논문도 발표된 바 있다(손준호 2005).

화전농경방식을 중심으로 청동기시대 전기 농경방식의 재검토도 이루어지고(고일홍 2010) 선사와 고대의 농구조합과 생산력의 변화를 영남지역을 중심으로 추적하려는 시도(김도헌 2008a)도 진행되면서 농경기술과 농경방식에 대한 연구가 점차 이루어지는 양상이다. 이와는 별도로 전 대전 출토 농경문청동기에는 쌍날따비로 밭을 가는 모습이 묘사되어 있어서 당시 밭농사를 하던 밭모습과 쌍날따비의 사용모습을 잘 보여준다(한병삼 1971).

초기철기시대-원삼국시대를 포함하여 통일신라시대까지의 영남지역을 중심으로 농구의 종류와 용도, 경작유구, 농경형태에 대한 연구(김도헌 2005)를 포함하여 선사시대 농업기술에 대한 연구(이현혜 1988 2010 2013, 한국고고학회 2002 2013)와 화전민들의 농경문화(정연학 2005)도 이루어졌다. 이러한 연구는 단순한 농경도구에 대한 연구에 머물지 않고 농경기술과 농경형태를 종합적으로 검토한 연구로서 의미가 있다.

　농경도구의 연구도 단순히 유물 중심의 농경도구형식분류와 편년 그리고 분포양상 연구를 넘어 고고학적 유물복합체(archaeological assemblage) 비교연구를 통하여 보다 체계적으로 연구가 가능할 것이며 농경도구도 원료채취에서 도구제작 및 사용 후 폐기 또는 재가공의 동태적인 전체과정(life-cycle)에서 도구사용기술과 변화과정에 대한 연구도 진전되어야 할 것이다. 농경도구연구도 또한 농경기술과 작물의 종류와 관련하여 진행될 필요가 있다.

4) 토양분석과 유적입지연구

　유적의 토양분석을 통한 농경활동여부를 추적하는 연구도 다수 이루어졌으며 농경활동이 남기는 토양의 특성과 농경의 개시추적, 지형, 지질고고학적 연구를 통한 농경 초현기 경작방식 또는 토지활용방식 등에 대해서도 주목하게 되었다(곽종철 1993, 김장석 2003a, 이경아 2013, 이현혜 2010, 이홍종 2014, 이홍종 외 2014, 이희진 2012 2013a 2013b 2014a 2014b, 外山秀一 2014). 그리고 유적의 입지유형을 통하여 농경에 유리한 입지여부를 검토하는 연구도 진행되었다(김현준 1996). 특히 유적자원활용영역분석(site catchment analysis)은 유적의 입지와 관련된 생업유형과 농경의 비중 등을 검토하는데 사용될 수 있다. 유적의 입지를 저지성, 구릉성, 고지성 등으로 나누거나 유적의 주변환경의 특성을 통해 생업유형을 추적하는 시도도 이루어졌다. 예를 들어 신석기시대의 유적별 생업유형비교의 방식으로 유적자원활용영역분석을 하여 동삼동유적주민은 외해성자원을 집중적으로 활용하는 유형이고 암사동유적주민은 강가-육지자원을 활용하는 유형이며 오산리유적 주민은 강가-육지자원과 바다자원을 비슷하게 활용하는 유형의 생업을 유지하고 있다고 보고 농경으로 진행될 가능성이 높은 생업유형은 암사동유형이라는 견해를 주장한 연구(이기길 1991)가 그 사례 중의 하나이다.

고기후와 식생에 대한 연구도 토양분석과 유적입지연구와 더불어 진행되어 인간이 당시 활동하던 무대의 생태환경적 조건을 추적하고자 하였다(최기룡 2002, 윤순옥 외 2005, 문영롱 2014).

5) 인골자료 등에 대한 과학적 분석

인골안정동위원소분석을 통한 식생활양상과 농경에 관한 연구가 진행되었다. 음식을 먹고 영양분을 섭취한 결과 성장하게 되는 사람의 뼈 속에는 여러 종류의 탄소동위원소, 질소동위원소, 미량원소(Ba, Sr, Zn)를 분석하거나 스트론튬분석을 통하여 그 양상이 사자나 호랑이와 같은 육식동물의 양상과 유사한지 아니면 사슴, 가젤 등 채식동물과 유사한지를 비교하여 육식 또는 채식의 비중과 양상을 추적하는 연구 등이 가능하다. 구체적으로 인골 속의 탄소동위원소를 분석하여 C3식물군(콩, 보리, 온대성 초본류, 수목류, 시금치 등), C4식물군(기장, 조, 수수, 옥수수, 열대초본류, 사탕수수 등), C5식물군(해양식물군) 중 어느 식물군의 탄소를 많이 섭취했었는지를 알 수 있는데 농경연구에 큰 도움을 줄 수 있는 잠재적 가능성을 가진 과학적 연구가 시도되고 있다는 점에서 의미가 있다고 하겠다.

일찍이 통영 연대도패총 출토 인골, 안면도 고남리 패총 출토 인골(안덕임 2006, 2009) 등이 이루어졌고 인골 또는 식물유체에 대한 과학적 분석방법도 진행되었는데 안정동위원소법과 미량원소(Ba, Sr, Zn)분석법을 포함한 신석기시대나 청동기시대 생업양상연구(곽승기 2017, 김헌석 2014, 신지영 외 2013, 안덕임 2006 2009, 이준정 2011a, 庄田愼矢 외 2011) 등이 그 대표적인 사례이다. 이와 더불어 DNA분석을 통해서 곡물과 가축의 기원을 추적하는 연구도 시도되었다(안승모 외 2009).

6) 농경 전파경로연구

1960-70년대부터 1990년대까지는 농경연구에 있어서 탄화미와 더불어 반월형석도 등 농기구의 형식분류와 분포양상을 토대로 농경문화의 전파 경로를 연구하는 경향이 강하였다(김원용 1972). 신석기시대의 농경의 시작 과 청동기시대 벼농사의 전파경로를 중심으로 연구가 진행되었다. 중국 양 자강 이남지역에서 한반도로 유입되었다는 설, 화북지방을 통하여 한반도 로 유입되었다는 설, 산동반도를 통하여 탄화미가 출토된 부여 송국리유적 이 있는 충남지역으로 벼농사가 유입되었다는 설 등이 존재하였다. 그러나 각각의 주장은 장단점이 있어서 확정적이지 못하다가 요동반도 남단의 대 련지역에 위치하는 대취자유적(大嘴子遺蹟)의 발굴 등에 따라 산동반도에서 요동반도 사이에 산재한 묘도열도를 거쳐 요동반도 남단에서 평양 남경유 적의 탄화미가 암시하듯 평양지역을 거쳐 남한지역으로 벼농사기술이 전 파된 것으로 이해되게 되었다. 이때 화북지방경유설은 벼가 화북지역에서 재배되기 어렵다는 기후조건 등이 문제가 되었는데 요동반도경유설을 뒷 받침하는 발굴자료의 증대는 청동기시대 전기의 평양 남경유적에서 탄화 미가 나오게 되는 과정을 잘 설명하게 된다. 또 탄화미와 공반된 석기류도 함께 비교할 수 있게 되어 농경의 진행과정을 이해하는데 고고학적 유물 복합체(archaeological assemblage) 비교를 통해 논리의 보강을 좀 더 강하게 할 수 있게 되었다.

벼농사 이전에 이루어진 밭농사의 경우에도 석기양상의 비교 등 고고학 적 유물복합체의 비교연구가 함께 이루어진 것이 농경의 전파경로이해에 큰 도움이 되었다. 과거 반월형석도 중심의 분포와 농경전파경로연구도 이 제 고고학적 유물복합체의 비교연구를 통하여 보다 체계적연구도 가능하 게 되었다.

벼 이외에도 재배맥류의 등의 작물에 대한 기원과 전파에 대한 논의도 진행되었다(안승모 2005b).

7) 농경심화과정과 농경의 비중연구

패총에서의 층위별 해상자원의 활용중심에서 육상자원 활용의 비중이 생업에서 증대되는 등의 생계자원활용내용과 비중의 변화양상, 패총의 이용전략 등을 토대로 농경으로의 변화과정이 추적되기도 하였다(김장석 외 2001, 김건수 2014, 이준정 2001 2002a 2002b 2002c 2002d 2005). 또 고성 문암리의 신석기시대 중기의 밭 유구로 추정되는 유구를 근거로 신석기시대 농경이 논의된 바 있다. 그러나 그 유구가 밭 유구가 아니라는 주장도 나왔으나 발굴자의 견해는 이랑과 고랑이 존재하는 밭 유구로 보고 있어 향후 심층적인 논의가 요망된다.

남해안지역 신석기시대 생계전략의 변화양상을 추적한 연구와 식물섭취량의 변화양상을 통한 농경의 전개과정을 추적한 연구도 있었다(이준정 2002 2011) 우리나라 남해안 지역의 융기문토기문화주민이 해양자원을 집중적으로 활용하는데 비하여 중국 양쯔강 하류역의 콰후차오-허무두 문화주민들은 우리나라 남해안보다 생태계가 다양하고 자원의 종류도 많아 벼의 재배와 멧돼지의 가축화는 진행되었으나 생업에서 벼와 가축이 차지하는 비중이 크지 않았음을 밝혀 농경이 진행되는 과정을 추적하려 한 연구도 있었다(안승모 2014 : 1-55).

동삼동패총 1호주거지 출토 조와 기장의 식물유체는 밭농사를 중심으로 한 농경이 적어도 신석기시대 중기무렵부터 한반도 전역에 걸쳐 광범위하게 이루어졌음을 직접적으로 입증하는 자료로 보고 신석기시대가 단순히 수렵어로·채집경제로만 인식해 온 신석기시대 사회와 문화에 대한 재검토를 요구하는 연구(하인수 2001)도 나온 바 있다.

초기농경에 대한 식물고고학적 연구에 있어서 작물처리과정에 대한 민족지 연구를 통하여 더 나은 통찰력을 얻을 수 있고 또 초기농경사회의 노동조직화양상, 수렵채집사회의 노동조직화양상, 농경전환과정에서 다른 형태의 사회조직이 어떻게 기여했는가 등의 문제도 연구될 수 있음으로 민족지연구도 중요하다고 하겠다(Fuller 2009 : 14-49).

1990년대 이후 울산 무거동 옥현유적, 울산 야음동유적, 진주 평거동유적, 밀양 금천리유적 등에서 청동기시대 논유구나 밭유구가 조사되고 또 논산 마전리유적이나 안동 저전리유적에서 보(洑)와 수로 등이 조사되면서 청동기시대 경작유구의 특성과 보와 수로와 같은 농경시설의 추가적 축조 및 관리가 암시하는 농경의 집약화 양상에 대한 관심도 높아지게 되었다. 논경작 유구의 경우 울산 무거동 옥현유적의 경우에는 수로가 존재하는 논 경작유구인 반면 울산 야음동유적의 경우에는 수로가 전혀 없는 계단식의 천수답 논 경작유구여서 자연지형에 따라 다양한 논 경작유구가 나타나는 양상도 보여주었다.

청동기시대 농경집락과 농경집약화 그리고 송국리문화를 경우를 중심으로 청동기시대 농경과 취락의 양상을 검토(김범철 2005 2006a 2006b, 유병록 2014, 이종철 2016)하거나 영동지역과 같은 지역별 농경집약화양상에 대한 연구(김민구 외 2011)가 있는데 농경심화과정과 농경의 집약화 그리고 정주취락의 전개양상을 연계시켜 연구한 점은 앞으로 농경을 생업적인 측면뿐만 아니라 사회적 측면과 기술발전의 측면에서 다루어야 필요성을 보여준다. 즉 농경이 생업차원에서만 접근되어야 할 것이 아니라 생업을 뛰어 넘어 그 생업을 유지한 사회분화와 사회관계, 옥제품의 생산과 유통양상 속에서 논의되어야 함을 암시하며 수렵채집어로사회에서 농경정착사회로 변화되고 심화되는 과정에서 발생하는 주거체계변동, 사회적 구조와 특징의 연구가 활발하게 이루어진 편이다(김범철 2005 2006a 2006b 2009 2011, 고민정

외 2009, 고민정 2011, 고민정 외 2009, 김권구 2005, 김도헌 2008b, 소상영 2016, 신상
효 2011, 안승모 2006a 2006b, 안재호 2000, 윤호필 2008 2010, 이상길 2003, 이성주
2000, 이홍종 2000a, 임상택 2009, 한국고고학회 2002 2013, 庄田愼矢 2007, Nelson
2001).

8) 농경과 교류와 농경의례의 연구

농경의 시작과 재배작물, 농경마을의 입지와 농경사회의 형성, 농기구,
식물유체, 야요이시대 일본열도와 한반도의 교류양상에 대한 연구(後藤 直
2006)도 진행되었다.

발굴자료 등의 부족으로 도작농경의 유입경로에 대한 결론을 내리기는
쉽지 않으나 현재까지의 자료로 볼 때 황해연안의 산동지역과 요동반도
남단은 장강하류지역과 마찬가지로 한반도 도작기원연구에 소홀히 해서는
안 될 지역임을 강조한 연구(왕위 2001, 김영희 번역)도 발표되어 좀 더 광역
적 관점에서 농경전파를 바라볼 필요성이 제기되었다.

농경의 전파와 도입과정에서는 종종 새로운 세계관이나 종교적 신념이
수반되는데 이러한 인지적이거나 상징적인 요소에 의해 농경이 쉽게 받아
들여졌을 가능성도 검토되어야 하며 한반도에서 큐슈지역으로의 수도작
전파과정도 이와 유사한 관점에서 이해될 필요성이 강조되기도 하였다
(Matsumoto 2009 : 50-55).

농경의 시작과 확산이 단순한 농경기술의 확산이 아니라 새로운 생활방
식과 세계관 그리고 상징체계의 전파로서 수렵, 어로, 채집을 주로 하는 사
회의 생활방식과 세계관 그리고 상징체계와는 상이할 가능성을 인식하고
농경의 확산과 교류도 이러한 새로운 생활방식과 세계관의 확산이라는 관
점에서 체계적인 접근이 필요하다. 이러한 관점에서 농경의례에 대한 연구
도 나오기 시작하였다(이상길 2000b). 청동기시대 전 대전 출토 농경문청동

기에는 밭농사를 하면서 쌍날따비를 사용하는 장면뿐만 아니라 의례에서 채택되던 상징성을 가졌을 새 모습도 묘사되어 당시의 풍요를 기원하는 농경의례의 한 단면을 암시해주고 있어서 농경과 더불어 농경의례의 연구가 심화될 필요성을 암시한다. 신석기시대부터 청동기시대 등 선사시대 산동반도와 한반도의 교류, 요동반도와 한반도의 교류, 한반도 내에서 지역 간의 교류, 한반도에서 일본열도로의 농경문화전파와 교류도 이러한 관점에서 더 연구될 필요가 있다.

한반도 동남해안과 러시아 연해주에서 조와 기장의 재배는 기원전 4천년기 후반부터 출현하나 정주도의 차이는 있지만 양 지역 모두 주로 어로를 기반으로 하던 반정주~정주적 채집민이 식물재배를 수용하였다는 공통성이 있다면서 한반도와 연해주의 선사시대 농경양상을 비교한 광역적 시각의 비교연구도 나왔다(안승모 2006b).

9) 농경과 정주

신석기시대 중기 한반도에서도 농경이 시작되고 정착마을이 출현한 것으로 논의되고 있으며 전통적으로 청동기시대 농경정착마을은 농경사회의 대표적인 사례로 받아들여졌다. 농경문화의 이해에 있어서 정주문화와의 차별화가 어려울 정도로 농경정착문화는 밀접하게 결합되어 있다고 하여도 과언이 아니다. 농경연구에서 농경이 먼저였는지 아니면 정주가 먼저였는지는 논의의 대상인데 농경을 순화종이 생업의 중요한 부분을 차지하는 단계로 보고 근동이나 유럽과 마찬가지로 동아시아에서도 정주가 농경에 선행한다는 견해(안승모 2006b)가 제기되어 주목을 끈다. 농경과 정주의 양상과 선후문제는 앞으로 지역별로 시기별로 그 양상을 평가해 볼 필요가 있다.

농경과 취락의 입지도 농경연구와 함께 활발히 진행되었다고 할 수 있다(김현준 1996, 後藤 直 1994 2002 2006).

지석묘를 농경사회의 기념물(이성주 1999)로서 집단의 경작지나 생활구역을 표시하는 상징물로 그리고 집단의 안정과 단합을 희구하며 축조된 것으로 보는 입장에서 청동기시대의 농경도 함께 연계시켜 논의될 필요가 있다.

2. 한국 선사 농경 연구사의 동향

1) 농경연구관점의 다각화

농경연구사의 동향을 살펴보면 1960년대에서 1980년대까지는 주로 반월형석도의 형식분류와 분포양상 그리고 그를 통한 농경의 유입경로연구나 아니면 야생벼와 재배벼의 기원지 연구에 집중된 경향이 있었다. 그러나 1990년대 중반 이후 전파론적 관점이나 이주론적 관점을 넘어서서 농경의 다양한 양상이나 농경을 식량의 약탈적 채집과 수렵이라는 관점이 아니라 구석기시대부터 지속되는 과정의 하나라는 연속적인 관점에서 보는 시각도 나왔다. 농경의 연구도 단순한 관련유물 중심의 연구뿐만 아니라 농경을 이루어지게 했던 농경세계관 혹은 농경생활양식의 관점도 함께 검토하려는 등 농경을 생업적 측면의 관점을 넘어서는 정치적·사회적·이념적 관점에서 연구하려는 경향이 시작되었다.

패총을 기호식품으로 맛을 내기 위해 조개를 채취했던 결과 만들어진 유적으로 보는가 아니면 기근에 따라 구황식물의 하나로 조개를 채취했던 결과로 보는 가의 관점에 따라 패총의 의미가 다르며 기호식품과 구황식품의 역할을 다 했다는 혼합론적 시각이 있을 수 있으나 이때에는 양자의 비중이 어느 정도였을 것으로 보는 가가 문제가 될 것이다. 그런데 패총자료로 농경으로의 전환과정을 연구할 때 패총을 바라보는 시각에 따라 연구의 해석과 결과는 달라질 수 있다. 따라서 다양한 시각에서 농경으로 전환되는 과정에서 대두되는 유적과 유물을 검토할 필요가 있는 것이다.

농경사회를 수렵채집사회와 비교할 경우의 장단점을 평가하면서(안승모 1998b) 농경사회의 단점도 인식하며 반드시 농경의 채택이 발전적인 과정만은 아님을 지적한 연구도 나와 다양한 시각에서 농경연구를 하여야 함을 역설하고 있다.

2) 농경연구주제의 다양화

농경연구의 주제도 농경의 기원과 전파라는 시각을 넘어서서 농경전개의 지역성과 시대성, 농경과 사회, 농경과 정주성의 관계, 농경과 사회분화, 보와 수로의 축조와 관리양상, 농경의 집약화와 같은 다양한 주제의 연구가 진행되었다. 그리고 생계방식과 농경의 전개양상, 농경과 토양 그리고 농경과 식물고고학 그리고 동물고고학 등 연구주제가 다양화되는 양상을 보여준다.

농경의 연구가 과거 농경의 기원과 전파과정연구(안승모 1997,1998a 2000b, 최정필 1989 2000 2001, 甲元眞之 1973, 後藤 直 1984, 宮本一夫 2009, 中山誠一 2014, Crawford et al 2003)에서 농경으로 변화되는 원인추적과 수렵·채집·어로에서 농경으로 전환되는 양상이나 초기농경의 지역별 양상, 수전농경의 집약화, 수전농경의 경관 등에 대한 연구(김장석 2003a 2003b 2009, 복천박물관 2005 2011, 소상영 2016, 송은숙 2001 2005 2009, 산숙정 2001, 유병록 2002, 윤호필 2014, 이홍종 2000b 2005 2010, 정유진 2010, 조은하 2014, 조현종 1997, 최정필 2013, 宮本一夫 2003 2005, Lee Gyoung-Ah 2003)로 관심이 움직이는 양상이다. 이러한 관점에서 농경연구에 있어서도 농경과정을 선사시대 사람들이 처한 자연환경과 그 자연환경을 의미화한 상징세계로서 구축된 자연환경, 그리고 선사시대 사람들의 농경기술과 농경전략 그리고 생업에서 차지하는 농경의 비중양상을 밝힐 수 있도록 노력해야 한다. 따라서 농경의 기원과 확산에서의 시대성과 지역성에 대한 연구가 더 진행되어야 한다. 그러나 과거에 비하여 농경과정연구로 그 연구의 중점이 전환된 것은 사실이다.

농경관련 도구나 탄화미 중심의 유물중심연구에서 그러한 농경을 이루어낸 사회구조와 사회분화, 엘리트의 출현과 등장, 농경본격화와 사회분화 등의 문제연구로 농경연구시각이 넓어졌다. 단순히 환경적 측면과 생업적 측면에서 농경을 다루는 것이 아니라 그러한 생업유형의 변화로서 농경을 가능하게 한 사회구조와 사회분화의 양상도 함께 연구할 필요성이 있다.

농경을 경제적 토대로 하여 운영되었던 청동기시대 농업공동체의 등장과 경관이라는 경관고고학적 관점의 도입필요성에 대한 논의도 제기되어 (김종일 2009) 다양한 시각에서 농경과 농경사회의 변화과정을 연구하는 것이 중요함을 일깨웠다. 한반도 청동기시대 경제적 배경을 추적하고 이해하려는 시도도 이루어져 다양한 시각에서 사회변동과 농경본격화의 진행에 따른 생업양상 또는 생업조건과 기술의 변동을 추적하려고 하였다(이현혜 1988).

연구주제로 생업과 더불어 식생활에 대한 연구도 활발히 시작되고 있으며(국립중앙박물관 2000, 복천박물관 2005 2011, 안덕임 1993, 안승모 1993, 이홍종 1997) 사육동물인 가축이 또 하나의 저장수단이라는 관점에서 접근하려는 연구도 시도되었다(이준정 2009 2011b 2013).

생업으로서의 농경연구를 넘어 제사와 의례 목적으로 또는 사회신분을 과시하는 귀한 식품으로서 쌀의 소비와 같은 특정 작물의 의례적 소비나 상징적 소비에 대한 연구도 더 체계적으로 깊이 있게 이루어져야 할 것으로 보이며 이러한 연구 필요성이 점차 언급되고 있다(한병삼 1971, 주보돈 2010, 이상길 2000b, 대한문화재연구원 2011, Duke et al 1995, Matsumoto 2009).

3) 연구방법의 다양화와 농경연구지역의 광역화

농경연구방법의 경우에도 형식분류와 편년, 전파와 주민이주에 의한 농경확산연구라는 연구방법 이외에 화분분석과 식물규소체분석과 탄화곡물분석 등의 식물유체분석, 탄소동위원소분석 등 인골분석, 농경도구 구성양상과 비율분석, 마을입지분석, 경작지분석, 마을 주변 환경과 유적 자원 활용영역분석, 주변지역과의 비교분석, 농경토양분석, 패총자료를 통한 농경으로의 변화양상분석, 생계전략으로서의 농경출현과정분석, 동물의 가축화양상분석, 농경수리기술 분석, 민족지자료를 통한 농경기술 등의 연구, 동아시아 농경양상 속에서의 한반도 농경양상 비교분석, 전 세계 농경양상 속에서의 한반도 농경양상 비교분석, 농경목기연구 등 농경연구방법이 점점 다양화되는 양상을 잘 보여준다.

농경연구의 다양한 방법론도 틈틈이 소개되고(추연식 1997, Fuller 2009) 실제 구체적인 분석에 적용된 사례도 여러 발굴보고서에 나타나고 있다. 재배작물의 존재확인 등을 위한 화분분석방법, 식물규소체분석, 탄소동위원소분석 등 농경연구에 적용될 수 있는 다양한 과학적 분석방법들이 소개되고 있어서 농경연구의 과학적 토대를 구축하도록 도와주고 있다.

농경의 연구에 있어서 한반도 안에서의 시각에만 머무르지 않고 요동반도, 산동반도, 연해주, 일본열도 등 동아시아의 농경양상뿐만 아니라 중국 운남성이나 인도 아샘지방 등 야생벼가 자라는 지역에서의 농경양상까지 비교하는 등 연구지역이 광역화되는 양상이다(강인욱 2009, 고일홍 2009, 김민구 2009, 김종일 2004 2009, 안승모 1998c 1999 2001a 2014a, 이경아 2006, 이동주 2000, 질 들뢰 외 2016, 西谷正 2001, 宮本一夫 2009, 小畑弘己 2013b, 中山誠二 2014, 왕위 2001). 선사시대 식물유체를 한국, 중국, 일본의 자료를 모두 집성한 것(국립문화재연구소 2015a 2015b 2015c)도 이러한 경향의 하나로 볼 수 있다.

4) 제학문의 협력강화

농경의 연구가 고고학 차원에서만 머물지 않고 식물학, 동물학, 민족지학, 토양학, 사회학, 종교학, 유전자학, 동위원소분석 등 자연과학과의 협력강화가 이루어지는 양상이다. 고고학도 전통고고학뿐만 아니라 전문화된 농경고고학으로 발전하는 양상이다. 구체적으로 식물고고학은 식물학과 고고학이 융합된 양상이고 동물고고학은 동물학과 고고학이 융합되는 양상이며 동위원소분석 등은 화학을 포함한 자연과학과 고고학이 융합되는 양상이다.

Ⅳ. 한국 선사 농경 연구의 과제

선사시대 농경을 연구하는 고고학자들이 증대되고 다양한 각도와 방법론을 가지고 발굴을 통하여 축적된 식물유체자료와 동물유체자료 그리고 경작유구 등에 대한 자료집성을 하면서 동아시아 전체를 한 연구대상으로 보면서 연구가 진행되어 Ⅲ장에서 언급한 바와 같은 괄목할만한 연구 성과를 낸 것이 사실이다. 크게 본다면 1970-1990년대의 연구주제와 연구경향 그리고 2000년대 들어와 현재까지의 연구주제와 연구경향을 참고문헌에 언급되는 논문과 저서 그리고 자료집성연구서 등을 통하여 살펴보고 비교해본다면 그 성과를 잘 느낄 수 있을 것이다.

한국선사농경의 연구가 그 동안 이루어온 괄목할만한 성과가 있었음에도 불구하고 그 현실은 아직도 열악한 여건에서의 외로운 노력이라고 할 수 있으며 한국선사농경연구의 앞으로의 과제를 살펴보면 다음과 같다.

1. 선사농경 학문연구기반의 강화―인력과 연구시설확충

선사농경의 학문연구기반을 강화하는 일이 우선적으로 요구된다. 그동안 선사농경을 연구하는 식물유체연구자와 동물유체연구자 등이 증가하였지만 아직 그 수는 많다고 할 수 없으며 식물유체연구실, 동물유체연구실, 분석실 등의 기반이 부족한 편이다. 연구 인력과 연구조직 그리고 분석설비의 확충이 필요하다고 하겠다.

2. 다양한 시각과 연구방법의 적극적 수용과 적용

농경의 연구에 있어서도 기원지와 전파경로, 농경의 전파와 주민이동 등의 시각 이외에도 주어진 자연환경 속에서 식량자원확보를 위한 다양한 전략과 기술개발을 해당지역의 계절성(seasonality)과 계획성(scheduling) 속에서 변화시켜가며 농경으로 변화되는 과정을 지역성과 시대별 다양성의 관점에서 연구하여야 한다. 또 자연과학기술과 분석기술의 적극적 사용을 위한 노력도 필요하다.

수렵과 어로 그리고 채집생활에서 농경으로의 전이과정에 있어서 기존 생업활동으로 바쁜 시기와 새롭게 도입하려는 농경의 바쁜 시기가 중복되거나 새롭게 만들어야 하는 농경경작지가 기존의 생업활동의 공간을 파괴하거나 위협하는 경우 새로운 농경의 채택은 그렇지 않은 경우보다 어렵게 된다. 또 기존 생업활동을 하면서 식량확보를 다양하게 하거나 아니면 위험을 최소화하는 전략으로 새로운 농경의 도입을 적극적으로 검토할 수 있다. 예를 들어, 앞에서 언급되었지만, 청동기시대 밭농사를 하면서 새롭게 저습지를 약간 개간하여 벼농사의 경작공간으로 한다면 기존의 생업공간을 위협하지 않으며 새로운 식량자원의 확보가 가능한 작물을 재배할 수 있게 되며 이때 밭농사 작물의 파종과 수확기간과 논농사의 작물인 벼의 모내기와 수확기간이 중복되지 않을 경우 식량 확보 실패가능성을 최소화하면서 또 다른 식량원을 크게 확보할 수 있는 것이어서 벼농사의 도입과 확산이 순조롭게 이루어졌을 가능성이 있다.

조개의 성격을 구황식품으로 보는가 아니면 기호식품으로 보는 가에 따라서 패총의 성격과 형성과정 그리고 규모의 의미가 다르며 양자가 혼합되었다 하더라도 그 비중을 어떻게 보는가에 따라 신석기시대 시기별 생업유형전이과정과 농경채택과정에 대한 설명이 다르게 될 것이다. 또 인구압력을 느꼈을 때 선사시대 집단이 대응할 수 있는 전략은 먹지 않던 식물을 식량으로 먹는 것과 같이 식량범위를 넓히는 것이며 이러한 전략을 '광범위 식량경제(broad-spectrum economy)'라 할 수 있을 것이며 다른 전략은 특정작물을 집중적으로 먹는 전략인데(intensification) 어느 것도 가능하지 않을 때에는 다른 장소로 이동하는 전략일 것이다. 이렇듯 동태적인 생업전략 속에서 선사시대 사람들의 농경행위도 이해될 필요가 있다. 마지막으로 흉년에 대비한 경제활동(the lean year economy)의 하나로서 농경을 포함한 생업활동의 종류와 비중을 검토할 필요가 있다(Halstead et al 1989).

동물의 사육화과정은 동물의 종류에 따라 다양하다. 예를 들면 개와 고양이는 사육과정이 다를 수 있다. 개는 주인에 의해 순화되고 사육화되지만 고양이는 주인뿐만 아니라 자신의 영역을 개보다도 더 지키려는 점에서 주인에 대한 충성도에서 개와는 차별화된다. 고양이과 동물의 순화 과정과 주인과의 관계는 개과 동물의 순화과정과 주인과의 관계와는 다르다.

야생동물이 순화되어 가축화됨으로써 가축은 또 다른 방법의 저장수단(이준정 2009)으로 식량이 부족한 시기에 식량을 확보하게 하는 좋은 수단이어서 주목된다. 냉장고가 없어서 쉽게 부패되던 시절인 선사시대에 또 다른 저장수단으로서 가축을 기르는 것은 큰 장점을 가진 전략적인 선택이다. 또 사람이 먹고 남긴 음식물폐기물을 먹으며 사는 가축 즉 사람과 음식을 다투지 않는 가축의 경제적 가치는 더욱 크다고 할 것이다. 그러한 점에서 인분을 먹고 살던 제주도 돼지의 경우 폐기물자원의 효율적 운영이라는 전략적 선택이며 전통이라는 점에서 주목된다. 앞으로 다양한 시각에서 가축을 기르게 된 과정과 실제적 전략과 지혜를 환경생태적 관점과 사회문화적·상징적 관점으로도 검토할 필요가 있다.

　농경의 연구에 있어서 구석기시대 수렵채집집단이 기근에 시달리는 것이 아니라 풍요롭게 살았을 가능성(affluent hunter-gather)도 염두에 두고 농경으로의 전이과정을 검토할 필요가 있다. 실제 아프리카 칼라하리사막에 사는 쿵부쉬맨들은 주변의 농경주민들이 기근에 시달릴 때에도 적은 노동력을 들이며 풍요롭게 살고 있는 모습이 민족지로 조사된 바 있기 때문이다. 농경으로의 전이과정에서 인구압을 느끼게 되는 것이 문화적인 변수와 크게 관련되는 양상은 먹거리의 범위설정기준(food spectrum)이 문화적이라는 사실이다. 즉 힌두교도가 쇠고기를 먹거리의 범위에서 제외하고 이슬람교도가 돼지고기를 먹거리의 범위에서 제외하면서 해당지역의 인구부양력이 달라짐으로 인구압력의 정도도 달라지는데, 이것은 문화적 규범에 의해 인구압력이 달라지는 것을 잘 보여준다. 실제 먹거리가 부족한 장소나 시기를 지탱할 수 있게 하는 냉동, 건조, 짜게 저리기, 가축화 등과 같은 저장방식의 개발이나 먹지 못하는 식재를 도토리의 탄닌성분제거를 통해 도토리묵으로 만들어 먹게 만드는 식재처리방식 그리고 요리방식을 통하여 먹을 수 있게 만들어 인구압력을 줄일 수 있다. 이렇듯 농경으로의 전이과정을 다양한 시각에서 검토하고 평가할 필요가 있다.

3. 농경자료출토 정황의 체계적 기록과 제학문간 교류의 강화

농경자료가 유구에서 출토될 경우 그 자료의 출토정황을 정확하게 체계적으로 기록할 필요가 있다. 식물유체의 경우 그 식물의 종류를 밝히는 일이 쉽지 않으며 더 정확하고 체계적으로 기록한 후 그러한 자료를 집성하여야 학술적으로 더 의미 있는 자료가 될 것이다. 층위와 유구의 성격 등 출토정황이 정확하지 않은 농경자료는 그만큼 학술적 의미가 떨어짐을 잊지 말아야 한다.

식물유체(벼품종연구, 화분연구, 식물규소체연구 등), 동물유체, 인골의 연구를 위해서는 식물학, 동물학, 화학, 유전자학, 동위원소분석학, 토양학 등 다양한 분야의 과학적 분석을 더 적극적으로 사용하고 여러 학문간의 교류가 더 활성화될 필요가 있다. 2000년대 들어와 비교적 활발하게 이루어지고 있으나 아직 만족할만한 수준이라고 할 수 없다.

4. 광역적 연구와 지역성 연구 강화

현재 우리나라, 중국, 일본, 러시아 연해주를 포함한 동아시아지역이 연구대상지역으로 확대되고는 있으나 이러한 광역적 연구도 더 활성화되어야 하며 자료집성도 공동으로 자주 이루어져야 할 필요가 있다. 특히 환경변화와 농경의 연구에 있어서 동아시아 여러 지역에서의 환경연구결과를 종합적으로 비교검토하면서 농경연구를 할 필요가 있다. 또 인도 아샘지구나 중국 운남성 등지의 야생종 벼가 존재하는 지역의 연구사례도 함께 검토하고 유럽지역의 농경화과정도 비교 검토하는 등 전 세계적인 농경전개양상의 추적이라는 관점에서 자료를 검토할 필요가 있다.

농경의 광역적 연구와 더불어 이루어져야 하는 것이 농경의 지역성연구와 시기별 지역농경의 전개양상의 연구를 강화하고 심화시키는 일이다. 한 반도의 농경양상과 동아시아의 농경양상 그리고 전 세계의 동시기 농경양 상을 비교 검토하는 것이 필요한데 이의 출발점이 작은 지역 농경의 지역 성 연구, 즉 작은 지역 농경의 비중과 특성 연구이다.

5. 농경도구와 농경기술의 연구, 민족지자료의 적극적 활용

농경도구의 종류와 출현 시기 그리고 유행 시기, 그러한 농경도구를 필 요로 하는 농경기술을 종합적으로 연구할 필요가 있으며 농경도구와 농경 기술의 체계적 연구를 위해서는 현존 원시수렵채집민이나 농경민들의 민 족지자료도 적극적으로 활용하여야 할 것으로 보인다. 농경도구의 제작단 계에서 사용단계 그리고 폐기단계와 재사용의 과정을 종합적으로 고려하 며 사용흔 분석을 통하여 사용동작이나 사용방법을 이해하려고 해야 할 것이다. 민족지학과 고고학의 융합적 연구, 농경민족지학과 농경기술을 고 고학과 융합하는 연구 등이 활발히 진행될 필요가 있다. 이러한 융합적 연 구가 기존의 연구가 갖는 한계를 극복하게 하는 계기가 될 것이다.

6. 생업연구를 넘어서 사회연구와 상징과 의미의 연구로

생업의 한 유형으로서 농경연구 또는 생태적·환경적 농경연구의 틀을 넘어서 사회연구와 농경의 상징성연구 그리고 농경과 관련된 상징의례연 구도 함께 진행되어야 한다. 수리시설의 확충과 관리 그리고 사회분화의 진행이 어울어진 농경의 집약화과정의 연구가 요구되며 농경의 조직화와 사회변화의 체계적 추적과 검토가 요구된다. 주지하듯 지석묘는 농경사회 의 기념물로서 집단의 생업영역이나 생활영역을 표시하며 조상숭배를 통

해 사회단합을 강조하며 집단의 안녕을 희구하던 정착농경사회의 토지문
서역할을 했던 유구로 볼 수 있다. 이렇듯 농경연구도 단순한 생업연구가
아니라 사회연구 더 나아가 새로운 우주관과 관념을 가진 생활방식과 세
계관으로서의 농경연구로 확대하여 연구할 필요가 있다고 본다.

참고문헌

강인구·이건무·한영희·이강승, 1979, 『송국리 I』, 국립중앙박물관

경남발전연구원 역사문화센터, 2011, 『진주 평거3-1지구 유적 I~IV』

_____, 2012, 『진주 평거4-1지구 유적 I~III』

경상대학교박물관, 1999, 『진주 대평리 옥방2지구 선사유적』

_____, 2001, 『진주 대평리 옥방3지구 선사유적』

고려대학교매장문화재연구소, 1999, 『論山麻田里遺蹟』

국립가야문화재연구소, 2012, 『한국 목기자료집 I-농기구 및 공구편』

국립광주박물관, 1997, 『광주 신창동 저습지 유적 I』

_____, 2012, 『2,000년 전의 타임캡슐』, 광주 신창동 유적 사적 지정 20주년
　　　기념 특별전

국립김해박물관, 2008, 『비봉리』

국립문화재연구소, 2014, 『고성 문암리유적 II』

_____, 2015a, 『동아시아 고고식물 선사시대 한국편』

_____, 2015b, 『동아시아 고고식물 선사시대 중국편』

_____, 2015c, 『동아시아 고고식물 선사시대 일본편』

_____, 2015d, 『한국 신석기시대 고고식물 압흔보고서』

국립중앙박물관, 2000, 『겨레와 함께한 쌀』, 통천문화사

_____, 2006, 『한국 선사유적 출토 곡물자료집성』, 동북아선사문화연구총서

국립진주박물관, 2002, 『청동기시대의 대평·대평인』

김권구, 2005, 『청동기시대 영남지역 농경사회』, 학연문화사

김권구·배성혁·김재철, 2007, 『김천 송죽리유적 II』, 계명대학교 행소박물관·한국토
　　　지공사 대구경북지역본부

김범철, 2011, 『쌀의 고고학-한국 청동기시대 水稻作과 정치경제』, 민속원

김용간·석광준, 1984, 『남경유적에 관한 연구』, 과학·백과사전출판사

김원용·임효재·최몽룡·여중철·곽승훈, 1973, 『흔암리 주거지 : 한강변 선사취락지
　　　발굴진전 보고』, 서울대학교 고고인류학총간4, 서울대학교

대한문화유산연구센터, 2011, 『고대 동북아시아의 水利와 祭祀』, 학연문화사

도유호·황기덕, 1961, 『지탑리 원시유적 발굴보고』, 과학원출판사

동아대학교박물관, 2002, 『진주옥방유적』

동양대학교박물관, 2010, 『안동저전리유적』

밀양대학교박물관·동의대학교박물관, 2001, 『울산 야음동유적』

백홍기·지현병·박영구, 2002, 『강릉 교동 주거지』, 강릉대학교 박물관·강릉시

복천박물관, 2005, 『선사·고대의 요리』, 세한기획

_____, 2011, 『인간, 바다, 그리고 삶−선사·고대의 패총』, 세한기획

소상영, 2016, 『한반도 중서부 지방 신석기 문화 변동−시간의 흐름과 생계·주거 체계의 변화』, 서경문화사

안승모, 1998a, 『동아시아 선사시대의 농경과 생업』, 학연문화사

_____, 1999, 『아시아 재배벼의 기원과 분화』, 학연문화사

영남문화재연구원, 2002, 『대구 동천동 취락유적』

_____, 2010, 『대구 매천동유적』

_____, 2013, 『대구 서변동 취락유적 II』

우리문화재연구원·수리토목연구회, 2014, 『水利·土木考古學의 現狀과 課題』

이선복, 1988, 『고고학개론』, 이론과 실천

이종철, 2016, 『청동기시대 송국리형문화의 전개와 취락 체계』, 진인진

이홍종·이희진 편, 2014, 『청동기시대의 고고학1−인간과 환경−』, 한국고고환경연구소 학술총서 12, 서경문화사

임효재, 1978, 『흔암리주거지 4 : 한강변 선사취락지 발굴 진전 보고』, 서울대학교 고고인류학 총간 8, 서울대학교

조현종·박영만, 2009, 『광주 신창동 저습지유적 출토 식물과 동물』, 국립광주박물관

조현종·신상효·장제근, 1997, 『광주 신창동 저습지유적 I』, 국립광주박물관

중앙문화재연구원, 2001, 『울산 야음동유적』

질 들뤽·브리지트 들뤽·마르틴 로크 지음/조태섭·공수진 옮김, 2016, 『선사시대의 식탁』, 사회평론

충청문화재연구원, 2009, 『천안 백석동 고재미골 유적』

한국고고학회, 2002, 『韓國 農耕文化의 形成』, 학연문화사

_____, 2013, 『농업의 고고학』, 한국고고학회 학술총서 5, 사회평론

한국고고환경연구소, 2010, 『한국고대의 수전농업과 수리시설』, 서경문화사

한창균·김근완·구자진, 2003, 『옥천 대천리 신석기유적』, 한남대학교중앙박물관·한국고속철도건설공단

宮本一夫, 2009, 『農耕の起源を探る−イネの來た道』, 吉川弘文館, 東京

中山誠二 編, 2014, 『日韓における穀物農耕の起源』, 山梨縣立博物館

後藤 直, 2006, 『朝鮮半島初期農耕社會の硏究』, 同成社, 東京

Duke P. and Wilson M.C.(eds.), 1995, *Beyond Subsistence-Plains Archaeology and the Postprocessual Critique*, The University of Alabama Press, *Tuscaloosa, Alabama*

Halstead P. and O'shea J.(eds.), 1989, *Bad Year Economics-Cultural Responses to Risk and Uncertainty*, Cambridge University Press, Cambridge

강인욱, 2009, 「연해주 남부 신석기시대 자이사노프까문화의 유형·분기 및 원시농경에 대하여」 『선사 농경 연구의 새로운 동향』, 안승모·이준정 편, 사회평론

경남발전연구원 역사문화센터, 2008, 「진주 평거 3지구 택지개발사업지구(Ⅰ구역)내 문화유적 발굴조사 지도위원회 자료집(6차)」

경남문화재연구원, 2008, 「진주 평거 3택지 개발사업지구내유적 발굴조사(Ⅱ지구) 3차 현장설명회자료」

고민정, 2011, 「稻作의 始作과 청동기시대 社會分化」 『청동기시대 農耕을 생각한다』, 한국청동기학회 생업분과 제4회 워크숍 자료

고민정·Martin T. Bale, 2009, 「청동기시대 후기 농경 집약화와 사회조직-진주 대평리 유적을 중심으로-」 『경남연구』 1, 경남발전연구원 역사문화센터

고일홍, 2009, 「농경 자료 해석에 대한 이론과 방법론 검토-영국 사례를 중심으로」 『선사 농경 연구의 새로운 동향』, 안승모·이준정 편, 사회평론

_____, 2010, 「청동기시대 전기의 농경방식 재조명-화전농경에 대한 비판적 검토를 중심으로-」 『한국상고사학보』 67

곽승기, 2017, 「특정화합물 안정동위원소분석법을 이용한 청동기시대 중서부지방 생업 양상 연구」 『한국상고사학보』 95

곽종철, 1993, 「先史·古代 稻 資料 出土遺蹟의 土地條件과 稻作·生業」 『古文化』 42·43 合輯(韓國大學博物館協會)

_____, 1995, 「신석기시대 토기태토에서 검출된 벼의 plant-opal」 『한국고고학보』 32

_____, 2000, 「發掘調査를 통해 본 우리 나라 古代의 水田稻作」 『韓國古代의 稻作文化』 (國立中央博物館 學術심포지엄 發表要旨), 국립중앙박물관

_____, 2002, 「우리나라의 선사~고대 논밭 유구」 『韓國 農耕文化의 形成』, 韓國考古學會編, 학연문화사 : 25-93

_____, 2010a, 「청동기시대~초기철기시대의 수리시설」 『한국고대의 수전농업과 수리시설』, 한국고고환경연구소학술총서 8, 서경문화사

_____, 2010b, 「부록 2. 시대별·지역별 각종 수리시설」 『한국고대의 수전농업과 수리시설』, 한국고고환경연구소학술총서 8, 서경문화사

곽종철·藤原宏志·宇田津徹朗·柳澤一男, 2001, 「신석기시대 토기 태토에서 검출된 벼

의 plant-opal」『韓國 古代 稻作文化의 起源 : 金浦의 古代米를 중심으로』, 학연
문화사

곽종철·문백성, 2003a, 「논유구 조사법 재론」『호남고고학보』 18

곽종철·이진주, 2003b, 「우리나라 논유구 집성」『한국의 농경문화』 6, 경기대학교박
물관

구자진, 2003, 「옥천 대천리의 신석기시대 집자리에 대한 연구」, 한남대학교 석사학위
논문

宮本一夫, 2005, 「園耕과 繩文農耕」『한국신석기연구』 10

권경숙, 2011, 「호남지역 청동기시대 석기조성과 생업경제」, 전남대학교 석사학위논문

길경택, 1985, 「한국선사시대의 농경과 농구의 발달에 관한 연구」『고문화』 27

甲川純子, 2001, 「상촌리유적 출토 탄화 종실의 동정」『진주 상촌리선사유적』, 동아대
학교 박물관

김건수, 2014, 「제5장 청동기시대 어패류 연구」『청동기시대의 고고학 1-인간과 환경-』,
한국고고환경연구소 학술총서 12, 서경문화사

김권구, 2008, 「한반도 청동기시대 목기에 대한 고찰-남한지역의 목기를 중심으로-」『한
국고고학보』 67

김도헌, 2003, 「선사·고대 논의 관개시설에 대한 검토」『호남고고학보』 18

_____, 2004, 「선사·고대 논의 발굴조사 사례검토」『발굴사례 연구논문집』, 창간호,
한국문화재조사연구전문기관 협회

_____, 2005, 「고고자료로 본 고대의 농경-영남지역을 중심으로-」『선사·고대의 생
업경제』(제9회 복천박물관 학술발표회), 복천박물관

_____, 2006, 「선사·고대의 경작유구에 대한 검토」『석헌정징원교수 정년 퇴임기념
논총』

_____, 2008a, 「선사·고대의 농구 조합과 생산력의 변화-영남지방을 중심으로-」『영
남고고학』 47

_____, 2008b, 「청동기시대의 농경과 사회」『청동기시대 생계와 사회경제』, 제2회 한
국청동기학회 학술대회 발표요지, 한국청동기학회

_____, 2010, 「영남 지역의 원시·고대 농경 연구」, 부산대학교 고고학과 문학박사학
위논문

_____, 2011, 「농구로 본 청동기시대 농경」『청동기시대 農耕을 생각한다』, 한국청동
기학회생업분과 제4회 워크숍 자료집

_____, 2013, 「농기구와 농경」『농업의 고고학』, 한국고고학회 학술총서 5, 한국고고학
회편, 사회평론

김민구, 2008, 「탄화 밀을 이용한 작물 생산성의 이해」『한국고고학보』 68

_____, 2009, 「조몬사회의 식물 이용과 人爲改變에 의한 유적 주변 식물군의 변화」『선사 농경 연구의 새로운 동향』, 안승모·이준정 편, 사회평론

_____, 2010, 「영산강유역 초기 벼농사의 전개」『한국고고학보』 75

_____, 2012, 「식물자료를 이용한 농업연구 : 몇 가지 이론적 고찰」『농업의 고고학』, 제36회 한국고고학전국대회, 한국고고학회

_____, 2013, 「농업연구와 식물자료 : 몇 가지 이론적 과제」『농업의 고고학』, 한국고고학회학술총서 5, 사회평론

_____, 2014, 「제2장 야생 식용식물」『청동기시대의 고고학 1-인간과 환경-』, 한국고고환경연구소 학술총서 12, 서경문화사

김민구·권경숙, 2010, 「제주도 송국리문화의 석기조성과 생업경제-호남지역과의 비교-」『호남고고학보』 36

金民玖·朴正宰, 2011, 「江原 嶺東地域 靑銅器時代 벼農事의 農耕集約化」『한국고고학보』 제79집

김민구·류아라·김경택, 2013, 「탄화작물을 통한 부여 송국리유적의 선사농경 연구」『호남고고학보』 44

김범철, 2005, 「금강하류역 송국리형 취락의 형성과 稻作集約化 : 취락체계와 토양분포의 공간적 상관관계에 관한 GIS분석을 중심으로」『송국리문화를 통해 본 농경사회의 문화체계』, 高麗大學校 考古環境硏究所 편, 서경문화사, 서울

_____, 2006a, 「중서부지역 靑銅器時代 水稻 生産의 政治經濟 : 錦江 중·하류역 松菊里型 聚落體系의 위계성과 稻作集約化」『한국고고학보』 58

_____, 2006b, 「충남지역 송국리문화의 생계경제와 정치경제-농업집약화 관련 설명모형을 통해본 水稻作」『호남고고학보』 24

_____, 2009, 「농업집약화와 복합적인 사회조직의 발달-송국리형 취락의 형성과 水稻作-」『선사 농경 연구의 새로운 동향』, 안승모·이준정 편, 사회평론

김병섭, 2003, 「한국 고대 밭유구에 대한 검토」『고문화』 62

_____, 2009, 「밭유구의 調査方法과 田作方法」『한국과 일본의 선사·고대 농경기술』, 한·일 국제학술대회, 경남발전연구원 역사문화센터

_____, 2011, 「청동기시대 농경관련 유적의 검토」『청동기시대 農耕을 생각한다』, 한국청동기학회 생업분과 제4회 워크숍 자료집

_____, 2013, 「영남지역 청동기시대 농경유적 재고」『경남연구』 8

김성욱, 2009, 「한반도 초기농경 연구에 유용한 분석법」『제7회 매장문화재조사연구원 교육』, 한국문화재조사연구기관협회

김원용, 1972, 「한국반월형석도의 발생과 전개」『사학지』 6

김장석, 2003a, 「중서부 후기 신석기시대의 토지이용전략과 자원이용권 공유」『선사와 고대』 18

_____, 2003b, 「남한지역 후기 신석기-전기 청동기 전환 : 자료의 재검토를 통한 가설의 제시」『한국고고학보』 48

_____, 2005, 「한국 선사시대의 식량가공과 조리」『선사·고대의 생업경제』(제9회 복천박물관 학술발표회), 복천박물관

_____, 2009, 「농경사회로의 전환에 대한 이해」『선사 농경 연구의 새로운 동향』, 안승모·이준정 편, 사회평론

김장석·양성혁, 2001, 「중서부 신석기시대 편년과 패총 이용전략에 대한 새로운 이해」『한국고고학보』 45

김재홍, 2005, 「고대 농업의 발전과 작물」『선사·고대의 생업경제』(제9회 복천박물관 학술발표회)

김정희, 1997, 「우리나라 선사시대 벼농사의 새로운 연구-한강유역 토기 바탕흙의 식물규소체 분석자료를 중심으로-」, 충북대학교 석사학위논문

_____, 2013, 「일산 가와지유적의 규소체 분석과 의미」『고양 가와지 볍씨와 아시아 쌀농사의 조명』, 고양 600년 기념 국제학술회의, 고양시·한국선사문화연구원

김종일, 2004, 「유럽의 농업 기원과 농업공동체의 확산」『한국신석기연구』 7

_____, 2009, 「삶과 죽음의 토포필리아 Topophilia-한국 청동기시대 농업공동체의 등장과 경관」『선사 농경 연구의 새로운 동향』, 안승모·이준정 편, 사회평론

김헌석, 2014, 「대포패총출토 인골의 연대와 식성에 관해서」『한국신석기연구』 20

김현준, 1996, 「청동기시대 취락의 입지조건을 통해서 본 생업연구-출토유물을 중심으로-」, 한양대학교 석사학위논문

넬슨, S.M.(이승민 譯), 2001, 「한국 선사시대의 사회정치적 발전과 농경과의 관계」『韓國 古代 稻作文化의 起源 : 金浦의 古代米를 중심으로』, 학연문화사

노중국, 2010, 「한국고대의 수리시설과 농경에 대한 몇 가지 검토」『한국고대의 수전농업과 수리시설』, 한국고고환경연구소학술총서 8, 서경문화사

동아세아문화재연구원, 2007, 「진주 평거 3지구 택지개발사업지구내92-2구역) 유적 발굴조사 중간 현장설명회」

류춘길·최미경, 2013, 「식물규소체 분석을 통한 재배작물 분석」『제1회 동아시아 농경연구 국제워크숍-자연과학에서 본 농경출현-자료집』, 국립문화재연구소

문백성, 2009, 「논유구 조사방법 및 분석과 해석」『한국과 일본의 선사·고대 농경기술』, 한·일 국제학술대회, 경남발전연구원 역사문화센터

문영롱, 2014, 「제1장 고기후와 고식생」『청동기시대의 고고학1-인간과 환경-』, 한국
　　고고환경연구소 학술총서 12, 서경문화사

박성근, 2016, 「신석기시대의 채집·농경구」『신석기시대 석기론』, 중앙문화재연구원
　　엮음, 진인진

박정미, 2001, 「한국 선사시대 재배벼의 특징에 관한 연구」, 충북대학교 석사학위논문

박지훈·박윤정·조미순, 2014, 「화분분석으로 본 고성 문암리 유적의 신석기시대 중
　　기 이후 식생변천 및 농경활동」『한국신석기연구』27

박태식·이영호, 2003, 「포항 원동 3지구(IV구역) 청동기시대 주거지 출토탄화곡물 분
　　석」『포항 원동 제3지구 문화유적 발굴조사 보고서』, 한국문화재보호재단

박태식·이융조, 1995, 「고양 가와지 1지구 출토 벼 낟알들과 한국 선사시대 벼농사」
　　『농업과학논문집』, 37-2, 농촌진흥청

박태식·이융조·윤용현, 1996, 「보령 평라리 청동기시대 집터 출토 식물씨앗 분석」
　　『평라리 선사유적』, 충북대학교박물관

山崎純男(土田純子 역), 2014, 「제4장 토기에서 관찰되는 동·식물상-토기의 압흔에 대
　　한 연구」『청동기시대의 고고학 1-인간과 환경-』, 한국 고고환경연구소 학술
　　총서 12, 서경문화사

西谷正(최종혁 譯), 2001, 「일본 원시농경과 한국과의 관계」『韓國 古代 稻作文化의 起
　　源 : 金浦의 古代米를 중심으로』, 학연문화사

小畑弘己, 2013a, 「동삼동 패총·비봉리유적 출토 기장·조 압흔의 동정과 그 기준」『한
　　국 신석기연구』25

　　　　　, 2013b, 「日本の先史時代の栽培植物と稻作の始まり」『고양 가와지 볍씨와 아
　　시아 쌀농사의 조명』, 고양 600년 기념 국제학술회의, 고양시·한국선사문화연
　　구원

손준호, 2005, 「관창리유적 마제석기 분석-생계유형과 사회조직 복원을 위한 시론적
　　검토」『송국리문화를 통해 본 농경사회의 문화체계』, 서경문화사

　　　, 2008, 「石器 組成比를 통해 본 靑銅器時代 生計와 社會經濟」『한국청동기학보』3

　　　, 2014, 「도구의 사용과 생계」『청동기시대의 고고학1-인간과 환경』, 한국고고환
　　경연구소 학술총서 12, 서경문화사

孫晙鎬·中村大介·上條信彦, 2011, 「청동기시대 식물 연구를 위한 새로운 분석법 : 토
　　기 압흔 및 잔존 녹말 분석」『청동기시대 農耕을 생각한다』, 한국청동기학회
　　생업분과 제4회 워크숍 자료집

송은숙, 2001, 「신석기시대 생계방식의 변천과 남부내륙지역 농경의 개시」『호남고고
　　학보』14

_____, 2005, 「한국 신석기시대의 초기농경의 특징」『동북아시아 잡곡농경의 기원과 전개』(잡곡자료로 본 극동지역의 농경수용과 확산과정의 실증적인 연구 제2회 연구발표회자료집), 원광대학교 고고미술사학과·구마모토대학 문학부

_____, 2009, 「신석기시대 농경의 확산과정-한국 남부지역을 중심으로-」『선사 농경 연구의 새로운 동향』, 사회평론

신상효, 2011, 「청동기시대 농경취락의 문화적 특성」『考古學誌』 17, 국립중앙박물관

신숙정, 2001, 「우리나라 청동기시대의 생업경제-경기도를 중심으로 한 시론-」『한국 상고사학보』 35

_____, 2002, 「청동기시대 전기의 농사짓기에 대한 이해」『동방학지』 115, 연세대국학 연구소

신종환, 2017 「韓國 新石器時代 社會 文化相 硏究」, 경북대학교 대학원 문학박사학위논 문

신지영·강다영·김상현·정의도, 2013, 「부산 가덕도 장항 유적 출토 인골의 안정동 위원소분석을 통해 본 신석기시대의 식생활 양상」『분석과학』 26

안덕임, 1993, 「한국선사시대 식생활-동물성식료」『동아시아 식생활학회지』 3(2)

_____, 2006, 「동위원소 분석을 통한 식생활 복원 연구-고남리 패총을 중심으로-」『한 국상고사학보』 54

_____, 2009, 「미량원소(Ba, Sr, Zn) 분석법을 이용한 연대도 유적 출토인골에 대한 고 식생활 연구」『한국상고사학보』 54

안승모, 1983, 「한반도 선사시대 출토 곡류와 농구」『한국의 농경문화』, 경기대학교

_____, 1985, 「한국반월형석도의 연구-발생과 변천을 중심으로」, 서울대학교 고고미술 사학과 석사학위논문

_____, 1993a, 「동아시아 초기수확구의 종류와 분포」『민족문화』 6, 한성대학교 민족 문화연구소

_____, 1993, 「한국선사시대의 식생활-식물성식료」『동아시아 식생활학회지』 3(2)

_____, 1996, 「한국 선사농경연구의 성과와 과제」『선사와 고대』 7

_____, 1997, 「한민족과 농경문화의 기원에 대한 비판적 소고」『연구논문 2집, 역사와 문화』, 동의대학교 인문사회연구소

_____, 1998b, 「선사농경의 득과 실-수렵채집경제와의 비교」『동아시아 선사시대의 농경과생업』, 학연문화사

_____, 1998c, 「中國 初期稻作의 新資料」『호남고고학보』 8

_____, 2000a, 「도작의 출현과 확산」『한국 고대의 도작문화』, 국립중앙박물관 학술심 포지움발표요지

_____, 2000b, 「한반도 벼농사 기원에 관한 제논의」, 『한국고대사논총』 9, 駕洛國史蹟開發研究院

_____, 2001a, 「한국과 일본의 초기도작-미완의 과제들」, 『호남고고학보』 13

_____, 2001b, 「제1편 고대의 농구」, 『전통 농경의 역사 한국의 농기구』, 어문각

_____, 2001c, 「고양시 일산지구 출토 벼 자료의 수수께끼」, 『벼의 기원 및 전래와 쌀브랜드화 전략』, 한국쌀연구회 총서 11

_____, 2002a, 「두류 재배 기원에 대한 고고학적 고찰」, 『한국콩연구회지』 19-2

_____, 2002b, 「강릉 교동유적 출토 탄화미 분석」, 『강릉 교동 주거지』, 강릉대학교 박물관

_____, 2002c, 「신석기시대의 식물성식료(1)-야생식용식물 자료」, 『한국 신석기시대의 환경과 생업』, 동국대학교 매장문화재연구소 편

_____, 2005a, 「한국 남부지방 신석기시대 농경 연구의 현상과 과제」, 『한국 신석기연구』 10

_____, 2005b, 「재배맥류의 기원과 전파」, 『한국고고학보』 55

_____, 2005c, 「한반도 선사와 고대의 피자료 검토」, 『동북아시아 잡곡농경의 기원과 전개』, 원광대학교 고고미술사학과·구마모토대학 문학부 공동연구발표회

_____, 2006a, 「남부지방에서의 농업, 정주취락의 출현과 사회변화」, 『남부지방 신석기문화의 제문제』, 2006년 한국신석기학회 학술대회 발표자료집

_____, 2006b, 「동아시아 정주취락과 농경 출현의 상관관계-한반도 남부지방을 중심으로-」, 『한국신석기연구』 11

_____, 2007, 「作物遺體를 중심으로 본 韓半島 先史農耕」, 『日本考古學協會 2007年度 熊本大會 研究發表資料集』, 日本考古學協會 2007年度 熊本大會實行委員會

_____, 2008a, 「韓半島靑銅器時代의 作物組成-種子遺體를 中心으로-」, 『호남고고학보』 28

_____, 2008b, 「韓半島 先史·古代 遺蹟 出土 作物資料 解題」, 『極東先史古代の穀物』 3, 熊 本大學

_____, 2009a, 「청원 소로리 토탄층 출토 볍씨 재고」, 『한국고고학보』 70

_____, 2009b, 「작물 유체 분석의 문제점」, 『선사 농경 연구의 새로운 동향』, 안승모·이준정 편, 사회평론

_____, 2011, 「송국리유적 출토 탄화미 고찰」, 『고고학지』 17

_____, 2012a, 「동아시아 조, 기장 기원 연구의 최근 동향」, 『신석기문화의 양상과 전개』, 중앙문화재연구원 편, 서경문화사

_____, 2012b, 「종자와 방사성탄소연대」, 『한국고고학보』 83

_____, 2013a, 「식물유체로 본 시대별 작물조성의 변천」『농업의 고고학』, 한국고고학
회 학술총서, 한국고고학회 편, 사회평론

_____, 2013b, 「자연과학에서 본 농경 출현-재배벼 기원을 중심으로」『제1회 동아시
아 농경연구 국제워크숍-자연과학에서 본 농경 출현』, 국립문화 재연구소

_____, 2013c, 「가와지볍씨와 점토대토기문화 단계의 벼농사」, 『고양 가와지 볍씨와
아시아 쌀 농사의 조명』, 고양 600년 기념 국제학술회의, 고양시·한국선사문
화연구원

_____, 2014a, 「서기전 6-5천년기 한반도 남해안과 양쯔강 하류역의 생업비교-융기문
토기문화와 콰후차오·허무두 문화를 중심으로-」『한국신석기연구』 27

_____, 2014b, 「제1장 작물」『청동기시대의 고고학 1-인간과 환경-』, 한국고고환경연
구소학술총서 12, 서경문화사

_____, 2015 「한국 신석기시대 연구의 최근 성과와 과제」『신석기시대 연구의 성과와
과제』, 국립중앙박물관

_____, 2016, 「한국 남부지방 신석기시대 농경 연구의 현상과 과제」『한국 신석기시대
연구』, 서경문화사

안승모·이준정, 2009, 「DNA 분석을 통해 본 구대륙 곡물과 가축의 기원」『선사 농경
연구의 새로운 동향』, 안승모·이준정 편, 사회평론

안재호, 2000, 「한국 농경사회의 성립」『한국고고학보』 43

_____, 2010, 「부록 1. 각 지역의 경작유구」『한국고대의 수전농업과 수리시설』, 한국
고고환경연구소학술총서 8, 서경문화사

王巍(김영희 譯), 2001, 「중국 선사시대 도작유적의 새로운 발견과 한반도로의 전파」
『韓國 古代 稻作文化의 起源 : 金浦의 古代米를 중심으로』, 학연문화사

外山秀一(이희진 역), 2014, 「제3장 한반도의 청동기시대 도작농경과 지형환경」『청동
기시대의 고고학 1-인간과 환경-』, 한국고고환경연구소 학술총서 12, 서경문
화사

유병록, 2002, 「대구지역의 초기농경」『韓日 初期農耕 比較硏究』, 大阪市學藝員等共同硏
究韓半島綜合學術調査團

_____, 2014, 「한반도 남부 조·전기~중기 취락의 변천과 농경」『청동기시대 한·일
농경문화의 교류』, 제8회 한국청동기학회 학술대회, 한국청동기학회

윤순옥, 1997, 「花粉分析을 중심으로 본 一山지역의 홀로세 環境變化와 古地理復元」『대
한지리학회지』 32(1)

윤순옥·김혜령·황상일·최정민, 2005, 「밀양 금천리의 홀로세 후기 환경변화와 농경
활동」『한국고고학보』 56

윤정국, 2016, 「한반도 중동부지역 신석기시대 생계유형의 검토-석기분석을 중심으로-」
    『한국신석기연구』 31

윤호필, 2005, 「충적지형에 입지한 유적 조사법 및 분석방법」 『발굴사례・연구논문집』
    2, 한국문화재조사연구전문기관협회

_____, 2008, 「청동기시대의 농경과 사회」 『청동기시대 생계와 사회경제』, 제2회 한국
    청동기학회 학술대회, 한국청동기학회

_____, 2009, 「진주 평거동유적으로 본 선사・고대의 농경기술」 『한국과 일본의 선
    사・고대 농경기술』, 한・일 국제학술대회, 경남발전연구원 역사문화센터

_____, 2010, 「농경으로 본 청동기시대의 사회」 『경남연구』 3, 경남발전연구원 역사문
    화센터

_____, 2012, 「경작유구를 통해 본 경지이용방식의 변천 연구」 『농업의 고고학』, 제36
    회 한국고고학전국대회, 한국고고학회

_____, 2013a, 「경작유구를 통해 본 경지이용방식의 변천 연구」 『농업의 고고학』, 한
    국고고학회 학술총서 5, 한국고고학회 편, 사회평론

_____, 2013b, 「경작유구를 통해 본 청동기시대의 생산과 소비-남강유역의 경작유적
    을 중심으로-」 『청동기시대 생산과 소비적 관점에서 바라 본 경제활동』, 제7회
    한국청동기학회 학술대회, 한국청동기학회

_____, 2014, 「한국 청동기시대 농경의 개시 및 전개」 『청동기시대 한・일 농경문화의
    교류』, 제8회 한국청동기학회 학술대회, 한국청동기학회

윤호필・고민정, 2006, 「밭유구 조사법 및 분석방법」 『야외고고학』 창간호

이경아, 1998, 「古民族植物學의 研究方向과 韓國에서의 展望」 『영남고고학』 23

_____, 1999, 「식물유체 복원법의 발달과 식물규소체 분석의 고고학적 의의」 『한국선
    사고고학보』 6

_____, 2000, 「송국리유적 제11차조사 출토 식물유체 보고」 『송국리 Ⅵ』, 국립부여박
    물관

_____, 2001a, 「상촌리유적 출토 식물유체 분석」 『진주 상촌리선사유적』, 동아대학교
    박물관

_____, 2001b, 「옥방 1지구 식물유체 분석」 『진주 대평리 옥방1지구 유적 Ⅰ』, 국립진
    주박물관

_____, 2001c, 「식물유체 복원법의 발달과 식물규소체 분석의 고고학적 의의」 『韓國 古
    代稻作文化의 起源 : 金浦의 古代米를 중심으로』, 학연문화사

_____, 2002, 「신창동 저습지유적 식물유체 분석」 『광주 신창동 저습지유적 Ⅳ』, 국립
    광주박물관

_____, 2004, 「마전리유적 식물유체분석」『마전리유적 : C지구』, 고려대학교 매장문화재연구소

_____, 2005, 「植物遺體에 基礎한 新石器時代 '農耕'에 대한 觀點의 再檢討」『한국신석기연구』 10

_____, 2006, 「중국 출토 신자료의 검토를 통한 벼의 작물화에 대한 고찰」『한국고고학보』 61

_____, 2007, 「동삼동패총 1호주거지 출토 식물유체 분석보고」『동삼동패총 정화구역 발굴 조사 보고서』, 부산박물관

_____, 2009, 「혼암리유적 출토 식물유체 연구의 한국고고학사적 의의」『선사 농경 연구의 새로운 동향』, 안승모 · 이준정 편, 사회평론

_____, 2013, 「농경의 개시와 토양」『제1회 동아시아 농경연구 국제워크숍-자연과학에서 본 농경 출현-자료집-』, 국립문화재연구소

_____, 2014, 「고성 문암리 유적 식물유체 및 전분분석」『고성 문암리 유적 II-분석보고서』, 국립문화재연구소

이경아 · 조은지, 2005, 「도삼리유적 식물유체 보고」『도삼리유적』, 고려대학교 고고환경연구소

이경아 · 윤호필 · 고민정 · 김춘영, 2011, 「신석기시대 남강유역 식물자원 이용에 대한 고찰」『영남고고학』 56

이경아 · 윤호필 · 고민정, 2012, 「선사시대 팥의 이용 및 작물화에 대한 고고학적 검토」『한국상고사학보』 75

이경아 · Crawford, G.W., 2002, 「옥방 1 · 9지구 출토 식물유체 분석보고」『진주 대평 옥방 1 · 9지구 무문토기시대 집락』, 경남고고학연구소

이기길, 1991, 「우리나라 신석기시대 주민들의 생계유형-암사동 · 동삼동 · 오산리유적을 중심으로-」『박물관기요』 7, 단국대학교 중앙박물관

이동주, 2000, 「남강유역의 신석기문화와 일본열도」『진주남강유적과 고대일본』, 경상남도 · 인제대학교 가야문화연구소

이상길, 1997, 「진주 대평리 전작지의 구조와 의의」『호남고고학의 제문제』, 제21회 한국고고학전국대회, 한국고고학회

_____, 2000a, 「南江流域의 農耕-大坪地域 밭을 中心으로-」『진주 남강유적과 고대일본』, 경상남도 · 인제대학교 가야문화연구소

_____, 2000b, 「農耕儀禮」『한국 고대의 도작문화』, 국립중앙박물관 학술심포지움 발표요지, 국립중앙박물관

_____, 2002, 「南部地方 初期農耕의 現段階-遺構를 中心으로」『韓日 初期農耕 比較研究』,

大阪市學藝員等共同研究 韓半島綜合學術調査團

_____, 2003, 「남강유역의 선사농경과 취락」『진주 남강유적과 고대일본』, 인제대학교 가야문화연구소

이상길·이경아, 1998, 「대평 어은1지구 유적과 식물유체」『남강댐 수몰지구의 발굴성 과』, 제7회 영남고고학회 학술발표회

이성주, 1999, 「마. 지석묘 : 농경사회의 기념물」『한국 지석묘(고인돌)유적 종합조사·연구(I)-분포, 형식, 기원, 전파 및 사회복원-』, 문화재청·서울대학교박물관

이융조·김정희, 1998, 「한국 선사시대 벼농사의 새로운 해석-식물 규소체 분석 자료 를 중심으로-」『선사와 고대』 11

이융조·박태식·하문식, 1994, 「한국 선사시대 벼농사에 관한 연구 : 고양가와지 2지 구를 중심으로」『성곡논총』 25

이융조·박태식·우종윤, 2013, 「고양 가와지볍씨의 발굴과 농업사적 의미」『고양 가 와지 볍씨와 아시아 쌀 농사의 조명』, 고양 600년기념 국제학술회의, 고양시· 한국선사문화연구원

이준정, 2001, 「수렵·채집 경제에서 농경으로의 轉移 과정에 대한 이론적 고찰」『영남 고고학』 28

_____, 2002a, 「남해안 신석기시대 생계전략의 변화양상 : 패총 출토 동물 자료의 새로 운 해석」『한국고고학보』 48

_____, 2002b, 「패총유적의 기능에 대한 고찰 : 생계·주거체계 연구를 위한 방법론적 모색」『한국고고학보』 46

_____, 2002c, 「유적의 계절성 연구 방법에 대한 비판적 검토」『우리나라 선사시대의 생업경제』, 제5회 호서고고학회 학술대회 발표자료집

_____, 2002d, 「駕島貝塚 신석기·청동기시대 생계양식의 변화상」『한국신석기연구』 3

_____, 2005, 「한반도 신석기시대의 생계 양상에 대하여」『선사·고대의 요리』, 복천 박물관, 세한기획

_____, 2009, 「또 하나의 저장 수단, 가축의 이용-한반도지역 가축 이용의 역사」『선 사 농경 연구의 새로운 동향』, 사회평론

_____, 2011a, 「作物섭취량 변화를 통해 본 農耕의 전개과정-한반도 유적 출토 인골에 대한 안정동위원소분석 결과를 중심으로-」『한국상고사학보』 73

_____, 2011b, 「사육종돼지의 한반도 출현시점 및 그 사회경제적·상징적 의미」『한국 고고학보』 79

_____, 2013, 「한반도 선사·고대 동물 사육의 역사와 그 의미」『농업의 고고학』, 한국 고고학회 학술총서 5, 한국고고학회 편, 사회평론

이춘녕·박태식, 1978, 「한국출토 탄화곡물에 관하여(1) : 흔암리선사주거지의 탄화미 측정」『서울대농학연구』 3-2-2

_____, 1979, 「부여군 초촌면 송국리 무문토기 주거지 출토 탄화미에 대하여」 『송국리 I』, 국립중앙박물관

이한상, 2006, 「청동기시대의 관개시설과 안동 저전리유적」『한·중·일 고대 수리시 설 비교연구』

이현혜, 1988, 「한반도 청동기시대의 경제적 배경-세형동검문화기를 중심으로」『한국 사연구』 56

_____, 1997, 「한국 고대의 밭농사」『진단학보』 84

_____, 2002, 「한반도 청동기시대의 밭농사」『진단학보』 94

_____, 2010, 「토지활용방식을 통해 본 한국고대 농업기술의 발전과정」『한국고대의 수전농업과 수리시설』, 한국고고환경연구소학술총서 8, 서경문화사

_____, 2013, 「한국 농업기술의 발전 과정과 연구 성과」『농업의 고고학』, 한국고고학 회 학술총서 5, 한국고고학회 편, 사회평론

이홍종, 1997, 「한국 고대의 생업과 식생활」『한국고대사연구』 12

_____, 2000a, 「초기 농경사회의 주거와 취락」『한국고대문화의 변천과 교섭』, 서경문 화사

_____, 2000b, 「우리나라의 초기 수전농경」『한국농공학회지』 42(3)

_____, 2005, 「호서지역의 수전경관」『저습지고고학』, 제11회 호서고고학회학술대회, 호서고고학회

_____, 2010, 「도작문화의 정착과 확산」『한국고대의 수전농업과 수리시설』, 한국고고 환경연구소학술총서 8, 서경문화사

_____, 2014, 「제2장 지형고고학」『청동기시대의 고고학1-인간과 환경-』, 한국고고환 경연구소 학술총서 12, 서경문화사

이희진, 2012, 「토양분석을 통해 본 한반도 초기 水田農耕의 일면」『한국고고학보』 82

_____, 2013a, 「토양을 활용한 고대 농경 복원」『농업의 고고학』, 한국고고학회 학술 총서 5, 한국고고학회 편, 사회평론

_____, 2013b, 「농경의 개시와 토양」『자연과학에서 본 農耕출현』, 제1회 동아시아 농 경연구 국제워크숍, 국립문화재연구소

_____, 2014a, 「지질고고학적 연구에 기초한 농경 초현기 경작 방식의 검토-중국과 근 동 및 중·북부유럽을 중심으로-」『한국신석기연구』 28

_____, 2014b, 「제3장 청동기시대의 지표환경과 토지이용」『청동기시대의 고고학1-인 간과 환경-』, 한국고고환경연구소 학술총서 12, 서경문화사

임상택, 2009, 「한반도 신석기시대 초기 농경의 수용과 문화변동」『선사 농경 연구의 새로운 동향』, 사회평론

임효재, 1991, 「韓國原始農耕文化의 展開」『韓國의 農耕文化』 3

_____, 2001, 「한국 선사시대의 농경」『韓國 古代 稻作文化의 起源 : 金浦의 古代米를 중심으로』, 학연문화사

임효재·유지만·김태식, 2001, 「김포 도사리 니탄층의 분석과 그 의의」『韓國 古代 稻作文化의 起源 : 金浦의 古代米를 중심으로』, 학연문화사

庄田愼矢, 2007, 「南韓 靑銅器時代의 生産活動과 社會」, 충남대학교 고고학과 고고학 전공 박사학위논문

정연학, 2005, 「화전민의 농경문화」『동북아시아 잡곡농경의 기원과 전개』, 잡곡자료로 본 극동지역의 농경 수용과 확산 과정의 실증적인 연구 제2회 연구발표회, 원광대학교 고고미술사학과·구마모토대학 문학부

정유진, 2010, 「한반도 선·사시대 도작의 변화」, 전남대학교 석사학위논문

조미순, 2013, 「고성 문암리유적 발굴조사 성과와 과제」『제1회 동아시아 농경연구 국제워크숍-자연과학에서 본 농경출현-자료집』, 국립문화재연구소

조미순·서민석·조은하·이경아, 2014a, 「고성 문암리 유적 출토 토기 압흔(壓痕)연구」『高城 文岩里 遺蹟 II-分析報告書』, 국립문화재연구소

조미순·강소희·신이슬·서민석·小畑弘子·이경아, 2014b, 「토기압흔법을 활용한 중부 동해안지역 신석기시대 식물자원 이용 연구-고성 문암리유적, 양양 오산리·송전리유적을 중심으로-」『한국신석기연구』 28

조미순·강소희·신이슬·서민석·이경아, 2015, 「중부 동해안지역 신석기 시대 식물자원 이용 연구」『한국신석기연구』 30

조은하, 2014, 「강원 영동지역 신석기시대 농경 수용과 생계양식의 변화」, 충북대학교 석사학위논문

조현종, 1997, 「호남지방 稻作農耕研究의 현단계」『호남고고학의 제문제』, 제21회 한국고고학전국대회 발표요지문

_____, 2005, 「선사 고대 유적 중의 콩」『콩』, 한국콩박물관건립추진위원회 편, 고려대학교출판부

_____, 2008a, 「한국 초기 도작문화 연구」, 전남대학교 박사학위논문

_____, 2008b, 「광주 신창동 출토 탄화미의 계측」『호남고고학보』 30

_____, 2010, 「한반도 농경의 시작과 도작의 수용」『한국고대의 수전농업과 수리시설』, 한국고고환경연구소학술총서 8, 서경문화사

_____, 2012a, 「신창동 유적의 도작문화」『2,000년 전의 타임캡슐』, 국립광주박물관

_____, 2012b, 「도작과 민족문화의 형성」『2,000년 전의 타임캡슐』, 국립광주박물관

_____, 2012c, 「신창동 유적의 목기와 칠기」『2,000년 전의 타임캡슐』, 국립광주박물관

_____, 2014, 「제2장 목기의 종류와 특징」『청동기시대의 고고학 5-도구론-』, 한국고고환경연구소 학술총서 12, 서경문화사

조현종·장제근, 1992, 「광주 신창동유적 : 제1차조사개보」『고고학지』 4

조현종·하정원, 2005, 「저습지고고학과 목기연구」『저습지고고학』, 제11회 호서고고학회 학술대회

주보돈, 2010, 「한국고대의 농경의례와 그 변화」『한국고대의 수전농업과 수리시설』, 한국고고환경연구소학술총서 8, 서경문화사

지건길·안승모, 1983, 「한반도 선사시대 출토 곡류와 농구」『한국의 농경문화』, 경기대학교

최기룡, 2002, 「한반도의 벼농사 개시기와 자연환경」『韓國 農耕文化의 形成』(한국고고학회학술총서 2), 한국고고학회 편, 학연문화사

최정필, 1989, 「농경의 기원에 관한 제문제」『한국상고사-연구현황과 과제』, 민음사

_____, 2000, 「농경도구를 통해 본 한국 선사농경의 기원」『한국고고학연구』 7

_____, 2001, 「농경도구를 통해 본 한국 선사농경의 기원」『韓國 古代 稻作文化의 起源 : 金浦의 古代米를 중심으로』, 학연문화사

_____, 2013, 「초기 한반도 농경문화의 전개과정」『고양 가와지 볍씨와 아시아 쌀 농사의 조명』, 고양 600년 기념 국제학술회의, 고양시·한국선사문화연구원

최종혁, 2005, 「한국 남부지방 농경에 대한 연구-석기조성을 중심으로-」『한국신석기연구』 10

_____, 2012, 「남부지방 중기 생업문화에 대한 연구」『한국 신석기문화의 양상과 전개』, 서경문화사

_____, 2016, 「신석기시대 석기조성과 생업」『신석기시대 석기론』, 중앙문화재연구원 엮음, 진인진

추연식, 1997, 「고경제학파의 이론적 시각 및 연구방법」『고고학 이론과 방법론』, 학연문화사

하인수, 2001, 「동삼동패총 1호주거지 출토 식물유체」『한국신석기연구』 2

河仁秀·小畑弘己·眞邊彩, 2011, 「동삼동 패총 즐문토기 압흔 분석과 곡물」『신석기시대 패총문화』, 2011년 한국신석기학회학술대회, 한국신석기학회·복천박물관

한병삼, 1971, 「선사시대 농경문청동기에 대하여」『고고미술』 111, 한국미술사학회

한창균·구자진·김근완, 2014, 「대천리 신석기 유적 탄화곡물의 연대와 그 의미」『한

국신석기연구』 28

허문회, 1991, 「韓國 栽培稲의 起源과 傳來」 『한국고고학보』 27

_____, 1992, 「볍씨분석」 『일산 새도시 개발지역 학술조사보고』 1, 한국선사문화연구
　　　　소

_____, 1997, 「진주 대평면 출토 곡물에 대한 의견」 『한국선사고고학보』 4

_____, 2000, 「청원 소로리 구석기유적 A지구 토탄층 출토 벼에 관한 관찰」 『청원 소
　　　　로리 구석기유적』, 충북대학교 박물관

_____, 2001, 「식물학상으로 본 한국 고대미의 특성」 『韓國 古代 稲作文化의 起源 : 金
　　　　浦의 古代米를 중심으로』, 학연문화사

_____, 2003, 「신석기시대 집자리 출토 곡물분석」 『옥천 대천리 신석기유적』, 한남대
　　　　학교 중앙박물관

허문회·이융조·우종윤, 1997, 「충주 조동리 청동기시대 주거지 출토 곡물」 『충북대
　　　　학교 박물관연보』 6

허문회·이융조, 2001, 「청동기시대 유구 출토 곡물분석」 『충주 조동리 선사유적(I)-
　　　　1·2차조사보고-』, 충북대학교박물관

後藤 直(安在晧 譯), 2002, 「無文土器時代의 農耕과 聚落」 『韓國 農耕文化의 形成』, 한국
　　　　고고학회 편, 학연문화사

甲元眞之, 1973, 「朝鮮の初期農耕文化」 『考古學研究』 20-1

宮本一夫, 2003, 「朝鮮半島新石器時代の農耕化と縄文農耕」 『古代文化』 55(7)

小畑弘己·眞邊彩, 2011, 「昌寧飛鳳里遺跡出土土器の壓痕調査」 『飛鳳里 II』, 國立金海博
　　　　物館

_____, 2014, 「韓國櫛文土器文化の土器壓痕と初期農耕」 『國立歷史民俗博物館
　　　　研究報告』 187, 國立歷史民俗博物館

庄田愼矢·米田穣·那須浩郎·羅建柱·安承模, 2011, 「安定同位體分析から考える先史農耕
　　　　における陸稲と水稲」 『國際심포지움 동아시아 植物考古學 研究의 現況과 課題』,
　　　　서울대학교 인문학연구소 문화유산연구소·서울대학교 고고미술사학과·熊本
　　　　大學文學部

田崎博之, 2002, 「朝鮮半島の初期水田稲作-初期水田遺構と農具の檢討-」 『韓半島考古學論
　　　　叢』, すずさわ書店

藤口健二, 1987, 「朝鮮半島の稲作·畑作-初期農耕文化の檢討において-」 『佐賀縣立博物
　　　　館·美術館調査研究書』 第12集

後藤 直, 1984, 「朝鮮半島における稲作の始まり」 『考古學ジャーナル』 228, ニュー·サイ
　　　　エンス社

_____, 1994, 「朝鮮半島原始時代農耕集落の立地」『第四紀研究』 33-5

Bender, Barbara, 1978, 'Gatherer-Hunter to Farmer: A Social Perspective', *World Archaeology* 10 (2)

Crawford, Gary W. and Lee, Gyoung-Ah, 2003, 'Agricultural origins in the Korean Peninsula', *Antiquity* 77 (295)

Fuller, Dorian Q., 2009, 'Advances in archaeolbotanical method and theory : charting trajectories to domestication, lost crops, and the organization of agricultural labour', 『선사 농경 연구의 새로운 동향』, 안승모・이준정 편, 사회평론

Lee, Gyoung-Ah, 2003, *Agricultural Changes in Subsistence Systems in Southern Korea from the Chulmun to Mumun periods : Archaeobotanical Investigation*, Ph.D. thesis, University of Toronto

Matsumoto, Naoko, 2009, 'Cognitive approaches toward prehistoric agriculture', 『선사 농경 연구의 새로운 동향』, 안승모・이준정 편, 사회평론

한국 고대 도성 연구의 동향과 과제

박성현*

Ⅰ. 머리말

인류의 역사에서 농경의 시작과 함께 정주가 이루어지고 취락은 곧 읍락, 도시로 발전하게 되었다. 도시의 탄생은 잉여 농산물로 인해 농사를 짓지 않고도 생활할 수 있는 사람들, 즉 지배 계급과 전문 장인이 나타났음을 보여주며, 이것은 곧 문명의 발생을 의미하는 것이었다. 동아시아의 중국 문명에서도 일찍이 도시가 등장했는데 정치 중심지로서의 도성(都城)이 바로 그것이다.

한국사에서 최초로 나타난 도성은 고조선의 왕험성(王險城)이지만 그 실체가 불분명하며, 고구려, 백제, 신라의 삼국 단계에서야 본격적인 도성의 발전을 확인할 수 있다.[1] 발해의 경우 상경성(上京城) 유지가 잘 알려져 있는데 당 장안성(長安城)의 제도를 수용하여 완성된 형태로 등장했다는 점에

---

* 계명대학교 사학과 조교수

1) 부여나 가야의 경우에도 도성이 있었다고 할 수 있지만, 본격적인 논의는 어려운 형편이다. 따라서 본고의 논의 대상에서는 제외하도록 하겠다.

서 조금 차이가 있다. 본고에서는 한국 고대 도성의 발전 과정을 염두에 두고 삼국의 도성에 대한 연구 동향과 과제를 정리해 보도록 하겠다.

한국 고대의 도성에 대한 연구사 정리는 이미 몇 차례 이루어진 적이 있다.[2] 이미 그때에도 연구 수량이 적지 않았는데 2010년대에 들어서도 종합적인 연구 성과가 연이어 발표되어[3] 그것들을 다 정리하는 것이 쉽지 않은 형편이다. 다만 최근의 연구로 인해 논란이 많았던 초기의 천도 문제 등은 어느 정도 해결된 것으로 보인다.

본고에서는 국가별 연구 동향을 정리하되, 단순히 연구사를 나열하는 것이 아니라 사료로부터 체계를 잡아 나가는 방식을 취하도록 하겠다. 그리고 쟁점이 되는 부분과 과제에 대해서 다시 제시하도록 하겠다.

---

2) 민덕식, 2006, 「삼국시대의 도성제」『한국고대사입문 2 삼국시대와 동아시아』, 신서원
余昊奎, 2007, 「三國時期 都城史 硏究의 현황과 과제」『역사문화연구』 26
全德在, 2010, 「韓國 古代의 王京과 都城, 地方都市」『歷史學報』 207

3) (삼국) 여호규, 2015a, 「삼국 초기 도성의 형성 과정과 입지상의 특징」『삼국시대 국가의 성장과 물질문화』 1, 한국학중앙연구원출판부; 2015b, 「삼국 후기 도성 경관의 변화와 그 특성」『삼국시대 국가의 성장과 물질문화』 2, 한국학중앙연구원출판부
(고구려) 여호규, 2014, 「고구려 도성의 구조와 경관의 변화」『삼국시대 고고학개론 1 도성과 토목 편』, 진인진; 奇庚良, 2017a「高句麗 王都 硏究」(서울대학교 국사학과 박사학위논문)
(백제) 김낙중, 2014, 「백제의 도성」『삼국시대 고고학개론 1 도성과 토목 편』, 진인진
(신라) 홍보식, 2014, 「신라 도성의 건설과 구조」『삼국시대 고고학개론 1 도성과 토목 편』, 진인진; 황보은숙, 2014, 「신라의 왕경과 지방도시」『신라고고학개론』 상, 진인진; 박방룡, 2016, 「도성제」『신라의 통치제도』(신라 천년의 역사와 문화 08), 경상북도

II. 국가별 연구 동향

1. 고구려

1) 졸본(卒本)에서 국내(國內)까지

고구려의 첫 번째 도성, 건국의 장소는 졸본으로 알려져 있다. 여기에서 국내로, 다시 평양으로 천도한 것으로 되어 있다. 졸본이 중국 환런[桓仁] 일대, 국내가 지안[集安] 일대라는 것은 분명하지만, 구체적인 성의 비정(比定)과 천도 시점에 대해서는 논란이 있다. 한편 427년 장수왕의 평양 천도 이후의 사실에 대해서는 비교적 논란이 적은 편이다.

졸본의 구체적인 성으로는 흘승골성(紇升骨城)이 나오며,[4] 「광개토왕릉비문」에는 "비류곡 홀본(졸본) 서쪽 산 위에 성을 쌓고 도읍했다[於沸流谷忽本西 城山上而建都焉]"고 되어 있다. 양자는 같은 성으로 추정되는데 현재의 오녀산성에 비정하는 것이 일반적이다. 오녀산은 환런 시내의 동북쪽에 위치하는데 시내에서 봤을 때 정상 부분이 탁자처럼 솟아 있어 강렬한 시각적 이미지를 제공하고 있다. 성은 절벽 위 평탄지와 동쪽 아래의 곡부(谷部)를 포함하며 산허리에는 고구려 때 쌓은 성벽이 남아 있다. 이 성이 「광개토왕릉비문」에 보이는 '산 위에 쌓아 도읍한 성'인 것은 거의 분명하지만 그 기능에 대해서는 논란이 있다. 즉 이 성은 산성으로 전시(戰時)에 사용한 것이고, 국내 및 평양 지역의 예로 보아 평상시에는 평지성에 거주했을 것이라는 견해가 한 동안 지배적이었다. 이 때문에 졸본 지역에서 왕이 평상시에 거주한 평지성을 찾는 것이 중요한 과제가 되었는데, 그 유력한 후보로 거론된 것이 하고성자성(下古城子城), 나합성(喇哈城) 등이다.

---

4) 『魏書』 卷100, 列傳第88 高句麗

이들의 정체에 대해서는 논란이 계속되고 있지만, 적어도 이들이 졸본 중심부의 성은 아니었던 것 같다. 「광개토왕릉비문」에는 산 위에 쌓은 성이 홀본(졸본) 서쪽에 있다고 되어 있어 졸본이 오녀산성 동쪽에 있었음을 알 수 있는데, 하고성자성은 오녀산성의 서쪽에 위치하고 있어 이에 부합하지 않으며, 나합성은 동쪽 방향에 있는 것은 맞지만 거리가 약 17km 정도로 멀다는 것이 문제가 된다. 오녀산성 동쪽 아래로는 혼강(渾江)이 흐르는데 현재 환런 댐으로 인해 수몰되어 있다. 여기에는 고구려 초의 대규모 적석묘군인 고려묘자고분군이 있지만 성 유적은 알려진 것이 없다. 평지성의 존재가 사료에 나타나 있지도 않고 필수적인 것도 아니라고 한다면, 이 지점이 평지의 중심적인 공간이었을 가능성이 크다.

[그림 1] 오녀산성과 고려묘자고분군
(서울대학교 박물관, 2008, 『하늘에서 본 고구려와 발해』, 13쪽)

졸본 도성의 구조에 대해서는 일찍이 산성과 평지성이 세트를 이루고 있었을 것이라는 견해가 제시된 바 있다.5) 하지만 위에서 언급한 대로 졸본 중심지로 추정되는 지점에서는 성지가 확인된 것이 없다. 졸본 중심지의 구조 및 성격과 관련해서 '서쪽의 산성'과 함께 주목되는 부분은 「광개토왕릉비문」에 나오는 '홀본 동쪽 언덕[東岡]'이라는 표현이다. 즉 추모왕이 이 언덕에서 용의 머리를 딛고 하늘로 올라갔다고 했는데, 『삼국사기』에는 시조 동명성왕을 용산(龍山)에 장사지냈다고 되어 있다. 이처럼 졸본 도성은 고려묘자고분군 일대를 중심으로 서쪽의 산성, 동쪽의 용산 등으로 이루어진 공간이었다고 판단된다.

졸본에서 국내로의 천도 시점에 대해서는 세 가지 견해가 있다. 『삼국사기』에 따라 유리왕 22년(3)으로 보는 견해, 『삼국지』 동이전의 기사를 근거로 산상왕대 천도했다는 견해, 이밖에 태조왕대 혹은 신대왕대 국내 지역이 수도가 되었다는 견해가 그것이다.

첫 번째 견해의 근거가 되는 기사는 유리왕 22년 국내로 천도하고 위나암성(尉那巖城)을 쌓았다는 것이다.6) 이 기사에 대한 해석은 크게 세 가지로 나뉘는데, 졸본에서 국내로의 천도로 그대로 받아들이는 경우, 연대를 다르게 받아들여 태조왕대의 사실로 보는 경우,7) 위나암성을 오녀산성에 비정해 그곳으로의 천도로 보는 경우가 있다. 위나암성은 사료에 두 차례 나오는데 '암석지지(巖石之地)'라 물이 없다고 묘사되어 있다.8) 지안 지역의 산성으로는 유일하게 산성자산성이 알려져 있는데 포곡식 산성으로 밖에

---

5) 이러한 견해는 세키노 다다시[關野貞]로부터 비롯되었음이 밝혀진 바 있다(권순홍, 2016, 「고구려 '도성제'론의 궤적과 함의」, 『역사와 현실』 102).

6) 『삼국사기』 권13, 고구려본기1 유리왕 21년(2), 22년(3)

7) 김종은, 2003, 「고구려 초기 천도기사로 살펴본 왕실교체」, 『숙명한국사론』 3; 余昊奎, 2005, 「高句麗 國內 遷都 시기와 배경」, 『韓國古代史研究』 38

8) 『삼국사기』 권14, 고구려본기2 대무신왕 11년(28)

서도 흐르는 계곡 물을 볼 수 있어 사료의 양상과는 차이가 있다. 사료에 나타난 입지는 오히려 건국의 장소인 오녀산성에 부합한다는 지적이 많다. 이와 관련 위나암 천도를 혼강 상류, 부이강과의 합류 지점에 있는 나합성 부근에서 오녀산성으로의 천도로 보는 견해가 제기되기도 하였다.[9] 이러한 견해에서 '국내'라는 표현은 일반 명사로 이해된다.

졸본에서 국내로의 천도가 산상왕대 이루어졌다고 보는 견해는『삼국지』동이전의 기록[10]을 근거로 한다. 즉 이이모(산상왕)가 왕이 되어 '갱작신국(更作新國)' 했다고 한 것을 새 도성을 건설한 것으로 해석하여 졸본에서 국내로의 천도로 이해한 것이다.『삼국사기』에는 이 사실이 환도성 축조 및 그곳으로의 이도로 나타나 있다.[11]

다음으로 졸본에서 국내로의 천도가 태조왕대나 신대왕대에 이루어진 것으로 보는 견해가 있다. 고구려본기를 보면 유리왕대 국내 지역으로 천도했다고 보기 어려운 증거들이 존재한다. 그렇지만 산상왕 때 천도한 것으로 보기에는 다소 늦은 것도 사실이다. 김종은과 권순홍은 졸본에서의 국내로의 천도가 소노부에서 계루부로의 왕실 교체를 의미하는 것으로 파악했으며, 그 시점을 태조왕대 혹은 태조왕의 즉위로 보았다.[12] 여호규는

---

9) 마크 바이잉턴, 2004 「고구려 1차 천도에 관한 문제들」『고구려의 역사와 문화유산』한국고대사학회·서울시정개발연구원; 노태돈, 2012 「고구려 초기의 천도에 관한 약간의 논의」『한국고대사연구』 68; 권순홍, 2015 「고구려 초기의 都城과 改都-태조왕대의 왕실교체를 중심으로-」『한국고대사연구』 78

10)『三國志』卷30, 魏書30 烏丸鮮卑東夷傳第30 高句麗
伯固死, 有二子, 長子拔奇, 小子伊夷模. 拔奇不肖, 國人便共立伊夷模爲王. 自伯固時, 數寇遼東, 又受亡胡五百餘家. 建安中, 公孫康出軍擊之, 破其國, 焚燒邑落. 拔奇怨爲兄而不得立, 與涓奴加各將下戶三萬餘口詣康降, 還住沸流水. 降胡亦叛伊夷模, 伊夷模更作新國, 今日所在是也. 拔奇遂往遼東, 有子留句麗國, 今古雛加駮位居是也. 其後復擊玄菟, 玄菟與遼東合擊, 大破之

11)『삼국사기』권16, 고구려본기4 산상왕
二年(198), 春二月, 築丸都城.
十三年(209), … 冬十月, 王移都於丸都.

왕실 교체의 시점을 건국 신화와 같이 주몽 때로 보았지만, 유리왕 22년 조의 천도 기사를 태조왕대의 사실로 간주하는 데에 동의하였다.[13] 그리고 산상왕대 '갱작신국'에 대해서는 집안 분지 내에서의 이동으로 이해하였다. 즉 이 기사가 『삼국사기』의 기록과 같이 환도성 이도를 나타내는 것이고, 환도성, 즉 '신국'에 대비되는 구국은 집안 서쪽의 마선구 일대라고 하였다.

한편 신대왕대를 주목한 견해에서는 신대왕 즉위 초에 시조묘에 제사를 지내기 위해 졸본으로 이동했다가 한 달 후에 돌아왔다고 한 것과 신대왕이 묻힌 곳이 '고국곡(故國谷)'으로 되어 있다는 점을 지적하였다. 그리고 산상왕대의 '갱작신국'에 대해서는 공손탁이 고구려의 시조묘가 있는 졸본을 파괴한 뒤 환도성에 새로 국가 의례 공간을 조성한 것으로 파악하였다.[14]

이상을 종합하면, 대체로 태조왕이나 신대왕 때에는 집안 지역이 중심지가 되었을 것으로 판단되며, 산상왕 2년(198) 환도성을 쌓아 13년(209)에는 그곳을 명실상부한 도성으로 삼았음을 알 수 있다. 이때 환도성은 산성자산성에 비정되며, 이 부분에 대해서는 현재로서는 더 이상 논란이 없는 것으로 보인다. 그렇지만 곧 위나라 무구검에 의해 환도성이 파괴된 뒤 옮겼다는 '평양성(平壤城)'이 문제가 된다.[15] 이 평양성에 대해서 현재의 평양으로 보는 견해가 없지는 않지만 당시 낙랑군이 상존하고 있었기 때문에 다

---

12) 김종은, 2003, 앞 논문; 권순홍, 2015, 앞 논문

13) 여호규, 2005, 앞 논문

14) 기경량, 2010, 「高句麗 國內城 시기의 왕릉과 守墓制」『韓國史論』56; 奇庚良, 2017a, 앞 논문, 73~92쪽

15) 『삼국사기』 권17, 고구려본기5 동천왕
二十一年(247), 春二月, 王以丸都城經亂, 不可復都, 築平壤城, 移民及廟社. 平壤者, 本仙人王儉之宅也. 或云王之都王險.

른 곳에 비정할 수밖에 없다. 기존에는 그것을 압록강의 지류 독로강(장자
강) 유역의 강계 지역에 비정하는 견해16)도 있었지만, 최근에는 대체로 지
안 시내에 해당하는 것으로 보는 것이 일반적이다.

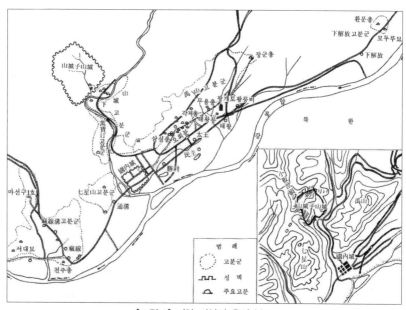

[그림 2] 지안 지역의 유적 분포

(余昊奎, 1998, 『高句麗 城 Ⅰ 鴨綠江 中上流篇』, 國防軍史研究所, 52쪽)

지안 시내의 성은 흔히 국내성지로 알려져 있다. 국내성은 고국원왕 12
년(342)대에 처음 축조했다고 나오는데 환도성의 수즙과 함께 기록되어 있
다.17) 문제는 평양성을 이 국내성의 전신으로 볼 수 있겠느냐 하는 것이다.
만약 그렇다면 평양성을 이 무렵 '개축' 내지 '증축'하면서 국내성으로 불

---

16) 李丙燾, 1976, 「高句麗東黃城考」 『韓國古代史研究』, 博英社
17) 『삼국사기』 권18, 고구려본기6 고국원왕
　　十二年(342), 春二月, 修葺丸都城, 又築國內城.

렀던 것이 될 것이다. 이와 관련해서 국내성지의 축성 시점이 문제가 된다. 국내성지에 대해서 기존에는 현재의 석축 성벽 아래 한대의 토성이 있다고 알려지기도 했지만, 최근의 조사 성과에 따르면 3세기 중엽 이후에야 축조된 것으로 파악되고 있다.[18] 또 국내성지의 축조 시점을 4세기 이후로 보는 견해도 제시된 바 있다.[19] 이 견해에 따른다면 고국원왕 12년에 처음 축조했다고 하는 기사가 맞고, 동천왕의 평양성은 다른 데에서 찾아야 할지도 모른다. 한편 지안 시내에서 출토된 와당의 기년명 중에는 갑술년(314) 또는 임신년(312)이 가장 이르다는 분석이 있다.[20] 그렇다면 적어도 고국원왕 12년(342) 전부터 그 장소가 중심적인 공간으로 활용되었다고 할 수 있으며 이때 성벽도 존재했을 가능성이 크다.

고국원왕은 환도성과 국내성을 정비한 뒤 전연과의 긴장이 고조되자 환도성으로 '이거(移去)'하였다. 그리고 환도성이 파괴된 뒤에는 평양 동황성으로 '이거'했다고 한다. 여기에서 다시 평양 동황성의 비정과 '이거'의 성격이 문제가 된다. 먼저 평양 동황성에 대해서 고구려본기에서는 '성이 지금(당시)의 서경 동쪽 목멱산 중에 있다'고 하였다.[21] 만약 이러한 비정을 받아들이고 이거의 성격을 천도로 본다면 장수왕의 평양 천도가 성립하지 않을 뿐만 아니라 지안에 위치한 광개토왕의 사적들을 설명할 수가 없게 된다. 따라서 평양 동황성을 지안 분지 일대, 구체적으로 강계 지역에서 찾는 설이 제기되기도 하였다.[22] 그렇지만 낙랑군을 병합한 시점의 평양 동

18) 吉林省文物考古硏究所·集安市博物館, 2004a, 『國內城』, 文物出版社; 여호규, 2012, 「고구려 國內城 지역의 건물유적과 都城의 공간구조」 『한국고대사연구』 66, 68쪽

19) 양시은, 2016, 『高句麗 城 硏究』, 진인진, 187~188쪽

20) 기경량, 2016, 「집안 지역 출토 고구려 권운문 와당 명문의 판독과 유형」 『고구려발해연구』 56, 77~78쪽

21) 『삼국사기』 권18, 고구려본기6 고국원왕
十三年(343), … 秋七月, 移居平壤東黃城. 城在今西京東木覓山中.

22) 李丙燾, 1976, 앞 논문

황성을 굳이 지안 지역에서 찾는 것도 적절하지 않을 뿐만 아니라 고려, 조선 시대에 걸쳐 그것이 평양 지역에 있었던 것으로 인식되어 온 점도 무시할 수가 없을 것이다. 그랬을 때 평양 동황성 그 자체는 현재의 평양 지역에서 찾는 것이 적절할 것 같다.[23] 그렇다면 고국원왕대의 평양 이거를 어떻게 보아야 할까? 임시적인 이거로 보는 견해, 고국원왕이 백제 근초고왕의 평양성 공격(377)으로 사망할 때까지 실질적인 천도가 되었다는 견해, 사실과 무관한 평양 지역의 전승이 『삼국사기』에 반영된 것으로 보는 견해 등이 제기되고 있다.

이 부분을 제외하면 어쨌든 장수왕의 평양 천도 때까지 대체로 환도성 또는 국내성이 도성이었음을 알 수 있다. 이것 역시 산성과 평지성의 세트 관계로 이해할 수 있는 여지가 있다. 그렇지만 전시에 '급히' 산성으로 피난한다는 개념과는 조금 다르다. 국제 관계에서 긴장이 고조되었을 때 산성으로 이거했다가 전쟁의 종결 등으로 그것이 완화되었을 때 다시 평지 지역으로 도읍을 옮기는 양상으로 이해할 수 있다.

그렇다면 국내 도읍기 도성의 구조는 어떻게 파악할 수 있을까? 우선 환도성과 국내성을 별도로 파악하는 것이 적절할 것 같다. 환도성은 왕이 '이도'했다는 표현에서 알 수 있듯이 그 자체가 정식 도성이었다고 할 수 있으며, 38년 동안 도성의 기능을 수행하였다. 환도성이 파괴된 뒤 복도하지 못하고 평양성을 쌓아 민과 묘사를 옮겼다는 표현에서 환도성에는 왕의 거소, 즉 궁궐뿐만 아니라 종묘, 사직과 같은 국가 제의 시설이 존재했다는 것을 알 수 있다. 실제로 환도성은 포곡식 산성으로 그 내부에 일정한 공간이 확보되어 있으며, 궁전으로 추정되는 건물지가 확인되었다.[24]

---

23) 기경량은 이것을 『朝鮮寶物古蹟調査資料』(朝鮮總督府, 1942, 416쪽)에 보이는 의암리성지에 비정하였다.

24) 吉林省文物考古硏究所·集安市博物館, 2004b, 『丸都山城』, 文物出版社.

다만 완전한 평지 지형이 아니기 때문에 우리가 일반적으로 알고 있는 정전과 회랑을 갖춘 구조가 되기는 어려웠을 것이다.

환도성이 파괴된 뒤 복도하지 못하고 새로 도성으로 조영한 평양성은 현 지안 시내의 국내성지에 비정된다. 평양성＝국내성(?)의 공간 구조에 대해서는 어느 정도 연구가 축적되고 있다.[25] 먼저 국내성지의 둘레는 약 2.7km 정도로 파악되는데,[26] 그 중심 공간에는 왕궁이 있었을 것이고, 그 주위에는 관청과 같은 국가의 주요 시설과 일부 고위 관인의 저택이 자리잡고 있었을 것이다. 이 정도 규모와 기능의 성은 뒤에서 본격적으로 논의하겠지만 내성(內城) 내지 왕성(王城)으로 규정할 수 있을 것 같다. 그리고 민들의 거주지는 그 내외에 걸쳐 있었을 것인데, 성의 규모가 그다지 크지 않으므로 성 밖에도 많이 거주했을 가능성이 크다. 민들이 집주하는 구역을 도시라고 했을 때 그 범위와 관련해서는 왕릉의 분포를 참고하는 것이 일반적인데, 아마도 도시의 범위는 왕릉 조영 구역 안쪽으로 제한되었을 것이다. 이와 같이 국내성을 중심으로 하는 도성의 면모는 고국원왕대의 일시적인 변경, 즉 환도성으로의 이거, 논란이 되고는 있지만 평양 동황성으로의 이거 외에는 장수왕대의 평양 천도 때까지 어느 정도 유지되었으리라 생각된다.

도성의 행정구역과 관련해서는 고국천왕대에 처음 등장하는 방위명의 5부가 주목되고 있다. 이 방위부는 기존의 5나부(那部)와는 달리 도성 주변에 대한 지역 구분, 지배층에 대한 편제로 이해되고 있다.[27] 처음 5부의 영역은 지안 분지 일대에 비교적 넓게 분포했을 것으로 추정되지만, 평양성

---

25) 임기환, 2003, 「고구려 都城制의 변천」 『한국의 도성 : 都城 造營의 傳統』, 서울학연구소; 여호규, 2012, 앞 논문; 奇庚良, 2017a, 앞 논문, 101～114쪽

26) 奇庚良, 2017a, 위 논문, 106～107쪽

27) 임기환, 2004, 『고구려 정치사 연구』, 한나래, 97～109쪽

=국내성이 축조된 뒤에는 그곳을 중심으로 다시 획정되었을 가능성이 크다. 한 가지 주의할 점은 위에서 언급한 도시로서 도성의 범위와 5부 행정 구역의 범위가 일치하지 않을 가능성도 생각해야 한다는 것인데, 이 부분에 대해서는 뒤에서 다시 논의하도록 하겠다.

2) 전·후기 평양성(平壤城)

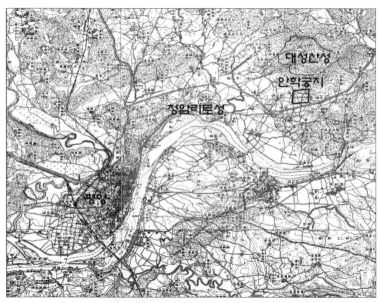

[그림 3] 대성산성과 안학궁지(朝鮮總督府, 1918, 1 : 50,000 지형도에 표시)

『삼국사기』 지리지에서는 국내(國內)로 도읍하여 425년이 지나 장수왕(長壽王) 15년(427년)에 평양(平壤)으로 도읍을 옮겼으며, 156년이 지나 평원왕(平原王) 28년(586년)에 장안성(長安城)으로 도읍을 옮겼다고 하였다.[28] 여기에서

---

28) 『삼국사기』 권37, 잡지6 지리4 고구려
　　都國內, 歷四百二十五年, 長壽王十五年, 移都平壤. 歷一百五十六年, 平原王二十八年, 移都長安城. 歷八十三年, 寶藏王二十七年而滅.

장안성으로의 천도는 평양 지역 내에서의 이동으로 파악되고 있다. 즉 장수왕 때 옮긴 평양은 대성산성 일대이며, 장안성은 현 평양 시내에 해당한다는 것이다.[29] 장안성 역시 평양성으로 불리기도 했는데, 따라서 장수왕 대 옮긴 평양을 전기 평양성, 장안성을 후기 평양성으로 부르기도 한다.

전기 평양성에 대한 정보는 역도원(酈道元)의 『수경주(水經注)』, 『주서(周書)』 고려전 등에서 얻을 수 있다. 전자는 위치를 파악할 수 있는 것이며, 도성의 구조와 관련해서는 후자가 주목된다.

> A. 치소는 평양성이다. 그 성은 동서로 6리이고 남쪽으로는 패수에 임해 있다. 성 안에는 오직 창고를 채우고 무기를 쌓아 대비하여, 적이 이르는 날에는 모두 들어가 굳게 지킨다. 왕은 그 곁에 따로 집을 지어 놓았지만 항상 거기 머무르지는 않는다.[30]

여기에서 '평양성'은 시기적으로 전기 평양성에 해당하는데, 전시에 들어가 지키는 용도로 활용되었다는 것을 알 수 있다. 이 성은 대체로 대성산성에 해당하는 것으로 추정되고 있다. 문제는 왕이 평상시에 거주하는 평지성 혹은 평지의 공간이 어디냐 하는 것이다. 이 문제에 대해서 세키노 다다시[關野貞]는 대동강변의 청암동토성을 지목하였으며, 해방 후 북한 학계에서는 안학궁지에 주목하고 있다.

청암동토성에 대해서는 일제 시대부터 발굴조사가 이루어졌는데, 궁궐로 볼 수 있는 시설은 확인되지 않았으며, 오히려 사찰이 있었음이 밝혀졌다. 한편 안학궁지의 경우 고식(古式)의 와당이 확인되지 않으며, 또 그것이

---

29) 關野貞, 1928, 「高句麗の平壤城及び長安城に就いて」 『史學雜誌』 39

30) 『周書』 卷49, 列傳第41 異域上 高麗
    治平壤城. 其城, 東西六里, 南臨貝水. 城內唯積倉儲器備, 寇賊至日, 方入固守. 王則別爲宅於其側, 不常居之.

5~6세기 고구려 석실묘를 파괴하고 축조되어 있다는 점도 문제가 된다.

이처럼 대성산성 인근의 평지 토성지, 궁지는 대성산성에 짝하는 평지의 '성'으로 문제점을 안고 있다. 위에서도 논의했지만 과연 고구려 도성이 산성과 평지성의 세트 관계로 이해할 수 있을지 의문이다. 이와 관련 기경량은 대성산성 시기 평지의 중심적인 공간을 대성산성 아래의 평지인 고산동, 임흥동, 청호동 일대에서 구하였다.[31] 즉 대성산성 아래 기슭에는 당시 고구려인들의 묘역이 확인되며, 그들의 거주 구역은 그 아래쪽에서 찾아야 한다는 것이다. 이 구역에서는 고구려 시기의 우물과 나무다리, 도로 유적 등이 확인되었다는 것도 중요한 논거로 들었다. 또 북한 학자들은 이 일대에 시가지 구획이 이루어졌다고 보기도 한다. 묘역과 중복되는 안학궁을 당시의 것으로 볼 수는 없겠지만, 묘역 아래의 평지가 중심적인 공간이었음을 부정하기는 어려울 것이다.

후기 평양성, 즉 장안성은 양원왕 8년(552)에 축조를 시작했으며, 평원왕 28년(586)에는 그곳으로 도읍을 옮겼다.[32] 이것은 현 평양 시내의 성, 즉 평양성에 비정되는데 평양성은 내성, 중성, 외성 및 내성 북쪽에 부가된 북성으로 이루어져 있다.

이 가운데 내성은 대동강 서안의 절벽 위 고지에 축조되어 가장 핵심적인 구역을 이루고 있다. 중성은 내성에서 서남 방면으로 확장된 구역을 두르고 있으며 창광산이라는 낮은 산의 남쪽 기슭에 미치고 있다. 그 남쪽 구역을 둘러싼 것이 외성인데, 중성 밖 외성 안은 정방형에 가까운 격자형 도로로 구획되어 있었음이 근대 지도 등을 통해 확인된다. 이처럼 격자형

---

31) 奇庚良, 2017a, 앞 논문, 152~153쪽
32) 『삼국사기』 권19, 고구려본기7 양원왕, 평원왕
　　(陽原王)八年(552), 築長安城.
　　(平原王)二十八年(586), 移都長安城.

으로 구획된 공간은 민들이 거주했던 공간으로 추정되는데, 즉 외성은 민
거를 둘러싼 방어 시설, 곧 외곽(外郭)으로 축조되었음을 알 수 있다.

[그림 4] 장안성의 구조
(奇庚良, 2017a, 앞 논문, 242쪽, 내·중·외·북성만 가필)

　이들 가운데 내성과 외성은 고구려 때 축조된 것이 분명하다. 그곳에서
고구려 때 글자를 새긴 성돌, 즉 명문 성돌이 발견되었기 때문이다. 성돌은
총 5개인데, 이 가운데 연대가 나타나 있는 것은 4개(제1~4석)이다. 외성 구
간에서 발견된 성돌에서는 '기축년'(제1석, 제3석) 또는 '기유년'(제2석)에 '시
역(始役)'했다는 내용이, 내성에서 발견된 것에서는 '병술'(제4석)이라는 연도
가 확인되었다. 제1~3석 가운데 실물이나 탁본을 확인할 수 있는 것은 제
2석이 유일한데 거기에는 분명히 '기유'로 되어 있어 제1석과 제3석 역시

'기유'일 가능성이 크다. 병술을 566년, 기유를 589년으로 볼 수 있다면, 내성은 566년에 축조되고 외성은 589년에야 역을 시작하였다는 것을 알 수 있다.

다만 중성, 즉 중성 구역과 외성 구역을 나누는 성벽에 대해서는 그것이 고구려 때부터 있었던 것인지, 고려 시대 이후에 부가된 것인지 논란이 되고 있다. 장안성에 대해서 최초로 주목할 만한 논고를 쓴 세키노는 중성 성벽 아래에서 고구려 때 초석을 발견한 것을 근거로 그것이 고려 시대에 외곽을 줄여 쌓은 것이라고 주장하였다. 한편 기경량은 제1석의 출토 지점을 새롭게 파악하여 그것의 축조 구간 '6리'가 중성벽에 해당하는 것으로 보았으며, 외성 구역과 중성 구역의 도로 방향에 차이가 있다는 점도 지적하였다.[33]

성의 축조 시기와 함께 논란이 되는 것은 바로 왕궁의 위치와 각 구역의 기능이다. 왕궁이 있었던 곳으로 가장 유력한 후보지는 바로 만수대 일대로 알려져 있다. 이곳은 내성에서 서쪽 성벽에 인접한 곳으로 그 남쪽 아래쪽으로는 조선 시대 평안감영이 있었다. 조망이 좋은 우월한 입지이기는 하지만 서쪽 성벽에 너무 붙어있다는 문제가 있다. 이에 대해 동쪽 대동강변에 인접한 경기리 일대에 궁궐이 있었을 것으로 추정한 견해도 제기되었다.[34]

외성 구역은 격자형 도로로 구획되어 수도 5부의 민들이 거주했을 것이다. 중성 구역의 경우 동쪽 부분에서는 시가지 구획이 확인되고 있지만, 서반부는 특별한 유적이 없어 어떻게 활용되었을지 논란이 있었는데, 이에 대해 기경량은 그곳을 군대의 연병이나 열병 등 넓은 공간을 필요로 하는 행사가 열린 곳으로 추정하기도 하였다.[35]

---

33) 이 문제에 대해서는 奇庚良, 2017a, 위 논문, 186~193쪽 참조.
34) 奇庚良, 2017a, 위 논문, 239~241쪽

2. 백제

1) 위례성(慰禮城)과 한성(漢城)

『삼국사기』 지리지에서는 백제의 도성이 위례성에서 한성, 웅천(웅진), 소부리(사비)로 옮겨간 것으로 파악하여 제시했지만,[36] 위례성과 한성의 관계와 각각의 구체적인 비정에 대해서는 논란이 많은 편이다. 다만 근래 몽촌토성 및 풍납토성에 대한 본격적인 조사가 이루어져 이들이 백제 초기의 중심적인 성이었음이 밝혀지면서, 위례성과 한성을 이들 가운데 비정할 수 있게 되었다.

위례성은 백제본기의 건국 신화에 온조가 도읍한 장소로 나타나며, '하남위례성'이라 하여 한강 남쪽에 위치한 것으로 되어 있다.[37] 그런데 온조왕 13년조에는 '한수지남(漢水之南)'을 보고 수도로 삼을 만하여 '한산 아래에 책(柵)을 세우고 위례성의 민호를 옮겼다'고 되어 있어,[38] 이를 토대로 온조가 처음 도읍한 곳은 하북의 위례성이며 이때 하남의 위례성으로 옮

---

35) 奇庚良, 2017a, 위 논문, 235~237쪽

36) 『삼국사기』 권37, 잡지6 지리4 백제

按古典記, 東明王第三子溫祚, 以前漢鴻嘉三年癸卯, 自卒夲扶餘, 至慰礼城, 立都稱王, 歷三百八十九年. 至十三世近肖古王, 取高句麗南平壤, 都漢城, 歷一百五年. 至二十二世文周王, 移都熊川, 歷六十三年. 至二十六世聖王, 移都所夫里, 國號南扶餘, 至三十一世義慈王, 歷年一百二十二. 至唐顯慶五年, 是義慈王在位二十年, 新羅庾信與唐蘇定方討平之.

37) 『삼국사기』 권23, 백제본기1 온조왕

遂至漢山, 登負兒嶽, 望可居之地. 沸流欲居於海濱, 十臣諫曰, "惟此河南之地, 北帶漢水, 東據高岳, 南望沃澤, 西阻大海, 其天險地利, 難得之勢. 作都於斯, 不亦宜乎." 沸流不聽, 分其民, 歸弥鄒忽以居之. 溫祚都河南慰禮城, 以十臣爲輔翼, 國號十濟. 是前漢成帝鴻嘉三年也. 沸流以彌鄒土濕水鹹, 不得安居, 歸見慰禮, 都邑鼎定, 人民安泰, 遂慙悔而死, 其臣民皆歸於慰禮.

38) 『삼국사기』 권23, 백제본기1 온조왕

十三年, … 夏五月, 王謂臣下曰, "國家東有樂浪, 北有靺鞨, 侵軼疆境, 少有寧日. 況今妖祥屢見, 國母弃養, 勢不自安. 必將遷國. 予昨出巡, 觀漢水之南, 土壤膏腴. 宜都於彼, 以圖久安之計." 秋七月, 就漢山下立柵, 移慰禮城民戶. 八月, 遣使馬韓, 告遷都. 遂畫定疆場, 北至浿河, 南限熊川, 西窮大海, 東極走壤. 九月, 立城闕.

十四年, 春正月, 遷都. … 秋七月, 築城漢江西北, 分漢城民.

긴 것이라는 견해가 제기되기도 하였다.39) 백제본기에 위례성은 그 뒤 세 차례 더 나타나는데,40) 책계왕 원년(286)의 수즙(修葺) 기사를 마지막으로 더 이상 보이지 않는다. 위례성의 위치에 대해서는 일찍이 『삼국사기』에서는 알 수 없다고 했고, 『삼국유사』에서는 직산(稷山, 현 충남 천안시 직산읍)이라고 하였다. 그렇지만 건국 신화를 보았을 때 위례성은 한산 지역, 부아악 부근, 한강 남쪽 혹은 북쪽에 있었다고 할 수 있다. 직산설을 부정하고 하북위례성과 하남위례성이 있었다고 한 정약용은 전자를 당시 한양성의 동북쪽에, 후자를 광주(廣州) 고읍(현 경기도 하남시 춘궁동)에 비정하기도 하였다.

한성은 온조왕대 2번 나오고41) 그 뒤에는 아신왕대에야 다시 나타난다. 별도로 북한(산)성도 나오는데 남한(산)성이라는 명칭은 보이지 않아 한성이라고 하면 대체로 한강 남쪽의 성을 지칭했던 것 같다. 백제본기에는 근초고왕 26년(371) 한산으로 도읍을 옮겼다는 기사가 있는데,42) 지리지에서는 이것을 한성으로 간주했으며 그것이 남평양, 즉 양주(楊州, 고양주)에 있었던 것으로 파악하였다. 한산의 도읍을 한성으로 본 것은 대체로 타당하다고 여겨지지만, 그것을 남평양이라고 한 것은 문제가 된다. 그렇게 본 이

---

39) 丁若鏞, 「慰禮考」, 『我邦疆域考』
　　李丙燾, 1976, 「慰禮考」, 『韓國古代史硏究』, 博英社
　　온조왕 13년조에서 천도한 장소는 '한산 아래의 책' 혹은 거기에 세운 '성궐'로 파악되는데 따라서 이병도는 하남위례성을 곧 한성이라고 파악하였다.
40) 『삼국사기』 권23, 백제본기1 온조왕 17년, 온조왕 41년, 같은 책 권24, 백제본기2 책계왕 원년(286)
　　이 밖에 『일본서기』에 고구려에 의한 한성 함락과 관련하여 '遂失慰禮'라는 표현이 보인다(『日本書紀』 卷14, 雄略天皇).
41) 주 38)의 기사에 처음 나타난다. 그 기사의 맥락에서 보면 이병도의 지적과 같이, 새로 도읍한 곳을 한성이라고 했던 것 같다.
42) 『삼국사기』 권24 백제본기2 근초고왕
　　二十六年(371), … 冬, 王與太子帥精兵三萬, 侵高句麗, 攻平壤城. 麗王斯由力戰拒之, 中流矢死, 王引軍退. 移都漢山.

유는 천도 기사를 바로 앞 평양성 공격 기사와 연동해서 이해했기 때문이다.43) 그렇지만 근초고왕이 공격한 평양은 남평양, 즉 양주(楊州, 고양주)가 아니라 현재의 평양으로 보아야 하며, 두 기사는 별개의 것이다. 그랬을 때 한산, 한성은 위에서 언급한 대로 역시 한강 남쪽에 있었다고 할 수 있을 것이다. 이것은 이후 한성의 지명 변천을 통해서도 확인할 수 있다. 한성은 신라 한산주, 한주로 이어지는데 그것을 고려 초에 광주로 고쳤으며, 조선 중종 때 읍치를 남한산성으로 옮기기 전까지 그 중심지(고읍)는 현재의 하남시 춘궁동 일대에 있었다.

두 성의 구체적 비정을 포함한 도성의 구조에 대한 논의는 근대에 들어 본격화 되었다. 이마니시 류[今西龍]는 하남위례성을 광주, 한산을 남한산으로 보았으며, 쓰다 소키치[津田左右吉]는 위례성과 한산을 모두 남한산성에 비정하였다. 아유카이 후사노신[鮎貝房之進]은 고고학적 관점에서 지금의 풍납토성을 하남위례성으로 간주하였다. 이병도는 하남위례성이 곧 한성이라고 했으며, 근초고왕 때 천도한 한산은 남한산으로 보았다.44)

이처럼 하남위례성이나 한성의 위치에 대해서는 춘궁동 내지 남한산성으로 보는 견해, 혹은 풍납토성에 연결시키는 견해 등이 제기되었는데, 그것의 해결은 결국 고고학적인 차원에서 이루어지게 되었다. 이 일대의 성 가운데 가장 먼저 조사가 이루어진 것은 몽촌토성이었다. 그 주변에 올림픽 경기장을 지으면서 1983년부터 1989년까지 조사가 이루어졌는데,45) 거

---

43) 이러한 견해는 고려, 조선 시대의 통설이 되었다. 정약용 역시 한성을 한강 북쪽에서 찾았는데, 하북 위례성(남성) 및 북한산성(북성)의 두 성으로 이루어져 있다고 하였다(丁若鏞, 「漢城考」『我邦疆域考』).

44) 위례성 및 한성의 위치를 비정하는 여러 견해에 대해서는 김기섭, 2008, 「위례성의 위상과 위치」『漢城百濟史 3 王都와 방어체계』, 서울특별시사편찬위원회, 48~50쪽의 표 1 참조.

45) 1980년대 몽촌토성의 조사 과정에 대해서는 박순발, 2008, 「몽촌토성」『漢城百濟史 3 王都와 방어체계』, 서울특별시사편찬위원회, 218~223쪽 참조.

기에서는 백제 토기와 고구려 토기가 출토되어 백제 때 축조한 성이라는 것이 밝혀졌다.

[그림 5] 광주 고읍 일대의 성지

한편 춘궁동에 위치한 이성산성에 대해서도 조사가 이루어졌다. 1986년부터 한양대학교 박물관에서 발굴조사를 시행하였는데, 3차까지의 조사 결과 그것이 오히려 신라에 의하여 축조된 신라의 한(산)성이었음이 밝혀졌다.[46] 또 남한산성의 경우에도 그것이 문무왕 때 축조된 '한산주 주장성(晝長城)'이었음이 점차 분명해지게 되었다.

이처럼 이성산성과 남한산성이 6세기 중엽 이후 또는 통일 전쟁기의 신라 성으로 밝혀지게 되면서, 인근에서 백제 토기가 출토된 풍납토성과 몽

---

46) 漢陽大學校 博物館, 1991, 『二聖山城 三次發掘調査報告書』

촌토성이 백제 왕성의 유력한 후보로 등장하게 되었다. 문제는 이 가운데 무엇이 중심적인 성이었는가 하는 것인데, 이와 관련해서 한성 함락 기사가 다시 한 번 주목되었다.

> B-1. 21년 가을 9월에 고구려 왕 거련(巨璉)이 군사 3만 명을 거느리고 와서 수도 한성(漢城)을 포위했다. 왕은 성문을 닫았고 나가서 싸울 수 없었다. 고구려 사람들이 군사를 네 방면으로 나누어 협공하고, 또한 바람을 이용해서 불을 질러 성문을 태웠다. 백성들 중에는 두려워하여 성 밖으로 나가 항복하려는 자들도 있었다. 상황이 어렵게 되자 왕은 어찌할 바를 모르고, 기병 수십 명을 거느리고 성문을 나가 서쪽으로 도주하려 하였으나 고구려 군사가 추격하여 왕을 죽였다. … 이때 고구려의 대로(對盧) 제우, 재증걸루, 고이만년[재증, 고이는 모두 복성이다.] 등이 군사를 거느리고 와서 북성(北城)을 공격한 지 7일 만에 함락시키고, 남성(南城)으로 옮겨 공격하자 성안이 위험에 빠지고 왕은 도망하여 나갔다.[47]
>
> B-2. 『백제기』에는 다음과 같이 말하였다. "개로왕 을묘년(475) 겨울 박(狛)의 대군이 와서 대성(大城)을 7일 낮밤을 공격하였다. 왕성(王城)이 항복하여 함락되니 위례(尉禮)를 잃었다. 국왕과 태후, 왕자 등이 모두 적의 손에 죽었다."[48]

여기에서 백제의 도성이 북성과 남성, 두 개로 이루어져 있었음을 알 수 있으며, 『일본서기』에 인용된 『백제기』에 의하면 각각을 대성과 왕성으로

---

47) 『삼국사기』 권25, 백제본기3 개로왕
  二十一年, 秋九月, 麗王巨璉帥兵三萬, 來圍王都漢城. 王閉城門, 不能出戰. 麗人分兵爲四道夾攻, 又乘風縱火, 焚燒城門. 人心危懼, 或有欲出降者. 王窘不知所圖, 領數十騎, 出門西走, 麗人追而害之. … 至是, 高句麗對盧齊于・再曾桀婁・古爾萬年 再曾・古爾皆複姓 等帥兵, 來攻北城, 七日而拔之, 移攻南城, 城中危恐, 王出逃.

48) 『日本書紀』 卷14, 雄略天皇 20년
  百濟記云, 蓋鹵王乙卯年冬, 狛大軍來, 攻大城七日七夜, 王城降陷, 遂失尉禮. 國王及大后王子等, 皆沒敵手.

이해할 수 있는 여지가 있다. 어쨌든 이것을 현재까지 알려진 유적의 상황에 적용한다면 풍납토성을 북성, 몽촌토성을 남성으로 볼 수 있을 것이며, 더 나아가 각각을 대성과 왕성으로 비정하는 것도 가능할 것이다. 이 경우 왕은 왕성에 거주했을 것인데, 먼저 축조된 풍납토성에서 왕이 몽촌토성으로 이주해 나간 계기와 관련해서는 근초고왕대의 '한산 이도'를 주목할 수 있다. 한산의 도읍을 한성으로 볼 수 있다면 몽촌토성이 한성이 될 것이고, 풍납토성을 위례성이라고 할 수도 있을 것이다.[49] 이밖에 풍납토성과 몽촌토성이 각각 평상시 왕의 거성, 비상시의 방어성이라는 정궁-별궁의 양궁 체제로 운영되었다고 본 견해도 있다.[50]

2) 웅진성(熊津城)

개로왕 21년(475) 고구려 장수왕이 한성을 공격하자 개로왕의 동생 문주는 신라에 구원을 요청하러 갔다. 문주가 구원병을 이끌고 돌아왔을 때 한성은 이미 함락당하고 왕은 죽었으며 고구려군은 퇴각한 상태였다. 문주는 즉위하여 곧 웅진(熊津, 지금의 충남 공주)으로 수도를 옮겼다.

웅진의 중심이 되는 성, 즉 웅진성은 현재의 공산성에 비정된다. 공산성은 해발 110m의 공산 정상부와 그 서쪽에 있는 85m의 봉우리를 둘러싼 포곡식 산성으로 전체 둘레는 2,660m로 알려져 있다. 도면을 보면 동문지 동쪽 구간은 두 갈래로 되어 있는데, 이 가운데 외성벽이 백제 때의 것이고 내성벽은 후대에 들여 쌓은 것으로 밝혀졌다. 백제 때의 축성 양상을 알기 위해서는 외성벽의 구조를 볼 필요가 있는데, 먼저 성벽 외면에 기석(基石)을 놓아 일정 높이만큼 축조하고 그 안쪽을 판축이나 다짐으로 채운

49) 余昊奎, 2002b, 「漢城時期 百濟의 都城制와 防禦體系」『百濟研究』 36
50) 申熙權, 2010, 「百濟 漢城時代 都城制度에 관한 一考察-兩宮城制度를 中心으로-」『鄕土 서울』 76

것으로 드러났다.[51] 백제 성벽의 축조 연대에 대해서는 외성벽 하부에서 5
세기 후반기로 추정되는 옹관묘가 출토되었다는 점에서 천도를 즈음한 시
기에 기초적인 성벽이 만들어진 것으로 추정하고 있다.[52] 다만 천도 전에
성이 축조되어 있었는지, 천도 후에 성을 축조했는지가 논란이 되는데, 고
구려의 재침에 대비한 천도였다고 한다면 최소한의 방어 시설 정도는 구
비되어 있었을 가능성이 크다.

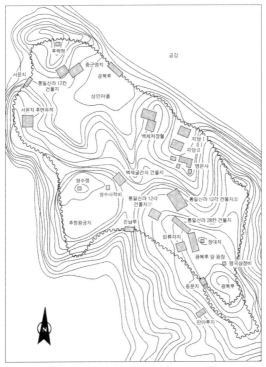

[그림 6] 공산성 평면도(공주대학교 박물관, 2008,
『公山城-공산성 성안마을 시굴조사-』, 28쪽)

---

51) 서정석, 2002, 『百濟의 城郭-熊津·泗沘時代를 中心으로-』, 학연문화사, 41~47쪽
52) 박순발, 2010, 『백제의 도성』, 충남대학교 출판부, 199~200쪽

문제는 웅진성이 포곡식 '산성'으로 되어 있다는 점인데, 이와 관련하여 왕궁의 위치를 둘러싸고 논란이 있다. 즉 왕궁이 성 내부에 있었다는 견해와 공산성 남쪽 기슭에 있었다는 견해가 평행선을 그리고 있어 쉽게 결론이 나지 않고 있다. 웅진 도성의 구조는 후술할 사비 도성과 유사하면서도 다른 점이 있다. 그것은 평지의 시가지가 뚜렷하지 않고 이를 둘러싼 나성이 존재하지 않는다는 것이다. 당시 백제왕이 고구려를 피해온 정황을 고려하면 대체로 성 내부에 있었던 것으로 볼 수 있지 않을까 생각된다. 성 내부의 추정 왕궁지뿐만 아니라 최근 북쪽 계곡부의 성안마을에서도 웅진·사비기의 건물지와 기타 시설이 드러나고 있어 이를 어느 정도 뒷받침해준다.

웅진성을 도성으로 한 것은 63년간이었는데, 웅진성 아래로는 백성들의 거주 구역이 형성되었을 것이다. 대체로 이 시기 고분군으로 둘러싸인 내부를 민들의 거주 공간으로 파악하는데,[53] 다만 제민천 주변이 어느 정도 개발되어 있었는지에 대해서는 논란이 있다. 앞으로 공산성 남쪽 기슭과 제민천 주변에 대한 조사가 시급히 이루어질 필요가 있을 것이다.

3) 사비성(泗沘城)

성왕 16년(538) 백제는 다시 사비(지금의 충남 부여)로 천도하였다. 부여에는 부소산성과 시가지를 둘러싼 나성이 알려져 있다. 먼저 사비 도성의 중심이 되는 성, 즉 사비성은 부소산성에 비정할 수 있다. 부소산성은 해발 106m의 부소산에 위치하고 있는데, 이 성은 백제 멸망 후 여러 시대를 거쳤기 때문에 다소 복잡한 양상으로 되어 있다. 성벽의 축조 방식에 대한 분석 결과 백제가 쌓은 성은 부소산 정상부와 군창지 쪽의 봉우리, 그 남북의 골짜기

---

53) 박순발, 2010, 위 책, 202~204쪽

를 모두 둘러싼 둘레 2,495m의 포곡식 성으로 밝혀지게 되었다.[54]

한편 사비에는 평지 시가지 전체를 둘러싼 나성이 축조되어 있었다. 현재까지 확인된 나성의 평면 구조는 부소산성-청산성 구간의 북나성 0.9km, 청산성-석목리-염창리 구간의 동나성 5.4km 등 총 6.3km 정도이다.[55] 반면 백마강이 돌아흐르는 남쪽과 동쪽에는 나성이 축조되지 않은 것으로 밝혀졌다.

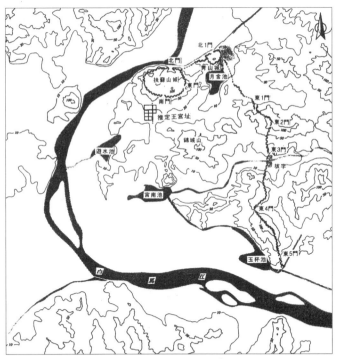

[그림 7] 부여 나성 평면도(박순발, 2000, 「泗沘都城의 構造」
『사비도성과 백제의 성곽』, 서경문화사, 27쪽)

---

54) 김용민, 1997, 「扶蘇山城의 城壁築造技法 및 變遷에 대한 考察」『한국상고사학보』 26
55) 부여 나성에 대해서는 박순발, 앞 책, 2010, 254~263쪽; 김낙중, 2014, 앞 책, 126~129쪽 참조.

사비 도성은 이와 같이 중심이 되는 성과 시가지를 둘러싼 나성으로 되어 있었는데 이와 같은 구조와 관련하여 다음과 같은 기록들을 주목할 수 있다.

C-1. 백제 왕성은 방(方) 1리 반이고 북면(北面)하며 돌을 쌓아 만들었다. 성 아래에는 만여 가(家) 정도가 있다. 즉 5부(部)의 거처인데 각 부에는 병(兵) 500인이 있다.[56]

C-2. 성으로부터 20여리 지점에 적(백제)이 총력을 기울여 나와 막으니 크게 싸워 깨트리고 만여 인을 죽이거나 사로잡고 곽(郭)으로 쫓아 달려 들어 갔다. 그 왕 의자와 태자 융은 북경(北境)으로 달아나고 정방은 나아가 그 성(城)을 포위했다.[57]

먼저 사료 1은 『한원』 백제조에 인용된 『괄지지』에 나오는 것으로, 백제 왕성에 대하여 묘사하고 있다. 이 기록의 왕성은 사비의 왕성을 지칭하는 것이 분명하다. 왜냐하면 같은 기록에 웅진성이 5방성 중 북방성으로 기록되어 있기 때문이다. 우선 '방(方) 1리 반'[58]이라는 표현에서 그것이 나성에 해당하는 것이 아니라 부소산성에 해당한다는 것을 알 수 있다. 한편 사료 2의 『구당서』 소정방전에서는 당군이 사비 도성을 공격할 때 먼저 곽(郭)으로 진입한 뒤에 성(城)을 포위했다고 하였다. 즉 사비 도성은 도성민의 거주 공간을 둘러싼 외곽과 지배자의 공간을 둘러싼 내성으로 이루어진 그

---

56) 『翰苑』 卷□, 蕃夷部 百濟
括地志曰. 百濟王城. 方一里半. 北面. 累石爲之. 城下可萬餘家. 卽五部之所居也. 一部有兵五百人. …

57) 『舊唐書』 卷83, 列傳第33 蘇定方
… 去城二十許里, 賊傾國來拒, 大戰破之, 殺虜萬餘人, 追奔入郭. 其王義慈及太子隆奔于北境, 定方進圍其城. …

58) 방(方)은 정사각형의 한 변을 의미한다. 서정석은 여기에 한척(漢尺)=23.5cm이 적용된 것으로 파악하고, 1보=6척, 1리=300보로 계산하여 둘레를 환산하였다(서정석, 2002, 앞 책, 223~227쪽).

야 말로 '성곽(城郭)'의 구조였음을 알 수 있다.

다음으로 왕궁의 위치에 대해서는 왕성이라고 할 수 있는 부소산성 내부에 있었는지, 아니면 성 아래쪽 시가지에 있었는지 논란이 되고 있다. 성 아래쪽에서는 관북리유적이 왕궁지로 유력하다. 이곳은 조선 시대 부여군의 객사와 관아가 위치한 곳이다. 이 유적에 대해서는 1982년부터 1992년까지 충남대학교 박물관에 의해, 다시 2001년부터 2008년까지 국립부여문화재연구소에 의해 발굴조사가 이루어졌다.[59] 그 결과 생산 시설, 창고, 건물지, 도로 등이 확인되었다. '나'지구에서는 진북 방향의 격자형 도로와 함께 여러 동의 건물지가 확인되었는데 '북사(北舍)'명 토기편이 나온 것으로 보아 왕궁이나 관청과 관련된 건물이었을 것으로 추정되고 있다. '라'지구에서는 동서 길이 35m, 남북 길이 18.5m의 대형 건물지가 확인되기도 하였다.

왕궁 남쪽으로는 시가지가 형성되었을 것인데, 나성 내 격자형 도로망과 구획이 개설되었는지, 어느 정도의 범위에 얼마나 정연하게 되어 있었는지가 논란이 되고 있다. 위에서 언급했듯이 관북리유적에서 진북 방향의 남북 대로가 확인되었고, 또 1918년에 발행된 부여 1 : 25,000 특수지형도에서도 몇 개의 방형 구획을 찾아볼 수 있다. 이를 토대로 박순발은 적어도 왕궁 주변에는 정연한 공간 구획이 이루어진 것으로 파악했으며,[60] 새로 발견된 도로 유적들을 바탕으로 이를 좀 더 넓은 범위에 확대 적용하고자 하였다.[61] 한편 이병호는 지형도에 나타난 방형 구획을 '구아리 정방형 평면구획'으로 명명하고 그것이 한 변 360남조척=60보의 정방형으로 되어

---

59) 국립부여문화재연구소, 2009, 『扶餘 官北里百濟遺蹟 發掘報告 Ⅲ-2001~2007年 調査區域 百濟遺蹟篇-』

60) 박순발, 2000, 「泗沘都城의 構造에 대하여」 『百濟研究』 31, 119~124쪽

61) 박순발, 2010, 앞 책, 276~273쪽

있었음을 밝혔다. 그렇지만 이러한 구획은 매우 제한적으로 시행된 것으로 파악하였다.[62]

도성의 행정 구역에 대해서는 『주서』, 『수서』, 『북사』, 『한원』 등에 기록되어 있다. 이 가운데 『주서』와 『수서』를 인용하면 다음과 같다.

> D-1. 도하(都下)에는 1만 가(家)가 있으며 5부(部)로 나뉘는데 상부, 전부, 중부, 하부, 후부로서 군사 500인을 거느린다.[63]
> D-2. 기내(畿內)는 5부로 나뉘며 부에는 5항(巷)이 있는데 사인(士人)이 거주한다.[64]

즉 도하 내지 기내가 5부로 나뉘며 각 부에는 5항이 있었다는 것이다. 『주서』의 '도하'는 『한원』에는 '성하(城下)'로 표현되어 있다.[65] 여기에서 다시 5부의 설정 범위가 문제가 된다. 그것이 외곽(나성) 내부 왕성 밖 사서의 거주 구역에 설정되었다는 견해[66]와 기내, 즉 사비성인 부소산성을 중심으로 10km 정도 되는 범위에 있었다는 견해[67]가 있다.

---

62) 이병호, 2007, 「사비 도성의 구조와 축조 과정」『백제의 건축과 토목』(百濟文化史大系 研究叢書 15), 충청남도역사문화연구원, 127~134쪽

63) 『周書』 卷49, 列傳第41 百濟
  都下有萬家, 分爲五部曰上部·前部·中部·下部·後部, 統兵五百人.

64) 『隋書』 卷81, 列傳第46 百濟
  畿內爲五部, 部有五巷, 士人居焉.

65) 주 56)

66) 田中俊明, 1990 「王都로서의 泗沘城에 대한 豫備的 考察」『百濟研究』 21, 185~189쪽

67) 金英心, 1997, 「百濟 地方統治體制 研究-5~7세기를 중심으로-」(서울大學校 國史學科 博士學位論文), 212~213쪽

3. 신라

1) 신라 도성의 명칭과 범위

신라의 도성은 변함없이 현재의 경주였다. 경순왕이 고려에 항복하자 그 나라(수도)를 경주로 삼았다고 한다. 신라 때 도성을 부른 명칭으로는 『삼국사기』에 경성(京城), 경도(京都), 경사(京師), 경(京), 왕경(王京), 도(都), 왕도(王都), 도성(都城) 등 여러 가지가 나타나는데, 고유한 명칭이라기보다는 수도에 대한 일반적인 지칭이라고 할 수 있다. 대체로 경 및 도를 기본으로 해서 앞에 왕을 붙이거나 뒤에 성을 붙인 것인데, 시기에 따른 경향성을 파악하는 것조차 쉽지 않다. 현재 연구자들은 왕경 또는 왕도라는 명칭을 많이 사용한다. 가장 많이 쓰는 용어는 왕경이지만, 그렇다고 이것이 『삼국사기』나 다른 자료에 많이 보이는 용어는 아니다.[68] 한편 왕도는 『삼국사기』 지리지에 나오는 명칭이다. 그 첫머리에는 다음과 같이 기록되어 있다.

> E. 왕도(王都)는 길이가 3천 75보, 너비가 3천 18보이며, 35리(里) 6부(部)로 되어 있다.[69]

도성의 범위와 행정구역을 명시하고 있는데, 이것은 특정한 시기, 대체로 중대(中代)의 양상을 보여주는 자료로 이해되고 있다. 이 시기 왕도라는 명칭을 썼고 그 범위가 제한되어 있었으며, 35리, 6부의 행정구역이 있었다는 사실을 알 수 있다. 또 여기에는 보이지 않지만 지리지의 대성군 및 상성군은 그 주변을 둘러싸고 있었으며, 거기에는 6기정(畿停)이 포함되어

---

68) 잠깐 왜 이 용어가 지배적인 것이 되었는지 생각해 보았다. 왕경에 대한 연구가 일제시대 건축학 쪽에서 시작되었는데, 이때 왕경이라는 용어를 사용했다. 혹시 이것의 영향을 받은 것은 아닌가 한다. 이 부분에 대해서는 좀 더 정밀한 검토가 필요할 것이다.
69) 『삼국사기』 권34, 잡지3 지리1
王都長三千七十五步, 廣三千一十八步, 三十五里, 六部.

있었던 것으로 되어 있다.[70] 이것이 신라 왕도에 대한 가장 분명한 기록으로 이에 대한 논의는 바로 여기에서부터 출발해야 할 것이다.

그렇지만 이것은 특정 시점의 자료이며 시기에 따른 변화는 별도로 파악해야 한다. 왕도의 성립과 변천을 이해할 때 가장 중요하게 고려해야 할 것은 바로 6부일 것이다. 왕도, 왕경이 6부로 되어 있었다는 사실은 지리지뿐만 아니라 직관지의 전읍서(전경부), 대일임전, 6부소감전 등의 조직을 통해서도 알 수 있다.[71] 신라 시조 설화에서는 6촌 혹은 6부가 이미 건국 전부터 있었던 것처럼 되어 있으며, 신라가 멸망했을 때 6부는 경주 6부로 편제되었다.[72]

이밖에 왕도 6부의 성립을 분명하게 보여주는 자료로 『양서(梁書)』 신라전(新羅傳)이 있다. 여기에 기록된 정보는 보통(普通) 2년(521)년 신라에서 파견한 사신에게 들은 것으로 알려져 있다.

> F. 그 풍속은 성(城)을 '건모라'라 부르고, 그 읍은 안에 있는 것을 '탁평', 밖에 있는 것을 '읍륵'이라 부르는데 또한 중국의 말 군현과 같은 것이다. 나라에 6탁평, 52읍륵이 있다.[73]

---

70) 『삼국사기』 권34, 잡지3 지리1
　　大城郡, 本仇刀城. 境內率伊山城·茄山縣(一云驚山城)·烏刀山城等三城. 今合屬淸道郡. 約章縣, 本惡支縣. 景德王改名, 今合屬慶州. 東畿停, 本毛只停. 景德王改名, 今合屬慶州.
　　商城郡, 本西兄山郡. 景德王改名, 今合屬慶州. 南畿停, 本道品兮停. 景德王改名, 今合屬慶州. 中畿停, 本根乃停. 景德王改名, 今合屬慶州. 西畿停, 本豆良彌知停. 景德王改名, 今合屬慶州. 北畿停, 本雨谷停. 景德王改名, 今合屬慶州. 莫耶停, 本官阿良支停(一云北阿良), 景德王改名, 今合屬慶州.

71) 『삼국사기』 권38, 잡지7 직관 상 전읍서, 대일임전, 6부소감전

72) 『高麗史』 卷57, 志11 地理2 慶尙道 東京留守官 慶州

73) 『梁書』 卷54, 列傳第48 新羅
　　其俗呼城曰健牟羅, 其邑在內曰㖨評, 在外曰邑勒, 亦中國之言郡縣也. 國有六㖨評, 五十二邑勒.

즉 당시 신라에서는 왕성을 건모라라고 불렀으며, 그 안에 있는 읍을 탁평이라 했는데 6개의 탁평이 있었다는 것이다. 여기에서 6탁평은 바로 6부로 볼 수 있다. 왕도가 6부로 이루어져 있었음을 알 수 있다.

6부의 범위에 대해서 알 수 있는 것은 건국 신화에 나오는 6촌, 6부의 전승이다. 특히 『삼국유사』에는 고려 경주 6부 소속의 촌명들이 나타나 있다. 이를 적용하면 고려 6부의 위치와 범위, 더 나아가서 신라 6부의 그것까지도 어느 정도 추정할 수 있다. 문제는 이때 6부의 범위가 현재의 '통합 경주시' 정도에 해당한다는 것이다. 이것은 『삼국사기』 지리지에 보이는 왕도의 범위와는 차이가 있다. 그것은 동서, 남북 각 5km 정도의 범위로 대체로 현재의 '경주 시내' 정도의 범위에 해당하는 것이다. 이처럼 6부의 범위와 중대 왕도의 범위가 차이를 보이는 이유에 대해서는 몇 가지 다른 견해들이 있다. 그 중 하나는 통일기에 들어 왕도=6부의 범위를 축소, 조정했고 그 외곽에 대성군과 상성군을 설치했는데, 하대(下代)에 들어 왕도의 범위가 확대되었고 고려 초에 이것을 원래, 즉 상대(上代)의 상태로 되돌렸다는 것이다.74) 한편 6부의 범위에는 변화가 없고 통일기에 들어 왕도의 범위만 한정해서 설정한 것으로 보는 견해도 있다.

처음 신라 6부의 범위는 대체로 진한 소국의 하나인 사로국에 해당하는 것으로 이해되고 있다. 신라는 사로국이 주변 지역을 복속시키면서 형성된 나라이다. 그 결과 사로국은 왕경 혹은 왕도로, 복속된 지역은 지방으로 편제되었는데, 이와 같은 내외의 구별이 『양서』 신라전에 나타난 것이라고 할 수 있다. 다만 이러한 구조의 성립 시점은 분명하지 않은데, 대체로 마립간이라는 왕호가 채택되었을 무렵으로 이해할 수 있을 것이다.

그 뒤 통일기에는 아마도 '시가지'를 중심으로 왕도를 재설정하면서 그

74) 전덕재, 2009, 『신라 왕경의 역사』, 새문사

외곽 지역에는 군현을 설치하였다. 이러한 시가지, 즉 도시로서의 왕도는 이미 중고기 초에 나타났으며, 중대를 거쳐 하대에 이르기까지 확대되는 경향이 있었던 것 같다. 이처럼 왕경, 왕도라고 하면 '6부'를 의미하기도 하며 시가지, 즉 '도시'를 의미하기도 하였다. 이와 관련 다나카 도시아키 [田中俊明]는 전자를 '6부 왕경', 후자를 '조방제 왕경'이라고 하였다.75) 본 고에서는 후자를 '도시로서의 왕도'로 지칭하도록 하겠다.

이처럼 왕경, 왕도의 개념을 먼저 정리해 봤는데, 마지막으로 다시 명칭 문제를 언급하고 넘어가도록 하겠다. 앞에서 지적했지만 신라 도성의 지칭 으로 사용되는 용어들은 대체로 일반 명사였다. 유일하게 고유 명사로 볼 수 있는 것은 금성 또는 금경이다. 이것은 우선 중국 측 기록을 통해서 알 수 있다.

> G-1. 『괄지지』에 이르기를, "신라의 치소는 금성이며 본래 옛 삼한의 땅 이다."라고 하였다.76)
>
> G-2. 왕이 거처하는 곳을 금성이라고 하는데 둘레는 7~8리이다. 위병은 3000명이고 사자대를 설치했다.77)
>
> G-3. 왕은 금성에 거처하는데 둘레가 8리가 되는 곳이며 위병은 3000인 이다.78)

이처럼 당대(唐代)의 자료에는 신라의 치소가 금성으로 나타나 있으며, 구체적으로 둘레가 7~8리(둘레 3,780~4,320m) 정도 된다고 하였다. 뒤에서

75) 田中俊明, 1992, 「新羅のおける王京の形成」 『朝鮮史硏究會論文集』 30
76) 『翰苑』 卷□, 蕃夷部 新羅 注
   括地志曰, 新羅治金城. 本三韓之故地.
77) 『舊唐書』 卷199上, 列傳第149上 新羅
   王之所居曰金城. 周七八里. 衛兵三千人, 設獅子隊.
78) 『新唐書』 卷220, 列傳第145 新羅
   而王居金城, 環八里所, 衛兵三千人.

검토하겠지만 이 정도의 규모는 궁성인 월성보다는 크고 왕도의 범위에
비해서는 작은 것이다. 월성 내지 만월성을 지칭하거나 아니면 도성 그 자
체를 의미하는 것으로 보인다. 한편 7세기 후반기 관문성 석각에서는 '금
경(金京)', 「숭복사비문」에서도 '금성'이라는 표현을 확인할 수 있다. 만약
신라의 경도, 왕경, 왕도의 고유 명사를 찾는다면 아마도 금성일 가능성이
가장 크다고 할 수 있을 것이다.

2) 성곽과 시가지

왕도의 구체적인 성에 대하여 『삼국사기』 지리지에는 다음과 같이 기록
되어 있다.

> H. 처음 혁거세 21년에 궁성을 쌓아 이름을 금성(金城)이라 하였다. 파사
> 왕 22년(101)에 금성 동남쪽에 성을 쌓아 월성(月城) 혹은 재성(在城)이
> 라고 불렀는데, 둘레가 1천 23보였다. 신월성(新月城) 북쪽에 만월성(滿
> 月城)이 있는데 둘레가 1천 8백 38보였다. 또 신월성 동쪽에 명활성(明
> 活城)이 있는데 둘레가 1천 9백 6보였다. 또 신월성 남쪽에 남산성(南
> 山城)이 있는데 둘레가 2천 8백 4보였다. 시조 이래로 금성에 거처하
> 다가, 후세에 이르러서는 두 월성에 많이 거처하였다.79)

즉 처음에는 '궁성'으로 금성을 쌓아 활용하다가 그 동남쪽에 월성을 쌓
아 거처하였다는 것이다. 여기에서 금성은 월성 서북쪽에 있는 것으로 되
어 있지만, 그 실체가 확인되지 않고 있다. 따라서 금성의 위치와 실재 여
부에 대해서 논란이 되고 있다.80) 위에서 언급했듯이 통일기 금성은 신라

---

79) 『삼국사기』 권34 잡지3 지리1
　　初赫居世二十一年, 築宮城. 號金城. 婆娑王二十二年, 於金城東南築城. 號月城, 或號在城. 周
　　一千二十三步. 新月城北有滿月城. 周一千八百三十八步. 又新月城東有明活城. 周一千九百六
　　步. 又新月城南有南山城. 周二千八百四步. 始祖已來處金城. 至後世多處兩月城.

의 도성 혹은 월성을 지칭하는 용어로 사용되었다. 그것이 초기의 궁성, 또 신라본기에 따르면 '경성'으로 나타나고 있는 것이다. 금성을 특정 장소에 비정하는 견해가 계속 발표되고 있지만, 찾을 수 있는 성격의 것인지 의문 이다.

월성의 실체는 분명한 편이지만, 신월성과 만월성이 무엇을 지칭하는지 에 대해서는 논란이 있다. 신월성이 현재 남아 있는 반월성에 해당하는 것 이라면, 만월성은 그 북쪽으로 확장된 관아 구역을 둘러싼 성으로 보는 것 이 일반적이다. 그렇지만 월성과 같은 성벽의 존재는 확인되지 않았다. 명 활성은 한 때 왕이 거주하는 성, 즉 궁성으로 사용된 적이 있지만, 기본적 으로 도성 동편에 치우쳐 있다는 점에서 본격적인 궁성으로 보기는 어렵 다. 남산성, 그리고 여기에는 나와 있지 않지만 서형산성과 함께 도성 외곽 을 방어하는 성으로 기능했을 가능성이 크다.

이상과 같이 보았을 때 신라 왕도의 실질적인 궁성은 대체로 월성이었 다고 할 수 있다. 다만 통일기에 들어 월성 성벽을 넘어 궁역이 확대되는 경향이 있었던 듯하다. 동궁(東宮)과 월지(月池)가 대표적인 부분이다. 또 국 립경주박물관 건축 부지에서는 '남궁(南宮)'명 기와가 출토되었는데, 그곳에 동궁 외에 남궁으로 불리는 시설이 있었을 가능성도 있다. 월성 북쪽 구역 에서는 다수의 통일기 초석 건물지가 확인되었는데, 관아 혹은 종묘와 같 은 제사 시설이 위치했을 것으로 추정되고 있다. 또 이러한 구역을 둘러싼 벽이 존재했다면 그것을 만월성이라고 불렀을 수도 있겠다. 이밖에 월성 정북에 위치한 성동동전랑지나 북천 북쪽 용강동에서 확인된 원지(苑池)를 궁과 관련된 것으로 보는 견해들이 제기되기도 하였다.

한편 신라 왕도에는 궁성 주변으로 격자형 도로망과 그것에 의해 만들

---

80) 금성의 비정에 대한 연구사는 전덕재, 2009, 앞 책, 170~174쪽 참조.

어진 구역들이 존재하고 있었다. 이것은 조선 시대 정전(井田) 유지가 있다
는 기록, 지적원도, 항공사진 등을 통해서 쉽게 확인할 수 있다. 이것은 당
나라 장안성의 방제(坊制)를 모방한 것으로 알려져 있으며, 『삼국유사』 진
한조에는 신라 전성시에 1,350방이 있었다고 기록되어 있다.[81]

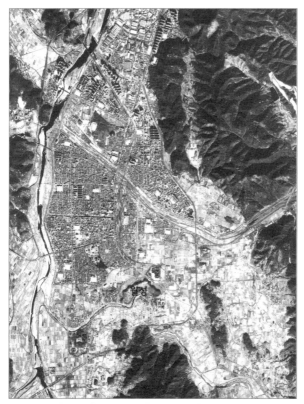

[그림 8] 경주 시내 항공사진과 월성의 위치

---

81) 『삼국유사』 권1 기이2 진한
　　新羅全盛之時, 京中十七萬八千九百三十六戶, 一千三百六十坊, 五十五里, 三十五金入宅[言富
　　潤大宅也.] : …

일제 시대부터 이 방의 크기와 개설 범위를 파악하려는 시도가 계속 이루어졌다. 후지시마 가이지로[藤島亥治郎]는 격자형 구획의 크기를 동위척(東魏尺) 400척(약 140m)의 정방형으로 복원하고, 구획이 이루어진 범위를 동쪽으로는 보문사, 동남쪽으로는 망덕사, 서남쪽으로는 남천 이북의 흥륜사 부근까지로 추정하여 「신라왕경복원도(新羅王京復原圖)」를 제시하였다.[82]

해방 이후에는 70년대에 이르러 윤무병은 1 : 10,000 지도상에 종횡으로 평행하게 잔존한 도로의 간격을 조사하여 남북 140m, 동서 160m 내외의 값을 얻었으며, 구획의 범위는 북천, 서천, 남천 및 동쪽으로는 황복사지 동편 250m 지점까지로 추정하였다.[83] 장순용은 1 : 600 지적도를 검토하여 여러 사찰들이 격자형 구획 안에 들어 있으며, 구획이 이루어진 범위가 기존에 알려진 것보다 넓게 나타나는 것으로 파악하였다. 또 구획을 이루는 도로의 축향이 일률적이지 않고 단계에 따라 조금씩 다르게 나타난다는 점을 지적하기도 하였다.[84]

그 뒤 황룡사지에 대한 발굴조사가 진행되었고, 황룡사의 사역이 동서 288m, 남북 281m로 140*140m 크기의 구획 4개를 합친 것과 큰 차이가 없다는 것이 확인되었다. 그와 함께 몇 가지 복원안이 제시되기도 하였는데, 이 시기의 연구들을 보면 단위 구획을 모두 정방향의 일정한 크기로 복원하고 있다는 점이 특징적이다. 그 가운데 윤무병의 수정안은 140*160m 구획 16개로 이루어진 방(坊) 35개와 성동동전랑지 자리의 왕궁이 6*6의 왕경을 이루는 것으로 파악하였으며, 왕궁과 월성 사이에는 폭 120m의 주작대로를 설정하기도 하였다.[85]

---

82) 藤島亥治郎, 1930, 「新羅王京建築史論」 『建築雜誌』 44-530 · 531

83) 尹武炳, 1972, 「역사도시 경주의 보존에 대한 조사」 『문화재의 과학적 보존에 대한 연구』 (1), 과학기술처

84) 張順鏞, 1976, 「新羅王京의 都市計劃에 關한 硏究」(서울대학교 석사학위논문)

85) 尹武炳, 1987, 「新羅王京의 坊制」 『斗溪李丙燾博士九旬紀念韓國史學論叢』 知識産業社

1990년대에 들어 황룡사지 동편의 이른바 S1E1유적에 대한 발굴조사 성과가 연차적으로 보고되는 등 경주 지역에 대한 고고학 자료가 급속도로 늘어나게 되었다. 이 무렵 우성훈은 1917년에 발행된 1 : 1,200 지적도에서 방의 크기를 분석한 결과 각 지역별로 구획의 크기가 조금씩 다르다는 점을 확인하였다.[86] 박방룡은 우성훈의 연구 성과를 바탕으로 하면서, 그간의 발굴조사 성과를 활용하여 새로 복원안을 마련하였는데, 구획이 설정된 범위를 파악하는 방식 등이 약간의 차이를 보이고 있다.[87]

2000년대에 들어 발굴조사 성과가 더욱 늘어나면서 좀 더 정밀한 파악이 가능해 졌다. 여호규와 이은석은 지적도 등에서 특히 분황사 일대에서 서로 다른 방향의 구획선이 중첩되어 있다는 점에 주목하였는데, 이것이 방 구획의 단계적 확장을 시사하는 것으로 이해하였다.[88] 그리하여 이은석은 구역에 따라 동서 중심축의 각도가 조금씩 다른 것으로 왕경의 계획을 복원하고 있다. 야마다 다카후미[山田隆文] 역시 구역에 따라 도로의 중심축이 다르게 기울어져 있는 것으로 파악하였으며, 방 구획이 황룡사 등 왕경의 중심부에서부터 시행되어 점차 주변으로 확장된 것으로 이해하였다. 최근에는 황인호가 도로와 담장 유구의 GPS 좌표를 활용하여 방 구획의 복원을 시도하였는데, 그 역시 왕경 내의 방 구획이 그 규모나 장축 방향을 고려할 때 대체로 3단계에 걸쳐 시행된 것으로 파악하였다.[89]

이처럼 신라 왕경의 도시 계획에 대한 연구는 처음에는 완성된 형태의

---

86) 禹成勳, 1996, 「新羅王京慶州의 都市計劃에 關한 硏究」(성균관대학교 건축공학과 석사학위논문)

87) 박방룡, 2013, 『신라도성』, 학연문화사

88) 余昊奎, 2002a, 「新羅都城의 空間構成과 王京制의 성립과정」『서울학연구』 18; 李恩碩, 2004, 「왕경의 성립과 발전」『통일신라시대 고고학』(제28회 한국고고학전국대회 발표자료집), 한국고고학회

89) 山田隆文, 2002, 「新羅金京復元試論」『古代學硏究』 159

모습, 규칙성을 파악하려는 데에서 시작하여, 점차 지역별 차이나 시간성에 주목하고 있다고 할 수 있다. 앞으로의 연구 진전을 위해서는 먼저 지적(地籍)에 대한 정확한 파악이 이루어져야 할 것이고, 다음으로 특정 지점 유적의 연대를 바탕으로 시간에 따른 구획의 변화 과정과 원리를 추구하는 방향으로 진행되어야 할 것이다.

한편 이와 같은 시가지를 둘러싼 나성, 외곽은 존재하지 않았던 것으로 알려져 있다. 실제로 문무왕 말년에 '경성'을 쌓으려고 했지만, 의상의 만류로 중지했다고 한다.[90] 그렇지만 왕도 범위 바로 바깥쪽의 산에 산성을 배치하여 이들이 외곽의 역할을 대신했던 것으로 생각된다. 즉 동쪽의 명활성, 서쪽의 서형산성, 남쪽의 남산신성 등이 그와 같은 기능을 수행하였을 것이다.

3) 행정구역

사료 E에 의하면 신라 왕도는 35리 6부로 되어 있었다고 한다. 또 『삼국유사』에는 55리 1,350방이 있었다고 되어 있다. 이들을 종합하면 신라 왕도는 6부, 리, 방 등으로 편제되어 있었음을 알 수 있다. 다만 『삼국사기』와 『삼국유사』 기록에서 리의 수가 다르게 나타난 것은 시기에 따른 차이로 이해하는 것이 일반적이다. 즉 전자는 중대 경덕왕 때, 후자는 하대 헌강왕 때의 상황을 반영하고 있다는 것이다. 이와 같이 볼 수 있다면 그 수가 35리에서 55리로 늘어난 것이 된다.

이처럼 통일기 도시로서 왕도의 범위가 제한되고 그것이 35리로 되어 있었으며, 하대로 가면서 그 범위가 55리로 확대되었다는 것에 대해서는

---

90) 『삼국사기』 권7 신라본기7 문무왕
二十一年(681), … 六月, … 王欲新京城. 問浮屠義相, 對曰, "雖在草野茅屋, 行正道卽福業長, 苟爲不然, 雖勞人作城, 亦無所益." 王乃止役.

어느 정도 논의가 모아지고 있지만, 왕도의 범위가 제한될 때 6부의 범위가 같이 재편된 것인지에 대해서는 논란이 있다. 그렇게 파악하는 근거는 통일기에 들어 제한된 왕도의 밖에 대성군, 상성군 및 임관군이 두어졌으며, 하대의 것으로 보이는 제사지 자료에 의하면 6부의 영역과 대성군 및 상성군의 영역이 구별되고 있다는 점을 들고 있다. 또 제도적으로는 6부 소감전에서 전경부로의 개편이 이루어지는데, 이것 역시 6부의 공간적 재편과 관계가 있는 것으로 이해하였다.[91]

그렇지만 이 견해는 신라 말 왕경(왕도) 6부가 고려 초 경주 6부로 개편되었으며 그 범위가 현재 통합 경주시에 달하고 있는 현상을 잘 설명할 수 없다. 차라리 6부 영역에는 큰 변화가 없는 상태에서 그 가운데 왕도가 설정되고 나머지 지역이 대성군 등으로 편제되었다고 하는 것이 적절하지 않을까 생각된다. 문제는 대성군 및 상성군으로 편제된 기존 6부 지역이 어떻게 행정적으로 관할되고 인식되었는지 하는 것인데, 이 문제에 대해서는 앞으로 좀 더 논의가 필요할 것 같다.

리와 방에 대해서는 자비마립간 때 '방리(坊里)의 이름을 정했다'는 기록이 있지만,[92] 이때 방리제가 시행되었다고 보지는 않는다. '방리'라는 표현은 사실 당이나 고려의 제도에서나 타당한 표현이다. 당이나 고려의 도성에서는 방의 숫자가 더 적어 상위의 행정구역이었고 리가 그 아래에 있었다. 중국에서 '방'은 당나라 때 채용된 것으로 알려져 있는데, 격자형 도로에 의해 만들어진, 담장으로 둘러싸인 구역을 의미하는 것이었다. 그렇지만 북위의 낙양성(洛陽城)에도 성 밖에 격자형 도로망과 구역이 개설되었고, 다만 이것을 '리'로 지칭했다고 한다. 리라고 하는 것은 일찍이 한대부터

---

91) 전덕재, 2009, 앞 책, 74~82쪽
92) 『삼국사기』 권3 신라본기3 자비마립간
　　十二年, 春正月, 定京都坊里名.

도성 내지 현성의 행정구역으로 존재하고 있었다.[93]

남산신성비 제3비(591)나 월성 해자 출토 목간에는 '주도리(主刀里)'와 같은 리의 이름들이 나타나 있어, 신라가 일찍이 리제를 받아들였음을 알 수 있다. 사료 E에 의하면 경덕왕대 왕도의 범위 안에는 35개의 리가 존재하였다. 리라고 하는 것이 도시 구역과 관계가 있다는 것은 분명하지만, 정확하게 어떤 형태의 것을 지칭하는지 분명하게 알기는 어렵다.

반면 방은 앞에서 언급한, 격자형 구획에 의해 만들어진 하나의 구역을 의미하는 것으로 판단된다. 당 장안성에 108개의 방과 동·서 양시(兩市)가 있었던 데 반해, 신라 왕도에는 1,360방이 있었다고 되어 있어 360방의 오류가 아닐까 하는 의견도 있었지만,[94] 신라 왕도의 구역은 당 장안성에 비해 크기가 매우 작은 편이다. 즉 당 장안성에서 가장 작은 방인 광록방(光祿坊)은 558*500m인 데 반해 신라 왕도의 경우 한 변의 길이가 140~160m 정도로 알려져 있다. 이처럼 1360방이라는 것이 정확하다면, 신라 말에 방 25개 정도가 하나의 리로 편성되었다고 할 수 있을 것이다.

III. 주요 연구 과제

1. 개념 규정

국가의 핵심적인 기능들이 몰려 있는 도시를 보통 수도(首都)라고 하는데, 전통 시대의 그것에 대해서는 일반적으로 도성(都城)이라는 용어를 사용하고 있다. 이것은 도(都)의 성(城)을 의미하기도 하지만, 수도, 국도(國都)

---

93) 중국의 리, 방에 대해서는 전덕재, 2009, 앞 책, 144~148쪽 참조.
94) 『삼국유사』 권5 피은8 염불사조에는 360방으로 되어 있다.

그 자체를 지칭하는 경우가 많다. 아마도 전통 시대의 수도, 국도에는 대체로 성이 있었기 때문일 것이다.

원래 중국에서 국(國)과 도(都)는 모두 중심적인 도시를 지칭하는 용어였다. 국은 왕이나 제후가 거주하는 도시를 의미했으며, 도는 국보다 낮은 위계의 도시로서 종실(宗室)이나 경(卿)·대부(大夫)의 채읍(采邑)을 의미했다. 예제(禮制) 등급 원칙에 따라 엄격하게 적용되었던 주대(周代)의 국·도 구분은 시간의 흐름에 따라 변화했다. 전국 시대 문헌인 관자에 따르면, 국과 도의 구분이 관할하는 자의 신분이 아니라 도시의 크기나 주민의 다과를 기준으로 바뀌게 되었다. 한대(漢代)부터는 중요한 지방의 대도시를 도라고 하고 낙양을 동도, 장안을 서도라고 부르기도 하여 도가 국을 대신하여 국가의 중심지라는 의미를 획득하게 되었다.[95] 한편 경(京)은 높은 언덕, 큰 언덕을 의미하는 것으로 역시 임금이 거처하는 곳의 뜻으로 사용되었다.[96]

고대 한국에서도 이러한 용어를 받아들여 사용했는데, 그것은 여러 사료에서 확인할 수 있다. 예컨대 『삼국사기』에서는 수도를 경, 도, 혹은 그 앞에 왕이나 뒤에 성을 붙인 용어들이 사용되었음을 알 수 있다.[97] 이 가운데 고대 삼국에서 어떤 용어를 가장 선호했는지 판단하기는 쉽지 않다. 여러 용례를 분석해서 '왕도'라는 용어가 가장 일반적인 것으로 파악한 견해가 있지만,[98] 쉽게 단정 짓기는 어려울 것 같다.

삼국의 경우 왕도 전체를 둘러싼 성이 없는 경우가 많다 하여 '도성'이라는 용어가 적합하지 않다는 의견이 있는데, 도성이라고 해서 반드시 이와 같은 성을 의미하거나 성이 있어야 한다는 것은 아닐 것이다. 한국 고

---

95) 이상 도(都)의 개념 변화에 대해서는 기경량, 2017b, 「한국 고대사에서 왕도(王都)와 도성(都城)의 개념」『역사와 현실』 104, 162~163쪽 참조.
96) 諸橋轍次, 1984 『(修訂版)大漢和辭典』 卷1, 東京 : 大修館書店, 545~546쪽
97) 기경량, 2017b 앞 논문, 166쪽의 표 1 참조.
98) 기경량, 2017b 위 논문

대의 도성들 역시 국내성, 평양성, 웅진성, 금성 등과 같이 대체로 '~성'이라고 지칭되고 있다. 이것은 왕도의 중심적인 성에 대한 지칭이면서 동시에 왕도의 명칭으로 사용되고 있는 것이다. 삼국의 수도를 지칭할 때 '성'이라고 하는 것이 어색한 경우 '왕도'로 부를 수도 있겠지만, 그것을 도성으로 규정하고 그에 관한 제도를 도성 제도라고 하는 것은 전혀 문제가 되지 않는다.

도성을 군주가 거처하는 곳 정도로 이해했을 때, 그것은 일반적으로 사람들이 모여 사는 도시로서의 성격을 가지며, 또 특히 한국 고대의 경우 지배층의 거주 공간을 의미한다고 할 수 있다. 삼국의 도성을 이해할 때에는 이 두 가지 측면을 모두 고려할 필요가 있다.

먼저 후자와 관련해서 주목해야 할 부분은 바로 도성을 행정적으로 5부 내지 6부로 나누었다는 것이다. 한국 고대 '부(部)'의 성격에 대해서는 아직까지 명확하게 정리되지는 못했지만, 지역 구분임과 동시에 지배층 또는 인민에 대한 편제였다고 할 수 있다. 고구려의 경우 초기에는 고유명부(나부)가 나오다가 3세기부터 점차 방위명부가 등장하는데, 후자는 왕도를 중심으로 결집, 형성된 새로운 지배자 집단을 편제한 것으로 알려져 있다.[99] 방위명부가 처음 등장하는 것은 고국천왕대인데, 이때 왕도는 대체로 지안 지역에 있었지만 그 성의 존재는 명확하지 않다. 어쨌든 지안 분지 일대가 점차 5부로 편제되어 지배층이 집주하기 시작했음을 알 수 있다.

백제의 경우에도 사비기에 도성을 5부로 나누었으며, 이처럼 왕도의 지배층을 5부로 편성하는 전통은 『일본서기』에서 516년부터 확인된다고 한다.[100] 신라의 경우 앞에서 언급한 대로 사로국의 범위에 해당하는 공간을 6부로 편제했고, 사로국이 주변 지역을 복속하면서 사로 6부의 영역이 왕도

---

99) 임기환, 2004, 앞 책, 97~109쪽
100) 김영심, 1997, 앞 논문, 202~207쪽

로 인식되었다고 하였다. 이처럼 삼국의 왕도 또는 도성은 지배층이 5부나 6부로 편제되어 거주한 공간으로서 다른 지방에 비해 우월한 공간이었다.

한편 도시라는 측면에서도 도성의 개념, 그 형성에 대해서 생각해 볼 수 있다. 고구려의 경우 도시로서의 도성은 대체로 국내 도읍기에 시작했을 것인데, 다만 도시의 형성이라는 측면에서 산성인 환도성보다는 평지성인 국내성이 유리했을 것이다. 대체로 동천왕이 평양성으로 도읍을 옮긴 뒤, 아니면 고국원왕 이후에 국내성 내외에 시가지가 형성되고 지배층이 이러한 구역에 집주해 살 수 있었을 것이다.

백제의 경우 한성에서부터 이미 도시로서의 면모를 갖추기 시작했을 가능성이 크다. 풍납토성의 규모가 크기 때문에 그 내부에 좁은 범위의 시가지가 형성될 수 있었을 것이고, 몽촌토성까지 축조된 뒤에는 시가지의 범위가 그 사이 구역으로도 확대되었을 것이다. 웅진성의 도성 구조에 대해서는 논란이 있지만, 사비 도성의 경우 완연한 도시의 모습을 갖추었다고 판단된다.

신라의 경우 시가지의 형성에 대해서 많은 연구가 이루어지고 있다. 『삼국사기』에 의하면 자비마립간 12년(469) 경도의 방리명을 정했다고 하지만, 이것을 그대로 받아들이는 사람은 없다. 아마도 리제를 도입했을 가능성이 있고, 월성을 중심으로 한 시가지의 형성은 그것을 수즙(修葺)한 소지마립간 9년(487) 이후에야 가능했을 것이다. 그 뒤 불교를 받아들이고 새로운 사찰을 조영함으로써 본격적인 시가지가 형성되었을 것이며,[101] 삼국을 통일할 무렵에는 사방 5km 정도의 범위에 이르게 되었다고 할 수 있다.

그렇다면 고구려나 백제의 5부, 신라의 6부의 범위와 도시로서 도성 범위의 관계는 어떻게 될까? 아마 처음에는 양자가 일치하지 않았을 가능성

---

101) 余昊奎, 2002a, 앞 논문

이 크다. 즉 5부나 6부의 범위가 당연히 시가지에 비해 넓었을 것이다. 그렇지만 고구려나 백제의 경우 몇 번의 천도를 거치면서 조금씩 일치되었을 가능성도 있다. 만약 5부나 6부의 범위가 도성의 범위에 비해 넓었다고 한다면 그 공간은 어떻게 편제 또는 인식되었을까? 사실 삼국에서 왕기제(王畿制)가 본격적으로 시행되었다는 증거는 없다. 다만 도성 밖을 바로 지방으로 편성하기는 어려웠을 것이기 때문에 도성을 둘러싼 완충적인 공간, 보조적인 공간으로서 왕기와 같은 공간이 존재했을 가능성은 충분히 상정할 수 있을 것이다.

2. 성곽의 구조와 기능

도성에서 가장 중요한 요소는 왕의 거처로서의 궁궐, 종묘·사직과 같은 제사 시설, 그리고 방어 시설로서의 성곽이라고 할 수 있을 것이다. 이 가운데 특히 성곽은 도성의 구조를 파악할 수 있는 수단이 된다.

성곽 역시 성과 곽의 합성어인데, 성은 내성(內城), 즉 지배자의 공간을 둘러싼 것, 곽은 외곽(外郭), 즉 민들의 거주지까지 둘러싼 것이었다.[102] 중국의 성곽 발달사를 보면 먼저 성이 발달하는데 대체로 궁궐과 관아 구역, 일부 지배층의 거주지를 둘러싼 형태로 이해할 수 있다. 즉 이때 성은 궁궐만을 둘러싼 궁장(宮牆)과는 구별되지만, 궁궐을 제외한 부분이 그다지 넓지 않아서 사람들이 거주할 수 있는 충분한 면적이 되지 않는다. 따라서 민들의 거주지, 즉 민거는 성 밖으로도 분포하게 된다. 이러한 민거에 대해서 도로를 구획해서 정비하고 또 그것을 둘러싼 외곽을 축조하게 되면서, 성과 곽의 구조가 갖추어지게 되는 것이다.

---

102) 『營造法式』卷1, 總釋上 城
　　 管子 內之爲城 外之爲郭 吳越春秋 鮌築城以衛君 造郭以守民

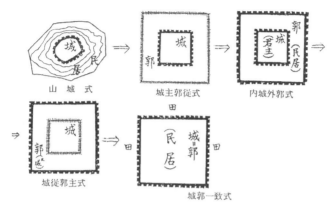

[그림 9] 성곽 구조의 변화(宮崎市定 설)
(愛宕元, 2000, 『中國の城郭都市』, 中央公論社, 23쪽)

　예컨대 당나라 장안성의 경우 궁성, 황성, 나성으로 이루어져 있다고 하
는데, 궁궐과 앞의 관아 구역을 둘러싼 황성이 내성이 되며, 시가지 전체를
둘러싼 나성이 외곽이 된다. 이러한 구조는 고려 개경 역시 마찬가지이다.
이처럼 내성과 외곽의 이중성 구조는 방어에 유리한 것처럼 보일 수도 있
지만, 내성은 내성대로, 외곽은 외곽대로 방어에 불편한 점이 있다. 내성은
규모가 너무 작고 민들을 포괄할 수 없으며, 외성은 너무 규모가 커서 지
키기 어렵다.

　삼국의 도성 혹은 왕도에서 확인되는 구체적인 구조물로서의 성은 궁
궐을 둘러싼 궁장, 즉 궁장(궁성)과 내성(왕성 또는 황성), 그리고 외곽(나성)의
개념으로 파악할 수 있을 것이다. 또 삼국의 도성에서는 공통적으로 산성
이 확인되는데 그 기능에 대해서는 계속 논란이 되고 있다. 규모를 보면
궁성 내지 왕성에 대응하는 것으로 생각되지만, 일상적인 공간보다는 비
상시에 들어가서 지키는 방어용 성, 또는 상징적인 공간으로 파악되고 있
는 듯하다.

삼국 도성의 구조적 발전 과정을 보면, 먼저 궁성이나 왕성의 시설이 만들어지고, 그 내외에 지배층이 집주하는 양상을 띠게 되었을 것이다. 그 인구가 많아지게 되면서 점차 시가지를 구획하여 거주구를 마련하였을 것이고, 최종적으로 그것을 둘러싼 나성을 조영한 것으로 이해할 수 있다. 물론 이러한 과정이 한 장소에서 나타났을 수도 있지만, 고구려나 백제와 같이 새로운 장소에, 좀 더 진전된 단계의 도성이 조영되었을 수도 있다.

나성은 고구려의 경우 장안성 단계, 백제의 경우 사비성 단계에 나타났으며, 신라의 경우에는 결국 만들어지지 못했다. 문무왕 말년 즈음에 나성으로 추정되는 '경성'을 쌓으려는 시도가 있었지만, 의상의 만류로 시행하지 못했다. 신라의 경우에는 대신 시가지의 외곽에 산성을 축조하여 민을 보호하는 나성의 기능을 대신한 것으로 보인다.

이처럼 삼국의 초기 내지 중기의 도성은 내성 정도 규모의 성을 중심으로 주변에 민거가 형성되어 있었다고 이해할 수 있을 것 같다. 이때 이 성의 입지는 산성인 경우도 있고 낮은 구릉이나 평지에 위치한 성인 경우도 있었다. 규모도 왕궁만을 포함하는 작은 규모에서부터 어느 정도 주요 시설이나 민거를 수용할 수 있는 경우도 있었다. 후기 도성으로 가면서 민거를 아우를 수 있는 나성, 즉 외곽의 축조를 시도하였으나, 신라의 경우 결국 그것을 이루지 못하고 사방에 몇 개의 산성을 축조한 것으로 정리할 수 있을 것이다.

3. 가로(街路)와 거주 구역

도성은 도시로서 비교적 좁은 공간에 많은 사람들이 거주하였다. 중국 고대 도성 혹은 지방 도시에서는 일찍이 가로(街路)를 개설하고 그에 의해 구획되는 공간을 일정하게 편제하였다. 한대(漢代)에는 그것을 리(里)라고 불렀는데, 그것을 사방 180m의 규모로 파악한 견해가 있다. 성 밖 민의 거주 지역을 가장 먼저 적극적으로 구획하여 편제한 것은 북위의 낙양성이었다. 북위에서는 격자형 가로를 개설하면서 그것에 의해 구획되는 공간을 리로 편제했는데, 리의 주위에 높은 담장으로 두르고 사방에 문을 개설하여 이 것을 방(坊)이라고도 하였다. 수·당 왕조에서도 북위의 예에 따라 대흥성– 장안성을 쌓고 황성 주변에 도로망을 개설하여 거주 구역을 편성하였는데, 이것을 공식적으로 방이라 불렀다.[103]

　삼국의 도성에서도 우선 격자형 가로망을 확인할 수 있다. 고구려의 경우 전기 평양성에서부터 이러한 구획이 있었다고 보기도 하지만, 후기 평양성, 즉 장안성의 외성과 중성 일부에서 확실한 격자형 구획을 확인할 수 있다. 백제의 경우 앞에서 사비 도성에 격자형 구획이 있었는지의 여부가 논란이 된다고 하였다. 고구려 장안성 외성과 같이 정연하지는 않더라도 평지에는 어느 정도 구획이 존재했을 것으로 생각된다. 또 백제 5부 아래에는 5항(巷)이 있었는데, 항은 원래 리나 방 내부의 작은 도로를 의미하는 것이었다.

　신라의 경우에도 경주의 항공 사진과 지적원도 등을 통해 격자형 가로망과 그로 인해 만들어진 방형의 거주 구역이 존재했다는 것을 알 수 있다. 당 장안성의 경우 그것이 일시에, 계획적으로 개설되었지만, 신라 왕도는 오랜 기간에 걸쳐 형성되었다고 할 수 있다. 가로의 방향과 크기를 통해서, 또 각 구역에서 출토되는 유적의 연대를 통해 가로망의 형성 과정을 파악하는 것이 중요한 과제가 된다.

---

103) 전덕재, 2009, 앞 책, 144~148쪽

4. 도성의 경제적 기능, 도성민의 삶

앞에서 논의한 대로 삼국의 왕도는 지배층의 집주(集住) 공간으로서의 성격을 갖는다. 이와 같은 도성의 성립은 그와 대비되는 지방의 존재를 전제로 한 것이다. 초기에는 지배층이 집주하지 않고 영역의 곳곳에 자리를 잡아 각지의 물자를 직접 수취하는 것이 유리했을 수도 있다. 하지만 점차 왕권이 성장하면서 왕과 가까운 거리를 유지하는 것이 신분 유지의 중요한 수단이 되었을 것이다. 그런데 지배층이 수도에 집주하기 위해서는 지방의 물자를 도성으로 끌어들이는 시스템이 갖추어져야 한다. 즉 지방관을 파견해서 지방의 물자를 수취하고 이를 도성으로 가져올 수 있어야 한다는 것이다. 이렇게 도성으로 모여든 물자는 지배층이 생활할 수 있는 기반이 되며, 또 도시의 기반 시설을 건설하고 장엄하게 하는 데에 사용되었을 것이다. 이제 지배층은 풍요로운 도시 생활을 누리기 위해서라도 더욱 도성에 거주해야 하는 상황이 된 것이라고 할 수 있다.

이와 같은 도성의 기능은 농촌과 대비되는 도시의 일반적인 기능과도 상통하는 것이다. 이러한 경제적, 기능적 측면에서, 또 보편적 도시사라는 관점에서 삼국의 도성을 이해할 필요가 있을 것이다.

더 나아가 도성에 대한 연구는 도성민의 삶에 대한 관심으로 이어져야 한다. 위에서 언급한 대로 동아시아의 도성은 지배층의 거주 공간이었고, 이들은 국가로부터 부여받은 경제적 기반을 통해 도시 생활을 유지할 수 있었다. 그렇지만 나머지 평민들의 삶과 관련해서 이들의 생업 기반이 해명되어야 한다. 삼국의 일반 평민은 촌락에 거주하는 농민들이었을 것이다. 그렇지만 왕경의 경우 기본적으로 도시 지역이라는 것이 문제가 된다. 이들은 무엇을 생업 기반으로 삼고 있었을까?

삼국의 도성이 모두 도시라고는 하지만 여전히 정치적인 중심지로서의 성격을 가지며 교외 지역에서는 농경지가 어느 정도 분포하고 있었을 것이다. 삼국의 도성이 완전히 도시적인 경관을 갖추기 전까지는 상당수의 평민이 여전히 농업 생산에 종사하고 있었을 가능성이 크다.

그렇지만 상당수 도성의 평민들은 비 농업적인 부분에 종사할 수밖에 없었을 것이다. 즉 수공업이나 상업에 종사했을 가능성이 크다는 것이다. 또 삼국사기 열전에 보이는 백결선생, 김생, 솔거 등의 사례와 같이 예술적인 부문에 종사하는 경우도 있었을 것이다. 이러한 다양한 사람들의 존재는 도성 지역을 다른 지역과 구별시켜 주는 중요한 요소가 되었을 것이다.

그렇지만 한국 고대의 수공업이나 상업이 독자적인 영역을 이룰 정도로 발전하지 않았다고 했을 때 이러한 도시민들은 공통적으로 지배층의 경제력에 의존할 수밖에 없는 측면이 강했을 것이다. 이러한 사정은 도시에 거주하는 대다수의 평민에게도 해당하는 일이었다.『삼국사기』열전에 보이는 효녀 지은의 사례는 왕경 평민이 생활 기반을 잃고 지배층의 예속 신분으로 전락하는 사례를 보여준다.

아직까지 도시민의 삶이라고 하는 주제가 본격적으로 조명되지 못한 것은 기본적으로 사료의 제약으로 인한 것으로 보인다. 이러한 제약을 극복할 수 있게 해주는 것은 역시 고고학적인 발굴 성과라고 할 수 있다. 목간과 같은 문자 자료가 있으면 더 좋지만, 다양한 생활 유적의 조사는 도시민의 구체적인 삶을 좀 더 잘 알 수 있게 해줄 것이다. 이러한 자료를 토대로 도시민의 삶을 탐구하는 것도 앞으로 중요한 연구 과제라고 할 수 있다.

5. 시기 구분

여호규는 도시로서 왕도의 발전 과정을 왕성에서 도성으로의 발달로 규정한 바 있다.104) 여기에서 왕성은 고구려의 경우 국내성, 백제의 경우 풍납토성, 몽촌토성, 신라의 경우 금성, 월성을 의미하는 것이다. 반면 도성은 일정한 범위의 시가지나 그것을 둘러싼 나성을 지칭하는 것으로 생각된다. 왕성, 도성의 용어가 적합한지에 대해서는 좀 더 논의가 필요할 것 같지만, 왕성(궁성 내지 내성) 중심의 도성과 어느 정도 계획적인 시가지와 방어 시설을 갖춘 도성을 구분한 것은 적절한 파악이었다고 생각된다.

추가적인 연구에서 왕궁을 중심으로 하는 도성을 초기 도성으로 규정하였다. 고구려의 경우 3세기 중반까지는 비상시 군사 방어성이 평상시 거점보다 더 중시되었고 평상시 거점에는 성벽을 축조하지 않았을 가능성이 높다고 하였고, 이 무렵의 도성은 궁실과 신전 정도를 갖춘 초기적인 모습이라고 하였다. 3세기 후반 대체로 동천왕의 평양성(국내성) 단계에 이르러 정무 시설인 관아, 대형 창고 시설 등을 확충한 다음 단계로 넘어가게 된 것으로 보았다.105)

한국 고대사에서 초기라고 하는 용어는 어느새 다양한 영역에서 호환해서 사용되고 있는 듯하다. 대체로 고구려 정치사의 시기 구분에서 부 체제 단계를 지칭하는 시기 구분명으로 사용되었으며, 부 체제 단계의 국가를 초기 국가로 지칭하기도 한다. 이러한 파악은 고구려 정치사의 구분과도 어느 정도 일치하는 것이다.

다만 이러한 초기 도성의 구분이 구조적인 측면에서만 이루어졌다는 점은 한계로 지적해야 할 것 같다. 즉 좀 더 기능적인 부분, 지배층의 집주와 수취 체계의 형성이 또 하나의 획기로 보아야 할 것이기 때문이다. 신라의 경우 초기 도성 경관에서 월성의 존재와 함께 주목되는 것은 인근의 고총군이다. 문제는 이러한 토성과 고총의 결합이라는 구조가 지방에서도 나타

---

104) 余昊奎, 2007, 앞 논문
105) 여호규, 2015a, 앞 논문

나고 있다는 점이다. 즉 신라 초기 도성은 가장 우월한 곳이라고 할 수 있을지 몰라도 유일한 곳이라고 하기는 어렵다는 것이다. 그렇지만 상고기 말, 중고기 초가 되면 지방에 대한 수취 체제가 나타나고 일정한 경역을 갖고 기와를 덮은 불교 사원으로 수식된 도성이 등장한다고 할 수 있다. 이러한 단계는 기능적으로 초기 도성과 분명 구별되는 지점이라고 생각된다.

이처럼 초기 도성과 본격적 도성을 구분하는 것이 가능하다면, 다시 본격적 도성을 중기 도성과 후기 도성으로 구분할 수 있을까? 한국 고대 도성의 완성된 형태라고 한다면 통일 신라의 도성, 발해의 도성도 있겠지만, 고구려의 후기 평양성, 백제의 사비성도 포함시킬 수 있을 것이다. 이러한 성에서는 기본적으로 격자형 가로 구획을 채용했으며, 나성, 즉 외곽을 설치하여 도성민을 보호하고 있다. 국가에 따라 초기와 중기의 구분, 중기와 후기의 구분이 애매한 경우가 있으며, 이 부분에 대해서는 앞으로 많은 논의가 필요하겠지만, 한국 고대의 도성을 발전 과정에 따라 세 시기로 구분하는 것은 어느 정도 타당하다고 생각되며, 이러한 논의 자체가 삼국의 도성을 통합적으로 이해할 때 도움을 줄 수 있을 것이다.

IV. 맺음말

이상 삼국의 도성에 대한 연구 동향을 국가별로 검토하고, 몇 가지 주제로 나누어 앞으로의 과제를 제시하였다. 도성이라고 하는 주제는 고대 국가의 연구에서 매우 중요한 비중을 차지하고 있으며, 상당히 많은 양의 연구가 축적되어 있다. 특히 최근 부여나 경주에 대한 발굴조사가 활발하게 이루어지면서 고고학 자료가 지속적으로 늘어나고 있는 상황이다.

이러한 연구 동향을 제한된 지면에 정리하다 보니까 몇 가지 중요한 내용이 누락되었는데, 예컨대 생산 시설, 묘역, 사찰 등 종교 시설에 대한 것이 그것이다. 도시는 농업과 유리된 공간으로 수공업 생산은 도시의 중요한 생산 기반이라고 할 수 있는데, 다만 거주 구역이 확대되면서 철이나 기와의 생산과 관련된 시설은 도시 외곽으로 이전된 것으로 알려져 있다. 묘역 역시 처음에는 궁성 내지 내성과 가까운 곳에 위치하다가 점차 도성 외곽으로 밀려나게 되는데, 경외 매장(京外埋葬)이라는 관념은 이를 잘 보여 준다. 사찰의 경우 고대 도성의 경관을 형성하는 중요한 부분으로, 『삼국유사』에서는 신라 왕도의 모습을 "절들은 별처럼 벌여 있고[寺寺星張] 탑들은 기러기 행렬과 같았다[塔塔鴈行]"고 묘사한 바 있다.106)

앞으로의 고대 도성 연구에서 가장 문제가 되는 것은 고고학 자료의 폭증이라고 할 수 있을 것이다. 이것은 새로운 연구 기회를 부여하는 것이기도 하지만, 이러한 자료를 어떻게 정리, 활용할 것인지에 대한 공동의 논의가 필요하다고 생각한다. 이러한 자료들을 체계적으로 정리해서 데이터베이스를 만들고 유적들을 지도상에 표시해서 시간적인 변천을 보여줄 수 있도록 하는 것도 하나의 방안이 될 수 있을 것이다. 이러한 작업들을 통해 고대 도성의 공간 구조, 경관을 구체적으로 복원해 낼 수 있다면, 이를 바탕으로 고대 사회의 모습을 좀 더 생생하게 밝혀낼 수 있을 것이다.

---

106) 『삼국유사』 권3 흥법3 원종흥법 염촉멸신

참고문헌

공주대학교 박물관, 2008,『公山城-공산성 성안마을 시굴조사-』

국립부여문화재연구소, 2009,『扶餘 官北里百濟遺蹟 發掘報告 Ⅲ-2001~2007年 調査區
　　域 百濟遺蹟篇-』

김희선, 2010,『동아시아 도성제와 고구려 장안성』, 지식산업사

박방룡, 2013,『신라도성』, 학연문화사

박순발, 2010,『백제의 도성』, 충남대학교 출판부

서울대학교 박물관, 2008,『하늘에서 본 고구려와 발해』

서정석, 2002,『百濟의 城郭-熊津・泗沘時代를 中心으로-』, 학연문화사

양시은, 2016,『高句麗 城 研究』, 진인진

余昊奎, 1998,『高句麗 城 Ⅰ 鴨綠江 中上流篇』, 國防軍史研究所

李丙燾, 1976,『韓國古代史研究』, 博英社

임기환, 2004,『고구려 정치사 연구』, 한나래

전덕재, 2009,『신라 왕경의 역사』, 새문사

漢陽大學校 博物館, 1991,『二聖山城 三次發掘調査報告書』

吉林省文物考古研究所・集安市博物館, 2004a,『國內城』, 文物出版社

　　　　　　　　　　　　　　　　　　, 2004b,『丸都山城』, 文物出版社

愛宕元, 2000,『中國の城郭都市』, 中央公論社

권순홍, 2015「고구려 초기의 都城과 改都-태조왕대의 왕실교체를 중심으로-」『한국고
　　대사연구』 78

＿＿＿, 2016,「고구려 '도성제'론의 궤적과 함의」『역사와 현실』 102

기경량, 2010,「高句麗 國內城 시기의 왕릉과 守墓制」『韓國史論』 56

＿＿＿, 2016,「집안 지역 출토 고구려 권운문 와당 명문의 판독과 유형」『고구려발해
　　연구』 56

＿＿＿, 2017a「高句麗 王都 研究」(서울대학교 국사학과 박사학위논문)

＿＿＿, 2017b,「한국 고대사에서 왕도(王都)와 도성(都城)의 개념」『역사와 현실』 104

김기섭, 2008,「위례성의 위상과 위치」『漢城百濟史 3 王都와 방어체계』, 서울특별시사
　　편찬위원회

김낙중, 2014,「백제의 도성」『삼국시대 고고학개론 1 도성과 토목 편』, 진인진

金英心, 1997, 「百濟 地方統治體制 硏究-5∼7세기를 중심으로-」(서울大學校 國史學科 博士學位論文)

김용민, 1997, 「扶蘇山城의 城壁築造技法 및 變遷에 대한 考察」『한국상고사학보』 26

김종은, 2003, 「고구려 초기 천도기사로 살펴본 왕실교체」『숙명한국사론』 3

노태돈, 2012 「고구려 초기의 천도에 관한 약간의 논의」『한국고대사연구』 68

마크 바이잉턴, 2004 「고구려 1차 천도에 관한 문제들」『고구려의 역사와 문화유산』 한국고대사학회·서울시정개발연구원

민덕식, 2006, 「삼국시대의 도성제」『한국고대사입문 2 삼국시대와 동아시아』, 신서원

박방룡, 2016, 「도성제」『신라의 통치제도』(신라 천년의 역사와 문화 08), 경상북도

박순발, 2000, 「泗沘都城의 構造에 대하여」『百濟硏究』 31

_____, 2000, 「泗沘都城의 構造」『사비도성과 백제의 성곽』, 서경문화사

_____, 2008, 「위례성의 위상과 위치」『漢城百濟史 3 王都와 방어체계』, 서울특별시사 편찬위원회

申熙權, 2010, 「百濟 漢城時代 都城制度에 관한 一考察-兩宮城制度를 中心으로-」『鄕土 서울』 76

여호규, 2002a, 「新羅都城의 空間構成과 王京制의 성립과정」『서울학연구』 18

_____, 2002b, 「漢城時期 百濟의 都城制와 防禦體系」『百濟硏究』 36

_____, 2005, 「高句麗 國內 遷都 시기와 배경」『韓國古代史硏究』 38

_____, 2007, 「三國時期 都城史 硏究의 현황과 과제」『역사문화연구』 26

_____, 2012, 「고구려 國內城 지역의 건물유적과 都城의 공간구조」『한국고대사연구』 66, 68쪽

_____, 2014, 「고구려 도성의 구조와 경관의 변화」『삼국시대 고고학개론 1 도성과 토목 편』, 진인진

_____, 2015a, 「삼국 초기 도성의 형성 과정과 입지상의 특징」『삼국시대 국가의 성장과 물질문화』 1, 한국학중앙연구원출판부

_____, 2015b, 「삼국 후기 도성 경관의 변화와 그 특성」『삼국시대 국가의 성장과 물질문화』 2, 한국학중앙연구원출판부

禹成勳, 1996, 「新羅王京慶州의 都市計劃에 關한 硏究」(성균관대학교 건축공학과 석사학위논문)

尹武炳, 1972, 「역사도시 경주의 보존에 대한 조사」『문화재의 과학적 보존에 대한 연구』 (1), 과학기술처

_____, 1987, 「新羅王京의 坊制」『斗溪李丙燾博士九旬紀念韓國史學論叢』 知識産業社

이병호, 2007, 「사비 도성의 구조와 축조 과정」『백제의 건축과 토목』(百濟文化史大系

　　　研究叢書 15), 충청남도역사문화연구원

李恩碩, 2004, 「왕경의 성립과 발전」『통일신라시대 고고학』(제28회 한국고고학전국대
　　　회 발표자료집), 한국고고학회

이현태, 2010, 「新羅 中古期 里坊制의 受容과 王京의 中心軸線」『先史와 古代』 32

＿＿＿, 2012, 「新羅 王京의 里坊區劃 및 範圍에 대한 연구 현황과 과제」『新羅文化』 40

임기환, 2003, 「고구려 都城制의 변천」『한국의 도성 : 都城 造營의 傳統』, 서울학연구소

張順鏞, 1976, 「新羅王京의 都市計劃에 關한 硏究」(서울대학교 석사학위논문)

全德在, 2010, 「韓國 古代의 王京과 都城, 地方都市」『歷史學報』 207

田中俊明, 1990 「王都로서의 泗沘城에 대한 豫備的 考察」『百濟硏究』 21

홍보식, 2014, 「신라 도성의 건설과 구조」『삼국시대 고고학개론 1 도성과 토목 편』,
　　　진인진

황보은숙, 2014, 「신라의 왕경과 지방도시」『신라고고학개론』 상, 진인진

關野貞, 1928, 「高句麗の平壤城及び長安城に就いて」『史學雜誌』 39

藤島亥治郎, 1930, 「新羅王京建築史論」『建築雜誌』 44-530・531

山田隆文, 2002, 「新羅金京復元試論」『古代學硏究』 159

田中俊明, 1992, 「新羅のおける王京の形成」『朝鮮史研究會論文集』 30

조선시대 법제서 연구의 동향과 과제

I. 머리말

조선시대 법사학(法史學)은 전통법(傳統法)을 연구하는 학문이다. 그동안 법학과 사학 양방향에서 연구가 이루어졌으며, 그 분야도 실로 방대하다. 법사학 연구 범위는 정의에 따라 몇 가지 형태로 구분해볼 수 있다. 첫째, 협의(狹義)의 개념이다. 주로 형사(刑事) 사건 중심의 형정(刑政) 연구를 지칭하는 경우이다. 둘째, 광의(廣義)의 개념이다. 국법은 국가운영 전반에 걸쳐 영향을 미쳤기 때문에 조선시대 정치, 사상, 사회, 경제, 문화 등 전 분야사와 연관시켜 각종 제도사(制度史) 일반을 연구하는 모든 흐름을 포괄하는 경우이다. 이는 국법 집행의 총체적 성격을 적극 반영한다. 셋째, 전통법 자체에 한정시킨 연구이다. 법제서(法制書)[1]를 단위로 편찬 경위나 조문의

---

* 계명대학교 사학과 조교수
1) 현대어의 '법전(法典)'은 엄밀한 의미에서 조선시대에는 대전류(大典類)를 지칭하므로 법서(法書 : 續錄類·輯錄類, 通考類, 受敎類, 節目類·事目類, 律書 등)를 총칭하는 의미에서 법제도 서적 일반을 '법제서(法制書)'로 이름하였다.

성격에 초점을 맞추어서 사회 제분야(諸分野)와 연동시켜 분석하는 형태이다.[2]

그런데 형정 연구는 대개 법(法)의 개념을 형법(刑法)에 국한시켜 소극적으로 이해하는 단점이 있으며, 제도사 연구도 그 분야가 방대하므로 크고 작은 조선시대사 연구분야를 모두 법사학 분야에 귀속시킬 수 있을지 논란의 여지가 있다. 앞의 두 가지 방식은 지나치게 협소하거나 방대하여 법사학 연구의 의의(意義)를 충실히 구현하는데 어려움이 있다. 반면에 전통법 자체에 대한 연구는 그 영역이 일정하게 정해져있고, 국법(國法)이 본래 육전(六典)체계를 통해 사회 각 부면의 법제도를 규정하기 때문에 법의 종합적 성격도 다각도로 살필 수 있는 장점이 있다.

이에 여기서는 법제서를 중심으로 전통법 연구현황을 검토하되 다음과 같이 몇 가지 단계로 나누어 접근해보려고 한다.[3] 첫째, 법치주의 전통의 탄생배경과 편찬과정을 살펴볼 것이다. 둘째, 근대 이후 법사학 연구동향을 검토할 것이다. 셋째, 미완의 연구영역에 대한 향후과제를 전망해볼 것이다. 이러한 조선시대 법사학 분야의 연구사 검토가 앞으로 조금이라도 활용되어 후속연구로 이어지는 계기가 되었으면 한다.

---

2) 이 3가지 유형은 거칠게 비유하면 현대 사법부, 행정부, 입법부의 영역이나 관점에서 분류한 방식에 각각 대응해 볼 수 있다.

3) 본고에서는 다음 두 연구서에서 간략히 소개된 연구현황을 원용하여 논의를 확대시켜보고자 한다. 김백철, 2016a,『법치국가 조선의 탄생 : 조선전기 국법체계 형성사』, 이학사, 11~24쪽; 김백철, 2016b,『탕평시대 법치주의 유산 : 조선후기 국법체계 재구축사』, 경인문화사, 3~11쪽.

II. 법치주의 전통

1. 고려말 개혁입법의 배경

1) 원간섭기 이중국가체제의 도래

조선왕조는 14세기말 개혁운동에서 비롯되었다. 그러므로 고려시대까지 거슬러 올라가서 국법의 연원을 살펴볼 필요가 있다.[4] 13세기후반 고려 고종대(高宗代) 무신정권의 붕괴와 왕정복고(王政復古)는 외형적으로는 고려 내부의 자생적 힘으로 이루어졌다. 그러나 왕정복고를 명분으로 내건 김준(金俊 : 金仁俊)이나 임연(林衍)조차 무신정권과 별반 다르지 않았다. 그들은 원(元)에 입조 중이던 태자(太子 : 元宗)의 왕위계승을 가로막거나 즉위이후 다시 폐위하였다.[5] 원종은 원 세조(世祖)의 지원하에 두 차례나 왕위를 지켰다. 약 10여 년간 여몽연합군(麗蒙聯合軍)의 삼별초(三別抄) 정벌은 왕정복고가 몽골의 배경하에서 이루어졌음을 의미한다. 그 대가(代價)로 정동행성(征東行省)을 설치하고 대규모 함대를 만들어 일본열도 정벌을 수행해야 했다. 이후 고려 국왕은 정동행성의 승상(丞相 : 元宗 이후), 원 황실의 부마(駙馬 : 忠烈王 이후), 심양왕(瀋陽王 : 忠宣王 이후) 등을 두루 겸하면서 몽골의 적극적 지원하에 국내에서 권력을 재구축하였다.

신료들 역시 비슷했다. 본래 원간섭기 성리학(性理學)은 제국의 이념을 뒷받침하는 관학(官學)이었다. 원의 과거제에 주자(朱子)의 『사서집주(四書集註)』가 시험교재로 채택되었다. 주자학은 남송대 조정을 비판하여 이단으로 몰렸으나, 정작 남송을 붕괴시킨 이민족 왕조인 원에서 정학으로 공인

---

4) 이하 이중국가체제의 모순은 다음 참조. 김백철, 2016a, 앞 책, 21~24쪽, 58~59쪽, 62~67쪽.

5) 『高麗史』卷25, 世家25, 元宗1, 庚申 元年 4月 丙午 ; 『高麗史』卷130, 列傳43, 叛逆, 金俊·林衍 ; 『高麗史節要』卷18, 元宗孝順大王1, 己巳 10年 7月 ; 『帝王韻紀』下卷, 今代紀.

되었다. 북송의 멸망 이후 세대인 주희(朱熹)는 북방민족에게 적대적이었으나 얄궂게도 정작 자기 학문의 운명은 한족에게 배척받고 오히려 몽골족에게 채택되는 모순된 상황에 직면하였다. 고려 과거 급제자에게도 원의 지방시에 해당하는 성시(省試) 입격 자격을 주었다. 그래서 고려에서 주자학을 공부하여 원에 진출하고자 하는 이가 적지 않았다. 대몽항쟁기 대소 신료들이 몽골을 원수로 여겼던 반면에, 이제 원의 천하가 확립된 이후 조정에 출사한 이들은 원을 세계체제로 떠받드는 천하관을 지녔다. 결국, 국왕과 신료 모두 원을 배경으로 국내에서 권세를 강화하였다. 이같은 상황은 이른바 '유원고려(有元高麗)'로 묘사되면서 이중국가체제를 방불케 하였고, 유자(儒子)들 사이에서 몽골이라는 외세의 영향력에 대한 비판을 어렵게 만들었다. 이렇듯 대내외적 모순이 누적되고 있었다.

2) 공민왕대 외세배격과 내정개혁

하지만 고려 사회는 공민왕대 이르러 새로운 국제질서 속에서 국가의 정체성을 재확립하고자 노력하였다.[6] 원의 천하가 동요되면서 당시 국내 정서도 상당 부분 바뀌었다. 원의 원병요청으로 홍건적(紅巾賊)을 격퇴하기 위해 강남에 파병되었던 고려 군사 2천명은 승전의 개가(凱歌)를 올렸을 뿐 아니라, 귀국후 무너져가는 원의 실상을 폭로하였다. 권문세족(權門世族)을 비롯하여 친원세력도 생존을 위해서 신왕에게 협조하였다. 공민왕은 이들의 묵인하에 부원배(附元輩)를 숙청하고 반원개혁 자주노선을 천명하였다. 공민왕초반부터 압록강 유역을 확보하고 쌍성총관부(雙城摠管府)를 공파하고 북진하여, 급기야 공양왕대는 두만강 유역까지 목표로 삼았을 정도였다.[7] 원 순제(順帝) 연간 홍건적의 난(亂)과 황위계승전쟁으로 고려에 물리

---

6) 이하 공민왕대 개혁정치는 다음 참조. 민현구, 1968a, 「신돈의 집권과 그 정치적 성격(상)」 『역사학보』 38, 역사학회, 60~71쪽, 김백철, 2016a, 앞 책, 27~52쪽.

력을 행사할 방도가 마땅치 않았다. 원은 사신을 보내 엄포를 놓거나 폐위교서와 함께 일부 병력을 파견하기도 했으나 고려군에게 번번히 패퇴하였다. 공민왕은 군부를 재편하여 몽골 1차 침략 이후로 붕괴되었던 고려의 정규군도 부병제(府兵制)로 복구하였다. 이들은 몽골세력뿐 아니라 홍건적의 두 차례의 침략도 격퇴해냈다. 왕은 강력한 물리력을 바탕으로 독자노선을 유지할 수 있었다. 특히, 1차 홍건적 침입으로 평양이 약탈당했고, 2차 홍건적의 침입으로 수도 개경까지 함락되어 공민왕은 복주(福州 : 안동)에 파천(播遷)해야 했다. 이러한 상황에도 불구하고 역대 최대 규모인 20만의 군사를 삼남지방에서 모병하는데 성공하였다. 공민왕의 개혁정치를 지지하는 지방세력이 적극적으로 수도 개경 탈환전에 자원하였다.

그러나 이 과정에서 공민왕은 왕흥사(王興寺)의 난까지 겪으면서 측근세력 대부분을 잃었다. 남은 지지세력은 개인적 유대관계는 전혀 없었으나 왕의 대의에 찬동하는 다수의 신흥무장세력(新興武將勢力)이 존재하였다. 이들을 대상으로 역대 최대 공신책봉이 이루어졌고, 재상수가 비약적으로 늘어나면서 도평의사사(都評議使司)의 집단지도체제가 도래했다. 소수의 권문세족이 문벌만으로 관직을 독점하는 구도는 홍건적을 진압하면서 일정부분 해소되었으나 오히려 무신 일방으로 힘의 균형추가 기울었다. 왕은 무신정권의 사례를 경계하여 문신 육성에 박차를 가하였다. 개경 환도후 신돈(辛旽)을 재기용하여 섭정의 지위를 부여하고 무신을 견제하기 위해 성균관을 복설하고 신진사류(新進士類)를 육성했다. 신흥무장세력과 신진사류라는 문무 양 날개는 공민왕후반기에 비로소 독자세력으로 형성되었다.

공민왕대 반원개혁 이후 고려에서 자생적으로 양성된 신유학자(新儒學者)는 급진적인 혁명사상으로 무장하고 있었다. 그들은 『맹자(孟子)』의 전제개

---

7)『高麗史』卷39, 世家39, 恭愍王2, 丙申 5年 7月 丁亥;『高麗史』卷46, 世家46, 恭讓王2, 壬申 4年 3月 庚子.

혁(田制改革)과 역성혁명(易姓革命)을 경서(經書) 그대로 실천하는 근본주의적 성향을 보였다. 우왕(禑王)은 공민왕의 아들이었기에 약 14년간 기다렸지만 선왕의 개혁은 다시 이루어지지 못했다. 이 시기 백성을 위한 개혁이면 군주를 교체하는 혁명조차 정당화되었다. 우왕 및 창왕(昌王)의 폐가입진론(廢假立眞論)은 외형적으로 공민왕의 자손(子孫)이 아니라는 혈연적 부정이었으나 실질적으로 빛나는 선왕의 위업을 계승하지 못한 무능과 방탕에 대한 비판이 더 크게 작용했다.

창왕(昌王)~공양왕대(恭讓王代) 개혁정책은 입법(立法) 작업을 통해서 추진되었다. 이로써 상당부분 법과 관행이 조화롭게 운영되던 고려의 정치체계와는 다소 차이가 나는 새로운 전통이 자리를 잡아나갔다.[8] 이들 개혁세력은 고려말 사회 문란의 원인을 집권 세력에 따라 법 적용의 잣대가 달라서 국가기강이 해이해진 데에서 찾았으며, 누구에게나 공정히 적용될 수 있는 규범이 확립되지 않았던 점을 주요 문제로 인식하였다.[9] 신왕조는 새로운 제도와 규정을 모두 입법절차를 통해 성문화시키고자 노력하였다.[10] 곧 만백성이 동일한 법의 지배를 받는 국가를 꿈꾸었다.

---

8) 여말선초 개혁세력의 입법과정과 정치명분은 다음 참조. 도현철, 1999, 「정치체제 개혁론과 왕도적 이상군주론」, 『고려말 사대부의 정치사상 연구』, 일조각, 207~238쪽; 윤훈표, 2006, 「고려말 개혁 정치와 육전체제의 도입」 『학림』 27, 연세대학교 사학연구회, 1~31쪽.

9) 『高麗史』卷84, 志38, 刑法1, 公式, 職制, 禑王 14年 9月.

10) 『太祖實錄』卷12, 太祖 6年 11月 丁丑(29日); 『太宗實錄』卷8, 太宗 4年 10月 丙申(28日); 『太宗實錄』卷16, 太宗 8年 9月 丁巳(12日); 『世宗實錄』卷37, 世宗 9年 7月 壬子(26日); 『燕山君日記』卷22, 燕山君 3年 3月 乙巳(3日); 『燕山君日記』卷44, 燕山君 8年 6月 戊申(8日); 『中宗實錄』卷12, 中宗 5年 8月 庚子(17日); 『經國大典』卷3, 禮典, 依牒; 『受教輯錄』, 禮典, 雜令, 隆慶壬申(선조 5).

2. 조선의 법제서 편찬

1) 혁명정신의 계승과 『경제육전』

조선은 국가체제를 성문법(成文法)에 기초하였다.[11] 조선초기 각종 입법 조치를 살펴보면, 유사한 성격의 입법조치는 공민왕의 즉위교서(卽位敎書), 위화도회군 직후 창왕의 개혁교서(改革敎書), 공양왕대 각종 사법개혁 조치 등에서 확인된다. 고려말 개혁입법은 조선왕조가 들어서자 신속히 성문법 으로 확립되었다.

이러한 성과는 태조대 『경제육전(經濟六典)』으로 집대성되어 반포되었다. 국초부터 국가의 모든 운영 규정을 '국법(國法)'에 명문화하고자 노력하였 다.[12] 왕조사회에서 처음으로 최상위 법전을 보유하는 새로운 전통이 탄생 하였다. 『경제육전』의 반포로 조선은 이전 시대와는 명확히 구분되는 새로 운 정치운영체제를 갖추었다.[13] 조선은 명실상부한 '법치주의 국가'가 되 었고 모든 통치는 법에 근거하였다.

고려시대 법치는 주요한 국가운영의 기틀이었으나, 국가의 제도 전반이 하나의 법체계 속에 명문화되어 국가운영의 중심으로 기능하지 못하였다. 고려에서도 조종성헌(祖宗成憲)을 준수한다는 개념과 개별 사안에 대한 세 부 법제가 정비되어 있었으나, 모든 법규를 통할하는 최상위법은 아직 존 재하지 않았다. 신왕조는 아마도 원이 '대전(大典)'을 편찬하여 제국의 통치

---

11) 이하 『경제육전』 체제는 다음 참조. 김백철, 2016a, 앞 책, 22~23쪽.

12) '국법(國法, National Constitution)'은 조선시대에 보편적으로 사용되는 용어이다. 여기서 는 현대 '헌법(憲法)'에 대응하는 개념으로 사용하였다. 오늘날 '헌법' 역시 일본을 통해 서 도입된 'constitution(국가의 최상위법)'의 근대 번역어에 해당하므로 전통시대 표현인 '국법'을 활용하여 개념화하였다.

13) 정긍식은 조선시대를 고려시대와 달리, 통일법전의 시대로 재평가하였다. 정긍식, 「법 서의 출판과 보급으로 본 조선 사회의 법적 성격」『서울대학교 법학』 48-4, 서울대학 교 법학연구소, 2007, 88쪽.

근간을 확보하고자 한 전통을 참고하여 활용한 듯하다.14)『경제육전』은 후속세대의 법의식에서 거의 현대 헌법에 해당하는 지위를 누렸다.

후왕(後王)의 수교(受敎)는『속육전(續六典)』이 수차례 속간(續刊)되면서 반영되었다.『경제육전』은 법체계의 근간이자 변개불가(變改不可)의 지침으로서 자리잡았다.15)『경제육전』을 중심으로 하는 각종 법제가 증보되면서, 최고 상위법『경제육전』, 후속법『속육전』, 하위법「등록(謄錄)」등이 각각 편찬되었다.16) 조선초부터 이미 법전은 각각 지위가 구분되었다.

2) 법치국가 정착과『경국대전』

법치주의가 자리잡으면서 수교가 누적되었고, 법체계를 보다 큰 틀로 조정하는 일이 필요하였다.17) 이후『경제육전』은 수차례의 증보 과정을 거치면서 보다 한 차원 격상된『경국대전(經國大典)』으로 탈바꿈하였다. 이후 보다 거시적인 틀에서 조선의 전반적인 체제를 규정하는『경국대전』이 반포되었다.18) 성종대『경국대전』은 건국세력이 개혁입법에 본격적으로 나서기 시작했던 위화도회군(1388) 직후부터 약 1세기 이후에 만들어진 법전이다. 오랜 시행착오 끝에, 사회개혁과 신왕조 개창, 그리고 국가 기반제도의

---

14)『경제육전』은 실무적으로는 원(元)의『경세대전』체제를 참용했을 것으로 추정되고 있다. 반면에 조선(朝鮮)의 위정자는『경제육전』과『경국대전』을『주례』육관(六官)체제를 참고하여 사용한 것으로 이해하였다. 고려말 실제로 이같은 체제의『주관육익』이 편찬되어 고려의 법제를 집대성하는 시도가 이루어졌다. 박병호, 1995,「『경국대전』의 편찬과 계승」『한국사』22, 국사편찬위원회, 197쪽; 정긍식, 2006,「국가경영의 원대한 기획 경국대전」『한국의 고전을 읽는다』4, 휴머니스트, 186쪽;『經國大典』, 經國大典序;『典錄通考』, 凡例.

15) 윤국일, 1986,「경제육전과 경국대전의 사료연구」『경국대전 연구』, 과학백과사전출판사, 6~72쪽.

16)『經國大典』,「經國大典序」.

17) 이하『경국대전』체제는 다음 참조. 김백철, 2016a, 앞 책, 22~23쪽.

18) 윤국일, 1986, 앞 글, 73~122쪽; 이종일, 2000, 앞 글, 14~34쪽.

안정화를 이루어냈다. 『경국대전』 편찬의 가장 큰 목표는 국법체계의 확립이었다. 이같은 노력 덕분에 『경국대전』은 조선시대 전 기간동안 국정운영의 최상위법으로 기능하였다. 그러므로 조선은 『경제육전』의 편찬으로 성문법에 기반한 국정운영의 첫발을 내딛었으며, 『경국대전』의 찬집으로 정교한 국법체계를 갖춘 국가로 발돋움하였다. 『경제육전』이 14세기 국가체제의 이정표 역할을 했다면, 『경국대전』은 통시대적이고 보편적인 법으로 자리매김하였다. 이후 조종성헌(祖宗成憲)은 『경제육전』에서 『경국대전』으로 기준이 변화하였다.

『경국대전』의 보완작업도 지속적으로 이루어졌다. 세월이 흐르면서 변화된 사안에 대해서는 기존의 법제도에 반영시켜야 할 필요성이 대두하였다. 법치주의를 원칙으로 내세웠기 때문에 새로운 규정 역시 국법에 명시하는 전통이 지속되었다. 성종대 『대전속록(大典續錄)』, 중종대 『대전후속록(大典後續錄)』, 명종대 『경국대전주해(經國大典註解)』 등의 사업이 이루어졌다. 마치 『경제육전』이 항상 중심축이 되었듯이, 이번에는 『경국대전』이 같은 기능을 하였다. 이른바 『경국대전』 체제의 성립이었다. 이로써 조선전기 국가체제의 근간이 되는 법제가 갖추어졌다.

3) 탕평정치기 법치주의 유산

하지만 16세기말부터 법제정비사업은 한동안 정체기를 맞이하였다.[19] 임진왜란(壬辰倭亂 : 1592~1596)·정유재란(丁酉再亂 : 1597~1598)과 정묘호란(丁卯胡亂 : 1627)·병자호란(丙子胡亂 : 1636~1637) 등의 연이은 발생으로 상당수 전적(典籍)이 소실되었고 전후 물력(物力)도 불충분하여 지지부진(遲遲不進)하였다. 어려운 여건 속에서도 선조대 『각사수교(各司受教)』, 인조대 『각사수

---

19) 이하 탕평정치기 법제서 편찬은 다음 참조. 김백철, 2016b, 앞 책, 3~5쪽.

교』「추록(追錄)」 등과 같이 임시사업이 추진되었다. 이미 17세기부터 수교
가 오랫동안 누적되자 새로운 법제를 집대성하고 다시 '대전'체계 내로 편
입시키고자 하는 논의가 지속되고 있었다.

18세기 탕평정국이 도래하면서 국내외 정국이 안정되자 비로소 법제정
비사업이 본 궤도에 재진입하였다. 숙종대는 열성(列聖)의 수교를 집대성하
여 『수교집록(受敎輯錄)』을 편찬하였을 뿐 아니라, 기존 법전을 『경국대전』
을 중심으로 하나의 법체계로 묶는 작업을 시도하여 『전록통고(典錄通考)』
까지 간행하였다. 영조대는 선왕의 업적을 계술(繼述)하여 『신보수교집록(新
補受敎輯錄)』과 『증보전록통고(增補典錄通考)』를 편찬하였을뿐 아니라, 더 나
아가 『경국대전』 이후의 모든 법제를 집대성하고 최상위 법조문으로 격상
시킨 『속대전(續大典)』까지 간행하였다.[20] 급기야 정조대는 국가체제 근간
인 『경국대전』과 『속대전』을 두 개의 기둥으로 설정하고, 여기에 영조후
반~정조초반 수교를 시왕(時王)의 법전으로 증보하여 『대전통편(大典通編)』
을 반포하였다. 이로써 조선 국법체계 종합화의 새로운 방향을 제시하였다.
이는 고종대 『대전회통(大典會通)』까지 계승되었다.

III. 법제서 연구동향

1. 원자료 간행사업

조선의 법제서(法制書) 연구는 그 중요성에도 불구하고 그리 활발하지 못
한 편이다.[21] 법제서의 전체 규모를 확인하는 원자료 간행사업은 일제강점

---

20) 『續大典』, 「御製題續大典卷首勉勅後昆」.
21) 이하 법제서 연구현황은 주로 다음 참조. 김백철, 2016a, 앞 책, 15~21쪽.

기에 시작되었다. 1910년대 조선고서간행회(朝鮮古書刊行會)의 주도로『대전회통(大典會通)』이 먼저 영인(影印)되었다.[22] 1920년대 조선총독부(朝鮮總督府) 중추원(中樞院)은 이를 계승하여 기초적인 일본어 번역까지 시도하였고,[23] 1930년대는 각종 법제서를 영인하였다. 곧『경국대전』,『경국대전주해』,『대전속록』,『대전후속록』,『각사수교』,『수교집록』,『신보수교집록』,『속대전』,『대전통편』,『대전회통』등에 기초적인 표점(標點)을 가하고 판본을 대조하여 두주(頭註)를 병기한 대교본(對校本)을 간행하였다.[24]

일제강점기하 법제서 활자화사업은 자료의 접근성을 확대시킨 의의가 있다. 특히 조선시대 정식으로 간행되지 못했던『신보수교집록』이나『각사수교』의 발굴은 향후 다양한 연구를 자극하였다. 이때 여러 판본을 대조하면서 정본을 확립하고자 노력하였다. 당시 교감기 역할을 했던 두주는 상당히 충실한 편이다. 이같은 판본들은 광복이후 재영인되어 국내에 다시 소개되면서, 1990년대까지 연구자들 사이에서 마치 표준본처럼 활용되었다. 하지만 이 때문에 오히려 일제가 연구한 틀에서 벗어날 수 없었던 한계성도 동시에 지녔다. 현재에는 전체 판본을 모두 비교할 수 있어서 중추원본도 오류가 확인된다.

아울러 법제서 자체에 대한 연구도 일제강점기 일본인 학자들에 의해서 먼저 시작되었으며, 이는 조선총독부의 자료 정리 사업의 결과였다.[25] 이

---

22) 朝鮮古書刊行會, 1913,『大典通編』, 朝鮮古書刊行會.

23) 朝鮮總督府中樞院, 1921,『譯文大典通編』, 朝鮮總督府中樞院.

24) 경인문화사(1972), 민족문화(1983) 등에서 조선총독부 중추원 판본을 재영인하여『조선왕조 법전집』4책으로 묶어서 보급하였다.

25) 花村美樹, 1932,「經濟六典について」『法學論纂』1~5, 京城帝大法學會, 5~116쪽; 麻生武龜, 1935,『李朝法典考』, 朝鮮總督府中樞院, 1~75쪽; 內藤吉之助, 1937,「經國大典の難産」『朝鮮社會法制史研究』(京城帝大法學會論集9), 岩波書店, 135~256쪽; 末松保和, 1951,「朝鮮經國大典再考」『和田博士還曆紀念東洋史論叢』, 講談社, 313~328쪽; 淺見倫太郎, 1968,「李朝時代の法制」『朝鮮法制史稿』, 巖松堂書店, 139~401쪽.

같은 연구를 통해 기초 자료에 대한 분석이 이루어졌으나, 식민사학의 틀
속에서 구현된 연구로서 자료해석과 연구시각의 괴리를 드러냈다. 마치 본
론의 연구내용과 상관없이 결론은 늘 식민주의를 찬양하는 방식으로 종결
되는 인상을 지울 수 없다.

한편, 1990년대에 이르러 마침내 서울대학교 규장각에서 조선시대 법제
서의 영인(影印)이 추진되었다. 『경국대전』, 『대전속록』, 『대전후속록』, 『경
국대전주해』, 『각사수교』, 『수교집록』, 『신보수교집록』, 『전록통고』, 『속대
전』, 『대전통편』, 『전율통보(典律通補)』, 『대전회통』 등의 영인을 통해 연구
에 필요한 조선 당대(當代)의 판본이 확보되었다. 특히, 『전율통보』는 광복
이후 법제처에서 새롭게 발굴한 자료이다. 이를 통해서 이제까지 일제가
한 차례 재구성한 활자본 자료가 아니라, 조선시대 간행된 원본 자체를 토
대로 연구하는 풍토가 새로이 조성되었다. 실제로 이후 한국법제연구원의
『대전회통』역주본이나 한국역사연구회의 집록류 역주본에서는 규장각 판
본을 재검토하여 부록으로 제시하거나 교감기를 달았다.26) 이제 연구의 저
본이 확연히 바뀌었다.

2. 번역사업

1) 법제처의 초역(初譯) 사업

광복 이후에는 법제처의 지속적인 법제서 정리사업의 결실로 우리 전통

---

26) 이종일 역주, 1993, 『대전회통연구 : 권수·이전편』, 한국법제연구원; 이종일 역주,
1994, 『대전회통연구 : 호전·예전편』, 한국법제연구원; 이종일 역주, 1995, 『대전회통
연구 : 병전편』, 한국법제연구원; 이종일 역주, 1996, 『대전회통연구 : 형전·공전편』,
한국법제연구원; 법제처 편, 1969, 『수교정례·율례요람』, 법제처; 한국역사연구회 편,
2000, 『원문·역주 신보수교집록』, 청년사; 한국역사연구회 편, 2001, 『원문·역주 수
교집록』, 청년사; 한국역사연구회 편, 2002, 『원문·역주 각사수교』, 청년사.

법에 대한 연구가 새롭게 시도되었다.27) 법제서 자체에 대한 1차 번역사업
은 대한민국 정부수립 이후부터 법제처에서 시작되었다.28) 본 궤도에 오른
시기는 1960~1970년대부터였다. 사실상 법제처가 사업을 주도하여 대부
분의 전통시대 법제서의 번역을 완료했다.

[표] 법제처 간행 '법제자료' 총서 조선시대편

총서번호	서명	연도	총서번호	서명	연도
4	經國大典 상	1949	82	刑典事目・欽恤典則	1976
6	經國大典 하	1949	85	春官志 상	1976
8	大典通編	1954	86	春官志 하	1976
16	受教輯錄・詞訟類聚	1962	91	度支志 1	1977
13	大明律直解	1964	92	度支志 2	1977
19	續大典	1965	93	度支志 3	1977
31	審理錄 상	1965	96	兩銓便攷	1978
33	審理錄 하	1965	101	銀臺條例	1978
27	六典條例 병・형전	1965	102	交隣志	1979
24	六典條例 이전	1965	108	百憲總要	1979
60	六典條例 호전	1969	114	惠政要覽	1980
65	六典條例 예・공전	1974	118	國朝五禮儀 1	1981
38	受教定例・律例要覽	1969	120	國朝五禮儀 2	1981
47	典律通補 상	1969	123	國朝五禮儀 3	1982
54	典律通補 하	1969	125	國朝五禮儀 4	1982
67	典錄通考 이・호・공전	1974	126	國朝五禮儀 5	1982
68	典錄通考 예・병전	1974	131	(拔萃)備邊司謄錄	1984
69	大典續錄(・後續錄)	1974	137	欽欽新書 1	1985
75	秋官志 1	1975	140	欽欽新書 2	1985
76	秋官志 2	1975	145	欽欽新書 3	1985
77	秋官志 3	1975	147	唐律疏議 名例・衛禁	1988
78	秋官志 4	1975			

－ ■ : 형정 관련 자료(김백철, 2016a, 앞 책, 16쪽, [표 1] 참조)

27) 이하 번역서 출간은 다음 참조. 김백철, 2016a, 앞 책, 16~21쪽.
28) 전봉덕, 1968,『한국 법제사 연구』, 서울대학교출판부.

그 외에 별도로 역주 사업도 병행되었다.[29] 당시에는 전통문화에 대해 상당한 식견을 지녔던 이들이 주도한 대단히 열정적인 사업이었다. 하지만 오늘날 그 내용을 재검토해보면 번역과 주석의 내용 등에서 바로 취신(取信)할 수 없는 부분이 상당수 포착된다. 1차 번역으로는 상당히 큰 의의가 있지만 학술적으로 참고하기는 어려운 상황이다.

2) 학술역주의 탄생

1980년대 이후 법제서 연구에서 초벌번역을 넘어서 학술역주로 명명할 만한 성과가 탄생하였다.[30] 당시 남한과 북한에서 공히 학술역주가 이루어졌는데 심지어 출판한 연도조차 비슷하다. 북한에서는 윤국일이 상세한 역주 및 구체적인 연구성과를 내놓았다.[31] 남한에서는 한국정신문화연구원(현 한국학중앙연구원) 주도로 『경국대전』에 대한 역주 작업이 본격적으로 진행되었다.[32]

이러한 흐름을 이어서 1990년대는 한국법제연구원에서 『대전회통』에 대한 대규모 역주 작업을 추진하여 연구성과를 집대성하고 번역의 오류를 상당히 개선하였다.[33] 이때 사송법서류에 대한 정리도 병행되었다.[34] 이는 사실상 법제처의 사업을 계승하여 재추진한 사례이다.

2000년대는 한국역사연구회가 집록류 역주작업을 추진했다. 이전까지 주로 대전류(大典類)에만 관심을 집중했던 것과는 대조적으로 여러 대전(大

---

29) 한국고전국역위원회 역, 1960, 『대전회통』, 고려대학교출판부.
30) 이하 학술역주 출간경과는 다음 참조. 김백철, 2016a, 앞 책, 17~21쪽.
31) 윤국일, 앞 책, 1986.
32) 한국정신문화연구원, 인문연구실 편, 『역주 경국대전 : 주석편』, 한국정신문화연구원, 1986; 한국정신문화연구원 인문연구실 편, 『역주 경국대전 : 번역편』, 한국정신문화연구원, 1986.
33) 이종일 역주, 1993~1996, 앞 책.
34) 정긍식・임상혁 편, 1999, 『16세기 사송법서 집성』, 한국법제연구원.

典)을 이어주는 집록류에 주목하였다. 이를 통해서『각사수교』,『수교집록』,
『신보수교집록』등에 대한 표준본이 갖추어졌다.35) 일제의 교감본에서 벗
어나 본래의 규장각본을 중심으로 재검토가 이루어졌을 뿐 아니라 역주의
수준도 한 단계 끌어올림으로써 학술적으로 신뢰할 만한 역주본이 탄생하
였다. 더욱이 그동안 주목받지 못했던 법제서 자료도 재검토되거나 새롭게
발굴되었다. 아울러 한국법제연구원 및 한국법사학회 주도로『경국대전주
해』,『수교정례(受教定例)』,『수교등록(受教謄錄)』,『특교정식(特教定式)』 등의
역주작업도 병행되었다.36)

따라서 법제서 연구는 일제강점기 활자본 교감 작업, 1960~1970년대 1
차 번역사업, 1980~2000년대 2차 역주사업 등으로 크게 구분된다. 그동안
표준본 간행과 역주에 대부분의 시간을 투자해왔다. 곧 법제서 연구에만
약 1세기 이상 추진되었고, 자료에 대한 기초적인 연구성과도 일정부분 축
적되었다.

3. 학술연구

법제서 자료의 보급이나 번역을 넘어서는 학술연구는 점진적으로 확대
되어나갔다.37) 여기서는 개별 법제서의 위상에 따라 연구현황을 살펴보고
자 한다.38) 첫째, 대전류(大典類)이다.『경제육전』은 1980년대 후반부터 그

---

35) 정긍식, 2001,「대전회통의 편찬과 그 의의」『서울대학교 법학』41-4, 서울대학교 법학
연구소; 정호훈, 2005,「대원군 집권기 대전회통의 편찬」『조선시대사학보』35, 조선시
대사학회.

36) 정긍식 외, 2009a,『역주 경국대전주해』, 한국법제연구원; 정긍식 외, 2009b,『조선 후
기 수교자료 집성(I) : 형사편1(규장각 소장본)』, 한국법제연구원; 정긍식 외, 2010,『조
선 후기 수교자료 집성(II) : 형사편2(규장각 소장본)』, 한국법제연구원; 정긍식 외, 2011,
『잊혀진 법학자 신번 : 역주 대전사송유취』, 민속원.

37) 이하 학술연구 성과는 주로 다음 참조. 김백철, 2016a, 앞 책, 17~21쪽, 김백철, 2016b,
앞 책, 5~10쪽.

원형을 추출하고자 하는 연구가 남북한 공히 세 차례나 시도되었다.[39] 현전하지 않는 『경제육전』에 대한 다양한 천착이 시도되었으며,[40] 이를 토대로 『경제육전』의 대강(大綱)을 가늠해볼 수 있는 계기를 마련하였다.

『경국대전』은 1970년대부터 박병호가 그 성격과 위상에 대한 괄목할 만한 연구업적을 남기기 시작했다.[41] 조선 법치주의 성격의 대체가 밝혀졌다. 이후의 『경국대전』에 대한 평가는 기실 이 연구성과를 기반으로 확산되었다. 한동안 『경국대전』을 두고 기왕의 연구에서 지적된 '행정법'적 성격을 초월하는 '조선의 헌법'으로 규정할 수 있을지에 대한 논의가 제기되었다.[42] 그러나 낱개의 법조문만을 대상으로 논의가 진행되어 실제 역사상

---

38) 법제서 위상에 따라 대전류(大典類), 속록류(續錄類), 통고류(通考類)로 구분하였다. 대전류는 최상위법으로 가장 추상적인 형태로 법조문이 축조된 법제를 지칭하는데, 『경국대전』, 『속대전』, 『대전통편』, 『대전회통』 등이다. 속록류는 대전류보다 하위법으로 수교를 집대성한 법제서인데, 『대전속록』, 『대전후속록』, 『수교집록』, 『신보수교집록』 등이다. 통고류는 대전류와 속록류를 재편집을 거쳐 합본한 법제서인데, 『전록통고』, 『증보전록통고』 등이다. 다만, 조선전기 『대전속록』・『대전후속록』과 조선후기 『수교집록』・『신보수교집록』을 대비할 경우 각각 속록류와 집록류로 구분하였다.

39) 전봉덕 편, 1989, 『경제육전습유』, 아세아문화사; 윤국일, 1986, 『경국대전 연구』, 과학백과사전출판사; 연세대학교 국학연구원 편, 1993, 『경제육전집록』, 신서원.

40) 花村美樹, 1932, 앞 논문; 임용한, 2002, 「『경제육전』의 편찬 기구 : 검상조례사를 중심으로」, 『조선시대사학보』 23, 조선시대사학회; 임용한, 2003a, 「『경제육전속집상절』의 간행과 그 의의」, 『조선시대사학보』 25, 조선시대사학회; 임용한, 2003b, 「『경제육전등록』의 편찬목적과 기능」, 『법사학연구』 27, 한국법사학회; 윤훈표, 2003, 「경제육전의 편찬과 주도층의 변화」, 『동방학지』 121, 연세대학교 국학연구원; 윤훈표, 2006, 앞 논문; 윤훈표 외, 2007, 『경제육전과 육전체제의 성립』, 혜안.

41) 박병호, 1973, 「경국대전의 편찬과 반행」, 『한국사』 9, 국사편찬위원회; 박병호, 1974a, 「조선 초기의 법원」, 『한국법제사고』, 법문사; 박병호, 1974b, 「조선시대의 법」, 『한국의 법』, 세종대왕기념사업회; 박병호, 1979, 앞 논문.

42) 『경국대전』 관련 연구로는 다음 참조. 박병호, 1979, 앞 논문; 윤국일, 1986, 앞 책; 박현모, 2003, 「경국대전의 정치학 : 예치국가의 이념과 실제」, 『한국정치연구』 12-2, 서울대학교 한국정치연구소; 함재학, 2004, 「경국대전이 조선의 헌법인가」, 『법철학연구』 7-2, 한국법철학회; 문형진, 2004, 「『대명률』과 『경국대전』 편찬의 법제사적 의의」, 『중국연구』 34, 한국외국어대학교 외국학종합연구센터 중국연구소; 조지만, 2006, 「『경국대전』 형전과 『대명률』 : 실체법 규정을 중심으로」, 『법사학연구』 34, 한국법사학회; 박

과는 잘 연결되지 못하고 선험적 논쟁으로 그친 경우가 적지 않았다.

『속대전』은 1990년부터 2000년대 편찬성격을 재평가하고자 하는 논의가 적지 않게 시도되었다.43) 『속대전』이 『경국대전』을 포함하지 못하여 『대전통편』보다 미진하다고 보는 견해에서부터,44) 정치적으로 탕평정국의 소산45) 혹은 법사학적으로 사록(四錄)을 추상화한 통합성에 적극적 의미를 부여하거나46) 형정 개혁의 의미에 초점을 맞춘 시각47) 등이 다양하게 제시

준호, 2006, 「『경국대전』 체제의 문서 행정 연구」 『고문서연구』 28, 한국고문서학회; 김재문, 2007, 『경국대전의 편찬과 법이론 및 법의 정신』, 아세아문화사; 김형남, 2007, 「조선왕조 경국대전의 헌법적 의미」 『법학논총』 31-2, 단국대학교 법학연구소; 최연식 · 송경호, 2007, 「『경국대전』과 유교 국가 조선의 예치 : 예의 형식화 과정을 중심으로」 『사회과학논집』 38-1, 연세대학교 사회과학연구소; 백선혜, 2007, 「『경국대전』의 기록 관리 규정」 『기록학연구』 15, 한국기록학회; 조지만, 2009, 「『경국대전』의 편찬과 양성지」 『법사학연구』 39, 한국법사학회; 이은용, 2010, 「『경국대전』을 통해 본 하곡 정제두의 경제관」 『양명학』 27, 한국양명학회; 진희권, 2010, 「『경국대전』의 성격에 대한 일고찰」 『법철학연구』 13-2, 한국법철학회; 신복룡, 2010, 「『경국대전』을 통해서 본 조선왕조의 통치 이념」 『일감법학』 17, 건국대학교 법학연구소; 오기수, 2011, 「『경국대전』 호전에 규정된 세종대왕의 공법에 관한 연구」 『세무학연구』 28-3, 한국세무학회; 명경일, 2011, 「조선초기 계목 연구 : 『경국대전』 행정문서체제의 수립과정을 중심으로」 『고문서연구』 39, 한국고문서학회; 정성식, 2013, 「『경국대전』의 성립배경과 체제」 『동양문화연구』 13, 영산대학교 동양문화연구원.
43) 연정열, 1988, 「『속대전』과 『대전통편』에 관한 일연구」 『논문집』 12, 한성대학교; 홍순민, 1998, 「『속대전』 해제」 『속대전』, 서울대학교 규장각; 홍순민, 1998, 「조선후기 법전 편찬의 추이와 정치운영의 변동」 『한국문화』 21, 서울대학교 한국문화연구소; 정호훈, 2004, 「18세기 전반 탕평정치의 추진과 『속대전』 편찬」 『한국사연구』 127, 한국사연구회; 정호훈, 2010, 앞 논문; 조윤선, 1995, 「『속대전』 형전 「청리」조와 민의 법의식」 『한국사연구』 88, 한국사연구회; 장동우, 2005, 「『속대전』 「예전」과 『대전통편』 「예전」에 반영된 17세기 전례논쟁의 논점에 대한 고찰」 『한국실학연구』 9, 한국실학학회; 정긍식, 2005, 「『속대전』의 위상에 대한 소고 : "봉사 및 입후"조를 대상으로」 『서울대학교 법학』 46-1, 서울대학교 법학연구소; 김백철, 2007, 「조선후기 영조대 『속대전』 위상의 재검토 : 「형전」 편찬을 중심으로」 『역사학보』 194, 역사학회; 김백철, 2008, 「조선후기 영조대 법전정비와 『속대전』의 편찬」 『역사와 현실』 68, 한국역사연구회; 김백철, 2010, 앞 책.
44) 홍순민, 1998, 앞 논문.
45) 정호훈, 2010, 앞 논문; 김백철, 2010, 앞 책.
46) 정긍식, 2005, 앞 논문; 김백철, 2008, 앞 논문.

되었다.

반면에 『대전통편』이나[48] 『대전회통』에[49] 대해서는 아직 기초적인 검토에 머무르고 있다. 조선후기 편찬된 대전류는 주로 영인이나 번역사업에 초점이 맞추어져 있는 실정이다.[50]

둘째, 속록류(續錄類)이다. 『각사수교』, 『수교집록』, 『신보수교집록』 등의 학술역주가 이루어졌다.[51] 속록류는 주로 법제서 편찬의 흐름을 일괄하는 목적에서 소개되어 법제정비사업을 거시적 안목에서 접근할 수 있는 주요 계기를 마련하였다.[52] 그럼에도 본격적인 연구는 충분하지 못하여 아직 법

47) 김백철, 2007, 앞 논문.

48) 연정열, 1988, 앞 논문, 307~324쪽; 장동우, 2005, 앞 논문, 155~183쪽; 김백철, 2008, 「조선후기 정조대 법제정비와 『대전통편』체제의 구현」 『대동문화연구』 64, 성균관대학교 대동문화연구원; 김백철, 2010, 「조선후기 정조대 『대전통편』 「병전」 편찬의 성격」 『군사』 76, 국방부 군사편찬연구소

49) 정긍식, 2001, 앞 논문; 정호훈, 2005, 앞 논문.

50) 【번역】 한국고전국역위원회 역, 1960, 앞 책; 법제처 편, 1962, 『속대전』, 법제처; 법제처 편, 1963, 『대전통편』, 법제처; 이종일 역주, 1993~1996, 앞 책; 【영인】 조선총독부 중추원 편, 1972, 『대전통편·속대전』(조선왕조법전집3), 경인문화사[1983, 민족문화]; 조선총독부 중추원 편, 1972, 『대전회통편』(조선왕조법전집4), 경인문화사[1983, 민족문화]; 규장각 편, 1998, 『속대전』, 서울대학교 규장각; 규장각 편, 1998, 『대전통편』 상·하, 서울대학교 규장각; 규장각 편, 1999, 『대전회통』 상·하, 서울대학교 규장각.

51) 【번역】 법제처 편, 1962, 『원·신보수교집록·사송류취』, 법제처; 법제처 편, 1969, 『수교정례·율례요람』, 법제처; 한국역사연구회 편, 2000, 『원문·역주 신보수교집록』, 청년사; 한국역사연구회 편, 2001, 『원문·역주 수교집록』, 청년사; 한국역사연구회 편, 2002, 『원문·역주 각사수교』, 청년사; 정긍식 외, 2009, 『조선후기 수교자료 집성 (Ⅰ): 형사편1(규장각 소장본)』, 한국법제연구원; 정긍식 외, 2010, 『조선후기 수교자료 집성(Ⅱ): 형사편2(규장각 소장본)』, 한국법제연구원; 【영인】 조선총독부 중추원 편, 1972, 『대전속록·후속록·각사수교·수교집록·신보수교집록』(조선왕조법전집3), 경인문화사[1983, 민족문화]; 규장각 편, 1997, 『各司受教·受教輯錄·新補受教輯錄』, 서울대학교 규장각.

52) 【해제】 한상권, 1994, 「자료소개 : 조선시대 법전편찬의 흐름과 각종 법률서의 성격」 『역사와 현실』 13, 한국역사연구회; 구덕회, 1997, 「각사수교·수교집록·신보수교집록 해제」 『각사수교·수교집록·신보수교집록』, 서울대학교 규장각; 홍순민, 1998, 앞 논문; 구덕회·홍순민, 2000, 「『신보수교집록』 해제」 『원문·역주 신보수교집록』, 청년사; 구덕회, 2001, 「『수교집록』 해제」 『원문·역주 수교집록』, 청년사; 구덕회, 2002, 「법전

제서 자체의 성격 규명에 치중하고 있다.53)

셋째, 통고류(通考類)이다.『전록통고』는 그간 숙종대 최종단계의 법제정비사업이자 회통의식이 반영된 자료로서 주목해왔으나,『전록통고』를 체계로 하는 법체계에 대한 검토는 거의 시도되지 못하였다. 한동안 해제류 성격의 단편적인 글과 영인본이 대부분이었다.54) 또한『증보전록통고』는 정서본(正書本)만이 필사본으로 전하며,55) 일찍이 중추원본의 두주(頭註)의 근거로 활용되었고, 법제처의『전록통고』역주시 저본으로도 사용되었다.56) 통고류는 발굴된 자료에 비해서 상대적으로 주목받지 못하다가, 최근 점차 조금씩 재조명되고 있다.57)

따라서 기초적인 판본검토 및 역주사업이 일정한 궤도에 올랐음에도 불구하고, 본격적인 학술연구로의 진전은 상대적으로 매우 더딘 상황이다.

으로 역사읽기 : 집록류 법전의 성격」,『역사와 현실』 46, 한국역사연구회.

53) 연정열, 1987,「수교집록에 관한 일연구」,『논문집』 11-1, 한성대학교; 연정열, 2000,「신보수교집록에 관한 일연구」,『논문집』 24-1, 한성대학교; 김백철, 2007,「조선후기 숙종대『수교집록』편찬과 그 성격 : 체재분석을 중심으로」,『동방학지』 140, 연세대학교 국학연구원; 김백철, 2009,「조선후기 영조초반 법제정비의 성격과 그 지향 :『신보수교집록』체재를 중심으로」,『정신문화연구』 115, 한국학중앙연구원.

54)【해제】황대연, 1979,「[해제]전록통고(형전)초 : 전통문화 속에서 찾아보는 치안고전 (3)~(5)」,『치안문제』 3~5, 치안문제연구소, 25~32쪽, 55~62쪽, 69~71쪽; 도서관 편, 1982,「전록통고」,『규장각한국본도서해제 : 사부4』, 서울대학교 도서관, 384쪽; 연정열, 1989,「전록통고에 관한 일연구」,『논문집』 13-1, 한성대학교, 119~130쪽; 김호, 1995,「전록통고」,『규장각한국본도서해제속집 : 史部2』, 서울대학교 규장각, 106쪽; 양진석, 1997,「『전록통고』해제」,『전록통고』上, 서울대학교 규장각, 3~16쪽;【영인】규장각 편, 1997,『典錄通考』上·下, 서울대학교 규장각.

55) 서울대학교 규장각한국학연구원 소장『增補典錄通考』全6冊 <古520 3>.

56)【번역】법제처 편, 1969,『(증보)전록통고 : 형전』, 법제처; 법제처 편, 1974,『(증보)전록통고 : 예전·병전』, 법제처; 법제처 편, 1974,『(증보)전록통고 : 이전·호전·공전』, 법제처.

57) 김백철, 2008,「조선후기 숙종대 국법체계와『전록통고』의 편찬」,『규장각』 32, 서울대학교 규장각한국학연구원; 김백철, 2008,「조선후기 영조대 법전정비와『속대전』의 편찬」,『역사와 현실』 68, 한국역사연구회; 정호훈, 2010,「영조대 속대전의 편찬논리와 그 성격」,『한국문화』 50, 서울대학교 규장각한국학연구원.

연구유형별로 살펴보면, 전반적인 법체계에 대해서는 1970년대 박병호의 선구적인 연구 이후, 1980년대 윌리엄 쇼가 조선시대 법제운영의 전반적인 틀에 대해 분석하면서 조선의 법제개념과 운영실태 등을 재조명하였다.[58] 이후 법제서 자체에 대한 기초 연구가 시도되었으나 개략적인 해설로 종료되어 본격 연구로 분류하기는 어려운 실정이다.[59] 또 2000년대는 시대별로 법제서와 사회변동의 추이를 살피는 연구가 진척되었으나, 이 역시 법체계나 법제서에 초점을 맞춘 연구는 아니었다.[60] 비교적 최근에 이르러서야 조선시대 법제서를 중심으로 국법체계의 탄생배경이나 변천과정을 추적한 연구가 등장하였다.[61]

한편 미시적 접근도 활발히 이루어져 법조문을 중심으로 다양한 측면에서 역사상을 활발히 검토한 연구도 등장하였다. 특히 사법제도[62]나 사회상[63]에 대한 상세한 분석과 법조문의 연관성을 면밀하게 추적하여 전통시

---

58) William Shaw, 1981, *Legal Norms in a Confucian State*, Center for Korean Studies, Institute of East Asian Studies, University of California.

59) 연정열의 연구는 다음 책으로 묶여 나왔다. 연정열, 1997, 『한국법전사』, 학문사.

60) 오영교 외, 2004, 『조선 건국과 경국대전체제의 형성』, 혜안; 오영교 외, 2005, 『조선후기 체제변동과 속대전』, 혜안; 오영교 외, 2007, 『세도정권기 조선사회와 대전회통』, 혜안.

61) 조지만, 2007, 『조선시대의 형사법 : 『대명률』과 국전』, 경인문화사; 김백철, 2010, 앞 책; 김백철 2016a, 앞 책; 김백철, 2016b, 앞 책.

62) 오갑균, 1995, 『조선시대 사법제도 연구』, 삼영사; 차인배, 2008, 『조선시대 포도청 연구』, 동국대학교 사학과 박사학위논문; 우인수, 2005, 앞 논문; 심재우, 2009, 『조선후기 국가권력과 범죄통제 : 심리록 연구』, 태학사; 김대홍, 2012, 『조선초기 형사법상 引律比附에 관한 연구』, 서울대학교 법학과 박사학위논문; 서정민, 2013, 『한국 전통형법의 무고죄 : 조선초기 무고반좌율』, 민속원; 김영석, 2013, 『의금부 조직과 추국에 관한 연구』, 서울대학교 법학과 박사학위논문.

63) 연정열, 1989, 「수교집록과 노비의 관한 일연구」 『노동경제논집』 12-1, 한국노동경제학회; 장병인, 1997, 『조선전기 혼인제와 성차별』, 일지사; 김경숙, 2002, 『조선후기 山訟과 사회갈등 연구』, 서울대학교 국사학과 박사학위논문; 조윤선, 2002, 『조선후기 소송연구』, 국학자료원; 우인수, 2005, 「조선 숙종조 과거 부정의 실상과 그 대응책」 『한국사연구』 130, 한국사연구회.

대 법치상황을 이해하는데 많은 도움을 주었다. 아울러 외연을 확장하여
조선시대 법에서 벗어나, 고려율(高麗律)이나,[64] 『대명률(大明律)』,[65] 혹은 중

---

64) 고려시대 법제 연구는 다음 참조. 【연구 논저】 이희덕, 1973, 「고려율과 효행 사상에
대하여」 『역사학보』 58, 역사학회; 연정열, 1977, 「고려율을 통해서 본 퇴폐풍조와 그
시정책에 관한 일연구」 『윤리연구』 6, 한국국민윤리학회; 연정열, 1979, 「당률이 고려
율에 미친 영향에 관한 연구」 『윤리연구』 8, 한국국민윤리학회; 신호웅, 1988, 「고려율
의 제정에 대한 검토」 『동국사학』 22, 동국사학회; 한용근, 1999, 『고려율』, 서경문화
사; 김호동, 2007, 「고려율령에 대한 연구 현황」 『민족문화논총』 37, 영남대학교 민족
문화연구소; 전영섭, 2009, 「臨監自盜及受財枉法條를 통해 본 동아시아에서 高麗律의 위
치 : 唐宋元의 刑律 체계와 관련하여」 『지역과 역사』 25, 부경역사연구소; 이종봉, 2012,
「高麗・唐・日本의 律令制와 婚姻制」 『한국민족문화』 43, 부산대학교 한국민족문화연
구소; 김현라, 2012, 「高麗・唐・日本의 律令身分制 연구 : 천인제를 중심으로」 『한국민
족문화』 43, 부산대학교 한국민족문화연구소; 이강한, 2016, 「원법제 연구의 시의성과
필요성」 『역사와 현실』 99, 한국역사연구회; 김보광, 2016, 「고려내 다루가치의 존재
양상과 영향 : 다루가치를 통한 몽골지배방식의 경험」 『역사와 현실』 99, 한국역사연구
회; 이현숙, 2016, 「원법제 도입에 따른 고려장애인 정책의 변화」 『역사와 현실』 99, 한
국역사연구회; 최봉준, 2016, 「근친금혼 관념의 강화와 수계혼 도입 시도」 『역사와 현
실』 99, 한국역사연구회; 【고려율 복원 자료집】 영남대학교 민족문화연구소 편, 2009,
『고려시대 율령의 복원과 정리』, 경인문화사.

65) 연구 성과는 한국역사연구회 『대명률』 연구반에서 '조선시대 형률의 운용과 『대명률』'
(2007. 9.)과 '고려・조선시대 법운용의 실제와 『대명률』'(2010. 3.) 등 두 차례에 걸쳐
기획 특집으로 발표했다. 심재우, 2007a, 「총론 : 조선시대 형률의 운용과 『대명률』」
『역사와 현실』 65, 한국역사연구회; 한상권, 2007, 「세종대 治盜論과 『대명률』 : 竊盜三
犯者 처벌을 둘러싼 논변을 중심으로」 『역사와 현실』 65, 한국역사연구회; 구덕회,
2007, 「대명률과 조선 중기 형률상의 신분 차별」 『역사와 현실』 65, 한국역사연구회;
홍순민, 2007, 「조선 후기 盜罪 贓罪의 구성과 『대명률』」 『역사와 현실』 65, 한국역사
연구회; 심재우, 2007b, 「조선 말기 형사법 체계와 『대명률』의 위상」 『역사와 현실』
65, 한국역사연구회; 정해은 외, 2010, 「총론 : 고려・조선시대 법운용의 실제와 『대명
률』」 『역사와 현실』 75, 한국역사연구회; 이정란, 2010, 「고려전기 折杖法의 규정과 운
용」 『역사와 현실』 75, 한국역사연구회; 박경, 2010, 「조선 전기 친속 容隱 규정의 수
용과 그 의미 : '범죄 감싸주기' 허용을 통해 본 가족 및 친족 공동체의 보호에 대하여」,
『역사와 현실』 75, 한국역사연구회; 정해은, 2010, 「조선 후기 이혼의 실상과 『대명률』
의 적용」 『역사와 현실』 75, 한국역사연구회.
아울러 근래에 번역사업이 동시다발적으로 이루어지고 있다. 이미 『역주 대명률직해』
(박철주 역, 민속원, 2014)가 간행되었으며, 한국역사연구회-한국고전번역원의 『대명률
직해』 역주, 서울대학교 규장각한국학연구원의 『대명률강해』 역주 등이 오래전부터 시작
되어 결실을 기다리고 있다.

국 법제 전반66)에 대한 기초 연구도 꾸준히 진행되고 있다.

IV. 전통법 연구의 향후과제

1. '법치' 인식의 전환

1) 오리엔탈리즘(Orientalism) 극복

20세기 이래 서구의 근대 학문체계가 수용되면서 국내학계에는 서구의 가치체계가 중요한 시금석(試金石)으로 활용되었다.67) 이 과정에서 아직 국내학계는 자체적인 학문체계와 이론 틀을 갖추어나가는데 많은 어려움을 겪었다. 더욱이 서구 기준을 차용하는 과정에서도 동·서양을 동일한 시선으로 공정하게 평가하지 못했다.

동아시아의 연구자들이 바라본 전통은 서양의 학자들이 유럽의 중세를 바라보는 시선보다도 차갑기 그지없었다. 그래서 이미 근대화에 실패했다는 부정적 결론이 내려진 상황에서 서구적 잣대는 단지 비판을 위한 '전가(傳家)의 보도(寶刀)'처럼 남용되어왔다. '과학적'이라거나 '근대적'이라는 이름하에 자행된 수많은 평가는 사실 대단히 주관적이고 선험적인 결론에 지나지 않았다. 그간의 논의는 대부분 서구에서 자신의 전통과 역사를 기반으로 생성된 이론을 무차별적으로 동아시아 사회에 적용가능한지 여부를 검토하는 작업에 지나지 않았다. 이같은 연구방식은 앙시앵레짐(구체제)

---

66) 한국법제연구원 편, 1997, 『역주 당률소의』 1~3, 한국법제연구원; 김택민 편, 2003·2005·2008, 『역주 당육전』 상·중·하, 신서원; 임병덕 역, 2014, 『九朝律考』 1~4, 세창미디어.

67) 이하 인식의 전환 문제는 다음 참조. 김백철, 2016a, 앞 책, 11~14쪽.

에 대한 비판을 위한 관점에서는 유용하지만, 역사적 진실을 규명하고 시대상을 복원하는 데는 전혀 도움이 되지 않는 방법이었다.

이러한 상황을 타개하기 위해서는 장기적으로 전통시대와 더 나아가 동아시아 문명을 제대로 조명할 수 있는 우리 학계의 독자적인 이론체계의 구축이 뒷받침되어야 한다. 이같은 작업이 전제될 때 전통과 근대, 서양과 동양의 학문간 소통의 장이 마련될 수 있을 뿐만 아니라, 장차 동아시아 문명에 대한 올바른 이해의 방향이 제시될 수 있을 것이다. 동아시아 유교 문화권의 국가들은 전통시대 효과적 통치수단으로 법가와 유가의 사상을 절충한 형태의 법치를 구현해냈다. 그래서 난신적자(亂臣賊子)에게는 준엄한 처벌을 내리지만 어리석은 백성에게는 관용을 베풀어왔다.

그러나 19세기말 서구 문명화의 절대적인 척도하에서, 동아시아 유교문화와 법치주의 전통은 한결같이 근대에 미치지 못한다고 폄하되면서 제대로 된 평가를 받지 못하였다. 또 당대의 실제 운영모습을 헤아리기보다는 유가와 법가를 대립구도로 만들어 역사상에 접근하고자 하는 피상적 수준을 면치 못하였다. 특히 조선왕조의 유교적 법치주의는 그동안 서양 근대법의 잣대를 통해서 구획된 선험적 견해가 다수 발표되어왔다. 이 같은 내용은 대개 선험적이거나 사념적인 근대화론에서 유추된 당위론(當爲論)에 불과하였다. 논자들은 주로 사회과학적 입장에서 강도 높은 주장을 펼쳤으나, 그 수위에 비해서 당대 실증적 자료를 토대로 법체계의 이론을 구축하거나 담론을 제시한 경우는 드물었다. 그동안 법이론은 모두 한국의 법을 근대 이후 서구에서 이식된 산물로만 이해해왔다. 따라서 전통법은 설령 존재했어도 무의미하다는 식의 선입견이 다수를 점하여 현대 한국의 법이론조차 모두 외래(外來) 법이론을 무차별적으로 차용하고 있는 상황이다.

하지만 서구 근대화 시점으로부터 불과 1~2세기 전만 하더라도 동양의 관료제 등 유교 정치체제는 유럽의 이상적 국가 모델로 인식되어 계몽주의시대(啓蒙主義時代)에 상당한 영향을 미쳤다.[68] 이러한 사실을 미루어보면 기존 평가는 일견 모순이 아닐 수 없었다. 적어도 서양과 동양에 동일한 잣대를 적용하여 평가하는 것이 최소한의 전제로 필요하다.

조선왕조는 개창과 더불어 유교적 이상사회를 대전제로 이를 구현하기 위한 법치주의 기틀을 마련하였다. 향후 약 500여 년간 법제의 축적과정과 정리 작업은 일찍이 로마법대전의 찬집과정을 방불케 할 정도였다.[69] 서구 근대법의 기초가 로마법에서 근원한다는 사실에 비추어볼 때, 그에 필적하는 조선의 법치주의 연구는 동·서양의 법학사 비교에 필수적이다.

2) 조선왕조 법치의 특징

왕정(王廷)의 법치주의는 그 어느 시대보다 강력하게 표방되었다.[70] 첫째, 최상위 성문법을 규정하였다. 조선 전시기에 걸쳐 『경국대전』은 선왕(先王)

---

68) 계몽주의 시대 유럽의 중국 열풍은 다음 참조. 朱謙之(전홍석 역), 2003, 『중국이 만든 유럽의 근대 : 근대유럽의 중국문화열풍』, 청계; H. G. 크릴(이성규 역), 1988, 『공자, 인간과 신화』, 지식산업사; J. J. Clark(장세룡 역), 2004, 『동양은 어떻게 서양을 계몽했는가』, 우물이 있는집, 2004]; 정진농, 『오리엔탈리즘의 역사』, 살림, 2003; David E. Mungello(김성규 역), 2009, 『동양과 서양의 위대한 만남 1500-1800 : 대항해시대 중국과 유럽은 어떻게 소통했을까』, 휴머니스트]; 티머시 브룩(박인규 역), 2008, 『베르메르의 모자 : 베르메르의 그림을 통해 본 17세기 동서문명교류사』, 추수밭; 조혜인, 2009, 『공민사회의 동과 서』, 나남; 조혜인, 2011, 『동에서 서로 퍼진 근대 공민사회』, 2012; 황태연, 『공자와 세계』 1-5, 청계; 김백철, 2013, 「조선시대 역사상과 공시성의 재검토 : 14-18세기 한국사 발전모델의 모색」 『한국사상사학』 44, 한국사상사학회.

69) 『경국대전』의 찬집 과정은 마치 동로마제국의 유스티니아누스(Flavius Justinianus, 527-565 재위)의 『로마법대전(Corpus Juris Civilis : Codex Justinianus)』(529-565)의 집대성 작업과도 유사하다. 비잔틴제국의 황제 유스티니아누스 1세는 과거의 법률집과 법학자의 견해를 발췌한 초록, 그리고 법률의 기초적인 개설과 유스티니아누스 황제 자신이 공포한 신법령집을 집대성하게 하였다. 역대 황제들이 공포한 모든 율령을 샅샅이 조사하여 모순되고 시대에 뒤쳐진 부분을 제거하고 당시의 상황에 맞게 모든 규정을 개정하였다. 황적인, 1981, 『로마법·서양법제사』, 박영사, 44~50쪽; 현승종, 2004, 『로마법』, 법문사; 최병조, 2006, 『로마법 강의』, 박영사.

70) 이하 조선의 법치주의 성격은 다음 참조. 김백철, 2010, 앞 책, 28~52쪽; 김백철, 2016a, 앞 책, 23~24쪽; 김백철, 2016b, 앞 책, 368쪽.

이 이룩한 만세불변(萬世不變)의 통치규범(祖宗成憲)이자 국가의 근간(國制)이 되는 최고법으로 이해되었다. 처음『경국대전』을 약칭하였던 '대전(大典)'이라는 명칭은 점차 오늘날 '헌법(憲法)'에 대응되는 용어로 의미가 확장되었다. 이념적으로 조종성헌(祖宗成憲) 존숭의식이 바탕에 있었다. 그렇기 때문에『경국대전』으로 상정되는 조선의 국법에 대한 수정을 후왕(後王)이 함부로 할 수 없었다. 오직 조정의 치열한 법리논쟁을 거칠 때만 추가로 개정이 용인되었다. 이는『경국대전』체계가 조선을 움직이는 근간이며 국왕은 열성(列聖)의 법제 내에서 국가를 통치해야 하는 것을 의미한다. 조선왕조 장기지속 역시 '법의 안정성', '법에 의한 통치'를 당연한 상식으로 정착시켰기 때문에 가능하였다.

둘째, 국법체계가 일정하게 갖추어졌다. 국초에는『경제육전』을 중심으로『속육전』과「등록」등이 후속법으로 법체계를 뒷받침하였다. 더욱이『경국대전』찬집 이후에는『대전속록』과『대전후속록』은 후속사업으로 이루어졌으며,『경국대전』을 더욱 명확하고 상세하게 이해하기 위해서『경국대전주해(經國大典註解)』도 편찬되었다. 이를 계기로 15세기말~16세기에『경국대전』을 중심으로 하는 국법체계가 일정하게 구현되었다. 이후에도 조선의 법제는 시의적절(時宜適切)하게 변용되었다. 조선후기『각사수교』,『수교집록』,『신보수교집록』,『전록통고』,『증보전록통고』,『속대전』,『대전통편』,『대전회통』등도 모두『경국대전』체제를 근간으로 증보되었다.

셋째, 정교한 입법절차를 준수하였다. 법제 역시 실질적으로 군주 단독으로 제정하는 것은 사실상 불가능했을 뿐더러, 법을 함부로 개폐(開閉)하는 것도 쉽지 않았다.[71] 조선시대 법은 각 아문(衙門)에서 문제점에 대한 대안을 올려서 법제화하는 경우가 많았으며, 개별 신료의 상소를 통한 현실

---

71) 박병호, 1995,「『경국대전』의 편찬과 계승」, 앞 책, 219쪽; 김백철, 2010,『조선후기 영조의 탕평정치 :『속대전』편찬과 백성의 재인식』, 17~28쪽, 179쪽.

비판과 그에 대한 논의를 거쳐서 국왕이 최종 법안을 확정하는 형태를 띠었다.[72] 특별한 경우를 제외하면 국왕 단독으로 입법하는 경우는 매우 드물었다. 이것은 국왕이 명분상 법의 제정권은 갖고 있지만, 국가의 일정한 법제정과정을 거쳐야 한다는 사실을 증명한다.

넷째, 왕정의 국법수호 의지이다. 후왕(後王)은 통치의 정당성을 높이고자 끊임없이 자신의 수교(受敎)를 '대전(大典)'의 체계 속에 편입시키고자 노력하였다. 국왕은 법 위에 군림하기보다는 공고한 국헌(國憲)의 수호자로서 자리매김하였다. 조정의 법치주의 원칙이 확고할 때 백성의 지지 기반을 확고히 할 수 있었을 뿐만 아니라, 국왕의 통치 명분도 한결 강화될 수 있었기 때문이다.[73] 이같은 성격은 영국의 법치주의나 독일의 법치국가 전통과 비교해도 전혀 손색이 없는 동아시아 법치의 전형(典型)으로 이해된다.[74]

2. 미완의 영역

1) 선험적 연구의 탈피

조선시대 전통법 연구는 약 1세기 이상 지속되었다.[75] 초기에는 일본인

---

72) 김형승, 1968, 「조선왕조의 입법 과정에 관한 연구」, 서울대학교 행정학대학원 석사학위논문, 홍순민, 1998, 「조선후기 법전편찬의 추이와 정치운영의 변동」『한국문화』 21, 서울대학교 한국문화연구소; 이종일, 2000, 「조선시대 법전 편찬」『대전회통 연구 : 권수·이전편』, 한국법제연구원.

73) 박병호, 1979, 「『경국대전』의 법사상적 성격」, 『진단학보』 48, 진단학회, 202~203쪽.

74) 서양 법학사에서 '법치주의(rule of law)'는 17세기 영국의 명예혁명 전후에 의회가 절대왕정에 대항하여 국왕조차 법의 지배하에 있음을 주창한 것이며, '법치국가(Rechtsstaat)'는 19세기 독일이 통일국가를 형성하는 과정에서 경찰국가론과 대비하여 국가는 법으로 구성되어있고 법의 집행은 옳아야 한다는 국가주도의 법치국가사상이다. 그러나 법치(法治) 전통은 로마나 당대(唐代) 이미 종합법이 집대성되었을 정도로 유구하므로 유럽에서 유독 제국주의(帝國主義)에 성공하여 근대 패권을 장악한 나라들을 기준으로 법치의 성립여부를 논하는 것은 매우 협소한 시각이다. 김백철, 2016b, 앞 책, 366~368쪽.

75) 이하 향후과제는 다음 참조. 김백철, 2016a, 앞 책, 15~21쪽.

학자들이 식민통치에 필요한 법제자료를 확보하기 위해서 조선 법서(法書)
의 번역[실제 懸吐수준], 표점, 연구 등을 진행하였다.76) 기초자료의 정리는
실증을 바탕으로 하고 있지만, 연구의 결론은 식민통치의 합리화와 무관하
지 않았다. 조선총독부 중추원이 만든 법제서 표점본은 약 반세기 이상 우
리학계에 영향을 미쳤다.

광복 이후에는 우리 법제처가 전통법의 정리와 번역을 추진하였다. 당시
정치 · 경제적으로 대단히 열악한 상황임에도 불구하고, 1940~1970년대
장기간에 걸쳐 거의 대부분의 전통 법제서가 번역되었다. 서구 일변도의
인식이 만연한 상황이었음에도, 새로운 국가를 건설하는데 전통법의 전거
를 검토하고자 노력한 점이 돋보인다. 아쉽게도 연구토대가 빈약한 상황에
서 번역이 이루어져 다소 오역이 발견되지만 학문의 독립이란 측면에서
초역본은 충분한 가치를 지녔다. 이러한 학계 분위기 속에『경국대전』77)이
나『경제육전』78)에 대한 기초조사 및 심화연구가 이어질 수 있었다. 전통

---

76) 강제병합 직전인 1909년 일본인 관학자들이 조선고서간행회(朝鮮古書刊行會)를 결성하
여 식민통치에 필요한 조선 고서를 수집하여 정리하였고, 이에 맞서 1910년 우리 지식
인들이 조선광문회(朝鮮光文會)를 세워서 전통문화 보존에 힘썼다. 법제서는 식민통치
에 유용했기 때문에 조선고서간행회에서 관심을 보였다. 국립중앙도서관에는 1913년
조선고서간행회본『대전회통(大典會通)』영인본이 가장 빠른 판본으로 확인된다. 또
1921년 조선총독부 중추원에서『역문대전회통(譯文大典會通)』을 간행하였는데, 일본식
한문번역으로서 별도의 현대어역은 없고 현토(懸吐) 수준에 불과하다. 이것을 다시
1939년『교주대전회통(校註大典會通)』으로 교감주(校勘註)가 추가되어 간행되었다. 이
판본이 규장각 영인본이 간행되기 전까지 오랫동안 연구자들에게 활용되었다.

77) 【연구】박병호, 1973, 앞 글; 박병호, 1974a, 앞 글; 박병호, 1974b, 앞 글; 박병호, 1979,
앞 논문; 김백철, 2016a, 앞 책;【역주】윤국일, 1986, 앞 책; 한국정신문화연구원 인문
연구실 편, 1986,『역주 경국대전 : 주석편』, 한국정신문화연구원; 한국정신문화연구원
인문연구실 편, 1986,『역주 경국대전 : 번역편』, 한국정신문화연구원.

78) 【복원】전봉덕, 1989, 앞 책; 윤국일, 1986, 앞 책; 연세대학교 국학연구원 편, 1993, 앞
책;【연구】花村美樹, 1932, 앞 논문; 임용한, 2002, 앞 논문; 임용한, 2003, 앞 논문; 윤
훈표, 2003, 앞 논문; 임용한, 2003, 앞 논문; 윤훈표, 2006, 앞 논문; 윤훈표 외, 2007,
앞 책.

법 연구의 도약은 1990년대 이후 규장각본 영인과 각종 역주사업을 통해 이루어졌다. '규장각 자료총서'의 보급은 조선시대 원본을 토대로 연구하는 풍토를 새롭게 조성하였다.

이후 학술연구가 진전되는 과정에서 전통시대 법을 대개 범죄와 처벌을 중심으로 접근하는 형정 연구가 일반적이었다. 그래서 국가의 법체계 전반에 대한 실증적 연구는 거의 시도되지 못하였다. 그동안 간헐적으로 이루어진 법전에 관한 담론 연구들은 역사적 맥락을 고려하지 않은 피상적인 접근이 많았을 뿐 아니라, 『경국대전』을 근대법 기준에 입각하여 '행정법' 정도로 치부한 경우도 적지 않았다.

그러나 조선의 위정자들에게 육전은 국법 전체를 의미하였고, 잠시라도 떼놓을 수 없는 과업이었다. 공민왕대 이후 개혁의 성과가 『경제육전』으로 결집될 때까지, 다시 『경제육전』이 『경국대전』으로 탈바꿈할 때까지, 『대전속록』 이후의 법제가 『속대전』으로 집대성될 때까지 각기 치열한 법리 논쟁이 전개되었다. 이후 법전의 종합화 경향은 영조대 『백관총요』, 정조대 『전율통보』, 『추관지』, 『대전통편』, 고종대 『대전회통』, 『육전조례』 등으로 이어졌다. 2000년대 접어들어서야 비로소 협소한 사법관으로부터 벗어나 전통시대 법체계 전반에 주목하는 입장이 국내외에서 조선의 법뿐 아니라 중국의 법에 대해서도 서서히 나타나기 시작했다. 그럼에도 법사학 연구에는 아직 아쉬운 점이 적지 않다.

2) 향후 과제

조선시대 연구에서 법제 정비에 대한 언급은 일상적이지만, 정작 조선왕조 전체를 아우르는 청사진을 제시할 만한 구체적인 연구는 충분히 뒷받침되지 못하고 있다. 이는 시급히 해결해야 할 과제이다. 따라서 현재의 후속 연구가 시급한 분야를 다음 몇 가지로 제시해보고자 한다.[79]

첫째, 판본(版本) 규명이다. 그동안 영인 및 번역과 같은 기초연구가 오랫동안 진행되었음에도 불구하고, 판본 검토는 충분히 이루어지지 못하였다. 예컨대 대전류를 최종적으로 집대성한 『대전회통』을 주로 참고하면서 수록된 각 대전의 본래 모습에 대해서 간과한 측면이 많았다. 『대전통편』은 몇 차례를 제외하면 대부분 『대전회통』의 일부로만 다루어졌으며, 대전류를 수록하는 과정에서 발생한 육전의 재배치나 세부항목의 변동에 대한 차이는 주목받지 못하였다. 실례로 『속대전』은 횡간(橫看 : 표)을 많이 사용하였는데, 『대전통편』이나 『대전회통』에서 표를 해체하여 평문화(平文化)하면서 체재(體裁)에 막대한 변화가 발생하였음에도 양자의 차이는 간과되었다. 아울러 오랫동안 조선총독부 중추원본에 의지하여 법전연구가 이루어진 탓에, 일본인 관학자들이 식민통치의 목적으로 교열한 활자본에 대한 검증 작업이 생략되었다. 당시 수준으로는 나쁘지 않은 편이었으나, 세세한 오류도 적지 않게 발견된다.

둘째, 법원(法源)의 규명이다. 그동안 조선후기에 편찬된 『수교집록』, 『전록통고』, 『신보수교집록』, 『속대전』, 『대전통편』 등에 대한 기초적인 연구를 진행하면서 조선의 국법체계에 대해서 검토해왔으나, 낱개의 법조문만으로는 입법 취지와 그 실용성에 대해서 쉬 가늠할 수 없었다. 각 법제서가 18세기에 최종 편찬되었다고 할지라도 그 법원이 조선전기 혹은 고려 말까지 소급되는 경우가 적지 않았다. 이럴 경우 수교가 최초 입안된 시대 상황에 대한 배경지식없이 그 취지를 완벽히 이해하는 것은 불가능하다.[80]

셋째, 축조(逐條) 성격이다. 법조문은 당대의 '현실'을 그대로 반영하는 것인가? 아니면 '미래'의 이상적인 사회상을 천명하는 것인가? 혹은 이미 사문화된 채 빛바랜 '과거'를 형상화하고 있는 것인가? 하지만 입법취지는

---

79) 세부과제는 다음 참조. 김백철, 2016a, 앞 책, 469~470쪽; 김백철, 2016b, 앞 책, 7쪽.
80) 최근 법원 규명 노력은 다음 참조. 김백철, 2016a, 앞 책.

한 세대만 지나도 변질되거나 잊혀지는 경우가 비일비재했으며, 동일한 조
문에 대한 이해 방식도 시대별로 천차만별이었다. 대부분의 법전은 과거,
현재, 미래 등의 면모를 중층적으로 지니고 있었다.[81] 그러나 그동안의 조
선전기 법전 연구는 대체로『경국대전』조문 자체에 의지하여 조선왕조의
성격을 규명하고자 하는 시도가 적지 않았다. 입법 논의 과정에 대한 고찰
없이 확정된 법조문만을 토대로 한 분석은 당대 현실을 제대로 담아내지
못하였다. 따라서 동일한 법조문일지라도 시간의 흐름에 따른 변화상을 추
적할 필요가 있다.

넷째, 동아시아 국법체계의 이론 모델 모색이다. 법학 연구 분야는 그동
안 서양 근대법을 기본으로 이루어졌다. 우리 헌법체계가 독일의 바이마르
공화국(Weimarer Republik) 헌법의 영향을 받은 까닭에 전통법 연구 역시 이
러한 연장선상에서 로마법으로 확장되었다. 서양 근대법의 모태가 로마법
과 면밀한 관계가 있어 현대 법리의 연원을 따져가는데 유효하므로 전문
분야가 만들어진 것이다. 그런데 로마법은 집대성 시기가 6세기에 해당하
며, 르네상스로부터 근대에 이르기까지 집중적인 재조명을 통해서 현대적
의미가 부여되었다. 마찬가지로 동아시아에는 당(唐)의 법제도가 7~8세기
에 집대성되었고, 14세기 명과 고려~조선의 위정자는 국가체제의 모범으
로 재인식하였다. 18~19세기 청(淸)이나 조선에서도 여전히 당의 전(典)-예
(禮)-율(律) 삼법체계는 실존법으로서 영향을 미치고 있었다.[82] 심지어 일본
은 고대뿐 아니라, 근대국가의 사법체계를 구성하는데도 당률(唐律)의 각종
개념을 기반으로 입법한 경우가 적지 않았다. 일본의 당률에 대한 시각은
마치 고종대 사법체계의 근대화과정에서 명률을 재조명한 것과 거의 유사

---

81) 축조원리의 분석 및 법조문의 시대별 의미 변화는 다음 참조. 김백철, 2010, 앞 책; 김
　　백철, 2016a, 앞 책.
82) 동아시아 당제(唐制) 영향은 다음 참조. 김백철, 2016a, 앞 책, 465~468쪽.

한 맥락이다. 더욱이 조선시대 전통법에는 중국법뿐 아니라 아국법의 영향
도 막대하였으므로, 동아시아 보편전통과 자국의 특수전통을 함께 고려하
여 전통법의 체계를 수립하는 것이 절실하다.

V. 맺음말

국내 로마법 개설서는 상당수가 출간되어있다. 비록 우리나라에서 로마
법 연구자는 소수이지만 전문강좌가 자리한 대학이 적지 않기 때문이다.
반면에 로마법에 상응하는 동아시아의 전통법은 극소수의 대학을 제외하
고는 거의 개설되어있지 않으며, 그 학문조차 체계화되어있지 않다. 이러
한 까닭에 법사학은 초기에는 역사학적 접근법이 주류를 이루었고, 법학적
이론 모델을 정립하는데 오랫동안 난항을 겪어왔다. 오직 법학과 사학에서
소수의 전통법 연구자만이 이러한 흐름에 반하여서 새로운 학설을 도출하
고자 시도하고 있으나 아직 정교한 이론 모델을 창출하는 데는 여전히 많
은 어려움을 겪고 있다.

따라서 전통법 연구의 도약을 위해서는 먼저, 시각의 일대전환이 필요하
고, 다음으로 법원의 추적, 축조원리의 검토, 이론 모델의 모색 등을 통해
서 실증적 연구가 뒷받침되어야 한다. 이러한 작업이 이루어진다면 서구
중심적 시각에서 벗어나, 유럽의 근대 이전에 이미 유구한 입법전통을 지
닌 동아시아의 법체계를 이론화할 수 있으리라 본다. 더욱이 이를 통해서
전통에서 현재까지로 이어지는 동아시아 사회의 역사성과 현재성을 규정
지을 수 있는 이해의 틀을 마련할 수 있을 것이다. 또 그간 국내 학계에서
미시적으로 접근해온 전통시대상과 해외에서 상당히 거칠게 담론화한 한
국의 역사상에 대해서도 절충점을 찾을 수 있지 않을까 한다.

참고문헌

1. 원사료 및 역주본

(1) 원사료

『三國史記』, 『高麗史』, 『高麗史節要』, 『朝鮮王朝實錄』, 『承政院日記』, 『日省錄』, 『內閣日曆』, 『東史綱目』, 『國朝寶鑑』, 『經國大典』, 『典錄通考』, 『增補典錄通考』, 『新補受教輯錄』, 『新補受教』, 『大典續錄』, 『大典後續錄』, 『經國大典註解』, 『各司受教』, 『受教輯錄』, 『續大典』, 『大典通編』, 『典律通補』, 『審理錄』, 『秋官志』, 『國朝五禮儀』, 『國朝續五禮儀』, 『百憲摠要』, 『萬機要覽』, 『增補文獻備考』, 『經世遺表』, 『通典』, 『唐六典』, 『唐律疏義』, 『周禮注疏』, 『元典章』, 『元史』, 『明史』, 『大明會典』, 『大明律』

(2) 역주서

① 국내자료
법제처 편, 1949, 『경국대전』상·하, 법제처
_____, 1962, 『속대전』, 법제처
_____, 1962, 『원·신보수교집록·사송유취』, 법제처
_____, 1963, 『대전통편』, 법제처
_____, 1965, 『심리록』상·하, 법제처
_____, 1969, 『수교정례·율례요람』, 법제처
_____, 1969, 『(증보)전록통고 : 형전』, 법제처
_____, 1969, 『전률통보』상·하, 법제처
_____, 1974, 『대전속록·대전후속록』, 법제처
_____, 1974, 『(증보)전록통고 : 이전·호전·공전』, 법제처
_____, 1974, 『(증보)전록통고 : 예전·병전』, 법제처
_____, 1975, 『추관지』 1~4, 법제처
연세대학교 국학연구원 편, 1993, 『경제육전집록』, 신서원
윤국일, 1986, 『경국대전 연구』, 과학백과사전출판사[1998, 『경국대전』, 신서원]
이강욱 역, 2012, 『은대조례 : 조선조 승정원의 업무규정집』, 한국고전번역

이종일 역주, 1994~1996, 『대전회통연구』 1~4, 한국법제연구원

전봉덕 편, 1989, 『경제육전습유』, 아세아문화사

정긍식·임상혁 편, 1999, 『16세기 사송법서 집성』, 한국법제연구원

정긍식 외, 2009, 『역주 경국대전주해』, 한국법제연구원

_____, 2009~2010, 『조선후기 수교자료 집성(I~II) : 형사편1~2(규장각 소장본)』, 한국법제연구원

_____, 2011, 『잊혀진 법학자 신번 : 역주 대전사송류취』, 민속원

한국고전국역위원회 편, 1960, 『대전회통』, 고려대학교출판부

한국법제연구원 편, 1997, 『역주 당률소의 : 名例·各則(上)·(下)』, 한국법제연구원

한국역사연구회 편, 2000, 『원문·역주 신보수교집록』, 청년사

_____, 2001, 『원문·역주 수교집록』, 청년사

_____, 2002, 『원문·역주 각사수교』, 청년사

한국정신문화연구원 편, 1985~1987, 『경국대전 번역편·주해편』, 한국정신문화연구원

한국학중앙연구원 편, 2007, 『지정조격(영인본·교주본)』, 휴머니스트

② 중국자료

김택민 편, 2003·2005·2008, 『역주 당육전』 상·중·하, 신서원

박철주 역, 2014, 『역주 대명률직해』, 민속원

박영철 역, 2002, 「역주 『송사』 「형법지」」 『중국사연구』 19, 중국사학회

_____, 2005, 「역주 『원사』 「형법지」(1)」 『중국사연구』 36, 중국사학회

이석현 역, 2007, 「역주 『송사』 「형법지」(2)」 『중국사연구』 49, 중국사학회

임병덕 역, 2000, 「『한서』 「형법지」 역주」 『중국사연구』 10, 중국사학회

_____, 2002·2004 「역주 『진서』 「형법지」(1)-(3)」 『중국사연구』 21·28·29, 중국사학회,

_____, 2014, 『九朝律考』 1-4, 세창미디어

전영섭 역, 2004, 「『수서』 「형법지」 역주」 『중국사연구』 30, 중국사학회

전영진 역, 2003·2004·2005, 「『명사』 「형법지」 역주(1)-(3)」 『중국사연구』 23·29·38, 중국사학회

한국법제연구원 편, 1997, 『역주 당률소의 : 名例·各則(上)·(下)』, 한국법제연구원

Jiang, Yonglin trans., 2005, *The Great Ming Code : Da Ming lu*, University of Washington Press

Johnson, Wallace Stephen trans., 1979, *The T'ang code*, Princeton University Press

(3) 집록본 및 영인본

① 아국법 자료
고려대학교 중앙도서관 편, 1986, 『大明律直解』, 보경문화사
국사편찬위원회 편, 1973, 『興地圖書』상·하, 국사편찬위원회
규장각 편, 1997, 『經國大典』, 서울대학교 규장각
＿＿＿＿, 1997, 『大典續錄·大典後續錄·經國大典註解』, 서울대학교 규장각
＿＿＿＿, 1997, 『各司受教·受教輯錄·新補受教輯錄』, 서울대학교 규장각
＿＿＿＿, 1997, 『典錄通考』上·下, 서울대학교 규장각
＿＿＿＿, 1998, 『續大典』, 서울대학교 규장각
＿＿＿＿, 1998, 『大典通編』上·下, 서울대학교 규장각
＿＿＿＿, 1998, 『典律通補』上·下, 서울대학교 규장각
＿＿＿＿, 1999, 『大典會通』上·下, 서울대학교 규장각
연세대학교 국학연구원 편, 1993, 『經濟六典輯錄』, 신서원
영남대학교 민족문화연구소 편, 2009, 『高麗時代 律令의 復原과 整理』, 경인문화사
전봉덕 편, 1989, 『經濟六典拾遺』, 아세아문화사
조선고서간행회 편, 1913, 『大典通編』, 朝鮮古書刊行會
조선총독부 중추원 편, 1921, 『譯文大典會通』, 조선총독부 중추원
＿＿＿＿＿＿＿＿＿＿, 1943, 『受教輯要』, 조선총독부 중추원
＿＿＿＿＿＿＿＿＿＿, 1969, 『조선왕조법전집』 1~4, 경인문화사[1983, 민족문화]

② 중국법 자료
『官版 唐律疏議』(律令研究會 編, 1979, 太學士)
『唐令拾遺』(仁井田陞 編, 1964, 東京大學出版會)
『唐明律合編』(1968, 臺灣商務印書館)
『大元聖政國朝典章』상·하(1996, 四庫全書存目叢書, 齊魯書社)
『大元聖政國朝典章』상·하(1998, 中國廣播電視出版社)
『元典章』 1-4(2011, 天津古蹟出版社/中華書局)
『至正條格』 영인본·교주본(한국학중앙연구원 편, 2007, 휴머니스트)
『大明律直解』(2001, 서울대학교 규장각)
『大明律講解』(2001, 서울대학교 규장각)
『大明律例諺解』(早稻田大本)
『大明律例譯義』(1989, 創文社)

『大明律附例(＝律例箋釋)』(東京大本)

『大明律附例注解』(1993, 京大出版社)

『大明律附例』상·하(2001, 서울대학교 규장각)

『大明律釋義』(北京大本).

『大明律直引』(2004, 中國律學文憲, 黑龍江人民出版社)

『大明律集說附例』(東京大本)

『大明律集解附例』(早稻田大本)

『律條疏議』(2004, 中國律學文憲, 黑龍江人民出版社)

『律解辨疑』(2004, 中國律學文憲, 黑龍江人民出版社)

『明代律例彙編』(1979, 中央研究院 歷史言語研究所)

『明代條例』(1994, 中國珍稀法律典籍集成, 科學出版社)

『明律考』(早稻田大本)

『明律口傳』(早稻田大本)

『明律國字解』(1966, 創文社)

『洪武法律典籍』(1994, 中國珍稀法律典籍集成, 科學出版社)

『皇命詔令』(1994, 中國珍稀法律典籍集成, 科學出版社)

『皇命條法事類纂』(1994, 中國珍稀法律典籍集成, 科學出版社)

2. 단행본

강 영, 1998, 『대명률직해 이두의 어미어말 연구』, 국학자료원

김경숙, 2012, 『조선의 묘지 소송 : 산송, 옛사람들의 시시비비』, 문학동네

김성우, 2001, 『조선중기 국가와 사족』, 역사비평사

김우철, 2000, 『조선후기 지방군제사』, 경인문화사

김재문, 2007, 『경국대전의 편찬과 법이론 및 법의 정신』, 아세아문화사

김택민, 2002, 『중국고대형법 : 당제국의 형법총칙』, 아카넷

김백철, 2010, 『조선후기 영조의 탕평정치 : 『속대전』의 편찬과 백성의 재인식』, 태학사

_____, 2016a, 『법치국가 조선의 탄생 : 조선전기 국법체계 형성사』, 이학사

_____, 2016b, 『탕평시대 법치주의 유산 : 조선후기 국법체계 재구축사』, 경인문화사

김우철, 2000, 『조선후기 지방군제사』, 경인문화사

김종수, 2003, 『조선후기 중앙군제 연구 : 훈련도감의 설립과 사회변동』, 혜안

김옥근, 1977, 『조선후기 사회경제사연구』, 서문사

_____, 1988, 『조선왕조 재정사연구』 3, 일조각

김용만, 1997, 『조선시대 사노비연구』, 집문당

김용태 외, 1981, 『한국법제사개요』, 원광사

박병호, 1974, 『한국법제사고』, 법문사

_____, 1974, 『한국의 법』, 세종대왕기념사업회

박철주, 2006, 『대명률직해의 국어학적 연구』, 일지사

박한제, 2015, 『대당제국과 그 유산 : 호한통합과 다민족국가의 형성』, 세창미디어

반윤홍, 2003, 『조선시대 비변사 연구』, 경인문화사

박철주, 2006, 『대명률직해의 국어학적 연구』, 일지사

브룩, 티머시(박인규 역), 2008, 『베르메르의 모자 : 베르메르의 그림을 통해 본 17세기 동서문명교류사』, 추수밭

서일교, 1968, 『조선왕조 형사제도의 연구』, 박영사

서정민, 2013, 『한국 전통형법의 무고죄』, 민속원

손병규, 2008, 『조선왕조 재정시스템의 재발견 : 17~19세기 지방재정사 연구』, 역사비평사

송찬식, 1997, 『조선후기 사회경제사의 연구』, 일조각

심재우, 2009, 『조선후기 국가권력과 범죄 통제 : 심리록 연구』, 태학사

연정열, 1997, 『韓國法典史』, 學文社

오갑균, 1995, 『조선시대 사법제도 연구』, 삼영사

오영교 외, 2004, 『조선건국과 경국대전 체제의 형성』, 혜안

_____, 2005, 『조선후기 체제변동과 속대전』, 혜안

_____, 2007, 『세도정권기 체제변동과 대전회통』, 혜안

유승희, 2014, 『조선후기 한성부의 범죄보고서』, 이학사

윤국일, 1988, 『경제육전과 경국대전』, 신서원

윤용출, 1998, 『조선후기의 요역제와 고용노동』, 서울대학교출판부

윤훈표 외, 2007, 『경제육전과 육전체제의 성립』, 혜안

이태진, 1985, 『조선후기 정치와 군영제 변천』, 한국연구원

張國華·饒鑫賢 編(임대희 역), 2003, 『중국 법률 사상사』, 아카넷

張晉藩(한기종 역), 2006, 『중국법제사』, 소나무

전봉덕, 1968, 『한국 법제사 연구』, 서울대학교출판부

전신용 편, 1980, 『한국의 법률문화』, 시사영어사

전형택, 1989, 『조선후기 노비신분 연구』, 일조각

정재훈, 2005, 『조선전기 유교 정치사상 연구』, 태학사

조윤선, 2002, 『조선후기 소송 연구』, 국학자료원

조지만, 2007, 『조선시대의 형사법 : 『대명률』과 국전』, 경인문화사

조혜인, 2009, 『공민사회의 동과 서』, 나남

＿＿＿, 2012, 『동에서 서로 퍼진 근대 공민사회』, 집문당

朱謙之(전홍석 역), 2003, 『중국이 만든 유럽의 근대 : 근대유럽의 중국문화열풍』, 청계

지승종, 1995, 『조선전기 노비신분 연구』, 일조각

平木實, 1982, 『朝鮮後期 奴婢制研究』, 知識産業社

피터슨, 마크 A.(김혜정 역), 2000, 『유교 사회의 창출 : 조선 중기 입양제와 상속제의
　　　변화』, 일조각

한국문화연구소 편, 1972, 『전통적 법체계와 법의식』, 서울대학교출판부

한상권, 1996, 『조선후기 사회와 소원 제도 : 상언·격쟁 연구』, 일조각

한용근, 1999, 『고려율』, 서경문화사

황태연, 2011, 『공자와 세계』 1-5, 청계

高潮 外, 1985, 『中國古代法學辭典』, 南京大學出版社

張晋藩, 1992, 『中國官制通史』, 中國人民大學出版社

張晋藩 外, 1998, 『中國法制通史 7-8 : 明-淸』, 法律出版社

麻生武龜, 1935, 『李朝法典考』, 朝鮮總督府 中樞院

花村美樹 外, 1937, 『朝鮮社會法制史研究』(京城帝大法學會論集9), 岩波書店

Shaw, William, 1981, *Legal Norms in a Confucian State,* Center for Korean Studies,
　　　Institute of East Asian Studies, University of California

3. 연구논문(및 해제류)

강문식, 2012, 「영조대 준천시행과 그 의의」 『영조의 국가정책과 정치이념』, 한국학중
　　　앙연구원출판부

고석규, 1996, 「상품유통과 공납제의 모순」 『한국사』 28, 국사편찬위원회

구덕회, 1997, 「『各司受教』·『受教輯錄』·『新補受教輯錄』 해제」 『各司受教·受教輯錄·
　　　新補受教輯錄』, 서울대학교 규장각

＿＿＿, 2001, 「『수교집록』 해제」 『원문·역주 수교집록』, 청년사

＿＿＿, 2001, 「법전으로 역사읽기 : 집록류 법전의 성격」 『역사와 현실』 46, 한국역사
　　　연구회

＿＿＿, 2002, 「『각사수교』 해제」 『원문·역주 각사수교』, 청년사

＿＿＿, 2007, 「대명률과 조선 중기 형률상의 신분 차별」 『역사와 현실』 65, 한국역사
　　　연구회

구덕회·홍순민, 2000, 「『신보수교집록』 해제」 『원문·역주 신보수교집록』, 청년사

김경숙, 2002, 「조선후기 산송과 사회갈등 연구」, 서울대학교 국사학과 박사학위논문

_____, 2008, 「16, 17세기 奴良妻幷産法과 노비 소송」 『역사와 현실』 67, 한국역사연구회

김기선, 2008, 「중세 몽골제국 법령집 연구」 『국제지역연구』 12-3, 한국외국어대학교 국제지역연구센터

김남돌, 2005, 「조선초기 신문고의 설치와 운영」, 안동대학교 교육대학원 석사학위논문

김대홍, 2004, 「『경국대전』의 중앙통치제도」, 서울대학교 법학과 석사학위논문

_____, 2012, 『조선초기 형사법상 引律比附에 관한 연구』, 서울대학교 법학과 박사학위논문

김동진, 2009, 「朝鮮前期 白丁에 대한 齊民化 政策의 成果」 『역사민속학』 29, 한국역사민속학회

김백철, 2007, 「조선후기 숙종대 『수교집록』의 편찬과 그 성격 : 체재분석을 중심으로」 『동방학지』 140, 연세대학교 국학연구원

_____, 2007, 「조선후기 영조대 『속대전』 위상의 재평가 : 「형전」 편찬을 중심으로」 『역사학보』 194, 역사학회

_____, 2008, 「조선후기 숙종대 국법체계와 『전록통고』의 편찬」 『규장각』 32, 서울대학교 규장각한국학연구원

_____, 2008, 「조선후기 영조대 법전정비와 『속대전』의 편찬」 『역사와 현실』 68, 한국역사연구회

_____, 2008, 「조선후기 정조대 법제정비와 『대전통편』 체제의 구현」 『대동문화연구』 64, 성균관대학교 대동문화연구원

_____, 2009, 「조선후기 영조초반 법제정비의 성격과 그 지향 : 『신보수교집록』 체재를 중심으로」 『정신문화연구』 32-2, 한국학중앙연구원

_____, 2010, 「조선후기 정조대 『대전통편』 「병전」 편찬의 성격」 『군사』 76, 군사편찬연구소

_____, 2013, 「조선시대 역사상과 공시성의 재검토 : 14-18세기 한국사 발전모델의 모색」 『한국사상사학』 44, 한국사상사학회

_____, 2015, 「17~18세기 대동·균역의 위상 : 조선시대 재정 개혁 모델의 모색」 『국학연구』 28, 한국국학진흥원

김성진, 2010, 「조선시대 공문서 위조 연구」, 강원대학교 사학과 석사학위논문

김수진, 1991, 「고려 음서에서의 외손 출현과 법제 변개」 『고고역사학지』 7, 동아대학교 박물관

김아네스, 2002,「고려초기의 都護府와 都督府」『역사학보』173, 역사학회

김영석, 2013,「의금부의 조직과 추국에 관한 연구」, 서울대학교 법학과 박사학위논문

김영주, 2007,「신문고 제도에 대한 몇 가지 쟁점 : 기원과 운영, 제도의 변천을 중심으로」『한국언론정보학보』39, 한국언론정보학회

김영태, 1995,「도첩제와 부역승」『한국사』26, 국사편찬위원회

김은미, 2008,「朝鮮時代 文書 僞造에 관한 硏究」, 한국학중앙연구원 고문헌관리학과 박사학위논문

김인규, 1992,「태종대의 공노비 정책과 그 성격 : 태종 17년 공노비추쇄사목 14조을 중심으로」『역사학보』136, 역사학회

김인호, 2001,「金祉의『周官六翼』편찬과 그 성격」『역사와 현실』40, 한국역사연구회

김종수, 1996,「군역제도의 붕괴」『한국사』28, 국사편찬위원회

김태영, 1983,「조선 전기 공법의 성립과 그 전개」『조선 전기 토지제도사 연구』, 지식산업사

_____, 1994,「토지제도」『한국사』24, 국사편찬위원회

_____, 1996,「과전법의 붕괴와 지주제의 발달」『한국사』28, 국사편찬위원회

김현라, 2012,「高麗・唐・日本의 律令身分制 연구 : 천인제를 중심으로」『한국민족문화』43, 부산대학교 한국민족문화연구소

김형남, 2007,「조선왕조 경국대전의 헌법적 의미」『법학논총』31-2, 단국대학교 법학연구소

김형승, 1968,「조선왕조의 입법 과정에 관한 연구」, 서울대학교 행정학대학원 석사학위논문

김 호, 1995,「典錄通考」『奎章閣韓國本圖書解題 續集 : 史部2』, 서울대학교 규장각

김호동a, 2007,「고려율령에 대한 연구 현황」『민족문화논총』37, 영남대학교 민족문화연구소

김호동b, 2007,「『지정조격』의 편찬과 원 말의 정치」『至正條格(校註本)』, 휴머니스트

김효선, 1995,「朝鮮初期 奴婢決訟에 대한 考察 : 太宗代를 中心으로」, 숭실대학교 사학과 석사학위논문

다나카 도시미쓰, 2007,「추조심리안을 통해 본 19세기 조선 중엽의 형사정책」『법사학연구』35, 한국법사학회

_____, 2011,『조선 초기 단옥에 관한 연구 : 형사 절차의 정비 과정을 중심으로』, 서울대학교 법학과 박사학위논문

도현철, 1999,「정치체제 개혁론과 왕도적 이상군주론」『고려말 사대부의 정치사상 연구』, 일조각

류창규, 2001, 「고려말, 조선초 재지품관의 유형과 그 지위」『전남사학』17, 전남사
　　학회

명경일, 2011, 「조선초기 啓目 연구 :『經國大典』행정 문서 체제의 수립 과정을 중심으
　　로」『고문서연구』39, 한국고문서학회

문형진, 2004, 「대명률과 경국대전의 편찬의 법제사적 의의」『중국연구』34, 한국외국
　　어대학교 외국학종합연구센터 중국연구소

민현구, 1968, 「신돈의 집권과 그 정치적 성격(상)」『역사학보』38, 역사학회

박　경, 2010, 「조선전기 친속 容隱 규정의 수용과 그 의미 : '범죄 감싸주기' 허용을
　　통해 본 가족 및 친족 공동체의 보호에 대하여」『역사와 현실』75, 한국역사
　　연구회

박병호, 1972, 「권리의 법적 구제 방식으로서의 재판의 제도와 기능」『전통적 법체계와
　　법의식』, 서울대학교출판부

＿＿＿, 1973, 「경국대전의 편찬과 반행」『한국사』9, 국사편찬위원회

＿＿＿, 1974, 「조선초기의 법원」『한국법제사고』, 법문사

＿＿＿, 1974, 「조선시대의 법」『한국의 법』, 세종대왕기념사업회

＿＿＿, 1979, 「경국대전의 법사상적 성격」『진단학보』48, 진단학회

＿＿＿, 1995, 「『경국대전』의 편찬과 계승」『한국사』22, 국사편찬위원회

＿＿＿, 1998, 「조선초기 법제정과 사회상 : 대명률의 실용을 중심으로」『국사관논총』
　　80, 국사편찬위원회

박용운, 1993, 「관직과 관계」『한국사』13, 국사편찬위원회

＿＿＿, 1996, 「관리등용제도의 변화」『한국사』19, 국사편찬위원회

박은경, 1984, 「高麗後期 地方品官勢力에 관한 硏究」『한국사연구』44, 한국사연구회

박준호, 2006, 「『경국대전』체제의 문서 행정 연구」『고문서연구』28, 한국고문서학회

박진훈, 2005, 「여말선초 노비정책 연구」, 연세대학교 사학과 박사학위논문

박현모, 2003, 「경국대전의 정치학」『한국정치연구』12-2, 서울대학교 한국정치연구소

배재홍, 1995, 「조선후기의 서얼허통과 신분 지위의 변동」, 경북대학교 사학과 박사학
　　위논문

배혜숙, 1995, 「조선후기 사회저항집단과 사회변동 연구」, 동국대학교 사학과 박사학위
　　논문

백선혜, 2007, 「『경국대전』의 기록 관리 규정」『기록학연구』15, 한국기록학회

서울대학교 도서관 편, 1982, 「典錄通考」『奎章閣韓國本圖書解題 : 史部4』, 서울대학교
　　도서관

서한교, 1995, 「조선후기 납속제도의 운영과 납속인의 실태」, 경북대학교 사학과 박사

학위논문

송찬식, 1997, 「조선조 사림 정치의 권력 구조 : 전랑과 삼사를 중심으로」『조선후기 사회경제사의 연구』, 일조각

신복룡, 2010, 「『경국대전』을 통해서 본 조선왕조의 통치 이념」『일감법학』17, 건국대학교 법학연구소

신호웅, 1988, 「고려율의 제정에 대한 검토」『동국사학』22, 동국사학회

심재우, 1995, 「18세기 옥송의 성격과 형정 운영의 변화」『한국사론』34, 서울대학교 국사학과

_____, 1997, 「조선후기 人命 사건의 처리와 '檢案'」『역사와 현실』23, 한국역사연구회

_____, 1998, 「『전율통보』 해제」『전율통보』상, 서울대학교 규장각

_____, 1999, 「정조대 『흠휼전칙』의 반포와 형구 정비」『규장각』22, 서울대학교 규장각

_____, 2003, 「조선시대 法典 편찬과 刑事政策의 변화」『진단학보』96, 진단학회

_____, 2005, 「18세기 후반 범죄의 통계적 분석 :『심리록』을 중심으로」『법사학연구』32, 한국법사학회

_____, 2007, 「총론 : 조선시대 형률의 운용과『대명률』」『역사와 현실』65, 한국역사연구회

_____, 2007, 「조선말기 형사법 체계와『대명률』의 위상」『역사와 현실』65, 한국역사연구회

양진석, 1987, 「『전록통고』 해제」『전록통고』상, 서울대학교 규장각

연정열, 1977, 「고려율을 통해서 본 퇴폐풍조와 그 시정책에 관한 일 연구」『윤리연구』6, 한국국민윤리학회

_____, 1979, 「당률이 고려율에 미친 영향에 관한 연구」『윤리연구』8, 한국국민윤리학회

_____, 1983, 「조선초기 노비법제고」, 경희대학교 법학과 박사학위논문

_____, 1987, 「수교집록에 관한 일연구」『논문집』11-1, 한성대학교

_____, 1988, 「속대전과 대전통편에 관한 일연구」『논문집』12, 한성대학교

_____, 1989, 「수교집록과 노비에 관한 일연구」『노동경제논집』12-1, 한국노동경제학회

_____, 1989, 「전록통고에 관한 일연구」『논문집』13-1, 한성대학교

_____, 1992, 「경제육전·속전·등록에 관한 일연구」『논문집』16, 한성대학교

_____, 2000, 「신보수교집록에 관한 일연구」『논문집』24-1, 한성대학교

염정섭, 1998, 「『대전통편』 해제」『대전통편』 상, 서울대학교 규장각

오기수, 2011, 「『경국대전』 호전에 규정된 세종대왕의 貢法에 관한 연구」『세무학연구』 28-3, 한국세무학회

오세홍, 2002, 「조선초기 신문고 운영과 영향」, 한국교원대학교 교육대학원 석사학위 논문

우인수, 2005, 「조선 숙종조 과거 부정의 실상과 그 대응책」『한국사연구』 130, 한국사 연구회

유승원, 1973, 「조선초기의 '신량역천' 계층 : 칭간칭척자를 중심으로」『한국사론』 1, 서울대학교 국사학과

윤경진, 2009, 「고려초기 지방 제도 개편과 都護府 : 安東・安南의 置廢와 移動」『한국중세사연구』 27, 한국중세사학회

윤훈표, 2003, 「경제육전의 편찬과 주도층의 변화」『동방학지』 121, 연세대학교 국학연구원

_____, 2006, 「고려말 개혁정치와 육전체제의 도입」『학림』 27, 연세대학교 사학연구회

이강한, 2016, 「원법제 연구의 시의성과 필요성」『역사와 현실』 99, 한국역사연구회

이개석, 2007, 「『지정조격』의 편찬과 법제사상의 의의」『至正條格(校註本)』, 휴머니스트

이경식, 1984, 「고려말 私田捄弊策과 과전법」『동방학지』 42, 연세대학교 국학연구원

이근호, 2009, 「조선시대 이조전랑의 인사 실태」『한국학논총』 31, 국민대학교 한국학연구소

이상백, 1934, 「서얼차대의 연원에 대한 일문제」『진단학보』 1, 진단학회

_____, 1936~1937, 「이조 건국의 연구(1~3)」『진단학보』 4・5・7, 진단학회

_____, 1949, 『이조 건국의 연구 : 이조 건국과 전제 개혁의 제 문제』, 을유문화사

_____, 1954, 「서얼금고시말」『동방학지』 1, 연세대학교 국학연구원

이성무, 1990, 「『經國大典』의 編纂과 『大明律』」『역사학보』 125, 역사학회

이수건, 1969, 「조선 태종조에 있어서의 對노비 시책」『대구사학』 1, 대구사학회

_____, 1971, 「조선초기 군현제 정비에 대하여」『영남사학』 1, 영남대학교 사학회

_____, 1984, 「조선초기 군현제 정비와 지방통치체제」『한국 중세사회사 연구』, 일조각

_____, 1989, 「조선초기 지방행정제도의 정비」『조선시대 지방행정사』, 민음사, 1989

_____, 1994, 「지방통치체제」『한국사』 23, 국사편찬위원회

이우성, 1962, 「閑人・白丁의 新解釋」『역사학보』 19, 역사학회

이은용, 2010, 「『經國大典』을 통해 본 하곡 정제두의 經濟觀」『양명학』 27, 한국양명

학회

이정란, 2010, 「고려 전기 折杖法의 규정과 운용」, 『역사와 현실』 75, 한국역사연구회

이존희, 1984, 「朝鮮王朝의 留守府 經營」, 『한국사연구』 47, 한국사연구회

이종봉, 2012, 「高麗·唐·日本의 律令制와 婚姻制」, 『한국민족문화』 43, 부산대학교 한국민족문화연구소

이종일, 1988, 「조선시대 서얼 신분 변동사 연구」, 동국대학교 사학과 박사학위논문

_____, 1996, 「형전해설」, 『대전회통연구 : 형전·공전편』, 한국법제연구원

_____, 2000, 「조선시대 법전 편찬」, 『대전회통 연구 : 권수·이전편』, 한국번제연구원

이태진, 1965, 「서얼차등고」, 『역사학보』 27, 역사학회

_____, 1990, 「사화와 붕당정치」, 『한국사특강』, 서울대학교출판부

이현숙, 2016, 「원법제 도입에 따른 고려장애인 정책의 변화」, 『역사와 현실』 99, 한국역사연구회

이혜정, 2015, 「16세기 어느 도망 노비 가족의 생존 전략 : 1578년 奴婢決訟立案을 중심으로」, 『인문논총』 72-4, 서울대학교 인문학연구원

이희덕, 1973, 「고려율과 효행 사상에 대하여」, 『역사학보』 58, 역사학회

임상혁, 2004, 「16세기 결송 입안과 소송」, 『16세기 한국 고문서 연구』, 아카넷

_____, 2007, 「1586년 이지도·다물사리의 소송으로 본 노비법제와 사회상」, 『법사학연구』 36, 한국법사학회

_____, 2013, 「고려의 법체계와 조선에 대한 영향 : 판, 제, 교 등 왕법을 중심으로」, 『법사학연구』 49, 한국법사학회

임승표, 2001, 「조선시대 상벌적 읍호승강제 연구」, 홍익대학교 사학과 박사학위논문

임용한, 2002, 「『경제육전』의 편찬 기구 : 검상조례사를 중심으로」, 『조선시대사학보』 23, 조선시대사학회

_____, 2003, 「『경제육전속집상절』의 간행과 그 의의」, 『조선시대사학보』 25, 조선시대사학회

_____, 2003, 「『경제육전등록』의 편찬 목적과 기능」, 『법사학연구』 27, 한국법사학회

장경준, 2013, 「일본 내각문고와 호사문고에 소장된 『대명률직해』의 서지에 관한 기초 연구」, 『어문논집』 68, 민족어문학회

_____, 2015, 「대명률직해 교감의 방법과 기록방안」, 『한국어학』 68, 한국어학회

_____, 2015, 「花村美樹 선생의 대명률직해 교정에 대하여」, 『규장각』 46, 서울대학교 규장각한국학연구원

_____, 2016, 「조선에서 간행된 대명률 '향본'에 대하여」, 『구결학회 학술대회 발표논문집』, 구결학회

장경준·진윤정, 2014, 「『대명률직해』의 계통과 서지적 특징」, 『서지학연구』 58, 한국서
　　지학회

장경준·진윤정·허인영, 2013, 「『대명률직해』 이본의 계통과 정본 확정을 위한 기초
　　연구(1) : 고려대 도서관과 서울대 규장각 소장본을 중심으로」, 『구결학회 학술
　　대회 발표 논문집』, 구결학회

　　　　　　　　　　, 2013, 「『대명률직해』의 정본 확정을 위한 기초 연구(2) : 경북대,
　　계명대, 대구가톨릭대, 연세대, 충남대 도서관과 한국학중앙연구원 장서각, 그리
　　고 일본 소케문고(宗家文庫) 소장본을 중심으로」, 『어문학』 122, 한국어문학회

장동우, 2005, 「『속대전』 「예전」과 『대전통편』 「예전」에 반영된 17세기 전례 논쟁의
　　논점에 대한 고찰」, 『한국실학연구』 9, 한국실학학회

장병인, 1987, 「조선초기의 연좌율」, 『한국사론』 17, 서울대학교 국사학과

장윤희, 2003, 「『大明律直解』의 書誌學的 考察」, 『진단학보』 96, 진단학회

전성호, 2015, 「14세기 대명률직해초법과 전법 조항 재해석 : 전문 성립을 중심으로」,
　　『태동고전연구』 35, 한림대학교 태동고전연구소

전신용 편, 1980, 『한국의 법률 문화』, 시사영어사

전영섭, 2009, 「臨監自盜及受財枉法條를 통해 본 동아시아에서 高麗律의 위치 : 唐宋元의
　　刑律 체계와 관련하여」, 『지역과 역사』 25, 부경역사연구소

정긍식, 2001, 「대명률 해제」, 『대명률직해』, 서울대학교 규장각

　　　, 2001, 「대전회통의 편찬과 그 의의」, 『서울대학교 법학』 41-4, 서울대학교 법학
　　연구소

　　　, 2005, 「『續大典』의 위상에 대한 小考 : "奉祀 및 立後"조를 대상으로」, 『서울대학
　　교 법학』 46-1, 서울대학교 법학연구소

　　　, 2006, 「국가경영의 원대한 기획 경국대전」, 『한국의 고전을 읽는다』 4, 휴머니
　　스트

　　　, 2007, 「법서의 출판과 보급으로 본 조선 사회의 법적 성격」, 『서울대학교 법학』
　　48-4, 서울대학교 법학연구소

　　　, 2008, 「대명률의 죄형법정주의 원칙」, 『서울대학교 법학』 49-1, 서울대학교 법
　　학연구소

　　　, 2009, 「경국대전주해의 편찬과 그 의의」, 『역주 경국대전주해』, 한국법제연구원

　　　, 2009, 「朝鮮前期 中國法書의 受容과 活用」, 『서울대학교 법학』 50-4, 서울대학교
　　법학연구소

　　　, 2013, 「조선본 『律學解頤』에 대하여」, 『서울대학교 법학』 54-1, 서울대학교 법
　　학연구소

정긍식·조지만, 2003, 「조선전기『대명률』수용과 변용」『진단학보』96, 진단학회

정성식, 2013, 「『경국대전』의 성립배경과 체제」『동양문화연구』13, 영산대학교 동양문화연구원

정연식, 1993, 「조선후기 '역총'운영과 양역변통」, 서울대학교 국사학과 박사학위논문

정해은, 2010, 「조선후기 이혼의 실상과『대명률』의 적용」『역사와 현실』75, 한국역사연구회

정해은 외, 2010, 「총론 : 고려·조선시대 법운용의 실제와『대명률』」『역사와 현실』75, 한국역사연구회

정호훈, 2004, 「18세기 전반 탕평정치의 추진과『속대전』편찬」『한국사연구』127, 한국사연구회

_____, 2005, 「대원군집권기 대전회통의 편찬」『조선시대사학보』35, 조선시대사학회

조은정, 2014, 「영·정조대 공문서 위조의 실태와 정부의 대응」, 이화여자대학교 사학과 석사학위논문

조윤선, 1995, 「『속대전』형전「청리」조와 민의 법의식」『한국사연구』88, 한국사연구회

_____, 2003, 「17, 18세기 형조의 재원과 보민사 : 속전을 중심으로」『조선시대사학보』24, 조선시대사학회

_____, 2006, 「조선시대 赦免·疏決의 운영과 法制的·政治的 의의」『조선시대사학보』38, 조선시대사학회

_____, 2006, 「朝鮮後期 綱常犯罪의 양상과 法的 대응책」『법사학연구』34, 한국법사학회

_____, 2007, 「조선후기의 社會論理 綱常犯罪를 통해 본 社會相」『人文科學論集』35, 청주대학교 인문과학연구소

_____, 2009, 「숙종대 형조의 재판 업무와 합의제적 재판제도의 운영」『사총』68, 역사학연구회

_____, 2009, 「영조대 남형·혹형 폐지 과정의 실태와 흠휼책에 대한 평가」『조선시대사학보』48, 조선시대사학회

조지만, 2006, 「『經國大典』형전과『大明律』: 실체법 규정을 중심으로」『법사학연구』34, 한국법사학회

_____, 2007, 『조선시대의 형사법 :『대명률』과 국전』, 경인문화사

_____, 2009, 「『經國大典』의 편찬과 梁誠之」『법사학연구』39, 한국법사학회

_____, 2010, 「『受敎謄錄』에 관한 연구」『법학연구』51-1, 부산대학교 법학연구소

진희권, 2010, 「『경국대전』의 성격에 대한 일고찰」『법철학연구』13-2, 한국법철학회

차미희, 2001, 「『속대전』의 文科 시험 停擧 규정 검토」『사학연구』 64, 한국사학회

차인배, 2008, 「조선시대 포도청 연구」, 동국대학교 사학과 박사학위논문

최병운, 1978, 「朝鮮 太祖朝의 奴婢의 辨正에 관하여 : 太祖 6년 所定의 「奴婢合行事宜」를 中心으로」『전북사학』 2, 전북사학회

최연식·송경호, 2007, 「『경국대전』과 유교 국가 조선의 禮治 : 禮의 형식화 과정을 중심으로」『사회과학논집』 38-1, 연세대학교 사회과학연구소

최이돈, 2013, 「조선초기 특권 관품의 정비 과정」『조선시대사학보』 67, 조선시대사학회

최종택, 1993, 「여말선초 지방 품관의 성장 과정」『학림』 15, 연세대학교 사학연구회

한상권, 1994, 「자료 소개 : 조선시대 법전 편찬의 흐름과 각종 법률서의 성격」『역사와 현실』 13, 한국역사연구회

_____, 2007, 「세종대 治盜論과『대명률』: 竊盜三犯者 처벌을 둘러싼 논변을 중심으로」『역사와 현실』 65

한영국, 1998, 「대동법의 시행」『한국사』 30, 국사편찬위원회

한우근, 1956, 「申聞鼓의 설립과 그 실제적 효능에 대하여」『이병도박사화갑기념논총』, 일조각

한충희, 1994, 「관직과 관계」『한국사』 23, 국사편찬위원회

_____, 1994, 「정치 구조의 정비와 정치기구」『한국사』 23, 국사편찬위원회

한희숙, 1999, 「朝鮮 太宗·世宗代 白丁의 생활상과 도적 활동」『한국사학보』 6, 고려사학회

함재학, 2004, 「경국대전이 조선의 헌법인가」『법철학연구』 7-2, 한국법철학회

허흥식, 1981, 「김지의 선수집·주관육익과 그 가치」『규장각』 4, 서울대학교 규장각

홍순민, 1998, 「조선후기 법전 편찬의 추이와 정치 운영의 변동」『한국문화』 21, 서울대학교 한국문화연구소

_____, 1998, 「『속대전』 해제」『속대전』, 서울대학교 규장각

_____, 2007, 「조선후기 盜罪 贓罪의 구성과『대명률』」『역사와 현실』 65

內藤吉之助, 1937, 「經國大典の難産」『朝鮮社會法制史研究』(京城帝大法學會論集9), 岩波書店

末松保和, 1951, 「朝鮮經國大典再考」『和田博士還曆紀念東洋史論叢』, 講談社

田中俊光, 2008, 「朝鮮後記の刑事事件審理における問刑條例の援用について」『朝鮮史研究會論文集』 46, 朝鮮史研究會

中村榮孝, 1970, 「朝鮮 世祖の圜丘壇祭祀について」『朝鮮學報』 54, 朝鮮學會

淺見倫太郎, 1922, 「李朝時代の法制」『朝鮮法制史稿』, 巖松堂書店

平木實, 2000, 「朝鮮後期 圜丘壇 祭祀について-2」 『朝鮮學報』 176, 朝鮮學會

花村美樹, 1926, 「周官六翼の撰者と其の著者」 『京城帝大法學會論文集』 12-34合, 京城帝大
　　　法學會

花村美樹, 1932, 「經濟六典について」 『法學論纂』 1-5, 京城帝大法學會, 1932

Hahm, Chaihark, 2000, *Confucian Constitutionalism*, doctoral thesis, Harvard University

한국 근대 지주제 연구의 성과와 과제

이윤갑*

I. 머리말

개항에서 일제 강점기에 이르는 시기 한국의 농업은 격심한 변동을 겪었다. 이 기간에 한국사회는 외세의 침략이 확대되는 상황에서 자주적 근대개혁을 둘러싼 격렬한 내부갈등을 겪었고, 그 노력이 일제의 침략으로 좌절되면서 결국 식민지로 전락하였다. 계급적·민족적 이해의 직접적 대결장이었던 농업과 농촌사회는 이러한 변동에 영향을 받아 격심하게 요동치며 근본적으로 변화하였다.

이 시기 농업변동을 파악하는 데 가장 주목할 연구주제는 지주제였다. 개항에서 한말과 일제 강점기 모두에서 지주제는 농업에서 지배적인 생산관계였다. 그러나 두 시기의 지주제가 비록 생산관계의 외형에서는 유사하였으나 농업 내부에서나 경제체제 전반에서의 역할과 성격 및 그 발전방향에서는 큰 차이를 보였다. 앞 시기의 지주제가 근대사회로의 이행기의

---

* 계명대학교 사학과 교수

봉건적 지주제를 대표하는 것이라면 일제 강점기의 지주제는 자본주의 내지 독점자본주의 사회에서 기업가적 영리타산에 의해 경영되는 식민지 지주제였다.

그러했던 까닭에 개항 이후 한말까지의 지주제는 근대변혁운동에서 가장 중심이 되는 개혁대상이었다. 이 시기의 근대변혁운동은 경제적으로 보면 지주제를 기반으로 근대산업자본을 육성할 것인가 아니면 토지개혁을 기반으로 근대화를 추진할 것인가를 놓고 격렬한 사회적 갈등과 대결이 펼쳐졌다. 전자를 대표하는 변혁운동이 갑신정변·갑오개혁·광무개혁이었다면, 후자를 대표하는 변혁운동이 동학농민전쟁과 영학당·활빈당운동이었다. 이에 비해 일제 강점기 지주제는 민족혁명운동에서 가장 중요한 개혁대상이었다. 이 시기 지주제는 일본 제국주의가 조선농업과 농촌사회를 지배하고 수탈하는 핵심 기제였다. 그리하여 조선 농업에 대한 일제의 지배과정은 지주제의 확대과정에 다름 아니었다. 그러했던 까닭에 민족해방운동은 식민지 지주제를 혁파하는 토지개혁을 민족자립경제 건설의 출발점으로 설정하였다.

이 연구에서는 개항 이후 대한제국시기와 일제강점기에 지주제의 성격과 그 변동을 해명하는데 초점을 맞추어 그 간의 연구 성과들을 정리하고 앞으로의 과제를 조망하였다. 논의의 순서는 먼저 18·19세기에 조성된 조선사회의 농업모순에서 기원해 개항 후 근대화 운동의 두 흐름이 대립적으로 경합하고, 거기에 식민지화를 노린 외세의 침략이 개입해 자주적 근대화를 왜곡, 좌절시켜 가는 과정에서 몇 차례의 양적·질적인 변화를 겪게 된 한말의 지주제도를 검토하였다. 이러한 변화를 해명하기 위해 조선 말 근대변혁을 주도한 두 흐름의 근대화 운동이 토지소유제도와 지주 소작관계를 어떠한 방식으로 처리하고자 했는가를 살피고, 나아가 개화파가 주도한 갑오·광무개혁에서 지주적 토지소유가 근대적 토지소유권으로 확

립되는 과정을 검토한다.[1]

　다음으로 일제의 침략과 농업식민책, 그에 따른 토지침탈이 자주적 근대화 운동을 좌절시키는 과정을 검토하고, 갑오개혁 이후 확대되던 지주제가 일본 제국주의의 하위체계의 일부였던 식민지 지주제로 편입되는 과정을 검토한다. 아울러 그 과정에서 봉건적 병작제에 의해 운영되던 지주제가 근대적인 소작제 내지 기생지주제로 전환되는 변화에 대해서도 검토한다. 다음으로 산미증식계획과 침략전쟁동원정책에 의해 지주제가 더욱 확대 발달하고 농장형 지주제로 그 성격이 재편되는 과정을 살피고, 이와 연계해 식민지 지주제의 역사적 성격을 둘러싼 논쟁을 검토하였고, 이를 토대로 향후 연구과제에 대해 정리하였다.

II. 한말 근대변혁운동과 지주제

1. 1894년의 동학농민전쟁과 '평균분작(平均分作)'론

　한말의 농업변동은 개항 이전의 조선사회에서 발생한 농업문제에서 기원하는 것이었다. 조선후기 농촌사회에서는 농업생산력의 발전과 상품유통 경제의 발달로 말미암아 광범하게 농민층 분화가 일어났고, 동시에 다른 한편에서 토지겸병이 확대되는 등 지주제가 확대되었다. 이러한 변화는 동시에 다수의 농민층을 몰락시켰고, 사회적으로는 신분제를 동요시켰다. 이로 말미암아 신분제적 차별원리에 의거해 운영되던 봉건적 부세체제는 '삼정문란'이라는 구조적 위기에 빠지게 되었다. 지주제의 확대, 농민층 분화,

---

1) 한말 농업변동과 지주제의 확대에 대해서는 "이윤갑, 2013, 『일제강점기 조선총독부의 소작정책 연구』, 지식산업사, 제1장"을 참조.

삼정문란 등이 사회적 대립과 갈등을 격화시키자 이 문제들을 해결하기 위한 논의가 18세기 후반 이래로 혁신 관료층과 농촌 지식인들 사이에서 활발히 이루어졌다. 그 과정에서 정전론·균전론·한전론 등을 위시해 현실성 있는 구체적 개혁안이 다양하게 제시되었으나, 보수적 지배층은 이를 외면하고 19세기 중반에 이르도록 고식책 내지 미봉책으로 현상유지에만 급급하였다. 그로 말미암아 결국 1862년 전국 70여개 군현에서 농민항쟁이 폭발하기에 이르렀다.

1862년의 농민항쟁을 통해 드러난 조선왕조 최말기의 농업문제는 다음과 같이 정리될 수 있었다.[2] 첫째는 신분제의 차별적 원리와 총액제 방식에 의거해 운영되던 봉건적 부세체계를 개혁하는 문제였다. 봉건적 부세체제는 상품경제가 발전하고 농민층 분화가 광범하게 진행되고 신분제가 동요하는 농촌현실과 구조적으로 모순을 일으키면서 농민항쟁의 직접적 원인으로 전화되었다. 봉건적 부세체제의 모순은 소·빈농층의 생존을 치명적으로 위협하면서 점차 농촌을 공동화시켜 갔다. 뿐만 아니라 농업에서 상품생산을 주도하였던 부농경영이나 지주경영에 대해서도 중대한 장애로 전화하고 있었다. 소·빈농층의 동요와 공동화는 지주경영이나 부농경영의 존립기반을 위협하였고, 도결제에 의한 권력형 수탈의 증대는 이른바 '대민'이라 할 지주층마저 농민봉기에 가담하게 하는 원인이 되었다. 호남이나 영남의 재촌양반의 지주경영 사례를 분석하면 지주경영의 위기는 자연재해가 대규모로 발생한 1820·1830년대부터 시작되어 삼정문란이 극심해지는 19세기 후반에 최고조에 이르렀다.[3]

---

2) 金容燮, 1974, 「甲申·甲午改革期 開化派의 農業論」『東方學志』 15, 연세대학교 국학연구원; 1992, 「朝鮮王朝 最末期의 農民運動과 그 指向」『韓國近現代農業史研究』, 一潮閣

3) 鄭勝振, 1998, 「19-20세기 전반 農民經營의 變動樣相」『經濟史學』 25, 경제사학회; 李榮薰, 1999, 「湖南 古文書에 나타난 長期趨勢와 中期波動」『호남지방 고문서 기초연구』, 한국정신문화연구원; 金建泰, 1999, 「1743-1927년 全羅道 靈巖 南平文氏 門中의 農業經營」

둘째는 극심한 토지겸병과 심화되고 있던 지주제의 모순을 해결하는 것이었다. 농민항쟁에서는 비록 지주제의 개혁이 직접적으로 제기되지는 않았지만 소·빈농층이 지주 및 부호가를 공격하는 현상이 여러 지역에서 나타났다. 그것은 유통경제의 발달을 배경으로 한 지주제의 성장이 삼정문란과도 연관되면서 이미 심각한 농업문제로 발전하였음을 반영하는 것이었다. 17세기이래 지주제는 이미 지배적인 생산관계로 자리잡을 만큼 확대, 발전해 왔고, 그에 따라 지주층의 지대 및 고리대 수탈이 강화되고 지주층이 부담할 전세가 전작농민층이나 소·빈농층에게 전가되는 모순이 확대되었다. 이것이 소·빈농층의 몰락을 촉진하였고 따라서 삼정문란을 심화시키는 보다 근본적인 원인이 되었던 바, 그에 대한 저항이 임술항쟁에서는 '소민'이 '요호부민'을 공격하는 형태로 표출되었던 것이다. 소작농이 주류를 이루는 소·빈농층의 저항은 임술항쟁 이후 신분제적 질서가 크게 동요하면서 더욱 격화되어 19세기 후반 지주경영의 위기를 초래하는 중요한 요인이 되었다.

셋째는 부농층의 성장에 따른 부농층과 빈농층 사이의 대립이었다. 요호부민(饒戶富民)으로 불렸던 부농층은 농업경영에서 빈농층과 대립했을 뿐 아니라 고리대와 연계된 고용노동 착취와 부세 배분 문제에서도 빈농층과 대립관계에 있었다. 그로 말미암아 1862년의 농민항쟁에서는 부농층 또한 소·빈농층의 공격대상이 되었다. 다만 아직은 부농의 성장이 지주제의 확대만큼 농민몰락에 큰 영향을 미치지 못했기 때문에 빈농층과의 대립관계가 전면에 부각되지 못했을 뿐이었다.

이와 같은 농업문제들은 이미 18세기 후반부터 실학자나 농촌지식인들에 의해 제기되어 왔고 그 해결방안들도 여러 차례 제시된 바 있었다. 그

『大同文化硏究』 35, 성균관대학교 대동문화연구원; 朴基炷, 2001, 「19·20세기초 在村兩班 地主經營의 動向」 『맛질의 농민들』, 一潮閣

러나 봉건정부는 이를 개혁정책으로 채택하지 않고 미봉책으로 일관하다
가 결국 무려 70여 개 군에서 농민항쟁이 일어나는 위기를 맞게 된 것이
다. 이에 정부는 황급히 삼정이정청(三政釐整廳)을 설치하고 민심을 진정시
킬 삼정이정책(三政釐整策)을 마련하게 되었고, 그것이 부분 양전(量田)과 은
결 적발을 위한 사진(査陳), 양반층에게도 호포전(戶布錢)을 징수하는 차등적
호포법(戶布法)의 도입, 허유환곡(虛留還穀)의 탕감 및 보전과 부분적인 사창
법(社倉法) 시행 등을 주내용으로 하는 대원군의 내정 개혁으로 구체화되었
다.4)

    그러나 대원군의 내정개혁은 애초 부세제도에 한정해 개혁을 시도한 것
이었고, 그나마도 전면적인 것이 되지 못했고 철저히 실행되기도 어려웠다.
대원군의 부세제도개혁은 1862년의 농민항쟁에서 제기된 요구를 상당 부
분 수용하였으나 기본적으로 신분제적인 부세제도의 틀을 유지하려 하였
던 점에서 삼정의 모순을 근본적으로 해결하기는 어려웠다. 더구나 그 개
혁은 강위(姜瑋)를 비롯한 여러 논자가 제기한 바 있는 삼정문제와 불가분
하게 얽혀 있던 지주제의 문제, 부농경영의 문제 등 보다 근원적인 농업문
제를 아예 배제하고 있었다. 그로 말미암아 개항 이후 통상무역이 시작되
고 농산물의 상품화가 확대되면서 농촌사회 내부의 갈등과 대립은 다시
고조되어 갔다.

    사태가 이와 같이 전개되자 부세제도의 모순을 그 근원이 되는 토지소
유문제 즉 토지겸병과 지주제의 개혁과 결부시켜 해결해야 한다는 주장들
이 소·빈농층을 옹호하는 식자층들에 의해 강력하게 제기되었다. 이들은
농민경제를 안정시키고 농촌사회를 진정시킬 방법으로 전통적인 토지개혁
론인 정전론(井田論)·균전론(均田論)·한전론(限田論) 등의 실시를 강력히 요

---

4) 金容燮, 1974, 앞 논문; 1984, 「朝鮮後期의 賦稅制度 釐整策」『韓國近代農業史硏究(增補版
    上)』, 一潮閣

구하거나 토지소유에는 제약을 가하지 않고 지대만을 법적으로 경감하는 감조론(減租論)을 제안하기도 하였다. 비록 소수이긴 하지만 이들 가운데는 독립자영농·자립적 소농경제에 기초한 근대사회의 형성을 전망하면서 토지개혁을 주장하는 자도 있었다.[5]

그러나 정부 내의 보수 세력은 물론이고 개화파들도 이러한 토지개혁론을 거부하였다. 지배층은 부세제도에 대한 부분적 개선만으로 문제를 해결하려 했으며 지주제를 옹호하는 입장을 견지하였다. 1880년대 말부터 일본과의 곡물무역이 확대되자 농업문제를 둘러싼 사회적 대립과 갈등이 더욱 첨예해졌고 도처에서 다시 농민항쟁이 발생하였다. 그러한 가운데 1860년 최제우에 의해 창도된 동학은 1880년대로 접어들면서 경전을 간행하고 전국적으로 교단조직을 확대하는 등 농촌사회 내에서 급속히 교세를 확대해갔다. 동학이 농촌사회 내에 광범하게 뿌리를 내리게 되자 동학의 조직력에 의거해 부세문제를 해결하고 사회개혁을 시도하려는 혁신세력들이 출현하였다. 이들은 1893년 삼례취회에서 시작해 보은·금구취회로 이어지는 교조신원운동을 통해 동학조직에 의거해 농민 스스로가 봉건정부를 대신할 권력을 형성하고 이를 통해 농업개혁과 사회·국가개혁을 추진할 농민혁명의 가능성을 모색하였다. 그 연장선상에서 1894년 봄 전봉준을 중심으로 한 동학의 '남접'세력은 농민전쟁을 일으켰다.

1894년의 농민전쟁에서 농민군들은, 특히 그 주력을 이루었던 남접 소속의 지도부는 자신들이 무장봉기로 쟁취한 권력을 기반으로 소·빈농층의 경제적 안정과 성장이 보장되는 농업개혁을 추진하려 하였다. 농민군은 봉기 당시 폐정의 개혁을 기치로 내걸었지만 구체적인 개혁 강령을 마련하지는 못했다. 농민군 지도부가 농업문제와 관련한 개혁안을 구체적으로

마련하게 되는 것은 전주화약을 체결한 이후였다. 전주화약 체결 당시 농민군이 제시한 개혁안은 각 지역의 농민들이 내놓은 개혁요구들을 나열적으로 망라한 것에 불과했고, 그 내용은 당시의 농업문제 전반에 대한 개혁안이라기보다 부세제도의 개혁과 개항에 따른 외세의 침략 및 그와 연계된 농민수탈을 금지할 것을 요구하는 수준에 머물렀다. 그러나 이후 전라도 일대를 중심으로 집강소를 설치하고 지역사회 운영의 주도권을 장악하는 시점에 이르자 농민군 지도부는 앞서의 폐정개혁안을 기초로 보다 체계적인 개혁안을 마련해 갔다. 오지영(吳知泳)의 『東學史』 초고본에 제시되어 있는 폐정개혁안이 그것이었다.

농민군이 정부에 요구한 폐정개혁안과 오지영(吳知泳)의 『東學史』의 폐정개혁안을 중심으로 농민군의 농업개혁안을 정리해 보면 먼저 부세제도의 개혁에서는 신분제의 혁파를 추구한 것과 연계해 신분 차별적인 부세제도를 폐지하고 균부균세(均賦均稅)가 실현되는 부세체계의 수립을 지향하였다. 또한 도결을 포함해 모든 부가세를 폐지하고, 중앙관서나 지방관의 불법적인 권력형 수탈행위 일체를 엄금하였으며, 법정 세액 징수를 엄수할 것을 요구하였다. 아울러 소・빈농층에게 가장 가혹한 고통이었던 환곡과 지주 및 부농층의 각종 고리채에 대해서도 모든 채무를 무효화하고 혁파하는 조치를 취했다.[6]

토지소유문제에서는 '평균분작(平均分作)'의 원리에 의거해 지주제도를 개혁하려 하였다. 집강소의 개혁요강에는 "횡포한 부호배를 엄징할 사", "토지는 평균분작(平均分作)으로 할 사"[7]라는 조항이 있었다. 실제 농민군은 전쟁기간 내내 도처에서 지주의 도조나 전재(錢財), 전답문서를 몰수하는 방

---

6) 韓㳓劤, 1971, 『東學亂 起因에 관한 硏究-그 社會的 背景과 三政의 紊亂을 중심으로-』, 서울대 한국문화연구소

7) 吳知泳, 1975, 『東學史』, 민학사, 126쪽

식으로 지주제를 공격하였다.[8] 그로 말미암아 농민전쟁을 진압한 후에 중
앙 정부는 "서울과 지방인의 지주소유 전답을 물론하고 마름 및 소작인배
가 이번 소요를 자탁(籍托)하여 지주에게 소작료를 납부하지 않은 자"와
"이미 징수한 소작료를 동학농민군들에게 빼앗긴 자"를 별도로 조사하라
는 지시를 내렸다.[9] 농민군들은 지주제를 혁파하고 이를 '경자유전(耕者有
田)'의 정신에 따라 농민들에게 '평균분작(平均分作)'시키는 개혁을 추구하려
하였다.

　이러한 개혁은 농업경영문제와 연관해 추구되고 있었다. 『동학사』 초고
본에는 집강소 폐정개혁 요강으로 "토지는 평균분작으로 할 사"와 "농군의
두레법은 장려할 사"가 나란히 실려 있다.[10] 이 두 조항은 농민군의 농업
개혁방안이 한편으로는 지주제로부터, 동시에 다른 한편으로는 부농경영의
압박으로부터 소농경영을 해방시키고 안정시키려 했음을 보여준다. 당시
농업현실에서는 지주제를 혁파하고 "경자유전"을 실현하는 것만으로 소·
빈농층의 경제적 안정이나 해방을 달성할 수 없었다. 부농층의 경영확대와
경우(耕牛)나 여유자금을 이용한 고리대 착취가 소·빈농층의 몰락을 촉진
하는 또 다른 요인으로 되었기 때문이다. 따라서 농민군이 목표하는 농민
해방 즉 소농경영의 안정적 발전을 달성하기 위해서는 "경자유전"과 부농
경영 특히 광작경영의 해체가 동시적으로 달성되는 개혁이 요구되었다. 그
런 까닭에 집강소의 개혁요강은 토지개혁을 실학자들이 즐겨쓴 "경자유전
(耕者有田)"으로 표현하지 않고 굳이 "평균분작(平均分作)"으로 표현하였던 것

---

8) 愼鏞廈, 1985, 「甲午農民戰爭 시기의 農民執綱所의 활동」 『한국문화』 6, 서울대학교 한국
　　문화연구소; 1987, 「甲午農民戰爭과 두레와 執綱所의 폐정개혁」 『사회와 역사』 8, 한국
　　사회사학회; 이윤갑, 1991, 「개항~1894년의 농민적 상품생산의 발전과 갑오농민전쟁-경
　　북지방의 농업변동을 중심으로」 『계명사학』 2, 계명사학회; 김용섭, 1992, 앞 논문

9) 「京畿 三南 關東 關文」 『關草存案』 甲午(1894) 10月 初 8日

10) 愼鏞廈, 1987, 앞 논문

이다. "농군의 두레법은 장려할 사"라는 조항도 이러한 소·빈농층의 경제
적 현실을 반영하는 것이었다. 소농경영의 안정을 위해서는 우선 토지문제
가 해결되어야 하지만 그에 더해 농경에 필수적인 경우(耕牛)나 농기구 및
노동력 문제도 같이 처리해야 한다. 그 중에서 특히 중요한 것이 경우(耕牛)
였는데 이를 지주나 부농층으로부터 몰수한다고 하여도 그 수가 제한되어
있어 경지처럼 개별농가에 분배하기가 불가능하였다. 이 문제를 해결하기
위한 방안으로 도입된 것이 두레법이었다.

이와 같은 농민군의 농업문제 해결방향은 자립적 소농경제의 자유로운
발전에 기초해 농업근대화를 지향하는 것이었다.[11]

2. 갑오·광무개혁과 지주제 확대

개항 후 조선사회에서는 농민운동과는 성격을 달리하는 또 하나의 근
대화 운동이 발전하였다. 대원군의 개혁은 봉건적인 조선왕조체제 내에서
농업문제와 사회문제를 해결하려는 것이었다. 그런 까닭에 개항이 이루어
지면서 대두된 사회개혁, 근대국가수립이라는 시대적 과제를 해결하기에
는 근본적인 한계가 있었다. 이에 비판적이었던 개화파 관료세력은 개항
을 계기로 민족적 위기가 고조되자 정부·지배층의 입장에서 근대국가수
립을 전제한 사회개혁, 재정개혁, 농업개혁을 추진하는 근대화 운동을 전
개하였다.

개화파는 개항을 전후한 시기에 박규수, 유대치 등의 지도하에 청년 관

---

11) 金容燮, 1968, 「光武年間의 量田 地契事業」『亞細亞研究』 31, 고려대학교 아세아문제연
구소; 1972, 「18·19세기의 農業實情과 새로운 農業經營論」『大同文化研究』 9, 성균관
대학교 대동문화연구원; 1984, 「韓末 高宗朝의 土地改革論」『東方學志』 41, 연세대학교
국학연구원; 1988, 「近代化過程에서의 農業改革의 두 方向」『한국자본주의성격논쟁』,
대왕사

료들을 중심으로 형성되었다. 이들은 세계정세의 변화와 동아시아에 대한 서구의 침략 및 그에 대한 일본과 중국의 대응을 주시하면서 조선의 자주적인 근대화 방안을 다방면으로 강구하고 보수적 지배층과 대립하면서 이를 실천에 옮기고자 노력하였다.

개화파의 근대화 구상이 체계적으로 모습을 드러낸 것은 갑신정변(1884)을 전후해서였다. 이들의 구상은 정변 당시의 개화파 정권의 정강을 담은 김옥균의 『갑신일록(甲申日錄)』과 망명지 일본에서 쓴 박영효의 상소문 등에 잘 나타났다.[12]

먼저 부세제도의 개혁에 대해서는 갑신정변의 정강에서 "전국에 걸쳐 지조법(地租法)을 개혁하여 관리들의 협잡을 방지하고 인민들의 부담을 덜어 그 곤란을 제거하며 동시에 국가재정을 유족케 할 것"과 "각 도의 환자(還上)제도를 영영 폐지할 것"을 주장하였다. 이러한 개혁은 문벌을 폐지하고 인민의 평등한 권리를 제정하여 사람들을 재능에 따라 등용한다는 사회개혁·신분제 개혁과 맥락을 같이 하는 것이었고, 신분제적 원리에 입각해 운영되던 봉건적 부세체계를 전면적으로 부정하는 것이었다.

다음으로 토지소유관계에 대해서는, 갑신정변의 정강이나 박영효의 상소문에는 특별한 언급이 없지만, 구래의 토지소유관계와 지주제를 그대로 유지하려 하였다. 개화파 형성에 지대한 역할을 하였던 박규수는 비록 연암 박지원의 직계손자였지만 토지재분배론에 대해서는 회의적인 입장을 취했다. 그의 지도와 권유를 받고 일본이나 서구의 문물을 접했던 개화파들은 일본의 명치유신을 표본으로 삼아 근대화를 달성하고자 하였던 까닭에 근대화를 위한 경제적·사회적 기반을 지주제와 지주층에서 찾았다. 그

---

12) 김영숙, 1964, 「개화파 정강에 대하여」 『김옥균』, 사회과학원 역사연구소; 姜在彦, 1970, 「開化思想·開化派·甲申政變」 『朝鮮近代史研究』, 日本評論社; 金容燮, 1974, 「甲申·甲午改革期 開化派의 農業論」 『東方學志』 15, 연세대학교 국학연구원; 愼鏞廈, 1985, 「金玉均의 開化思想」 『東方學志』 46·47·48, 연세대학교 국학연구원

들은 지주제를 서구 근대의 사유재산권 보호론을 내세워 적극 옹호하였고,
그 소유권을 근대적 소유권으로 보호하고자 하였다. 또한 지주제가 안정적
으로 발전할 수 있는 세제개혁을 모색했고, 지세를 소작농민에게 반분시키
는 규정을 법제화하기도 하였다. 지주제를 둘러싼 계급적 갈등과 대립에
대해서는 상업적 지주경영의 발전을 전제로 지대율을 일정하게 경감하는
방안을 제시하기도 하였다.

이와 연계해 농업경영문제에 있어서도 개화파는 지주제를 축으로 상업
적 농업을 발전시키는 방향으로 농업진흥방안을 마련하고 있었다. 이들은
농업을 진흥시키기 위해 농지개발과 농업기술의 개량이 필요하다고 보았
다. 농지개발과 관련해서는 정부가 개발자금을 대여하는 방안과 영리를 목
적으로 하는 농상회사의 설립 방안을 제시하였고, 농업기술 개량과 관련해
서는 서구농학을 도입해 농업기술을 개량하는 방안을 제시하였다. 개화파
의 이러한 농업진흥방안에서 특히 핵심이 되었던 것은 농지개발회사 혹은
'농상회사(農桑會社)'였다. 이 회사는 양반지주층이 중심이 되고 평민·천민
중의 지주 및 부농층이 출자자로 참여하는 것으로 그 경영방식은 영리를
목적으로 회사가 토지소유권자로서 농지를 개간하고 그것을 지주제 내지
농장지주제로 운영하거나 아니면 자본가로서 차지경영을 하는 것이었다.[13]

요컨대 갑신정변을 주도한 개화파의 농업문제 해결 방안은 국가와 사회
의 근대화·자본주의화를 전제로 구래의 지주적 토지소유를 근대적 소유
권으로 법인하고 이를 주축으로 자본가적인 지주제, 자본주의경제체제를
수립하는 것이었으며, 당시의 농민항쟁과도 관련해 이러한 지주경영의 발
전에 장애가 되는 부세제도를 전면적으로 개혁하는 것이었다.

개화파는 이러한 구상을 실현시키기 위해 갑신정변을 일으켰지만, 그 정

---

13) 金容燮, 1974, 앞 논문

변은 주체세력의 미비와 외세의 개입으로 실패하고 말았다. 그 과정에서 정변의 주체들이 피살되거나 외국으로 망명하였고, 또한 정변의 후유증으로 이후 관련 개화파들에 대한 탄압이 심해졌다. 그로 말미암아 개화파의 근대화운동은 갑오개혁에 이르기까지 이면으로 잠복할 수밖에 없었다.

갑오개혁은 동학농민전쟁의 와중에서 갑오내각이 구성되면서 시작되었다. 갑오내각은 고종이 농민전쟁진압을 위해 청군 파병을 요청하자 이를 구실로 조선에 군대를 출병시킨 일본이 조선을 식민지로 강점하기 위해 쿠데타를 일으키고 갑신정변 주동자 위주로 각료를 구성하면서 출범하였다. 갑오내각은 비록 일본군대의 힘을 업고 등장하였지만 개화파의 오랜 구상이었던 지주제를 기반으로 하는 근대화정책들을 입안하고 실행하려 하였다. 그것은 지주제의 성장을 가로막는 부세제도와 토지소유권제도를 개혁하고, 다른 한편 지주경영을 근대화하고 지주자본을 산업자본으로 전환하도록 유도하는 재정, 금융, 산업정책을 실시하여 위로부터 조속히 근대화를 추진하는 것이었다.

갑오개혁은 농민전쟁이 진행되는 와중에서 시작되었다. 그런 까닭에 가장 시급한 것은 농민전쟁에서 제기된 사회경제적 요구를 개혁정책으로 수렴해 농민들의 저항을 무마하는 것이었다. 갑오내각의 추진기구였던 군국기무처는 농민군들이 전주화약 전에 '원정' 형식으로 제시했던 폐정개혁요구들을 검토하면서 나름의 대책을 마련하였다. 농업문제와 관련해 살피면 갑오개혁은 먼저 봉건적인 부세체계를 전면적으로 개혁하였다. 대표적인 신분제적 부세였던 군포는 갑오개혁의 신분제 폐지와 병행해 신분에 차별 없이 모두에게 부과되는 호포세(戶稅)·호포로 개혁되었다. 군역은 대원군의 호포제 실시로 비록 차등은 있었으나 양반층에게도 호포전을 징수하는 것으로 제도화되었는데 여기에 이르러 마침내 완전히 근대적 조세제도로 전환하게 된 것이다. 다음으로 갑오개혁은 그 이식(利殖)을 국가의 재정원으로 삼아 '취모보용(取耗補用)하였던 환곡을 완전히 혁파하였다. 이러한 개혁을 통해 삼정제도는 마침내 혁파되었으며 재산세와 소득세를 근간으로 운영되는 근대적 조세체계가 수립되었다.[14]

동시에 이러한 조세체계의 개혁과 함께 재정기구 개혁도 추진되었다. 군국기무처는 종래의 복잡한 재정기구를 탁지아문(度支衙門)으로 단일화시켜 징세업무를 정비하고 징세과정상의 부정과 비리를 척결하고자 했으며, 정부 재정과 왕실 재정을 분리시켰다. 또한 현물징수로 말미암은 불편과 비리를 개혁하기 위해 전면적인 조세 금납화를 실시하였다. 이러한 재정개혁으로 삼정의 모순은 근본적으로 개혁될 전기를 얻었고, 지주층 또한 도결제의 피해로부터 벗어날 수 있게 되었다.

그러나 이러한 개혁이 내실을 갖기 위해서는 전국적인 양전(量田)사업이 필수적이었다. 삼정문란은 신분제적 부세체제에도 원인이 있었지만 전세 불균(不均)에 기인한 것도 결코 적지 않았기 때문이다. 특히 19세기 들어 부세의 결렴화가 확대되고, 전체 재정에서 전세의 비중이 높아질수록 전세 불균은 심각한 사회적 모순이 되었다. 갑오내각 또한 재정개혁으로 전세의 비중이 역대 최고수준에 이르자 전세 불균 문제를 해결하기 위해 적극적으로 나서게 되었던 것으로 이는 양전사업의 입안으로 구체화되었다.

양전사업은 비단 전세 불균을 해소하기 위해서만 필요한 것은 아니었다. 개화파들은 지주자본에 의거한 위로부터의 근대화 방안을 추진하고 있었다. 그러나 1862년의 농민항쟁 이래 소·빈농층의 반봉건투쟁이 확대되면서 봉건적인 지배체제뿐만 아니라 지주적 토지소유 또한 약화되었다. 지주제에 대한 공격은 앞서 보았듯이 1894년의 동학농민전쟁에서 절정에 이르렀다. 이로 말미암아 지주제는 1880년대부터 1890년대 중반까지 많은 지역

---

14) 金容燮, 1984, 「朝鮮後期의 賦稅制度 釐整策」 『韓國近代農業史研究(增補版 上)』, 一潮閣

에서 U자형으로 침체 내지 쇠퇴하는 양상을 보였다. 그런 까닭에 지주층과 지주자본에 의거한 근대화를 추진하기 위해서는 지주적 토지소유와 지주경영을 국가적 차원에서 보호하고 육성할 필요가 있었다. 지주적 토지소유를 근대적 소유권을 법인하고 보장하려는 것은 개화파의 오랜 구상이었던 바 갑오내각은 부세제도를 개혁하는 차제에 이를 실현하려 하였다. 1894년 12월 갑오내각의 핵심세력이었던 김홍집(金弘集)·박영효(朴泳孝)·어윤중(魚允中) 등은 전국적인 양전사업의 시행을 국왕에게 요청하였고, 그 이듬해 2월 내무아문은 8도에 12명의 시찰위원을 임명하고 양전을 위한 기초조사에 착수하였다.[15]

그러나 갑오내각의 재정 개혁과 양전사업은 일본이 일으킨 을미사변과 그로 인한 전국적인 의병의 봉기로 말미암아 미완의 상태로 중단되고 말았다. 갑오내각이 붕괴한 후 다시 지배층 주도로 근대개혁을 추구하게 되는 것은 광무정권(光武政權)이 출범하면서부터였다. 광무정권은 갑오개혁의 주요 정책들을 계승하면서도 갑오내각이 외세(外勢)에 의존해 모방적으로 근대개혁을 달성하려다 실패한 것을 교훈 삼아 이른바 '구본신참(舊本新參)'의 자주적 개혁을 추구하였다. '구본신참(舊本新參)'이란 구법(舊法)과 구제(舊制)를 무리하게 폐기하여 폐단을 일으키기보다 조선의 현실을 숙고하여 구법(舊法)을 중심으로 신법(新法)을 참작하는 신·구법 절충의 주체적이고 점진적인 개혁을 의미했다.[16]

광무정권은 갑오개혁의 조세제도 개혁을 대체로 계승하면서 세제개혁의 핵심사업인 양전·지계사업을 전국적으로 실시하였다.[17] 광무양전사업(光

---

15) 왕현종, 1997, 「19세기 후반 地稅制度 改革論과 甲午改革」『韓國 近現代의 民族問題와 新國家建設』, 知識産業社

16) 金容燮, 1968, 「光武年間의 量田·地契事業」『亞細亞研究』 31, 고려대학교 아세아문제연구소

17) 金容燮, 1968, 앞 논문; 김홍식 외, 1990, 『대한제국기의 토지제도』, 민음사; 한국역사연

武量田事業)은 양지아문(量地衙門)이 담당하였다. 양지아문은 1899년 여름부터 본격적인 토지측량에 들어갔다. 양전은 '구본신참'의 원칙에 따라 종전의 결부법(結負法)과 전품육등제(田品六等制)에 따라 실시하되 근대적인 서양의 측량기술을 도입함으로써 양전 과정에서 발생하는 폐단을 최소화하는 방식으로 진행되었다. 양전은 전국의 토지를 대상으로 순차적으로 진행되었는데 1901년의 흉년으로 잠시 중단되기도 했지만 1904년까지 계속되었고, 그 시행규모는 전국의 3분의 2에 달하는 총 218개 군에 달했다.

한편, 양전사업이 궤도에 오르자 광무정권은 1901년 11월에 지계아문(地契衙門)을 설치하고 토지소유권 증서라 할 지계(地契) 발행에 착수하였다. 지계의 발급은 양전사업과 불가분의 관계에 있었기 때문에 1902년 3월 양지아문은 지계아문에 통합되었고, 이후 1904년 4월까지 지계아문이 양전사업을 수행하면서 지계를 발급하였다. 지계의 발급은 양전사업과는 성격이 달랐다. 양전의 목적이 수세원 조사와 확충에 있다면, 지계발급은 국가가 토지소유권자를 확정하고 그 권리를 법인(法認)하는 사업이었다. 지계아문은 전답(田畓)·산림(山林)·가대(家垈) 등 전국의 모든 토지를 대상으로, 그 소유자가 구권을 지계아문에 납부하고 새로이 관계(官契)를 발급 받도록 하였다.

이러한 양전 및 지계 발급 사업을 통해 광무정권은 전국적으로 토지의 정확한 실상을 파악하고 은결을 적발하여 세원(稅源)을 확충하고 지세 불균(不均) 문제를 개혁하고자 하였고, 동시에 농민전쟁으로 동요했던 지주적 토지소유를 근대적 소유권으로 확고히 법인하고자 하였다. 이로써 구래의 지주제는 근대적인 기생 지주제로 발전할 수 있는 법제적 기반을 확립하게 된 것이었다.

___

구회 근대사분과 토지대장연구반, 1995, 『대한제국의 토지조사사업』, 민음사

이와 관련해 광무정권의 지계발급 사업이 외국인의 토지침탈을 방지하
고자 한 점도 주목된다. 당시 일본인을 비롯해 많은 외국인들이 한성부를
비롯하여 전라·경상도 등지의 개항장 주변에서 가옥이나 토지를 사들이
고 있었다. 이렇게 침탈된 토지는 침략의 주요 거점이 되었다. 이에 맞서
광무정권은 지계발급사업에 착수하면서 확대되고 있던 불법적인 외국인의
토지침탈을 저지하는 특단의 조치를 내렸다. 지계발급을 위해 1901년 10월
20일 칙령 21호로 제정된 '지계아문직원 및 처무규정(地契衙門職員及處務規
程)'을 통해 외국인이 개항장 이외의 지역에서 토지를 소유하는 것을 금지
하는 조항을 명문화하였던 것이다.

요컨대 1894년의 동학농민전쟁이 진압된 뒤 단행된 갑오내각 및 광무정
권의 재정개혁 및 양전·지계사업은 농민적인 근대화 운동과의 오랜 각축
을 최종적으로 마무리하면서 위로부터의 근대화를 추진하는 데에 필요한
물적, 제도적 기반을 마련한 것으로서 근대적인 지주제 발전에 필요한 조
세체계와 토지소유권을 국가제도로 확립한 것이었다.[18] 이로써 지주제는
이전과는 구별되는 보다 안정된 기반 위에서 확대, 발전할 수 있게 되었다.
개별 지주경영의 수익성 동향을 분석한 연구에 따르면 대체로 지계 발급
시기를 전후해 경영이 안정되고 호전되어 가는 것으로 나타난다.

지주제에 기반을 둔 개화파의 근대화 노선은 역·둔토(驛·屯土) 정리사
업을 통해서도 추진되었다. 갑오개혁에는 재정제도와 세제개혁의 일환으로
역·둔토(驛·屯土) 정리사업이 포함되어 있었다. 이 사업은 종래 각종 관아
에 부속되어 있던 둔토(屯土)와 역(驛)의 마호수(馬戶首)에게 지급되었던 역토
(驛土)를 각각 탁지아문(度支衙門)과 공무아문(工務衙門)으로 이속시켜 관리하
게 하고, 아울러 둔토·역토의 면적과 작인(作人) 및 도조(賭租)를 정확히 파

---

18) 金容燮, 1968, 앞 논문; 崔元奎, 1995, 「대한제국기 양전과 관계발급사업」 『대한제국의
    토지조사사업』, 민음사

악하고 정비하는 것이었다. 을미사판(乙未査辦)으로 명명된 이 사업을 통해 국가는 지주로서 역·둔토에 대한 소유권을 분명히 하고, 그 관리를 위한 기구 및 기초자료를 정비한 것이었다.[19)

광무정권은 갑오개혁의 역·둔토 정리사업을 이어받아 이를 일층 강화하였다. 광무정권은 1899년과 1900년에 각각 둔토와 역토의 관리권을 궁내부(宮內府) 내장원(內藏院)으로 이속시키고 또 한 차례의 정비를 단행하였다. 광무사검(光武査檢)으로 불리는 이 조치는 내장원에서 파견된 사검위원이 모든 역토와 둔토에 대해 토지를 조사하고 도조를 다시 책정하는 것이었다. 토지조사는 당시 진행 중이던 양전사업과 연계해 역·둔토에 대해 국가의 지주적 소유권을 명확히 하겠다는 것이었는데 을미사판(1895년)과 다른 점은 역·둔토에 편입되어 있는 민유지(民有地) 중에서 공적 기록상 사유를 입증하기 어려운 토지를 전부 국가소유로 귀속시키는 등 국유지를 확대하는 방식으로 진행되었던 것이다. 이로 말미암아 적지 않은 소유권 분쟁이 발생하였다.[20) 또한 광무정권은 역둔토의 도조(賭租)를 대폭 인상하는 조치를 단행하였다. 1904년 내장원 경리원은 역·둔토에 대해 종전 2~3할이었던 도조율을 일제히 타작제(打作制)로 변경할 것을 지시하였고, 그 이듬해에는 이를 불변의 관례로 못박는 「분반타작(分半打作)에 의한 도조영정(賭租永定)」을 발표하였다. 갑오내각에서 광무정권으로 이어지는 역·둔토 정리사업은 역·둔토에서 국가의 지주적 토지소유권을 강화하고, 토지소유의 경제적 실현인 지대수취를 인상하는 것이었으며, 이를 통해 위로부터 근대화 정책을 추진할 재정기반을 마련해 가는 것이었다.

---

19) 朴贊勝, 1983, 「韓末 驛土·屯土에서의 地主經營의 강화와 抗租」 『韓國史論』 9, 서울대 국사학과

20) 裵英淳, 1987, 「韓末·日帝初期의 土地調査와 地稅改正에 關한 硏究」, 서울대학교 박사학위논문

갑오·광무정권이 지주적 토지소유권을 보장하며 위로부터의 근대화 정책을 추진하자 이 시기 지주제는 더욱 확대 발전하였다. 이 시기에는 정부 정책에 더해 일본과의 곡물무역이 빠르게 확대되고 있어 지주제가 발전할 수 있는 유리한 조건이 조성되었다. 일본은 청일전쟁 승리에도 불구하고 삼국간섭으로 조선에서 일시적으로 세력이 위축되었지만 러시아와 적극적으로 협상을 벌여 1896년 이후 조선에 대한 경제적 침략을 더욱 확대하였다. 일본은 목포·진남포·마산·성진을 추가로 개항시켰고, 일본 상인에 대한 영업구역 제한을 사실상 철폐시켰으며, 조선의 중요 도시들과 정거장, 항만 등에 상점, 공장, 경찰서, 헌병대 등으로 구성되는 경제침략요새를 건설하였다. 이를 기반으로 일본은 자국에서 생산한 자본제 상품들을 한국 전역으로 침투시켰으며, 일본의 자본주의 발전을 위해 불가결하였던 쌀·콩·우피(牛皮)·금·철광석 등을 대량으로 수입해 갔다. 한국에 대한 일본의 수출은 1893년에 130萬円이던 것이 1900년에는 995萬円, 1904년에는 2,039萬円으로 폭증했으며, 한국으로부터의 수입도 1893년 252萬円에서 1900년에는 1,178萬円, 1904년에는 1,154萬円으로 확대되었다.[21]

일본의 경제적 침략이 확대되고 한국과 일본 사이의 무역이 증가할수록 한국 경제에는 중대한 변화가 초래되었다. 가장 주목할 변화는 면업(棉業)을 위시해 한국의 농촌 수공업이 대거 몰락한 것이었다. 면업은 개항 후 상품경제가 더욱 발전함에 따라 자본제 수공업경영으로까지 성장하였다. 그러나 군사적 침략을 앞세운 일본의 이러한 경제침략은 결국 한국의 주요 수공업을 거의 다 궤멸시켰다.[22] 이와 함께 주목할 변화는 일본이 한국

---

21) 村上勝彦, 1975, 「植民地」『日本産業革命の研究-確立期日本資本主義の再生産構造』
22) 梶村秀樹, 1968, 「李朝末期朝鮮の纖維製品の生産及び流通狀況-1876年開國直後の綿業のデータを中心に」『東洋文化研究所紀要朝』46, 東京大; 宮嶋博史, 1975, 「土地調査事業の歴史的前提條件の形成」『朝鮮史研究會論文集』12

에서 쌀, 콩 등의 농산물을 대량으로 매집해 자국으로 수입해 간 것이다. 당시 일본은 식산흥업(殖産興業)을 위한 자본을 농업수탈에서 조달하고 있었고, 그로 말미암아 자국 농업의 생산력만으로는 일본 자본주의의 국제경쟁력이 되었던 '저임금(低賃金)=저곡가(低穀價) 체제'를 유지할 수 없었다. 이에 일본은 1895년 이후 쌀과 콩을 중심으로 하는 값싼 곡물을 대량으로 한국에서 수입하는 정책을 취했다. 일본은 정치적 군사적 압박으로 한국의 방곡령을 무력화시키면서 자국 상인들을 주요 곡물산지에 침투시켜 곡물을 매집하였다.[23] 이로 말미암아 쌀과 콩의 상품성이 높아지면서 농업생산에서도 변화가 일어났다.[24]

일본의 경제적 침략은 이러한 과정을 거쳐 결국 한국과 일본 사이에 쌀, 콩 등을 수출하고 면제품을 위시한 각종 공산품을 수입하는 종속적인 국제 농공분업관계를 형성하였다. 이러한 변동은 두 측면에서 지주제가 발달하는 호조건을 조성하였다. 하나는 곡물 상품화의 급속한 확대가 지주들로 하여금 토지소유를 확대하고, 지주제를 상업적으로 경영할 수 있게 하였다. 다른 하나는 국내적인 분업관계의 발전에 기반을 두고 전개되었던 다각적인 상업적 농업을 몰락시킴으로써 농민경제에 큰 타격을 주었다. 이로 말미암아 농민의 토지 상실은 빠른 속도로 진행되었고, 그것은 지주제가 확대될 수 있는 좋은 조건이 되었다.

그리하여 갑오·광무개혁 이후 지주들의 토지겸병은 급속히 확대되었다. 농민층의 반봉건투쟁이 급격히 고양되었던 1894년까지는 지주층의 토지소유 그 자체가 매우 불안정하였다. 지주가 농민들의 저항을 제압할 권세를 보유하지 못하는 한 지주경영은 위축을 면할 수 없었다. 이러한 현상은 소

---

23) 吉野誠, 1978, 「李朝末期にに於ける穀物輸出の展開と防穀令」『朝鮮史研究會論文集』15
24) 李潤甲, 1991, 「1894-1910년의 상업적 농업의 변동과 지주제」『韓國史論』25, 서울대 국사학과

작인 관리가 철저하지 못했던 궁방전에서도 나타났다.[25] 그러나 1894년의 농민전쟁 진압을 계기로 이후 지주적 토지소유가 확고해질 수 있게 되자 지주들은 경쟁적으로 토지겸병에 나섰다. 개별 지주가에 대한 사례연구를 보면 나주(羅州) 이씨가(李氏家)나 고부(古阜) 김씨가(金氏家) 등 상당수의 지주가 이 시기에 토지소유를 확대하였다.[26]

지주층의 토지 겸병은 당시 일본의 경제적 침략으로 농민들이 몰락하고 있었으므로 손쉽게 이루어질 수 있었다. 지주들은 곡물판매로 얻어진 수입으로 몰락하는 농민들의 방매 토지를 구입하기도 하고, 고리채를 매개로 토지소유를 늘려갔다. 농민들의 대부분은 지주로부터 농량(農糧)이나 농자금(農資金)을 빌려 쓰지 않을 수 없었는데, 지주들은 이를 이자율이 5할을 상회하는 장리(長利)나 갑리(甲利)로 대부하여 원리금을 갚지 못하면 대신 토지를 빼앗았던 것이다.

이 시기 지주층의 토지겸병을 보여주는 자료로는 우선 1930년대에 한국총독부가 간행한 『小作慣行調査』가 있다. 조선총독부는 당시 심각한 사회문제로 부상하였던 소작문제를 해결하기 위해 전국적으로 소작관행을 조사한 바 있었다. 이 때 '대지주로 성장한 연대'를 조사하였는데 1894년에서 1910년 사이에 토지를 겸병해 대지주로 상승한 경우가 다수를 점했다. 다음으로 보다 상세하게 충청남도의 한국인 대지주의 창업연도를 조사한 자료가 있는데 이를 정리해 보면 총 89명의 지주 가운데 1894년에서 1910년 사이에 토지를 겸병해 대지주가 된 경우가 30건에 달한다. 전체 대지주 가운데 창립연도가 밝혀지지 않은 21건을 제외하면 약 4할에 달하는 지주

---

25) 李榮薫, 1985,「開港期 地主制의 一存在形態와 그 停滯的 危機의 實相」『經濟史學』9-1, 경제사학회

26) 金容燮, 1976,「韓末·日帝下의 地主制-事例 3 羅州 李氏家의 地主로의 成長과 農場經營-」 『震檀學報』42, 진단학회; 1977,「韓末·日帝下의 地主制-事例4 古阜 金氏家의 地主經營 과 資本轉換-」『韓國史研究』19, 한국사연구회

들이 이 시기에 집중적으로 토지를 겸병해 대지주로 성장하였다.[27]

이에 따라 소작지율도 높아졌다. 소작지율은 특히 수전(水田)에서 급등하였다. 소작지율은 삼남지방의 경우 평균 60-70%대에 달했다. 물론 지역에 따라 편차가 컸다. 곡물유통이 불편한 지역에서는 소작지율의 증가가 그리 크지 않았지만 교통과 운송이 편리한 지역에서는 최고 80-90%에 이를 정도로 토지겸병이 증가하였다. 토지겸병이 집중적으로 일어난 지역의 경우 이때의 소작지율이 일제 강점기 내내 큰 변동 없이 유지되었다.

지주층의 토지겸병이 확대됨과 동시에 지주 경영방식에도 질적인 변화가 일어났다. 조선사회의 전형적인 지주제는 관료-양반 지주가 예속적 지위에 있는 전호농민을 인신적으로 지배하는 병작제였다. 달리 말해 관료 양반들의 대토지 소유제에 기초하고 경제외적 강제를 매개로 수탈이 이루어지는 봉건적 병작제였다. 그러나 이러한 병작제는 18세기 후반 이후 변화를 맞게 된다. 병작제 일부에서 지주-전호가 인신적인 지배-예속관계로 결합하는 것을 대신해 비특권적 지주와 인신상 어느 정도 '자유로워진' 전호가 경제적 관계로 결합하는 현상이 생겨난 것이다. 이러한 변화는 상품 생산의 발달로 토지겸병이 확대되면서 비특권계급인 상인지주 내지 서민 지주가 다수 출현하고, 다른 한편에서 양반 전호가 증가하고 전호농민층의 항조투쟁이 발전하면서 일어났다.[28]

물론 이러한 변화는 19세기 들어 세도정치가 등장하고 봉건 반동이 강화되면서 경제 전반이 침체하는 가운데 더 이상 확대되지 못하고 부분적 현상에 머물렀다. 그러나 1862년의 농민항쟁을 계기로 이후 소·빈농층의 반봉건투쟁이 확대됨으로 말미암아 지주-전호관계가 경제적 관계로 이행

---

27) 宮嶋博史, 1982,「植民地下 朝鮮人大地主の存在形態に關する試論」『朝鮮史叢』5·6, 青丘文庫

28) 허종호, 1965,『조선봉건말기의 소작제 연구』, 사회과학원출판사

하는 추세가 확대되었고, 특히 1894년의 농민전쟁과 갑오개혁으로 신분제가 폐지됨에 따라 양반 지주라 하더라도 전호의 인신을 구속하는 것은 법제적으로는 불가능하게 되었다. 그 과정에서 지주경영 또한 위기를 맞았다.

그러나 광무양전 및 지계 발급사업과 일제의 통감부 지배를 통해 지주들은 인신적 지배를 대신할 토지에 대한 배타적 소유권을 보장받았다. 이에 따라 소유지가 없거나 부족한 농민은 생존을 위해 지주의 토지를 소작하고 소작료를 납부하는 경제적 계약을 맺게 되고, 그 계약은 민법에 의해 법적 효력을 발휘하게 되었다. 여기에 이르러 인신적 지배에 기초한 봉건적 병작제는 마침내 전면적으로 경제적 계약관계인 지주-소작제로 이행하게 되었다.

지주들은 인신적 지배에 대신해 배타적 소유권과 소작농의 불리한 경제적 처지를 이용해 소작료를 인상하고 소작조건을 강화해 갔다. 지대를 지주제 경영에 투자한 자본에 대한 수익으로 보았고, 지주제를 유통 및 금융 경제와 결합해 기업가적인 방식으로 경영하였다. 말하자면 18세기 후반 이래 새롭게 등장한 상인지주경영 내지 상업적 지주경영으로 전환이 본격화된 것이다. 일본인 지주·자본가들이 농장을 개설하면서 시작된 이러한 변화는 한국인 지주들이 이를 도입하면서 빠르게 확대되었다.

한말의 토지겸병은 곡창지대를 중심으로 특히 곡물운송과 유통에 편리한 지역에서 집중적으로 이루어졌다. 지주들의 토지겸병은 유통조건이 좋은 지역에서 특히 활발히 일어났다. 충청남도에서 대지주의 형성이 현저했던 지역은 금강을 수송로로 이용할 수 있었던 공주, 논산과 서해(西海) 수로로 곡물을 반출할 수 있었던 예산, 서산, 당진 등이었다. 그 과정에서 일부 지주들은 상업적 지주경영에 유리한 지역으로 근거지를 옮기기도 하였다. 가령 고부 김씨가는 당초 고부군 부안면(富安面)에 근거지를 두고 있었다. 그러나 그 곳이 치안상의 문제도 있었고 소작료를 판매할 줄포항(茁浦港)까지 거리가 멀어 지주경영을 발전시키기에 애로가 크자 김씨가는 1907년 곡물 운송항이었던 부안군(扶安郡) 줄포(茁浦)로 근거지를 이동하였다.[29] 이러한 동향들은 지주경영의 질적 변화를 반영하는 현상이었다.

III. 일제의 식민지 지배와 지주제

1. 통감부 시기 일본인의 토지침탈

청일전쟁에서의 승리에도 불구하고 삼국간섭으로 말미암아 조선을 강점하려는 계획을 잠시 뒤로 미루어야 했던 일본은 1896년 러시아와의 협상을 통해 다시 침략을 확대해갔다. 일본은 무역과 상품유통상의 제약을 제거함으로써 한국을 자국 공산품의 독점적 상품시장이자 농산물 공급지로 재편해 갔다. 일본은 메이지유신(明治維新) 이후 지주제를 기반으로 산업혁명을 이룩하고 자본주의를 성립시켜왔기 때문에 국내적으로는 소작지·소작농을 기초로 한 과소 영세농경영의 확대 및 노동쟁의 사회주의운동의 발생 등 사회모순이 크게 드러나고 있었다. 일본은 이를 군국주의적 침략과 식민지 개발을 통해 해소하려 하였다. 따라서 일본은 한국을 상품시장으로 지배하는데 그치지 않고 궁극적으로는 한국을 강점해 일본 자본주의의 모순을 해소하고 보완할 식민지로 재편하고자 하였다.

일본의 그러한 의도는 먼저 한국의 농업을 전면적으로 재편하는 농업식민책으로 나타났다. 이를 위해 일본은 1900년부터 다년간 한국의 농업에 대해 주도면밀하게 조사하였다. 그 조사는 기후, 토성, 수리, 농구, 주요작물 재배법에서 지가, 토지매매의 관습, 지주소작제, 교통운수 등에 이르는

---

29) 金容燮, 1977, 앞 논문

광범한 것이었고, 그 결과는 『韓國土地農産調査報告』, 『朝鮮農業槪說』, 『韓國殖民策』, 『朝鮮農業移民論』 등등으로 간행되었다.

일본은 이러한 조사에 근거해 한국의 농업을 자국의 자본주의의 모순을 해결하는 식민지 농업으로 재편하는 방도로 자국의 지주·자본가 계급이 중심이 되어 한국농민을 소작농민으로 지배하는 농업식민책(農業殖民策)을 수립하였다. 일본 자본주의의 농업문제를 식민지 지주제로 해결하는 식민 정책이었다.[30]

일본은 러일전쟁에 승리함으로써 한국을 독점적으로 지배할 수 있게 되자 이러한 농업식민책을 본격적으로 실행하였다. 이를 위해서는 무엇보다도 일본의 지주·자본가 계급이 한국에서 자유롭게 농지를 소유할 수 있게 보장하는 법적 조치가 필요하였다. 그러나 당시 대한제국 정부는 외국인의 토지소유를 법적으로 금지하였다. 이에 일본은 러일전쟁을 도모하면서 광무정권에 압력을 가해 1904년 1월 외국인의 토지소유를 금지하는 지계발급사업을 중단시켰고, 4월에는 관계(官契)사업 자체를 폐지시켰다.

그러나 이후에도 한국 정부는 외국인의 토지소유를 허락하지 않았고, 중단된 양전을 다시 계획하는 한편 한국의 전체 토지를 관리할 '부동산소관법(不動産所關法)'의 제정을 준비하였다. 러일전쟁을 계기로 일본인의 토지 잠매가 급증하자 일제는 이를 합법화하기 위해 한국정부에 압박을 가하였고, 이로 말미암아 일본인 토지소유의 합법화를 반대하는 국민적 여론에 비등하게 되었다. 정부는 여기에 힘을 얻어 1907년 6월 '부동산소관법'을 입안하였던 것인데 이 법은 외국인의 부동산 소유를 금지한다는 대전제 하에 지권(紙券)발행, 등기제도의 시행, 경작권을 포함한 임조권등기(賃租權登記) 등을 주요 내용으로 하였다. 이후 몇 차례의 심의를 거쳐 이 법은 동

---

30) 金容燮, 1992, 「日帝의 初期 農業殖民策과 地主制」 『韓國近現代農業史研究』, 一潮閣

년 10월 16일 법률 제 6호 '토지건물의 매매 교환 양여 전당에 관한 법률'로 공포되었다.

그러나 한국 정부의 이러한 대응은 일제가 추진하는 농업식민책과는 정면으로 배치되는 것이었다. 이에 일제는 이 법률을 사문화시킬 뿐만 아니라 외국인도 한국인과 동등하게 부동산을 소유할 수 있는 법적 조치를 한국정부에 강요하였다. 1906년 10월 26일에 공포한 '토지가옥증명규칙(土地家屋證明規則)'이 그것이다.[31] '토지가옥증명규칙'은 도매(盜賣)나 투매(偸賣) 등을 방지하기 위해 민간의 토지·가옥 거래에 관청의 증명을 덧붙여 소유권을 보장하는 제도였는데 외국인의 토지거래에 대해서도 내국인의 경우와 동등한 증명을 부여하도록 하고 있었다. 이 규칙의 발포로 마침내 외국인도 토지, 가옥 등의 부동산을 합법적으로 소유할 수 있게 되었다.

나아가 일제는 이 규칙이 공포되기 이전에 거래가 이루어졌던 다량의 일본인 소유 잠매(潛賣) 토지에 대해서도 소유권을 합법화하는 조치를 강요하였다. 그렇게 해서 제정되었던 것이 '토지가옥소유권증명규칙(1908)'이었다. 이 규칙은 '토지가옥증명규칙' 시행 이전에 잠매 되었던 외국인 소유 부동산에 대해서도 정부가 공부(公簿)로 소유권 보존증명을 발급하도록 규정하고 있었다.

또한 일제는 농업식민책을 추진하기 위해 '국유미간지이용법'의 제정하게 하였다. 1907년에 공포된 이 법령은 민유지가 아닌 원야(原野), 황무지, 간석지 등을 개인에게 10년 이하의 기간의 정해 대부할 수 있게 하고, 대부한 토지를 개간한 경우 이 토지를 불하하거나 분여할 수 있게 하였다. 농업조사에서 농지로 전용이 가능한 막대한 미간지가 존재함을 확인한 일본은 자국민이 이를 개간해 거대 규모의 농장을 개설할 수 있도록 이 법의

---

31) 崔元奎, 1994, 「韓末 日帝初期 土地調査와 土地法 硏究」, 연세대학교 박사학위논문

제정을 강요하였던 것이다.

이러한 조치들을 통해 일본인의 토지소유가 합법화되자 일제는 일본인의 토지겸병을 정책적으로 유도하고 지원하면서 한국을 일본의 식민지로 재편하는 작업에 박차를 가했다. 이로 말미암아 개화파의 근대화 노선에 의거해 추진되던 광무개혁은 완전히 좌절되었고, 이후 한국의 농업문제의 해결 및 토지소유관계의 변화는 기본적으로 일제의 식민정책에 의해 이루어지게 되었다.

그러나 이러한 변화에도 불구하고 일제의 농업식민책이 한국에서 일본인의 토지소유를 확대시키면서 식민지 지주제를 발전시키는 것이었기 때문에 구래의 지주제 및 지주적 토지소유 또한 보호되고 발전하였다. 일본의 식민지 지주제 육성책은 대한제국의 지주보호정책 보다 훨씬 강력하였다. 대한제국이 정치적으로 취약하여 지주제에 저항하는 농민들의 저항을 제압하는 데 한계를 지녔던데 비해 일제는 군대나 경찰을 앞세워 무단적인 방식으로 농업식민책을 추진하였다. 그로 말미암아 일본의 농업식민책은 지주제 발전의 보다 강력한 계기가 되었다.

한편 일제의 침략이 강화되는 1900년대 초반부터는 일본인들의 토지겸병도 적극적으로 이루어졌다. 당시 한국의 지가는 일본에 비해 5분의 1에서 최고 30분의 1까지 저렴하였기 때문에 한국에서 지주경영을 할 경우 풍흉을 평균하더라도 1할 8분에 수익을 올릴 수 있었다. 이를 수익률로 따지면 일본에서의 지주경영에 비해 무려 1할 4분이나 높은 것이었다.[32] 이로 말미암아 일본인들은 적극적으로 한국에서 토지를 매입하여 농장을 개설하였다.

일본인의 토지겸병은 1900년대 초반부터 몰락농민의 토지를 잠매(潛賣)

---

32) 金容燮, 1992, 앞 논문

하는 방식으로 시작되었다. 일본인의 토지겸병은 러일전쟁 이후 폭발적으로 증가하여 적게는 수십 정보에서 많게는 무려 6천여 정보에 이르는 토지를 겸병해 지주제 농장을 창설한 일본인 회사수가 1908년에 이미 29개를 넘어서고 있었다. 통감부 시기 일본인의 토지겸병에서 정점을 이룬 것은 1908년 일본이 동양척식주식회사(東洋拓植株式會社)를 설립한 것이었다. 일본은 1908년 식민지 침략의 별동대 역할을 담당할 국책회사로 동양척식주식회사를 설립하였다. 일본은 이 회사를 설립하면서 한국정부에 300만원의 출자를 요구하였다. 이에 한국정부는 역·둔토(驛·屯土)와 궁장토(宮庄土) 가운데서 동척(東拓)이 사업을 경영하기에 가장 유리하고 우량한 단취지(團聚地) 9개처를 선정하여 총 17,714정보의 농지를 동척에 인도하였다. 동척은 정부출자지를 인수함과 동시에 이 농지를 중심으로 주변의 농지를 대량 매입하여 일거에 64,862정보의 토지를 겸병하는 대지주가 되었던 것이다.

이 밖에도 일본인의 토지겸병은 국유화된 역둔토를 불하받거나 국유미간지이용법(1907)에 의해 대부받은 미간지를 개간하여 불하받는 방식으로도 전개되었다. 그리하여 1906년부터 1910년 강점되기 까지 일본인 개인 및 회사 또는 일제가 겸병한 토지는 무려 40만여 정보에 달했다.

2. 토지조사사업과 지주제 확립

일제가 대한제국을 무력으로 병탄하고 1910년대에 실시한 식민정책 가운데 가장 역점을 두었던 것은 '조선토지조사사업'(이하 토지조사사업으로 부름)이었다. 토지조사사업은 일제가 조선을 강점한 직후부터 착수되어 1918년까지 9개년에 걸쳐 실시된 것으로 전국의 모든 토지를 측량하여 지적도를 작성하고, 그 소유권자를 조사하고 확정하여 토지대장을 작성하고 등기제도를 시행하며, 토지의 지가를 책정하여 지세 산정의 근거를 마련하는 것이 그 주요 내용이었다. 이 사업을 통해 조선에 근대법적 토지소유권제도가 전면적으로 도입되었다.

일제가 이 사업을 시행한 주요 목표는 지주적 토지소유를 식민지 수탈에 가장 적합한 토지소유로 확립하고, 그 확대를 보장할 법적, 제도적 장치를 마련하는 것이었다.[33] 일제는 강점 이전부터 지주제를 한 축으로 하였던 자국의 자본주의의 체제와 관련해서, 또한 식민지 지배에 협력하는 종속적 동맹세력을 확보할 필요성에서 지주적 토지소유를 식민지 농업지배에 가장 적합한 토지소유로 인식하였다. 일본은 조선을 식민지화하기 위한 준비공작으로 1900년을 전후한 시기부터 정부관리를 파견하거나 농업문제에 식견이 있는 전문가들을 동원하여 여러 차례 조선농업을 시찰, 조사하였다. 일본은 이들에게 식민정책의 수립과 관련해 조선의 지주제에 대해 각별히 관심을 가지고 조사할 것을 주문하였다. 이들은 공통되게 한국은 기후, 토성 등에서 농업생산에 적당한 조건을 갖추고 있고, 농법개량을 통해 증수할 여지가 크다고 보고하였다. 또한 지가가 일본에 비해 5분의 1에서 30분의 1 수준으로 저렴할 뿐 아니라 일본인의 토지구입이 용이하고, 토지의 공과금이 일본에 비해 매우 저렴하며, 현재의 지주소작관례상 수익분배가 지주에게 유리하여 일본인을 조선으로 진출시켜 지주경영을 하게 하면 큰 수익을 올릴 수 있을 것이라 보고하였다.[34]

일제는 자국 자본주의체제의 요구와 조선농업의 이러한 상황을 참조해 지주제를 근간으로 하는 식민지 농업수탈체제를 수립하기로 결정하고, 이미 통감부 시절에 메카다(目賀田)의 재정개혁구상을 통해 그것을 법적, 제도

---

33) 林炳潤, 1971, 『植民地에 있어서 商業的 農業의 展開』, 東京大學出版會, 143~153쪽; 金容燮, 1991, 「日帝强占期 農業問題와 그 打開方案」『東方學志』 73, 연세대학교 국학연구원
34) 金容燮, 1992, 앞 책, 36~42쪽

적으로 보장하려는 작업에 착수하였던 것인데, 그 작업을 계승해 근대적 소유권제도의 확립으로 완결지은 것이 토지조사사업이었다.[35]

토지조사사업에서 토지소유권의 확정은 지주제를 근간으로 하는 식민지 농업수탈 체제를 수립하는 방식으로 이루어졌다. 그리하여 이 사업을 통해 조선의 중세적인 지주의 토지소유는 일본의 법률이 보증하는 확고한 근대적 토지소유권으로 전환되었고, 농민적 근대화투쟁의 발전으로 동요하고 있던 한말의 지주소작관계도 조선총독부의 막강한 권력과 법체계에 보호받는 보다 강고한 식민지 지주제로 재편되었다.

이를 위해 일제는 1912년에 「조선민사령」, 「조선부동산등기령」 및 그 시행규칙, 「토지조사령」 및 그 시행규칙 등의 법령을 제정하였다. 토지조사사업이 지주제가 발전할 수 있는 토지소유권을 공고히 하는 식민정책이었다면, 「조선민사령」은 일본 민법을 조선에 적용할 수 있게 한 조치로 종래 관습적 관계로 운영되던 지주소작관계를 근대적인 임대차관계법을 적용해 재편하는, 달리 말해 조선총독부 권력이 그 관계를 법적으로 규제할 수 있게 재편하는 식민지 지주제의 법제화 정책이었다.[36]

일본 '민법'의 조항들은 일방적으로 지주에게 유리하게 되어 있었다. 조선총독부 당국자의 말대로 그 "민법은 소유권 존중정신에 의해 만들어진 것으로 지주의 권리는 옹호하지만 소작인의 경작권은 전부 희생"시키는 것이었다. 일본 '민법'은 또한 영소작권(永小作權)에 대해서도 많은 규정을 두어 그 내용을 규제하고 있다. 영소작 기한이 최대 50년을 넘지 못하게

35) 田中愼一, 1974, 「韓國財政整理에 있어서 ‘徵稅臺帳’整備에 대하여」, 『土地制度史學』 63; 裵英淳, 1987, 「韓末·日帝初期의 土地調査와 地稅改正에 關한 硏究」, 서울대학교 박사학위논문; 金容燮, 1992, 「日帝의 初期農業殖民策과 地主制」, 『韓國近代農業史硏究』, 一潮閣

36) 이윤갑, 2013, 앞 책; 정연태, 2014, 『식민권력과 한국농업-일제식민농정의 동역학』, 서울대학교출판문화원

규정하였고, 상속권을 인정하지 않는 등 물권으로서의 권한을 축소, 약화시켰으며, 저율의 정액지대와 같은 소작료 규정을 인정하지 않았다.

일제는 토지조사사업과 '조선민사령'을 시행하면서 행정기관 주도로 지주회를 설립하였다. 지주제는 조선의 농업을 수탈하는 기구였던 까닭에 일본 제국주의의 입장에서 보면 지주제가 확대되고 강화되는 것은 바람직한 일이었다. 그러나 지주제가 농업 수탈기구로 기능하기 위해서는 수탈기구일 뿐만 아니라 이에 더해 농업생산을 재편하고 증산하는 생산적 기능을 겸해야 하고, 아울러 식민지 농촌질서를 구축하고 유지하는 정치사회적 기능도 갖추어야 했다. 당시 조선의 농업은 일제가 수탈하기에 적합한 생산구조를 갖추고 있지 않았다. 따라서 조선의 농업을 수탈하자면 우선 그 농업생산구조를 수탈에 적합하게 개편해야만 했다. 일제는 지주제가 이와 같은 기능들을 복합적으로 수행할 수 있도록 이끌기 위해 지주회를 조직하였다.[37] 조선총독부는 1914년의 농업기술관 회동에서 "지주의 각성을 촉구하고 농사개량에 솔선하게 하는 것이 농업개발 상의 첩경"이 된다고 주장하며 전국적으로 지주회를 조직하도록 지시하였다. 이 지시를 계기로 지주회는 도와 군 등 행정기관 주도로 전국에서 체계적으로 조직되었고, 1920년까지 강원과 함북 지역을 제외한 전국 157개 군에 결성되었다.

지주회의 회장은 군수가 맡았고, 명예직이었던 부회장은 일반 회원 중에서 호선하거나 회장이 임명했으며, 지주회의 실제적 운영을 담당했던 간사는 군청의 권업과장 등 농업 실무담당 책임자들이 맡았고, 회계 사무 및 기술지도를 담당한 기수나 서기는 금융조합 직원이 맡았다. 평의원도 대부분 면장이 맡았다. 이러한 간부 구성이 나타내듯이 지주회는 행정기관

---

37) 文定昌, 1942,『朝鮮農村團體史』, 日本評論社, 60~67쪽; 李基勳, 1995,「1910~1920년대 일제의 農政 수행과 地主會」『韓國史論』33, 서울大學校 國史學科; 鄭然泰, 1988,「1910년대의 日帝의 農業政策과 植民地地主制」『韓國史論』20, 서울大學校 國史學科

이 지주들이 수행해야 할 역할을 지주들에게 지시, 강제하는 준행정조직
이었다.

이상과 같은 식민농정의 결과로 1910년대 후반으로 갈수록 지주의 권한
이 일방적으로 확대되고 강화되면서 소작조건은 급속히 악화되어 갔다. 소
작계약기간은 단축되었고, 수취율이 가장 높았던 집수법(執穗法)의 도입이
빠르게 확대되었으며, 소작경영에 대한 간섭과 통제는 더욱 강화되었다.
지주들이 이렇게 "자신의 이익과 권력만을 증장"시킨 결과 토지조사사업
이 진행되는 기간에만 소작료율이 무려 1~2할이 인상되었다.[38] 조선총독
부 내무국 사회과에서 1922년에 조사한 바에 따르면 최근 10년간에 소작
료가 충북, 충남지역에서는 1할 내외가, 전북에서는 2.5~3할이, 경북에서
는 2~3할이, 경남에서는 1~2할이, 황해도에서는 1~2할이 인상되었다.[39]

다른 한편 일제는 한국을 식민지로 지배하기 위해 전국적으로 철도 및
도로망을 확장하여 상품유통이 원활히 이루어지도록 하였다. 또한 일제는
유통경제 발달에 불가결한 근대적 금융기구도 강점 직후부터 정비 확충하
였는데, 1918년에 이르면 조선식산은행에서 면단위의 금융조합에까지 계
통적으로 이어지는 금융망을 확립하였다. 그 덕분에 일제 강점기에는 전국
어디에서나 농업에서 상품생산을 전개할 수 있었다.

이러한 사회 경제적 조건이 조성되자 지주제가 빠르게 확대되었다. 이
시기 지주제의 확대는 기본적으로는 일본인 농장 지주들이 선도하는 지주
적 상품생산의 확대에 다름 아니었다. 그에 따라 지주제가 확대되면서 소
작료 수탈도 강화되었다. 이 과정을 선도한 일본인 농장지주들은 투하 자
본에 대해 식민지 초과이윤을 실현하는 것을 목표로 지주제를 경영하였다.
그에 따라 일본인 지주들은 소작료 인상에 적합한 지대 수취법을 도입하

---

38) 이윤갑, 2011, 『한국 근대 상업적 농업의 발달과 농업변동』, 지식산업사
39) 朝鮮總督府, 1932, 『朝鮮의 小作慣行(下卷 參考編)』, 249~251쪽

고, 통치 당국의 적극적인 지원 하에 소작농에 대한 통제를 강화하면서 공세적으로 소작료를 인상해 갔고, 그들의 소작료 인상은 조선인 지주들에게도 영향을 미쳐 "그 전에는 비교적 후(厚)하다고 할 만하던 조선인 지주들도 돌변하야가지고 소작인에게 대하여 가혹한 태도를 취"하였던 것이다.[40]

3. 산미증식계획과 지주제 발달

1910년대의 토지조사사업과 조선민사령의 시행이 한국에서 식민지 지주제를 제도적으로 확립시켰다면 이 지주제를 임계치에 이를 정도로 발달시킨 결정적 계기는 1920년부터 1934년까지 계속된 조선산미증식계획이었다.

일제는 1920년부터 조선에서 산미증식계획을 실시하였다. 일제가 3.1운동의 여파가 진정되기도 전에 서둘러 산미증식계획에 착수한 까닭은 치안 유지상의 필요도 있었지만 무엇보다도 일본내의 미곡사정이 급박했기 때문이었다. 일본자본주의는 제 1차 세계대전 기간 동안에 비약적으로 발전하였다. 일본은 교전국에 대량의 군수품을 수출하였고, 전쟁으로 구미제국의 수출이 부진하게 된 아시아 아프리카 시장에도 진출할 수 있었다. 이를 계기로 일본은 일거에 만성적 입초국(入超國)에서 출초국(出超國)으로, 동시에 전전 약 11억엔의 채무국에서 37억원의 채권국으로 발전하였다. 또한 이 열광적인 전쟁경기는 일본 자본주의를 질적으로도 변화시켜 놓았다. 금속 기계공업을 중심으로 한 중화학공업을 비약적으로 성장시켰고, 보다 중요하게는 생산과 자본의 집중과 집적을 불러와 독점자본주의를 확립시켰다. 이로써 일본 자본주의의 제국주의로 이행은 마침내 완료되었다.[41]

---

40) 이윤갑, 2011, 앞 책
41) 楫西光速 外, 1959, 『日本資本主義의 發展』, 東京大學出版會; 後藤靖 外, 1977, 『日本經濟

그러나 이러한 발전은 동시에 일본 자본주의의 구조적 모순을 급속히 확대시켜 놓았던 것인데 농업문제와 관련해서 보면 그것은 일본 자본주의의 특히 취약한 고리였던 농공불균등 발전의 모순을 폭발적으로 현재화시켰다. 1918년 일본 전역을 휩쓴 '쌀소동'이 그것이었다. 쌀의 부족은 일본 자본주의의 재생산 구조 속에서 특히 심각한 위기를 초래할 수 있었다. 쌀 수입이 일본 자본주의의 구조적 모순인 국제수지의 적자를 악화시키는 한편, 공급부족에 따른 미가의 앙등이 임금의 상승을 초래해 일본 자본주의의 국제 경쟁력을 떨어뜨리게 될 것이었다.42) 이에 일제는 이 문제를 해결하기 위해 자국 내의 농업생산력 발전 방안을 심도 있게 논의하는 한편, 식민지의 농업수탈에 본격적으로 착수하게 되었던 것이다.43) 그렇게 해서 조선에서 산미증식계획이 서둘러 착수된 것이다.

그런 까닭에 애초부터 산미증식계획은 일본 "제국의 식량문제를 해결"하고 "국제대차 결제상 중대 영향을 미치는 … 외국쌀의 수입을 억제"한다는 것을 목표로 내걸었고, 따라서 조선에서 미곡의 상품생산을 대대적으로 확대시키는 방향으로 추진되었다. 산미증식계획은 1920년부터 1934년까지 계속되었고, 계획이 중도에 갱신되는 1926년을 획기로 전후 두 단계로 나누어 실시되었다. 1920년에 착수된 「제 1기 산미증식계획」은 15개년간 경지확장개량기본조사와 토지개량 및 농사개량사업을 실시해 총 900만석을 증수하고 그 중 440만석을 조선내의 소비증가에, 나머지 460만석을 일본으로 수출하는 것을 목표로 하였다. 이 계획은 1926년 전면적으로 갱신되어 향후 12개년간 토지개량사업과 농사개량사업을 실시해 820만석의 쌀을 증

史』, 有斐閣

42) 楫西光速 外, 1959, 『日本資本主義의 發展』 3, 東京大出版會; 暉峻衆三, 1969, 『日本農業問題의 展開(上)』, 東京大出版會; 暉峻衆三 編, 1981, 『日本農業史-資本主義의 展開와 農業問題-』, 東京大出版會

43) 河合和南, 1986, 『朝鮮에서 産米增殖計劃』, 未來社, 제 2장 참조.

산하고, 1천만석을 일본으로 수출하는 목표로 추진되었다.

일제는 산미증식계획을 철저히 지주 본위로 실시하였다. 일제는 이 계획을 실시함에 있어 개별 농가를 직접 상대하기보다 "다수의 예속적인 소작인을 거느린 지주들을 동원하여" 소속농가에게 간접적으로 증산을 강요하는 것이 손쉽게 목적을 달성할 수 있는 첩경이라 생각하였다.[44] 그리하여 대지주들을 수리조합의 설립자이자 운영자가 되게 하였던 것이고, 그로 말미암아 그들은 수리조합을 이용하여 미간지를 무상으로 개간하고 토지를 겸병하고 소작료를 인상할 수 있었다.[45] 또한 일제는 농사개량사업도 최대한 지주들의 영리활동과 결합시키는 방식으로 추진하였다. 비료자금을 소작농에 대한 고리대 착취와 소작료 수탈을 강화시킬 수 있도록 지주 본위로 대부하여 지주 주도로 금비사용을 확대하게 하였고, 정조조제개량사업도 지주의 영리활동의 일환으로 추진하게 하면서 군·면서기와 농회기수 및 경찰관을 파견해 지주의 지시에 복종하지 않는 소작인을 처벌하는 방식으로 사업목표를 달성하고자 하였다.

산미증식계획이 본격화함에 따라 조선총독부의 소작정책 또한 지주제를 적극 옹호하는 방향으로 전개되었다. 1920년대 초반 조선에서는 농민운동이 폭발적으로 성장하였다. 3·1운동의 여세를 몰아 1920년대 초반 전국에서 2백여 개의 농민조직이 결성되었고, 소작쟁의도 연쇄 파급적으로 확대되었다. 이러한 변화에 대처해 일제는 소작관행을 조사하여 그 개선방안을 마련하고, 이를 지주회를 통해 지주들에게 권장하는 한편, 행정기관이나 경찰에게 이에 따라 소작쟁의를 중재하게 하였다. 그 방안은 지세·공과를

---

44) 久間健一, 1943, 『朝鮮農政의 課題』, 성미당, 16쪽

45) 위 책, 제15장 참조.; 李愛淑, 1984, 「日帝下 水利組合事業의 전개와 地主制의 강화」, 서울대학교 석사학위논문; 松本武祝, 1986, 「朝鮮에 있어 水利組合事業의 전개-産米增殖期를 중심으로-」 『農業經濟研究』 57-4; 田剛秀, 1989, 「日帝下 水利組合事業과 植民地地主制」 『韓國近代經濟史研究의 成果』, 형설출판사

지주가 부담하고, 소작기간은 가능한 한 장기로 하며, 소작료를 5할 이내로 인하하며, 마름에 대한 규제, 감독을 강화하는 것이었다.

그러나 이러한 소작정책에 대해 기득권을 침해당하게 된 지주들은 개별적으로 또는 집단적으로 강력히 반발하였다. 개별적으로 소작제도 개선방안을 수용하기를 거부하고, 집단적으로 관설지주회를 대체할 지주들만의 독자적 이익단체를 만들어야 한다고 반발하면서 행정당국을 상대로 소작인단체를 해체시키도록 요구하였다. 사태가 이렇게 전개되자 일제는 더 이상 소작제도의 개선을 추진하지 않고 대신 소작운동을 탄압하면서 지주의 권익을 보호하는 방향으로 선회하였다. 소작쟁의가 발생하면 경찰을 출동시켜 소작인조합의 지도자를 업무방해죄 등으로 구속하고, 그에 반발해 대중적 저항이 일어나면 무차별 대량 구속으로 소작조합을 와해시켜 갔다.

일제의 이러한 정책은 산미증식계획의 갱신과 더불어 더욱 강화되었다. 이와 관련해 주목되는 것이 '치안유지법'과 '폭력행위 등 처벌에 관한 법률'의 제정이었다. '치안유지법'은 혁명적 또는 비타협적인 민족 혹은 계급운동의 지도부를 탄압할 목적으로 제정되었다. 이를 통해 일제는 혁명적 혹은 비타협적인 민족 혹은 계급운동의 지도부를 무력화 내지 고립화시키거나 혁명운동에서 탈락시키는 한편, 치안유지법에 대한 공포를 확산시켜 대중들을 민족·계급운동에서 분리시키려 하였다. 농민운동에서는 소작인조합이나 농민조합을 이끌었던 지도부가 치안유지법의 주된 탄압대상이 되었다. 당시 소작인조합이나 농민조합의 지도부는 청년지식인들로서 사회주의 청년운동 또는 사상운동에 관여하고 있었고, 세력이 큰 농민단체의 지도부는 거의가 직접 또는 간접적으로 조선공산당의 운동조직과 관계를 맺고 있었다. 그런 사정으로 치안유지법에 의해 사상단체나 청년단체 혹은 조선공산당 및 그 관련 조직들이 적발되어 처벌을 받게 되면 그 영향은 바로 농민운동단체로 미쳤다.[46]

또한 1926년에 제정된 '폭력행위 등 처벌에 관한 법률'도 노농운동과 같은 대중운동의 무력화를 목표로 하였다. 이 법률에 따르면 소작인조합이나 소작인 다수는 단결력을 앞세워 민법이 보장하는 지주 권익에 손해를 입히는 행위, 가령 소작조건 개선을 위해 단체로 시위하거나 집단적으로 소작료 납부를 거부하는 행위, 이작에 대항하는 공동경작투쟁 등등의 쟁의행위를 할 수 없고, 이를 위반하면 최고 징역 3년형까지 받을 수 있다.

한편 1920년대 들어 일본 자본주의의 한국 농촌 지배가 전면화함에 따라 농민경제 전반이 상품경제로 강제 편입되고 부득이하게 궁박 판매가 확대되었다. 궁박 판매의 확대란 곧 "농산물 가격 저락·생산비의 상대적 증가·생활비의 팽창·국가와 지방에 대한 부담의 과중" 등을 의미하는 것이자 동시에 소농민에 대한 고리대 수탈의 확대를 의미하는 것이었다. 그에 따라 농민의 토지상실이 가속되었다.[47] 처음에는 자소작농이 자작농과 소작농으로 분해되는 변화가 일어났고, 1926년 이후가 되면 자작농과 자소작농이 소작농으로 하강하는 변화가 진행되어 1932년이 되면 소작농이 전체 농민의 8할을 육박하는 수준으로까지 증가하였다.

반면 지주층의 토지겸병은 빠르게 확대되었다. 지주층의 토지겸병은 특히 산미증식갱신계획 기간에 급증하였다. 농민경제의 몰락과 궤를 같이한 이러한 토지겸병에서 가장 두각을 나타낸 것은 역시 식민지에서 초과이윤의 실현을 노렸던 일본인 투자자들이었다. 토지겸병은 지주가 아닌 고리대 금업자나 상인들에 의해서도 광범하게 이루어졌다. 토지겸병에는 고리대를 이용해 농민의 토지를 흡수하는 방식이 주로 이용되었고, 토지개량사업지역에서는 수리조합비의 전가로 농민몰락을 촉진해 토지를 흡수하는 방식이 이용되었다.

---

46) 이윤갑, 2013, 앞 책
47) 이윤갑, 2011, 앞 책

토지겸병이 확대되면서 또한 대지주경영을 중심축으로 지주제 전반이 재편되는 변화가 진행되었다. 이러한 변동의 직접적 원인은 1926년 이후의 곡가 하락과 흉년 및 소작쟁의의 격화 등에서 찾을 수 있다. 이러한 원인 들은 지주경영을 본업으로 하기 보다는 투기를 목적으로 농지를 소유한 부재지주층에게 큰 타격을 입혔다. 그로 말미암아 이 층은 소유농지를 부 채의 저당으로 처분하거나 타인에게 매각하였다.[48] 그렇게 방매된 토지는 소작지 및 소작농의 관리에 근대 기업적 요소를 도입해 애로를 타개한 대 농장 지주들이 매입함으로써 이러한 변화가 일어난 것이었다.

4. 조선농지령과 지주제 변동

지주제 강화와 지주층의 수익 증대에 의존해 산미증식과 수출목표를 달 성하려 한 1920년대의 식민농정방식은 두 가지 점에서 심각한 위기를 불 러왔다. 하나는 지주제의 일방적 수탈강화가 결국 농업생산력을 붕괴시키 는 위기를 불러왔다. 지주제 아래에서는 농업생산력의 담당층이 소작농민 이었는데 지주의 과도한 수탈로 말미암아 소작경영은 극도로 영세화되고 빈궁화되어 단순 재생산조차 자립적으로 영위할 수 없는 지경으로 전락해 갔다. 그리하여 결국 농업생산력이 급속히 쇠퇴하는 심각한 농업위기를 맞 게 된 것이다.

다른 하나는 농민층 일반을, 특히 절대 다수를 점하는 영세소작농민층을 생존위기로 몰아넣음으로써 사회적으로는 계급적 · 민족적 저항이 급격히 확대되는 모순을 불러왔다. 1920년대 초반부터 폭발적으로 성장한 소작농 민들의 대지주투쟁은 비록 1926년 이후 치안유지법과 폭력행위 등 처벌에 관한 법률에 의해 사회주의자들이 집중 탄압을 받으면서 다소 약화되지만

---

48) 小野寺二郎, 1943, 『朝鮮의 農業計劃과 農産擴充問題』, 96쪽

1929년 세계대공황이 들이닥치자 다시 폭발적으로 확대되었다. 세계대공황을 세계혁명의 호기로 파악한 코민테른은 농민들의 대지주투쟁을 민족혁명투쟁으로 이끌었고, 그 지도에 따라 전국에서 혁명적 농민조합운동이 전개되었다.

농촌진흥운동으로 대표되는 1930년대의 일제의 식민농정은 이러한 모순을 배경으로 입안되었다.[49] 농촌진흥운동에서 지주제의 변동과 직접 관련이 있는 정책은 '조선소작조정령'과 '농지령'이었다. '조선소작조정령'은 소작쟁의가 폭발하고 혁명적 농민조합운동이 발전하는 대공황기의 위기상황에서 조선총독부가 "계급투쟁이 야기되는 것을 방지하기 위해 선수를 쳐" 입법하였다. 「조선소작조정령」은 혁명운동으로 발전할 소지가 큰 소작쟁의를 개별 분산화된 체제 안의 권익분쟁으로 전화시켜 소작위원회의 조정이나 권해를 통해 해결하는 것이 그 주된 내용이었다. '조선소작조정령'은 일본에서 시행되고 있던 '소작조정령'을 조선에서 시행할 수 있게 변용하는 방식으로 만들어 졌고 1933년 2월부터 시행되었다.[50]

---

49) 宮田節子, 1973,「朝鮮における 農村振興運動」『季刊現代史』2; 1965,「1930年代 朝鮮における 農村振興運動の展開」『歷史學研究』297; 富田晶子, 1981,「農村振興運動下の中堅 人物の養成」『朝鮮史研究會論文集』18; 1981,「準戰時下朝鮮の農村振興運動」『歷史評論』 377

50) 近藤康男,「朝鮮農地令의 役割」『大學新聞』, 1935년 10월 28일(『日帝下 朝鮮關係新聞資 料集成』(永進) 5, 193-194等); 久間健一, 1943,「農政의 矛盾과 課題」『朝鮮農政의 課題』; 池秀傑, 1982,「1932~35년간 朝鮮農村振興運動-運動의 體制安定化政策의 측면에 대한 연구」, 고려대학교 석사학위논문; 李賢玉, 1985,「일제하 1930년대 농촌진흥운동에 관한 연구」, 서울대학교 석사학위논문; 韓道鉉, 1985.「1930년대 농촌진흥운동의 성격에 관한 연구」, 서울대학교 석사학위논문; 박섭, 1988,「식민지조선에 있어서 1930년대 농업정책에 관한 연구」『한국근대농촌사회와 농민운동』, 열음사; 정연태, 1990,「1930년대 '조선농지령'과 일제의 농촌통제」『역사와 현실』4; 金容燮, 1991,「日帝 强占期의 農業問題와 그 打開方案」『東方學志』73; 이경희, 1991,「1930年代 小作爭議 硏究-조선農地令과의 聯關性을 中心으로-」, 충남대학원; 鄭文鍾, 1993.「1930年代 朝鮮에서의 農業政策에 관한 硏究-農家經濟安定化政策을 中心으로-」서울대학교 박사학위논문; 정연태, 1994,「일제의 한국 농지정책(1904~1945)」, 서울대학교 박사학위논문; 박섭, 1997,

'조선소작조정령'은 기본적으로 지주제를 유지하고 식민지 지배 체제를 안정시킬 목적에서 제정되었다. 그런 만큼 이를 통해 소작문제를 해결할 수 있는 가능성은 애초부터 매우 제한적이었다. 그럼에도 '조선소작조정령'은 소작인에게 최초로 소작쟁의를 합법적으로 해결할 수 있는 길을 열었다. '조선소작조정령'은 소작쟁의를 보다 많은 접촉과 협상이 필요한 권해나 주선을 통해 해결하게 함으로써 소작농민의 계급투쟁이나 계급의식이 발전하지 못하게 차단하려 하였다.

'농지령'은 소작쟁의조정의 법적 근거를 마련하기 위해 제정되었다. '농지령'은 '조선소작령'이라는 당초 명칭에도 불구하고 일본에서 입법이 추진된 소작법과는 그 내용이나 성격이 근본적으로 달랐다. 일본의 소작법이 위로부터 부르주아적으로 지주제를 개혁하고 자소작중농층을 지주로 육성하는 것을 목표로 한 것과는 대조적으로 조선총독부의 '농지령'은 지주제를 유지하면서 소작쟁의를 체제 내화하려 하였던 '조선소작조정법'을 뒷받침하고자 제정되었다. 그리하여 '농지령'은 지주제의 근간을 훼손하지 않으면서 소작지의 생산력을 높일 수 있고, 소작쟁의가 발생할 경우 소작인을 소작위원회 조정이나 권해로 유인할 수 있는 최소 수준에서 소작조건을 개선하고자 하였다.

'농지령'의 소작조건의 개선은 이와 같은 한계 안에서 제한적으로 이루어졌다. 그 한계 안에서 서면계약 여부와 관계없이 '배신행위'를 하지 않는 한 일반농사는 3년 동안, 특수농사는 7년 동안 경작권을 보장하였다. 계약 기간 내에서는 지주가 바뀌어도 소작계약은 유효하였고, 상속도 인정하였다. 또한 '배신행위'가 없고 소작조건을 변경하지 않을 경우 지주가 소작계약 갱신을 거절하지 못하게 하였다. 불가항력의 자연재해로 수확이 현저히

『한국근대의 농업변동—농민경영의 성장과 농업구조의 변동—』, 일조각; 이윤갑, 2007, 「우가키 가즈시게 총독의 시국인식과 농촌진흥운동의 변화」 『대구사학』 87, 대구사학회

감소할 경우에는 소작인이 소작료의 경감과 면제를 합법적으로 신청할 수 있게 하였다. 또한 마름의 월권과 부정에 대해서도 이를 규제하도록 호소 또는 요청할 수 있는 합법적 방도를 열어두었다.

조선총독부는 집단적·혁명적 농민운동을 엄중히 탄압하는 한편, 이 수준에서 소작관계 개선을 법제화하면 소작인들을 소작쟁의조정제도로서 소작문제를 해결하는 쪽으로 유인할 수 있을 것으로 보았고, 또한 경작권 안정으로 소작지의 생산력을 높이는 농가갱생계획도 성과를 거둘 수 있을 것으로 기대하였다.

그러나 '조선소작조정법'과 '농지령'이 시행되자 지주들은 자신이 입게 될지도 모를 손해에 대비해 소작료를 인상하고 소작인을 교체하였으며 나아가 소작인의 무지와 개별 권해의 약점을 이용하여 '농지령'의 규제를 피하고자 하였다. 이에 맞서 소작인들은 '조선소작조정령'과 '농지령'을 적극 활용함으로써 소작조건의 악화를 막고 경작권을 지키려 하였다. 집단적 농민운동이 탄압받는 상황에서 피해를 줄이자면 이러한 조정제도라도 적극적으로 이용할 수밖에 없었다.

1929년에 시작된 대공황의 충격과 1930년대의 조선농촌진흥운동에도 불구하고 1930년대의 조선의 지주제는 산미증식계획 기간에 비해 다소 둔화되기는 하지만 여전히 토지겸병을 확대하며 성장세를 이어갔다. 물론 이러한 요인들로 말미암아 지주제 내부에서도 변화는 있었다. 먼저 대공황으로 곡가가 폭락했던 1930년대 초반 시장경제 변동에 기민하게 대처하지 못했던 지주들이 다수 몰락하거나 파산하였다. 그 가운데는 조선인 지주들이 많았다. 그에 따라 일본인 지주들은 이 시기에도 성장세를 이어가며 100정보 이상의 대지주나 50정보 이상의 중지주층으로 상승하는 자가 많았던 반면 조선인 지주 가운데는 대지주에서 중지주로 하강하거나 중소지주에서 몰락하는 층이 증가하였다. 다음으로 만주 침략에 따른 투자기회 확대

로 대지주층의 산업자본 투자가 증가하면서 전체로 보면 대지주경영이 감
소하고 중소지주층이 증가하는 변화가 나타났다. 셋째로, 상공업이나 금융
업으로 자본을 축적한 일본인들이 그 자본 일부로 토지를 겸병해 중소지
주가 되는 변화가 광범하게 일어났다. 6~20정보 규모의 중소지주층에서는
이 층이 과반을 점할 정도로 급증세를 보였다. 이들은 고리대를 주요 수단
으로 몰락하는 자소작농이나 조선인 중소지주층의 토지를 매수하여 지주
가 되었지만, 그들의 주업은 여전히 상공업이나 금융업이었다.

5. 전쟁동원정책과 지주제 통제

일제는 1937년 중일전쟁을 일으키면서 조선에서도 전쟁총동원체제 구축
을 서두르게 되었고, 그에 따라 조선총독부도 새로운 지주정책을 수립하게
된다. 지주제가 조선농업의 중심 생산기구이자 수탈기구였기 때문에 이를
전쟁총동원체제에 부합하게 통제하고 재편할 필요가 있었기 때문이다.[51]
그 시작은 조선총독부 농림국이 마련한 1936년 3월의 완미지주(頑迷地主)에
대한 규제책이었다. 농림국의 조치는 농사개량에 무관심하거나 경제성이
낮다는 이유로 농사개량을 회피하는 이른바 '완미지주'를 대상으로 각성을
촉구하고 농사개량에 적극 나서도록 종용하는 것이었다.

이 조치는 1939년에는 지주생산보국회(地主生産報國會) 결성으로 이어졌
다. 지주생산보국회는 각도의 산업부장 주도로 관내 지주를 조직하여 산미
증식에 필요한 농사개량에 지주들을 적극적으로 참여시키는 것을 목적으
로 하였다. 이와 함께 조선총독부는 '소작료통제령'을 공포하였다. '소작료
통제령'은 1939년 대흉작이라는 비상사태를 맞이하여 농사개량에 지주의

---

51) 이송순, 2008, 『일제하 전시 농업정책과 농촌 경제』, 선인; 이윤갑, 2013, 앞 책; 정연태,
2014, 앞 책

경제력을 동원함으로써 전시 생산력을 확충하겠다는 의도로 제정되었다. '소작료통제령'은 법시행일 이후 소작료 인상을 규제하는 법령으로 전시생산력 확충을 위해 농사개량을 추진하면서 새로 늘어난 농사개량비나 토지개량비는 지주가 부담하도록 규제하였다. 그러나 동시에 이 법령은 지주가 능동적으로 토지개량을 실시해 수확을 증가시킬 경우 도지사의 허가를 얻어 소작료를 인상할 수 있게 하였다.

전시 지주제 관리정책은 태평양전쟁 개시와 더불어 더욱 확대되어 1941년에는 부재지주의 농지투기를 규제한 '임시농지가격통제령' 제정과 부재지주의 농지를 위탁 관리시키는 '조선농업계획'의 시행으로 이어졌다. '조선농업계획'은 이전의 정책들과 달리 지주를 상대로 생산력 확충과 공출확대를 강요하였다. '조선농업계획'은 10만 4천호에 이르는 '불로기생지주(不勞寄生地主)', 특히 부재(不在)지주들에게 농지의 개량, 소작인에 대한 농사지도, 기술원의 설치 등 생산적 기능을 수행하도록 강요하였다. 농사개량에 협조하는 지주에게는 세제상 특혜를 주고 소작료의 인상을 허용한 반면, 협조하지 않는 지주에게는 그 소유지를 위탁 관리시키거나 소작권을 박탈하는 등 직접적 규제를 가했다.

이러한 정책은 1944년에 '농업생산책임제'가 실시되면서 더욱 강화되었다. '농업생산책임제'는 지주에게 농촌으로 복귀하여 농지를 개량하고, 농사지도원을 설치하며, 각종 증산장려시설을 강화하고, 영농자재를 공급하고 보존하며, 영농자금을 융통 혹은 주선하는 등 경작자를 직접 진두지휘하면서 농업생산력을 향상할 임무를 부여하였다. 조선총독부는 여기에 순응하는 지주에 대해서는 비료 기타 영농자재 배급에서 특혜를 주고, 소작료의 인상을 허용하였다. 그러나 비협조적인 지주들에 대해서는 그 소유지를 적당한 관리기관-농장, 수리조합, 농지관리조합 등-에 위탁시켜 관리시키도록 강제하였다.

　　그러나 일제의 전시 지주통제책은 어디까지나 전쟁물자의 생산과 수집
을 극대화할 목적으로 지주의 생산적 기능 확대에 주안을 두었을 뿐 지주
제의 해체를 목표로 하지는 않았다. 일제는 지주제의 본질을 온존시키면서
지주경영을 전시동원에 적합하게 '동태화'시키는 정책을 추진하였을 뿐이
다. 일제가 설정한 전시 지주경영의 이상적 모델은 전쟁동원에 능동적으로
협조하는 일본인 농장회사들이었다. 농장회사의 지주경영은 다음 두 가지
점에서 이른바 '불로기생지주' 또는 부재지주의 경영과 뚜렷한 차이를 보
였다.52) 첫째, 농장회사들은 전시 농업생산력 확충이라는 정책목표에 부합
하게 농사개량이나 토지개량에 적극적이었다. 둘째, 농장회사들은 조밀한
소작인 관리체제를 구축해 분쟁이 발생할 소지를 사전에 제거하고 소작쟁
의를 봉쇄하는 등 이른바 '총후농촌사회의 안정'에 기여하였다. 농장회사
들은 이를 위해 군대식으로 편성된 치밀한 농장관리조직을 구축하고 생산
과정에서 분배·유통과정에 이르기까지 소작인을 철저히 감시, 통제하였
다. 일제는 이렇게 전시농업정책에 적극 협력한 '동태적' 지주들에게 생산
투자에 상응하는 소작료의 인상을 허용하였다.

　　농장회사의 지주경영은 생산관계로 보면 어디까지나 금융착취와 결합된
봉건적 소작관계였다. 농장회사의 지주들은 초과이윤을 획득하려 식민지에
진출한 철두철미한 자본가들이었다.53) 그럼에도 불구하고 자신의 농장을
자본제적 방식이 아니라 임대차계약으로 위장한 봉건적인 소작제로 경영

52) 久間健一, 1943, 「巨大地主의 農民支配」 『朝鮮農政의 課題』; 洪成讚, 1986, 「日帝下 企業
　　家的 農場型 地主制의 存在形態-同福 吳氏家의 東皐農場 經營構造 分析」 『經濟史學』 10,
　　경제사학회; 1989, 「日帝下 企業家的 農場型 地主制의 歷史的 性格」 『東方學志』 63, 연세
　　대학교 국학연구원; 張矢遠, 1989, 「大地主의 農民支配의 構造와 性格-소작농의 '사실상
　　의 임노동자화' 문제를 중심으로-」 『日帝下 大地主의 存在形態에 관한 研究』, 서울대학
　　교 박사학위논문
53) 久間健一, 1943, 『朝鮮農政의 課題』, 14쪽, 淺田喬二, 1968, 『日本帝國主義와 舊植民地地主
　　制(제 3장 朝鮮에 있어 日本人大地主階級의 存在構造)』, 御茶의 水書房

한 이유는 일제의 독점자본이 한국농업을 지배하던 당시의 조건에서는 이 방식이 가장 높은 수익성을 보장하였기 때문이다.[54] 이러한 사실을 뒷받침하는 사례가 자본제적 경영을 지향했던 부농층의 농업경영이 거의가 몰락한 것이나, 수리사업과 개간으로 농장을 조성한 까닭에 자본제적 경영에 더 가까울 수밖에 없었던 불이흥업(不二興業)이 대공황기의 미가폭락을 감당하지 못하고 파산한 것,[55] 불이흥업과는 대조적으로 '숙전(熟田)'과 '양전(良田)'만을 매수하고 "토지매도인이나 매수지의 소작인을 계승 안주"시키면서 기존의 소작제도를 더욱 정치하게 강화시켜갔던 조선흥업(朝鮮興業)이 대공황기에도 큰 기복 없이 20%를 상회하는 수익률을 올린 것이다.

일제가 조선에서 실시한 전시 지주제 통제정책은 요컨대 지주제의 본질을 온존시키면서 지주경영을 전시동원에 적합하게 '동태화'시키는 정책이었다. 그러므로 전시지주정책을 통해 생산력을 향상시킨다 하나 그것은 곧 강압적으로 소작농의 농경비 지출을 증가시켜 생산력을 증진시키는 방안일 뿐이었고, 이 경우 지주에게는 소작료 인상을 허용하였다. 그러했던 까닭에 침략전쟁기에도 조선의 지주제는 유지되었고 자작농의 토지상실과 소작지 증가는 계속되었다.

IV. 일제 강점기 지주제의 성격규명 논쟁

한말 일제강점기의 사회변동 연구에서 농업변동과 농업·농민문제에 대

---

54) 張矢遠, 1983, 「日帝下 '經營型地主'範疇의 設定을 위한 問題提起」 『韓國放送通信大學論文集』 1; 金容燮, 1991, 「日帝强占期의 農業問題와 그 打開方案」 『韓國近現代農業史研究』, 一潮閣, 393~395쪽

55) 洪性讚, 1990, 「日帝下 金融資本의 農企業支配-不二興業(株)의 經營變動과 朝鮮殖産銀行-」 『東方學志』 65, 연세대학교 국학연구원

한 연구는 특히 중요한 비중을 차지한다. 한말의 근대변혁운동과 관련해서
는 봉건적인 농업 특히 봉건적인 토지소유의 개혁방안이 변혁운동의 성격
과 방향을 결정짓는 관건이 되었고, 그 차이에 따라 변혁세력이 분화되었
다.56) 또한 일제 침략과 관련해서는 일제의 식민정책이 종속적인 농공국제
분업관계를 창출하는 데서 시작되었던 까닭에 농업·농민문제는 민족문제
에서 가장 핵심적인 문제가 되지 않을 수 없었다. 그리하여 당시 민족해방
운동 진영에서는 "당면의 조선혁명의 역사적 내용은 농업혁명"이라 규정
하고, "농업문제의 철저한 민주주의적 해결과 모든 봉건적 유제의 소탕을
위한 투쟁"을 "제국주의 지배의 타도와 민족적 해방 획득을 위한 투쟁의
기초를 이루는 것"으로 위치지우기도 하였다.57)

그리하여 이 시기의 농업·농민문제 특히 그 핵심을 이루는 지주제에
대한 성격 규명은 민족해방운동에 참여한 당대의 사회운동가들과 실천적
지식인에 의해서는 물론이고, 분단의 극복과 민족사의 발전을 고민하였던
남북한의 학자나 사회운동가들에 의해서도 지속적으로 연구가 이루어졌다.

일제강점기 지주제에 대해 연구가 본격적으로 시도되고 최초의 논쟁이
일어난 것은 1930년대였다.58) 이 문제에 대해 먼저 견해를 밝힌 연구자는
박문규였다. 그는 토지조사사업에 대한 연구에서 이 사업을 통해 조선에서
봉건적 제한이나 속박이 철폐되고 근대적 토지소유제도가 수립되면서 조
선의 농업생산은 과거의 고립성을 급속히 상실하고 현저히 자본에 의해
지배받게 되었다고 주장하였다. 그러나 자본의 지배는 농업생산에서 자본
가적 생산방법을 발달시키기보다 오히려 반봉건적인 영세농과 소작관계를

---

56) 金容燮, 1988, 「近代化過程에서의 農業改革의 두 方向」 『한국자본주의성격논쟁』, 대왕
   사; 1991, 「朝鮮王朝 最末期의 農民運動과 그 指向」 『韓國近現代農業史硏究』, 一潮閣

57) 고경흠, 1930, 「朝鮮에 있어서의 農民問題」 『朝鮮問題』

58) 이윤갑, 2011, 앞 책, 서론

발달시킨다고 하였다. 즉, "자본주의적 중압의 농촌침입과정은 반봉건적 영세경작 기구를 강화하는 과정"이었고, 따라서 "토지영유의 근대적 성질과 상품적 화폐적 관계의 급속한 발전에도 불구하고 그 생산방법이 아직도 여전히 반봉건적인 방법에 종속되고 있다는 것이 조선에 있어서 농업 생산 발달의 한 주요 특징"이라 하였다.[59] 이러한 인식에 기초해 박문규는 자본주의적 소유관계(=생산관계)와 봉건적 수공업적 생산력=생산양식과의 대립을 조선 농촌의 본질적 모순으로 보았다.

박문규가 이러한 견해를 발표하자 인정식이 이를 비판하면서 논쟁이 시작되었다. 인정식은 이론적으로 볼 때 자본이 농업생산을 지배한다는 것은 농업의 생산관계가 자본제적으로 변화된다는 것을 의미한다고 주장하였다.[60] 인정식은 식민지화 과정에서 조선의 농업은 봉건적 생산관계를 영구히 극복, 지양할 수 없게 되어 조선 농촌의 봉건적 성질은 더욱 강화되었다고 주장하고, 그렇게 된 원인을 조선 농업과 일제의 독점자본의 결합에서 찾았다. 즉 일제하에서 조선의 농업은 봉건적 생산양식을 유지할 수 있는 전통적 조건을 상실하였지만 대신 일제의 독점자본과 결합하게 되면서 "독점자본과 봉건제가 상호 강화하는 관계"가 구조화되어 봉건성의 본질적 관계를 더욱 강고하게 유지 존속할 수 있게 되었다는 주장이다.[61] 인정식은 식민지하 조선사회를 자본제적 성격과 봉건적 성격이 구조적으로 결합되어 상보적으로 온존하는 사회로 이해한 것이다.

인정식이 이러한 견해를 발표하자 박문병이 이를 다시 비판하였다. 박문병은 『조선중앙일보』에 「농업조선의 검토」를 발표하고 조선 농업의 생산

---

59) 朴文圭, 1933, 「朝鮮土地調査事業의 特質-半封建的 土地所有制의 創出過程에 관한 分析」, 『李朝社會經濟史研究』, 京城大 法文學部論文集

60) 印貞植, 1937, 「土地所有의 歷史性-朴文奎氏에 對한 批判을 主로 하여」, 『朝鮮의 農業機構分析』, 白楊社, 239쪽

61) 印貞植, 1936, 「朝鮮農村經濟의 研究(7회)」『中央』(1936년 8월)

양식을 봉건적인 영세농적 형태로, 그 봉건성을 '잔재'가 아니라 '지배적인 것'으로 보아야 한다고 주장하였다. 그는 소작료 분석을 통해 조선 농업의 경제적 본질은 "자본가적 경제의 합법칙성에 의존하지 않고 봉건적인 경제외적 강제(자본에 의해 변색·변질되었지만)에 의존하는 반봉건적인 형태이며 따라서 지주-소작인 관계도 반봉건적인 관계"라 규정하였다.[62] 그러나 박문병은 조선 농업이 "봉건적 중세적 생활양식"에 머물러 있다는 사실과 "농촌에 있어서의 자본의 지배"와 "자본적 변질 굴곡"이 일어나는 것을 모순되게 보지 않았다. 그는 농업에 대한 자본의 지배를 농업에서 자본-임금-이윤의 3분할제가 실현되는 자본주의적 생산관계의 확립으로 보아야 한다는 인정식의 견해에 대해 "사적 유물론의 기계적 공식적 파악의 전형을 대표하는 것"이라 비판하였다.[63]

박문병은 일제의 자본수출은 식민지 초과이윤의 수탈을 목적으로 하는 것이고, 따라서 '농업에 대한 자본의 지배'가 자본제적 생산관계를 통해서만 이루어져야 할 필연성은 없다고 주장하였다. 제국주의 자본은 식민지 초과이윤의 수탈을 위해 자본제적 요소와 봉건적 요소를 병존시킬 수 있다고 본 것인데, 그는 이를 제국주의 자본의 이중성으로 설명하였다. 이러한 인식에 기초해 그는 토지조사사업의 의의도 생산자의 생산수단으로부터의 분리, 배타적인 일물일권의 확립, 토지의 상품화 등이 실현되는 토지소유관계의 확립에서, 달리말해 자본의 원시적 축적이 강렬하게 진행될 수 있는 역사적 계기를 마련했다는 점에서 찾았다.

박문병은 제국주의 자본의 지배가 농업에서 봉건적 생산관계를 유지시킬 수 있다고 본 점에서 인정식과 견해를 달리 했다. 인정식은 독점자본과의 결합이 봉건적 생산관계를 유지시키는 조건이 되었다고 보았다. 나아가

---

62) 朴文秉, 1936, 「農業朝鮮의 檢討(32회)」, 『朝鮮中央日報』(1936년 8월 1일)
63) 朴文秉, 1936, 「朝鮮農業의 構造的 特質」, 『批判』 4-9

박문병은 조선 농업의 봉건적 생산관계가 침입된 자본에 의해 "점차 자본적 제속성으로 분해 전화의 길을 걷고" 있다고 파악한 점에서도 조선 농업의 자본제적 발전 계기를 일체 배제하였던 인정식과 뚜렷한 대비를 이루었다. 요컨대 박문병의 논지는 조선의 사회적, 정치적, 경제적 현실을 핵심적으로 표현하는 정의는 "조선은 식민지이다"는 것이라 천명했던 데서 명확히 드러나듯이 조선사회를 제국주의 독점자본이 지배하는 식민지 자본주의 사회로, 따라서 농업에서의 봉건성도 제국주의 자본의 수탈성에 기인해 유지되고 있으나 점차 해체되어 가는 것으로 파악하는 것이었다.

 1930년대의 식민지 지주제의 성격규명을 둘러싼 논쟁은 해방 후 남한 학계의 일제 강점기 지주제 연구로 이어졌다. 남한학계에서 먼저 이 문제를 해명하려 했던 연구자는 김준보였다. 김준보는 일제하의 농업문제를 인식함에 있어 기본적으로 독점적 금융자본이 식민지를 전체적으로 지배하고 있다는 관점에서 출발하였다. 그는 지주제를 세력적 금융자본이 식량수집을 위해 소농을 지배하는 기구로 파악하였다. 즉 금융자본은 지주로부터 소농의 잉여노동인 지대의 일부를 수탈하는 존재였고, 이에 대응해 지주는 지대 수탈을 고율화하여 이를 보전하려 하였는데, 그것은 개별 지주가 자본운동의 일반법칙에 의하여 일반 산업투자보다 높은 수익률을 얻으려 하였기 때문이다. 김준보는 이러한 사회·경제적 계기 속에서 지주는 단순한 지대수취자로부터 자본가적 이윤추구자의 입장으로 전환되고, 그 과정에 수반해서 영세소작농이 노동자화하는 변화가 일어난다고 이해하였다. 그는 이러한 전환을 일본인 대농장 경영에서 포착하려 하였다.[64]

 김준보의 연구는 일제의 금융자본이 식민지 조선의 농업을 포괄적으로 지배하였고, 일제하의 농업변동이 전부 그로부터 기인하는 것이었음을 체

---

64) 金俊輔, 1967, 『農業經濟學序說』, 高麗大出版部, 292~316쪽

계적이고 일관된 논지로 폭넓게 해명하고자 하였다. 이 점이 그의 연구에
있어 주목할 만한 특징이었으며, 연구사적으로 보면 박문병의 문제의식을
발전시켰다고 할 수 있다. 그러나 그는 일제하의 조선의 지주제가 금융자
본의 지배를 계기로 자본제적 생산관계로 전화하는 과정에 있다고 파악한
점에서는 박문병과 견해가 달랐다.

　한편 같은 시기에 김용섭은 개별 지주가의 경영문서를 분석한 일련의
연구를 진행하였다.[65] 이 연구는 일제하 지주제의 역사적 성격과 관련해
중요한 두 가지 성과를 내었다. 하나는 일제하의 지주경영이 조선총독부의
식민지 농업정책과 그와 결합된 금융자본의 지배에 의해 직접적으로 영향
을 받으면서 변동하고 있고, 여기에 개별 지주들이 어떻게 대응하는가에
따라 지주경영의 성패가 좌우된다는 점을 해명한 것이다. 다른 하나는 비
록 부분적인 현상이지만 일제하에서 소작농을 노동자로 부리는 자본제적
지주경영이 출현하고 있음을 밝힌 것이다. 전라도 나주 이씨가의 지주경영
이 그것으로 김용섭은 이를 "자본가적인 기업농으로 전환 성장하고 있는
지주제"라 성격 짓고 이러한 성격의 지주층은 농촌사회에 적지 않았을 것
이며, "여기에 한말 일제하의 지주제나 농업체제는 일률적으로 봉건성으로
규정될 수 없는 소이가 있으며, 그것을 바탕으로 하면서도, 이 시기 농업체
제에는 근대로의 전환 과정을 전제로 하는 반봉건성·근대성이 지적될 수
있는 생산양식상의 한 근거가 있는 것"이라 하였다.[66]

　한편 일본학계에서는 아사다 쿄지(淺田喬二)가 일본의 식민지였던 대만·

---

65) 金容燮, 1968,「韓末 日帝下의 地主制-事例 1 江華金氏家의 秋收記를 通해 본 地主經營-」
『東亞文化』 11, 서울대 東亞文化研究所; 1972,「韓末 日帝下의 地主制-事例 2 載寧 東拓
農場에 있어서 地主經營의 變動-」『韓國史研究』 8.; 1976,「韓末 日帝下의 地主制-事例 3
羅州李氏家의 地主로의 成長과 그 農場經營」『震檀學報』 42; 1979,「韓末 日帝下의 地
主制-事例 4 古阜金氏家의 地主經營과 資本轉換-」『韓國史研究』 19
66) 金容燮, 1976, 앞 논문

조선·만주의 식민지 지주제를 비교 연구하면서 일제 강점기 조선에 진출한 일본인 농장지주의 지주경영을 식민지형 반봉건적 기생지주제로 규정하였다. 그는 일본제국주의의 식민지 지배가 "관치적 내지연장주의"였고, 따라서 일본의 토지정책이 식민지 지주제 일반·식민지 전체의 지주소작관계의 총체를 규정하였다고 보았다. 곧 조선의 식민지 지주제는 일본 지주제의 식민지 연장으로 당시 일본에 존속하고 있던 반봉건적 지주소작관계를 이용·재편성하여 식민지 조선에 재현한 것이라 하였다. 따라서 식민지 조선의 일본인 지주제는 반봉건적 지주제였고, 그 소작료 수탈은 경제외적 강제 곧 소작농민의 인격에 대한 직접적 권력을 매개로 실현되었던 것으로 식민지 조선에서 그 강제는 계급적 지배에 더해 민족적 지배가 중첩됨으로써 더욱 잔학하고 비인간적이었다고 서술하였다. 그는 일본제국주의의 식민지 지배권력이 지주들의 이러한 지배를 체제적으로 보증하였기 때문에 일본인 지주들이 농장 규모를 일관되게 유지하며 지속적으로 고율·고액소작료를 수탈할 수 있었다고 하였다.[67]

아사다의 이러한 주장에 대해 이의를 제기한 것은 미야지마 히로시(宮嶋博史)였다. 미야지마는 일제 강점기에 도바다와 와가와(山田龍雄)와 히사마 겐이찌(久間健一)가 주장한 지주제의 2유형론 곧 [조선인 지주 = 정태적 지주] [일본인 지주 = 동태적 지주] 양분론을 기본적으로 계승하면서도 조선인 지주 가운데도 동태적 지주로 분류되는 전북형 지주가 존재한다고 이의를 제기하였다. 히사마의 견해에 따르면 정태적 지주는 "이조의 양반귀족을 연원적 주류로 하는" 조선인 지주의 대표적 유형으로 지주경영에서 봉건적 족제적 성격이 두드러지고 지주가 지대수탈에만 치중하는 봉건적 지주제임에 비해 일본인 지주의 동태적 지주경영이란 지주가 농사경영

67) 淺田喬二, 1968, 앞 책

전반에 직접 개입함으로써 생산증대에 힘쓰는 기업가적 지주였다.[68] 히사마는 조선총독부의 식민농정은 정태적 지주를 동태적 지주로 전환시키는 것이라 주장하였고, 이는 중일전쟁 이후 조선총독부의 지주정책이 되었다.

먼저 미야지마는 [일본인 지주＝동태적 지주]론을 계승하는 입장에서 아사다의 반봉건지주제론을 비판하였다. 그는 식민지 조선의 "일본인 농장경영의 특징은 반봉건적인 소작인 지배라는 측면보다는 기업가적인 소작지배라는 측면이 강한 점에 있는 것이고, 그것에 반비례하여 소작인의 경영적 자립성이 상실되어 가는 것"이라 비판하였다. 말하자면 그는 동태적 지주경영에서 소작농을 생산수단에서 유리된 존재로, 경영자적 자립성을 상실하는 존재로 파악함으로써 일본인 농장지주를 기업가적 지주를 넘어, 자본제적 지주로까지 인식한 것이다. 미야지마는 여기서 더 나아가 일제 강점기 조선인 지주 가운데서도 동태적 지주군이 형성되고 있다고 주장하였다. 조선인 대지주 가운데서도 재래유형의 '경기형 지주'와 대비되는 '전북형 지주'가 그것으로, '전북형 지주'의 지주경영은 일본인 농장지주의 동태적 지주경영과 거의 유사하며, 심지어 일부 지주는 일본인을 본 따 회사조직의 농장 형태로 바꾸기도 하였다는 것이다. 미야지마는 조선토지조사업을 집중적으로 연구하여 이 사업이 구래의 특권적 양반지주의 온존이라는 성격보다 오히려 조선 후기 이래 상품화폐경제의 발전에 수반해 성장해 온 새로운 형의 지주제 발전에 토지변혁이었다는 견해를 밝힌 바 있다. 그는 일본인 지주뿐만 아니라 조선인 지주 가운데서 기업가적 지주, 자본제적 지주라 할 '전북형 지주'가 형성됨을 주장함으로써 자신의 이러한 주장을 뒷받침하려 하였다.

---

68) 宮嶋博史, 1982, 「植民地下朝鮮人大地主の存在形態に關する試論」『朝鮮史叢』 5・6; 1984, 「朝鮮史研究と所有論」『人文學報』167, 東京都立大學; 1993, 「朝鮮における植民地地主制の展開」『近代日本と植民地(3) : 植民地化と産業化』, 岩波書店

　이와 같이 일제 강점기 지주경영에서 자본주의 발전에 주목하는 연구가
진행되는 가운데 1980년대 중반 안병직, 장시원 등이 지주제의 반봉건적
성격을 부각시키는 식민지반봉건사회론을 주장하였다.[69] 이들의 식민지반
봉건사회론은 식민지 사회의 특수성을 해명하기 위해 종속이론의 주변부
자본주의론과 고다니 마사유키(小谷汪之)와 카지무라 히데키(梶村秀樹)의 이
론을 혼성하여 만든 새로운 사회구성체론이었다.[70] 이 견해에 따르면 식민
지반봉건사회는 반봉건제를 경제적 토대로 하는 사회구성체로서 반봉건제
의 '반'은 세계자본주의에 의한 규정성을 의미하며, 자본주의에 가장 적합
하게 순응할 수 있는 전자본제적 관계로 규정된다.[71] 고다니에 의하면 반
봉건제는 식민지의 전근대적 생산관계가 세계자본주의에 규정되어 근대법
적, 사적 소유권의 승인을 거치게 되면서 확립되는 것으로 봉건제와는 아
무런 관련이 없는, 달리 말해 세계자본주의에 의해 '창출된' 식민지에 고유
한 독자적인 생산양식이었다. 이 이론은 일제하의 지주적 토지소유를 일본
제국주의의 지배 하에서 일정한 자본제적 관계를 전제로 법적, 형식적으로
는 근대적 관계 하에서 성립되는 식민지사회에 고유한 전자본제적 토지소
유로, 즉 반봉건적 토지소유로 규정한다. 식민지반봉건사회에서도 자본제
생산양식이 발전하지만 그 발전은 전반적으로 제한되어 부차적인 우클라
드 이상이 되지는 못하며, 반봉건적인-자본주의도 아니고 봉건제도 아닌-
우클라드인 식민지 지주제가 지배적인 우클라드가 된다.[72]

---

69) 정태헌, 1987, 「최근의 식민지시대 사회구성체론에 대한 연구사적 검토」, 『역사비평』 1

70) 안병직, 1985, 「조선에 있어서 (반)식민지·반봉건사회의 형성과 일본제국주의」, 『한국근
　　대사회와 제국주의』, 삼지원; 장시원, 1984, 「식민지반봉건사회론」, 『한국자본주의론』,
　　까치; 이헌창, 1984, 「8·15의 사회경제사적 인식」, 『한국자본주의론』, 까치; 許粹烈,
　　1986, 「韓國近代社會의 構造와 性格」, 『第 29回 全國歷史學大會 發表要旨』

71) 小谷·梶村의 식민지반봉건사회론에 관한 논문은 "장시원 편역, 1984, 『식민지반봉건사
　　회론』(한울)"에 수록되어 있다. 이들의 이론에 대한 정리와 비판은 "이병천, 1987, 「식
　　민지반봉건사회구성체론의 이론적 제문제」, 『산업사회연구』 2"에 의거하였다.

이 이론에 입각해 장시원은 일제하의 대지주를 비록 생산관계에서는 반봉건성을 고수하지만 근대 기업의 관리방식과 유사한 소작농 관리제도를 도입하고 자본주의적 상품유통에 적합한 유통기구를 갖추며 주식 매입에 투자하면서 근대적 기업가로 변신해 가는 존재로 파악하였다.[73]

식민지반봉건사회론이 주장되자 즉각 여기에 대한 이론적 비판이 제기되었다.[74] 식민지반봉건사회론에 대한 비판은 먼저 이러한 사회구성의 토대가 되는 '반봉건제'라는 독자적인 생산양식이 이론적으로 성립 가능한가 하는 점에 모아졌다. 그것이 성립 가능하려면 '반봉건제'에 고유한 "소유연관(잉여노동의 수탈과정)과 물질적 전유연관(노동과정) 및 그 결합을 이론적"으로 구성할 수 있어야 하며, 그것에 고유한 운동법칙이 존재해야 한다.[75] 그러나 식민지반봉건사회론에서는 이러한 이론구성이나 운동법칙의 정립이 불가능하다는 것이었다. 다음으로 토대와 상부구조의 비조응성, 즉 식민지성과 반봉건제의 비조응성이 문제로 제기되었다. 식민지에서 식민지 권력과 토대가 조응하지 못하는 것은 일반적인 현상이라 할 수 있지만 문제는 과연 식민지사회를 하나의 독자적인 사회구성체로 파악할 수 있는가 하는 점이었다. 여기에 대해서는 식민지 권력은 식민모국으로부터 이식된 것이며, 민족국가와 같은 의미에서의 '상대적 자율성'을 갖지 못하는 것이고, 따라서 그것은 모국 국가기구의 일부, 그 식민지적 외연부로 이해하는 것이 타당하다는 비판이 제기되었다. 이러한 비판으로 식민지반봉건사회론

---

72) 梶村秀樹, 1984, 「구식민지사회구성체론」, 『식민지반봉건사회론』, 한울
73) 張矢遠, 1987, 「日帝下 朝鮮人大地主의 資本轉換에 관한 硏究-全南의 50町步 이상 土地所有者를 중심으로-」 『論文集』 7, 韓國放送通信大學
74) 박현채, 1985, 「현대한국사회의 성격과 발전단계에 관한 연구(I)-한국자본주의의 성격을 둘러싼 종속이론 비판-」 『창작과 비평』 57; 1983, 「토론-식민지반봉건사회론의 쟁점」 『산업사회연구』 1; 이병천, 1987, 앞 논문; 정태헌, 1987, 앞 논문
75) 이병천, 1987, 위 논문, 35쪽

이 사회구성체론으로 성립할 수 없게 되자 장시원은 식민지반봉건사회론을 철회하였다.[76] 그러나 장시원은 일제 강점기 지주제가 반봉건제를 본질로 한다는 입장을 고수하였다.[77]

한편 홍성찬은 전남 화순의 동복 오씨가의 지주경영문서를 분석하여 1920년대 중엽부터 이 집안의 지주제가 농장경영 방식으로 전환되었음을 밝히는 연구를 발표하였다. 이 연구에 따르면 오씨가는 개항기에 오자섭의 상업활동으로 부를 축적하여 대지주로 성장하였고, 1920년대에 그 아들이 지주경영에 참여하여 지주제에 농장경영방식을 도입하면서 1940년대 초에 이르면 경지 428정보, 임야 1,355정보를 소유한 거대지주로 성장하였다. 이 집안이 일제 강점기 거대지주로 성장할 수 있게 한 관건은 식민지 은행자본을 부의 증식에 적극 활용하고 생산·유통·금융부문의 다각화와 합리적 결합에 의해 전체 농장을 효율성을 제고하는 기업가적 자본제적 지주경영이었다. 이 농장의 지주소작관계는 단순히 소작료에만 기생하는 종래의 소작경영방식에서 벗어나 근대적 노무관리 방식에 의해 소작인을 합리적 과학적으로 선발·관리·통제하였고, 생산·유통·분배 모든 면에서 소작인을 지도하고 간섭하였다. 그리하여 결국 농장소작인은 그 외형 여하와 상관없이 경영상의 자립성을 상실하고 사실상의 농업노동자적 존재가 되었다는 것이다. 요컨대 동복 오씨가 지주제 농장의 경영방식이나 지주소작관계가 근대적 자본제적 기업 경영이나 노무관계와 다를 바 없다는 것이다. 홍성찬은 이러한 지주를 '기업가적 농장형 지주'라 부르고, 이런 유형의 지주는 일제 강점기에 늘어만 가고 있던 기업가적 거대 농장 지주경

---

76) 張矢遠, 1987, 「韓國近代史에 있어서 '植民地半封建社會論' 適用을 둘러싼 理論的 實證的 諸問題」『趙璣濬敎授華甲記念論文集』, 大旺社

77) 장시원, 2003, 「일제하 지주의 유형과 성격」『한국 농업구조의 변화와 발전』, 한국농촌경제연구원.

영에서 수시로 볼 수 있는 현상이라 주장하였다.[78]

미야지마 히로시와 홍성찬은 일제 강점기 지주제 가운데서 생산성이나 수익성에서 가장 높았던 것이 일본인 자본가의 기업가형 농장지주제였고, 그 지주제는 금융자본 및 자본주의 시장경제와 유기적으로 결합하여 기업가적 이윤을 추구하였고, 그 소작관계 또한 소작농이 경영상의 자립성을 상실하고 사실상 농업노동자로 전락한 사실상 자본제적 노무관계와 다를 바 없다고 보았다. 그들은 일본인 대지주들의 농장에서 일반화되었던 이러한 지주경영이 1920년대 이후 조선인 대지주 가운데로 확산되어 1930년대가 되면 이른바 조선인 지주 가운데서도 '전북형 지주' 또는 '기업가적 농장형 지주'라는 독자적 범주를 형성할 정도로 확대되어 갔다고 파악하였다. 이러한 견해는 한말 조선농업의 지배적 생산관계였던 반봉건적 지주제가 일제 강점기에 자본제적 농장으로, 따라서 봉건적 소생산방식에 의거하던 조선농업이 일제의 식민지 지배를 거치면서 자본제적 농기업체제로 이행하는 것으로 보는 것이었다.

V. 연구 과제

지금까지의 연구 성과에 따르면 18 · 19세기 조선에서는 관료-양반 지주들에게 경작농민이 인신적으로 예속되었던 농장적 전호관계와는 다른 새로운 유형의 지주제 곧 비특권 서민지주와 상대적으로 자유로운 소작인이 경제적으로 결합하는 병작제가 발전하였다. '근세적 지주제'의 성립으로

---

78) 홍성찬, 1986,「일제하 기업가적 농장형지주제의 존재형태 : 동복 오씨가의 동고농장 경영구조 분석」,『경제사학』 10; 1986,「한말 · 일제하의 지주제연구 : 보성 이씨가의 지주경영사례」,『동방학지』 53, 연세대학교 국학연구원

불리기도 하는 이러한 변화는 개항 이후 신분해방을 추구하는 반봉건투쟁이 발전하고 곡물무역이 확대되는 가운데 대한제국이 위로부터 근대화 정책을 추진하면서 더욱 확대되었다.

러일전쟁 이후 일제는 한국을 식민지로 강점하면서 지주제를 매개로 한국 농업과 농민을 수탈하는 식민정책을 펼쳤고, 이를 계기로 이른바 '근세적 지주제'는 한국농업에서 지배적 생산관계로 확립되었다. 일제는 이를 법제적으로 뒷받침하기 위해 토지조사사업을 실시해 근대적 토지소유권을 확립하였고, 아울러 조선민사령을 공포해 지주소작관계를 임대차관계로 정립하였다.

일제 강점기 농업의 지배적 생산관계였던 지주제 성격에 대해서는 봉건파와 자본파가 1930년대부터 최근에 이르기까지 논쟁을 벌여왔다. 근년의 연구에서는 상대적으로 자본제론을 주장하는 연구가 많았는데 이 연구들은 한국의 식민지 지주제가 산미증식계획을 계기로 일본제국주의 자본축적 구조에 실질적으로 포섭되었고, 그 과정에서 일본인 대농장은 물론이고 조선인 대농장에서도 지주가 자본제적 농기업가로, 소작농이 경영상의 자립성을 상실한 사실상 임노동자로 전환하여 지주제농장의 내실은 자본제적 농기업으로 발전하였다고 주장하였다.

이상의 연구 성과를 바탕으로 개항에서 일제 강점기의 지주제의 실상에 대한 이해를 심화하기 위해서는 첫째, 개항이후 한말까지 서민지주제 혹은 '근세적 지주제'가 발달할 수 있는 소농민경영의 재생산 구조에 대한 연구가 이루어질 필요가 있다.

지주와 소작인이 인신적 예속관계가 아니라 경제적 관계로 결합하는 새로운 병작제 곧 서민지주제는 18세기 말 19세기 초에 출현한다. 그 이전의 생산관계는 특권 관료-양반층이 인신적 지배를 매개로 전호농민을 수탈하는 봉건적 지주제였다. 봉건적 지주제 하의 전호농민은 생산력과 신분상

제약으로 자신의 소경영을 자립적으로 재생산하기가 불가능하였다. 전호농
민의 소경영은 반드시 산림 및 수리시설 등을 공유하는 촌락 또는 동족공
동체 등의 공동적 관계를 필요로 했고, 농경작업 자체도 적기를 맞추기 위
해서는 공동적 노동조직을 이용하여야 했다. 말하자면 전호농민의 소경영
은 공동체 소유 자원인 산림·수리시설과 공동노동조직 그리고 응급한 필
요를 지원하는 상호부조나 계 조직 등과 결합함으로써만 재생산을 이어갈
수 있었다. 중세사회에서는 이러한 공동체 자원은 대부분 동족 공유의 문
중재산이나 시설이었고, 그 관리 및 처분권은 문중의 양반지주층 수중에
장악되어 있었다. 양반지주층은 이러한 자원이나 시설을 이용해 자신의 소
유지에서 농경이 안정적으로 이루어질 수 있는 사회 경제적 환경을 조성
하고 동시에 전호농민에 대한 지배를 강화하였다.[79]

그러나 공동체 자원이나 공동체의 안정을 위한 상호부조 시설이나 조직
은 그 운영이 반드시 계급적 이해만을 쫓는 방식으로 이루어지지는 않았
다. 그 운영은 부락의 유력자층이 관장하였고, 그들은 대부분 계급적으로
는 양반지주층이지만 사상적 학문적으로는 성리학적 도덕과 윤리를 향촌
사회에서 구현하고자 하였던 유학자들이었다. 이들은 가급적 계급적 이해
를 초월해 성리학적 도덕과 윤리성에 의거해 공동체 자원과 시설, 조직들
을 운영하려 하였고, 그렇게 할수록 그들은 전호농민들로부터 지주계급이
아니라 마을 공동의 생존이 안정되도록 뒷받침하는 공동체 수장 또는 후
견인으로서의 권위를 인정받고 존경 받았다. 유학자로서의 이러한 성향은
이들의 지주경영에서도 찾아 볼 수 있었다. 양반지주층의 지주경영에서 흔
히 목격되는 온정주의가 그것이었다. 이러한 관계는 지주전호간의 경제적
대립이 계급적 갈등으로 발전하지 않게 완충기능을 담당하였다. 조선시기

---

79) 金鴻植, 1981, 『朝鮮時代 封建社會의 基本構造』, 博英社, 277~294쪽

피지배층의 반봉건투쟁이 국가의 부세수탈의 모순에 저항해 격렬하게 전개된 것과는 대조적으로 지주 수탈에 저항하는 계급투쟁이 미약했던 것은 전호경제의 이러한 재생산체계와 관련이 있었다.

그렇다면 18세기 후반 이래로 발달하기 시작한 서민지주제의 경우 병작(소작)농민의 소경영은 어떠한 방식으로 재생산되었던가? 기존의 소경영의 재생산 체계를 공유하면서 이루어졌던가? 아니면 새로운 재생산체계를 형성해 가고 있었던가? 이 문제는 일차적으로 개항기에 특히 발달한 비특권 서민지주제의 역사적 성격을 규명하기 위해서, 나아가 개항 이후 전개된 척사위정운동과 의병운동, 동학농민전쟁 등의 민족운동을 이해하기 위해서도 반드시 해명될 필요가 있다. 이와 관련해 서민지주의 발달을 이론화하였던 허종호의 언급은 자못 주목된다. 그는 『조선봉건말기의 소작제 연구』 머리말에서 다음과 같이 언급하였다.

> "본 논문은 소작제 발전에서의 새로운 변화의 연구에만 치중한 것만큼 편의상 새로운 현상이 발생된 지역에 국한하여 집중적으로 부각시키는 방법으로 고찰하였다. 그렇게 관찰된 일부 지역에서 나타난 새 경향들은 모두가 근대적 경영 방식에로 지향하고 있는 변화임에 틀림이 없었지만 그것은 자본가적 경영 방식에로 이행하지는 못하였으며 아직도 봉건적 토지 소유제 자체 변화의 범위를 벗어나지 못하였다는 것을 서두에 강조한다."[80]

곧 이 연구는 소작제에서 새로운 현상이 발생한 지역에 국한해 그 변화를 집중적으로 부각시키는 방식으로 연구를 진행하였고, 그런 까닭에 생산관계에서의 변화 곧 특권지주에 인신적으로 예속된 병작관계에서 비특권 서민지주와 상대적으로 자유로운 소작인이 경제적으로 결합하는 새로운 병작관계 곧 서민지주제의 발생을 부각시키는 데 집중하였을 뿐 소경영의

---

80) 허종호, 1965, 앞 책, 머리말

재생산체계 전체의 변화를 해명하는 데까지 연구를 확대하지는 못하였다는 것이다. 그러면서 그는 서민지주의 경영방식이 자본가적 경영방식으로 이행한 것은 아니며, 그것 또한 봉건적 토지 소유제 자체의 변화 범위 내의 것이라는 점을 강조함으로써 소경영의 재생산체계에 근본적인 변화가 없었음을 시사하였다.

둘째로 개항 이후 한말까지의 지주제의 발달을 연구하기 위해서는 유통경제발달의 지역 편차를 지주제 변화와 연관해 해명하는 것이 필요하다. 일제가 한국을 강점하고 거의 모든 농촌지역을 망라할 수준으로 철도와 도로망을 조밀하게 구축하기 전까지는 유통경제의 발달이 지역별로 큰 편차를 보였다. 한말까지 대부분의 농촌지역에서 지주제가 지배적 생산관계였지만 그 모두에서 서민지주제가 발달할 수 있었던 것은 아니었다. 비특권적인 서민지주제가 발달할 수 있었던 곳은 강과 바다의 수운을 이용해 유통경제를 발달시킬 수 있었던 지역에 한정되었다.

한말의 지주제 연구는 유통경제가 발달한 지역의 지주제의 변화나 개별 지주경영 사례를 대상으로 한 경우가 대부분이었고, 이 시기 지주제 일반의 변동 또한 그 연구에서 얻어진 결론에 의거해 파악하는 방식을 따랐다. 이러한 이해는 지주제 발달의 새로운 방향을 파악할 수 있는 장점이 있지만 동시에 당해 시기 지주제 변동의 객관적 실상과는 다소 거리가 있고, 따라서 그 시기에 전개된 다양한 민족운동의 사회경제적 성격을 이해하는 데 혼란을 초래할 우려가 있다.

일제 강점기의 지주제 연구에서는 지주제 성격 논쟁의 핵심 쟁점이 되었던 일본인 또는 조선인 대농장의 지주 소작관계 해명이 우선적인 과제이다. 이는 일제 강점기의 사회경제적 변동을 해명하기 위해 필수적이지만 나아가 해방 후 농지개혁 및 농업개혁의 과제와 방향에도 직결되는 문제이다. 대농장의 지주 소작관계를 자본제적 노무관계로 파악하는 자본파는 그 주된 논거를 지주들이 식민지 은행자본에 의해 경영을 통제받으면서 영리를 추구하는 기업가로 전환해 소작농의 선발과 생산·분배·유통의 전과정을 지도·통제함으로써 이윤 극대화를 추구하고 있다는 점과 이에 따라 소작농 또한 경영상의 자립성을 상실하고 실질적인 임노동자화하고 있다는 점에서 찾는다.

그러나 이 시기 지주제를 반봉건제라 인식하는 연구자들은 자본파의 이러한 인식에 대해 영리 추구를 목적으로 한 소작농 통제강화를 자본제적 노무관계와 등치시키는 것은 오류라고 비판한다. 이 견해에 따르면 대농장 지주들은 대다수가 지주경영의 주체이면서 동시에 상업·금융업·산업자본 등의 투자자나 경영자로 영리활동을 전개하고 있었다. 그러나 그들은 비록 모든 경제활동에서 영리를 우선적 목표로 추구하고 있지만 반드시 자본제적 방식만을 고수하지는 않았고, 반봉건적 방식이 보다 높은 이윤을 얻을 수 있는 조건이라면 주저 없이 그 방식을 택하였다는 것이다. 그런 까닭에 농장형 지주가 기업가적 영리욕으로 소작농에 대한 통제를 강화한 것이 반드시 지주소작관계를 자본제적 생산관계로 전환시킨 것은 아니라고 비판한다. 봉건파는 대농장 지주가 소작농에 대한 통제를 강화한 것은 지주적 착취강화와 안정적 수취를 도모하는 방법이었을 뿐이고, 그들 또한 본질적으로는 기생적 지주 내지 반봉건적 지주의 성격을 벗어나는 것은 아니라고 주장하였다. 다시 말해 지주소작관계에서는 지주가 생산·분배·유통의 모든 부문에서 통제를 강화한다 하더라도 소작경영의 책임은 전적으로 소작인 또는 소작농가에 있고, 소작인은 계약한 지대를 차질 없이 납부할 것을 요구받는다. 이러한 관계는 자본가가 경영의 모든 책임을 지고 계약한 임금을 주고 노동자를 고용해 부리는 자본제적 노무관계와는 본질적으로 다르다는 것이다.

다음으로 도바다와 오가와 히사마 겐이찌 등이 주장한 「일본인 지주

=동태적 지주·기업가적 지주」라는 범주 구분에 대해서도 실체 파악이 필요하다. 1930년대 중반 이들이 주장한 동태적 지주론은 조선총독부의 식민지 농정관을 반영하고 대변하는 주장이었으며, 당대 지주제의 객관적 실상에 근거한 범주구분이라 보기 어렵다. 당시 우가키 총독은 농촌진흥운동을 조만간 중국 전역으로 확대될 일제의 침략전쟁에 대비해 전쟁동원체제로 전환하는 정책으로 추진하였고, '동태적 지주론'은 이러한 정책전환을 뒷받침하는 식민지 농정론이었다. '동태적 지주론'은 중일전쟁 나아가 태평양전쟁시기 조선총독부의 일관된 전시농정의 방향이었다. 조선총독부의 '동태적 지주론'은 보다 치밀한 소작농 생활 전반에 대한 통제와 관리로 농촌 및 농민통제를 강화해 전쟁동원에 필요한 치안상태를 유지하고 동시에 생산·분배·유통에 대한 적극적 통제로 농업에서 군수품 생산과 동원을 극대화하려는 식민지 전시농정론이었다. 그러했던 까닭에 「일본인 지주=동태적 지주·기업가적 지주」라는 등식은 객관적 실상과 거리가 있었다.

실제 1930년대 지주제 구성의 변동을 보면 대지주 경영은 일본인 조선인 모두에서 정체하고 대신 일본인 중소지주가 증가하는데 이들 중소지주는 대부분이 도시에서 상업이나 금융업을 경영하는 사업가들이었다. 이들 중소지주는 대부분이 부재지주로 대농장지주와는 농장경영 방식이 달랐고, 전형적인 기생지주에 가까웠고 다만 소작인 지배에서 보다 철저히 영리적이었다고 할 수 있었다. 따라서 「일본인 지주=동태적 지주·기업가적 지주」론은 객관적 실상과는 거리가 있는 주장으로 비판받아야 하며, 이와 연관해 1930년대 이후 조선의 지주제가 점차 동태적 지주·기업가적 지주경영으로 이행해 갔다고 보는 견해는 재검토가 필요하다.

참고문헌

金容燮, 1984, 『韓國近代農業史研究(增補版 上)』, 一潮閣

金俊輔, 1967, 『農業經濟學序說』, 高麗大出版部

金鴻植, 1981, 『朝鮮時代 封建社會의 基本構造』, 博英社

김홍식 외, 1990, 『대한제국기의 토지제도』, 민음사

박 섭, 1997, 『한국근대의 농업변동-농민경영의 성장과 농업구조의 변동-』, 일조각

吳知泳, 1975, 『東學史』, 민학사

이송순, 2008, 『일제하 전시 농업정책과 농촌 경제』, 선인

이윤갑, 2011, 『한국 근대 상업적 농업의 발달과 농업변동』, 지식산업사

_____, 2013, 『일제강점기 조선총독부의 소작정책 연구』, 지식산업사

정연태, 2014, 『식민권력과 한국농업-일제식민농정의 동역학-』, 서울대학교출판문화원

한국역사연구회 근대사분과 토지대장연구반, 1995, 『대한제국의 토지조사사업』, 민음사

韓㳒劤, 1971, 『東學亂 起因에 관한 硏究-그 社會的 背景과 三政의 紊亂을 중심으로-』,
　　　　서울대한국문화연구소

허종호, 1965, 『조선봉건말기의 소작제 연구』, 사회과학원출판사

洪性讚, 1992, 『韓國近代農村社會의 變動과 地主層』, 지식산업사

久間健一, 1943, 『朝鮮農政의 課題』, 成美堂

文定昌, 1942, 『朝鮮農村團體史』, 日本評論社

小野寺二郎, 1943, 『朝鮮의 農業計劃과 農産擴充問題』

林炳潤, 1971, 『植民地에 있어서 商業的 農業의 展開』, 東京大學出版會

朝鮮總督府, 1932, 『朝鮮의 小作慣行(下卷 參考編)』

楫西光速 外, 1959, 『日本資本主義의 發展』, 東京大學出版會

淺田喬二, 1968, 『日本帝國主義와 舊植民地地主制』, 御茶의水書房

河合和南, 1986, 『朝鮮에서 産米增殖計劃』, 未來社

暉峻衆三, 1969, 『日本農業問題의 展開(上)』, 東京大出版會

暉峻衆三 편, 1981, 『日本農業史-資本主義의 展開와 農業問題-』, 東京大出版會

金建泰, 1999, 「1743-1927년 全羅道 靈巖 南平文氏 門中의 農業經營」 『大同文化研究』
　　　　35, 성균관대학교 대동문화연구원

김영숙, 1964, 「개화파 정강에 대하여」 『김옥균』, 사회과학원역사연구소

金容燮, 1968,「光武年間의 量田·地契事業」『亞細亞研究』 31

_____, 1968,「韓末 日帝下의 地主制-事例 1江華金氏家의 秋收記를 通해 본 地主經營-」『東亞文化』 11, 서울대 東亞文化研究所

_____, 1972,「18·19세기의 農業實情과 새로운 農業經營論」『大同文化研究』 9, 성균관대학교 대동문화연구원

_____, 1972,「韓末 日帝下의 地主制-事例 2 載寧 東拓農場에 있어서 地主經營의 變動-」『韓國史研究』 8

_____, 1974,「甲申·甲午改革期 開化派의 農業論」『東方學志』 15, 연세대학교 국학연구원

_____, 1976,「韓末·日帝下의 地主制-事例 3 羅州 李氏家의 地主로의 成長과 農場經營-」『震檀學報』 42, 진단학회

_____, 1977,「韓末·日帝下의 地主制-事例4 古阜 金氏家의 地主經營과 資本轉換-」『韓國史研究』 19, 한국사연구회

_____, 1984,「韓末 高宗朝의 土地改革論」『東方學志』 41, 연세대학교 국학연구원

_____, 1984,「朝鮮後期의 賦稅制度 釐整策」『韓國近代農業史研究(增補版 上)』, 一潮閣

_____, 1988,「近代化過程에서의 農業改革의 두 方向」『한국자본주의성격논쟁』, 대왕사

_____, 1991,「日帝强占期 農業問題와 그 打開方案」『東方學志』 73, 연세대학교 국학연구원

_____, 1992,「朝鮮王朝 最末期의 農民運動과 그 指向」『韓國近現代農業史研究』, 一潮閣

_____, 1992,「日帝의 初期 農業殖民策과 地主制」『韓國近現代農業査研究』, 一潮閣

梶村秀樹, 1984,「구식민지사회구성체론」『식민지반봉건사회론』, 한울

朴基炷, 2001,「19·20세기초 在村兩班 地主經營의 動向」『맛질의 농민들』, 一潮閣

박 섭, 1988,「식민지조선에 있어서 1930년대 농업정책에 관한 연구」『한국근대농촌사회와 농민운동』, 열음사

朴贊勝, 1983,「韓末 驛土·屯土에서의 地主經營의 강화와 抗租」『韓國史論』 9, 서울대 국사학과

박현채, 1983,「토론-식민지반봉건사회론의 쟁점」『산업사회연구』 1

_____, 1985,「현대한국사회의 성격과 발전단계에 관한 연구(I)-한국자본주의의 성격을 둘러싼 종속이론 비판-」『창작과 비평』 57

裵英淳, 1987,「韓末·日帝初期의 土地調査와 地稅改正에 關한 研究」, 서울대학교 박사학위논문

愼鏞廈, 1984,「두레공동체와 農樂의 社會史」『한국사회연구』 2, 문학과지성사

_____, 1985,「金玉均의 開化思想」『東方學志』 46·47·48

_____, 1985, 「甲午農民戰爭 시기의 農民執綱所의 활동」 『한국문화』 6

_____, 1987, 「甲午農民戰爭과 두레와 執綱所의 폐정개혁」 『韓國社會史研究會論文輯』 8, 문학과지성사

안병직, 1985, 「조선에 있어서 (반)식민지·반봉건사회의 형성과 일본제국주의」 『한국 근대사회와 제국주의』, 삼지원

왕현종, 1997, 「19세기 후반 地稅制度 改革論과 甲午改革」 『韓國 近現代의 民族問題와 新國家建設』, 知識産業社

이경희, 1991, 「1930年代 小作爭議 硏究-조선農地令과의 聯關性을 中心으로-」, 충남대 대학원

李基勳, 1995, 「1910~1920년대 일제의 農政 수행과 地主會」 『韓國史論』 33, 서울大學校 國史學科

이병천, 1987, 「식민지반봉건사회구성체론의 이론적 제문제」 『산업사회연구』 2

李愛淑, 1984, 「日帝下 水利組合事業의 전개와 地主制의 강화」, 서울대학교 석사학위 논문

李榮薰, 1985, 「開港期 地主制의 一存在形態와 그 停滯的 危機의 實相-」 『經濟史學』 9-1, 경제사학회

_____, 1999, 「湖南 古文書에 나타난 長期趨勢와 中期波動」 『호남지방 고문서 기초연구』, 한국정신문화연구원

李潤甲, 1991, 「개항~1894년의 농민적 상품생산의 발전과 갑오농민전쟁-경북지방의 농업변동을 중심으로」 『계명사학』 2, 계명사학회

_____, 1991, 「1894-1910년의 상업적 농업의 변동과 지주제」 『韓國史論』 25, 서울대 국사학과

李潤甲, 2007, 「우가키 가즈시게 총독의 시국인식과 농촌진흥운동의 변화」 『대구사학』 87, 대구사학회

이헌창, 1984, 「8·15의 사회경제사적 인식」 『한국자본주의론』, 까치

李賢玉, 1985, 「일제하 1930년대 농촌진흥운동에 관한 연구」, 서울대학교 석사학위논문

張矢遠, 1983, 「日帝下 '經營型地主'範疇의 設定을 위한 問題提起」 『韓國放送通信大學論文集』

_____, 1984, 「식민지반봉건사회론」 『한국자본주의론』, 까치

_____, 1987, 「日帝下 朝鮮人大地主의 資本轉換에 관한 硏究-全南의 50町步 이상 土地所有者를 중심으로-」 『論文集』 7, 韓國放送通信大學

_____, 1987, 「韓國近代史에 있어서 '植民地半封建社會論' 適用을 둘러싼 理論的 實證的 諸問題」 『趙璣俊教授華甲記念論文集』, 大旺社

_____, 1989, 「日帝下 大地主의 存在形態에 관한 硏究」, 서울대학교 박사학위논문

_____, 2003, 「일제하 지주의 유형과 성격」『한국 농업구조의 변화와 발전』, 한국농촌
경제연구원

田剛秀, 1989, 「日帝下 水利組合事業과 植民地地主制」『韓國近代經濟史硏究의 成果』. 형
설출판사

鄭文鍾, 1993, 「1930年代 朝鮮에서의 農業政策에 관한 硏究-農家經濟安定化政策을 中心
으로-」, 서울대학교 박사학위논문

鄭勝振, 1998, 「19-20세기 전반 農民經營의 變動樣相」『經濟史學』 25, 경제사학회

鄭然泰, 1988, 「1910년대의 日帝의 農業政策과 植民地地主制」『韓國史論』 20, 서울大學
校 國史學科

_____, 1990, 「1930년대 '조선농지령'과 일제의 농촌통제」『역사와 현실』 4

_____, 1994, 「일제의 한국 농지정책(1904~1945)」, 서울대학교 박사학위논문

정태헌, 1987, 「최근의 식민지시대 사회구성체론에 대한 연구사적 검토」『역사비평』 1

池秀傑, 1982, 「1932~35년간 朝鮮農村振興運動-運動의 體制安定化政策的 측면에 대한
연구-」, 고려대학교 석사학위논문

崔元奎, 1994, 「韓末 日帝初期 土地調査와 土地法 硏究」, 연세대학교 박사학위논문

_____, 1995, 「대한제국기 양전과 관계발급사업」『대한제국의 토지조사사업』, 민음사

韓道鉉, 1985, 「1930년대 농촌진흥운동의 성격에 관한 연구」, 서울대학교 석사학위논문

許粹烈, 1986, 「韓國近代社會의 構造와 性格」『第 29回 全國歷史學大會 發表要旨』

洪成讚, 1986, 「日帝下 企業家的 農場型 地主制의 存在形態-同福 吳氏家의 東皐農場 經營
構造 分析-」『經濟史學』 10

_____, 1986, 「한말·일제하의 지주제연구 : 보성 이씨가의 지주경영사례」『동방학지』
53, 연세대학교 국학연구원

_____, 1989, 「日帝下 企業家的 農場型 地主制의 歷史的 性格」『東方學志』 63, 연세대학
교 국학연구원

_____, 1990, 「日帝下 金融資本의 農企業支配-不二興業(株)의 經營變動과 朝鮮殖産銀行-」
『東方學志』 65, 연세대학교 국학연구원

姜在彦, 1970, 「開化思想·開化派·甲申政變」『朝鮮近代史研究』, 日本評論社

姜鋌澤, 1941, 「朝鮮に於ける共同勞動の組織とその史的研究」『農業經濟研究』 17-4

久間健一, 1943, 「農政の矛盾と課題」『朝鮮農政の課題』, 成美堂

_____, 1943, 「巨大地主の農民支配」『朝鮮農政の課題』, 成美堂

宮嶋博史, 1975, 「土地調査事業の歷史的前提條件の形成」『朝鮮史研究會論文集』 12

_____, 1982, 「植民地下朝鮮人大地主の存在形態に關する試論」『朝鮮史叢』 5·6

_____, 1984,「朝鮮史研究と所有論」『人文學報』167, 東京都立大學

_____, 1993,「朝鮮における植民地主制の展開」『近代日本と植民地(3)：植民地化と産業化』, 岩波書店

宮田節子, 1965,「1930年代 朝鮮における農村振興運動の展開」『歷史學研究』297

_____, 1973,「朝鮮における農村振興運動」『季刊現代史』2

近藤康男, 1935,「朝鮮農地令의 役割」『大學新聞』(1935.10.28)(『日帝下 朝鮮關係新聞資料集成』(永進) 5. pp.193-194)

吉野誠, 1978,「李朝末期にに於ける穀物輸出の展開と防穀令」『朝鮮史研究會論文集』15

梶村秀樹, 1968,「李朝末期朝鮮の纖維製品の生産及び流通狀況-1876年開國直後の綿業のデータを中心に-」『東洋文化研究所紀要朝』46, 東京大

朴文圭, 1933,「朝鮮土地調査事業의 特質-半封建的 土地所有制의 創出過程에 관한 分析」『李朝社會經濟史研究』, 京城大 法文學部論文集

朴文秉, 1936,「農業朝鮮의 檢討(32회)」『朝鮮中央日報』(1936.8.1)

_____, 1936,「朝鮮農業의 構造的 特質」『批判』4-9(1936.10)

富田晶子, 1981,「農村振興運動下の中堅人物の養成」『朝鮮史研究會論文集』18

_____, 1981,「準戰時下朝鮮の農村振興運動」『歷史評論』377

松本武祝, 1986,「朝鮮에 있어 水利組合事業의 전개-産米增殖期를 중심으로-」『農業經濟研究』57-4

鈴木榮太郎, 1943,「朝鮮の村落」『東亞社會研究』1

印貞植, 1936,「朝鮮農村經濟의 研究(7회)」『中央』(서울：1936.8)

_____, 1937,「土地所有의 歷史性-朴文奎氏에 對한 批判을 主로 하여-」『朝鮮의 農業機構分析』, 白楊社

_____, 1943,「トウレ(輪番)とホミ・シセ(洗鋤宴)」『朝鮮農村雜記』, 東都書籍

田中愼一, 1974,「韓國財政整理에 있어서 '徵稅臺帳'整備에 대하여」『土地制度史學』63

村上勝彦, 1975,「植民地」『日本産業革命の研究-確立期日本資本主義の再生産構造-』

생태학의 연구 현황과 생태역사학

강판권*

Ⅰ. 머리말

'생태(Eco)'는 최근 학문 분야는 물론 다양한 분야에서 각광받고 있는 개념이다. 그래서 요즘 생태는 어디든 '생태'라는 이름을 붙이면 품격이 올라가거나 심지어 경제 효과까지 기대할 수 있을 만큼 인기 있는 개념이다. 그러나 생태 개념은 학자들 간의 입장에 따라 다양한 의미로 사용하고 있다. 이런 이유로 생태 개념은 무척 혼란스러울 뿐 아니라 사실을 곡해하는 부작용까지 나타나고 있다. 그러나 복잡한 생태 개념이 적잖은 문제를 낳고 있더라도 현대사회에서 생태문제와 마주하지 않고서는 살아갈 수 없다.

내가 생각하는 생태는 모든 생명체 간의 '관계성'을 뜻한다. '관계성'으로서의 생태는 인간의 삶은 물론 학문의 연구 방법에서도 아주 중요하다. 내가 생태에 관심을 갖기 시작한 것은 20세기가 저물고 있던 시기 나무를 학문으로 공부하면서였다. 내가 나무를 통해 생태에 관심을 갖기 시작한

---

* 계명대학교 사학과 교수

시기는 생태운동이 일어난 19세기 말 이후 1세기 후의 일이다. 생태운동 혹은 생태주의의 등장이 사회 변화에 많은 영향을 주었던 것처럼, 나무에 대한 연구는 나의 삶과 학문 연구에 많은 변화를 주었다. 우선 나에게 나무에 대한 관심은 세계관의 변화를 가져왔다. 나무에 대한 관심은 나의 삶을 구성하는 생명체에 대한 이해를 가져왔다. 지구상에 존재하는 생명체에 대한 이해는 다른 분야의 학문에 대한 관심을 자극했다. 더욱이 나무에 대한 나의 관심은 일상에서 아주 쉽게 만나는 생명체에 대해 가치와 의미를 부여할 수 있는 중요한 계기였다. 나무를 생명체로 바라보는 순간, 내가 어떻게 존재하는지를 깨달을 수 있었기 때문이다.

역사학자가 나무를 학문의 대상으로 삼은 사례는 우리나라는 물론 세계 전역에서도 아주 드물다. 그래서 역사를 생태 관점에서 어떻게 연구하는지를 체계적으로 이해할 수 있는 이론조차 없는 실정이다. 그러나 역사학자가 나무를 학문으로 삼는다는 것은 몇 가지 점에서 특별한 의미를 갖는다. 우선 역사의 근본을 이해할 수 있다. 인간 삶의 흔적과 기록은 기본적으로 자연생태라는 공간에서 가능하다. 객관적으로 존재하는 자연은 흙, 돌, 물, 식물이다. 인간의 삶은 이 같은 자연 속에서만 유지할 수 있다. 역사에서 분석의 대상으로 삼고 있는 절대다수의 유적과 기록은 자연 없이는 생산할 수 없다. 따라서 역사학에서 나무를 분석의 대상으로 삼는 것은 인간 삶의 원초적인 부분을 이해하는 과정이다. 다음은 역사학의 본질을 복원할 수 있다. 역사학의 본질은 융합이다. 융합은 다양한 요소를 통해 새로운 것을 창조하는 과정이다. 역사는 결코 하나의 요소로 구성할 수 없는 분야다. 그래서 역사는 아주 다양한 요소를 통해서 독특한 학문 분야를 만들었다. 나무는 역사학을 구성하는 다양한 요소 중에서도 중요한 비중을 갖고 있다. 나무가 없다면 역사에서 분석의 대상으로 삼고 있는 사료를 만날 수 없기 때문이다. 예컨대 중국 춘추전국시대 죽간(竹簡)으로 만든 제자서(諸子

書)는 대나무로 만들었으며, 우리나라 고대사 연구에서 중요한 역할을 담당하고 있는 목간(木簡)은 여러 가지 종류의 나무로 만들었다. 우리나라 세계문화유산인 조선왕조실록은 종이의 원료인 뽕나뭇과의 닥나무가 아니었다면 탄생 자체가 불가능했다. 따라서 나무는 역사학에서 많은 사료를 제공하는 재료이자 융합을 가능하게 만든 원동력이었다.

생태는 누구나 반드시 이해해야할 대상이지만 아직도 구체적인 사례를 찾아보기 어려워서 쉽게 접근하기 어렵다. 특히 학문 분야에서의 생태문제는 오히려 사회보다 관심을 적게 받고 있다. 왜냐하면 우리나라에는 학문의 특수성을 강조하는 분위기가 강하게 남아 있기 때문이다. 역사학도 예외가 아니다. 그래서 본고에서는 생태학의 개념과 연구사를 비롯해서 중국사와 한국사의 생태역사학 연구 사례를 소개하고자 한다.

II. 생태학의 개념과 연구 현황

생태(Eco) 혹은 '생태학(Ecology)'의 개념에서 에코는 '오코노미(Oekonomie)'의 뜻을 담고 있다. 그리스의 철학자 아리스토텔레스도 사용한 이 말은 거주지(oekos)의 적절한 기능을 뜻한다. 건전하고 조직적으로 활동하는 가족은 지속가능한 국가의 기본이었고, 최대한 자급자족적이었다. 따라서 이 용어는 방법론적으로 개인주의 개념이 아니라 자급자족이 가능한 집단, 즉 국가, 부족, 유기체를 의미했다. 생태 개념과 관련해서 우선 이해할 것은 생태와 환경의 관계이다. 생태학을 의미하는 에코로지(Ecology)를 환경으로 번역하는 경우가 적지 않다. 그러나 환경은 대체로 엔바이로먼트(environment)를 의미한다. 영어의 환경은 '인간을 둘러싸고 있는 것'을 뜻한다.

생태학이라는 단어가 처음 등장한 것은 1866년이다. 이 당시 나타난 생태학의 특징은 생물학에 대한 반기계적, 전체론적 접근이었다. 이는 독일의 생물학자 에른스트 헤켈(Ernst Haeckel)이 『생물체의 일반 형태론』에서 주장했다. 헤켈이 사용한 생태학은 유기체와 그들을 둘러싼 환경 간의 그물망을 의미했다. 그래서 헤켈의 생태학은 유기체와 환경 간의 관계를 연구하는 학문이다. 생태학은 초기에 동물행동을 연구하는 동물학과 공통개념으로 사용되었다. 19세기 후반 찰스 휘트먼(Charles Whitman)처럼 북아메리카 과학자와 줄리안 헉슬리(Julian Huxley)는 자연 서식지에 있는 조류를 관찰해서 동물학의 혁명을 일으켰다.

헤켈의 생태학은 식물생태학이나 하천생태학 등 각 분야로 확대되었다. 식물 지리학자 에르제니우스 바르망(Eugenius Warming)은 식물생태학에 크게 공헌했다. 유기체가 지리적으로나 생물학적으로 상호 연관이 있다는 생각은 급속하게 다른 분야에서도 일어났다.

생태학의 또 다른 특징은 에너지 경제학이라는 경제학에 대한 새로운 접근이었다. 에너지 경제학은 부족하고 재생 불가능한 자원 문제에 초점을 두었다. 특히 에너지 경제학의 과학적 요소는 생물학에 기초한 생태 운동에 자극을 주었다. 에너지 경제학의 이러한 영향력은 생태학의 개념에도 적잖은 영향을 주었다. 그래서 생태학을 하나의 폐쇄된 내부의 에너지 흐름을 연구하는 학문으로 규정하기도 한다. 생태학의 규범적 의미는 이 시스템 내부에서 치명적이고 결렬한 변화가 일어나거나, 시스템 내의 어떤 생물종이 피해를 입을 수 있는 실질적 변화가 일어나거나. 시스템을 교란시키는 일이 일어나는 것은 잘못이라는 것이다. 따라서 생태이론은 에너지 흐름의 특정한 유형을 보존하는 것과 관련이 있다. 이 같은 유형의 시스템에서 아주 중요한 부분은 인간을 더 이상 우월한 존재로 보지 않는다는 점이다. 최근의 한 연구에 따르면, 지구는 폐쇄된 시스템을 담고 있는 죽은 행성이 아니라 그 자체가 살아 있는 존재다. 지구는 스스로 조용히 생태학적 균형을 잡을 수 있고, 자신만의 의지로 살아갈 수도 있다. 지구는 자기 존재를 보존할 수 있는 능력이 있기 때문이다.

생태이론은 영국과 독일, 북아메리카에서 가장 두드러지게 발달했다. 그 중에서도 영국과 독일 등지의 녹색단체들의 활동을 꼽을 수 있다. 북아메리카는 급진적이고 대안적인 사상을 부추김과 동시에 유럽 사상을 어느 정도 수정해서 다시 받아들이고 있다. 그 이유는 국가 간의 조건이 다르기 때문이다. 1960년대 후반에는 생태주의가 확립되었다. 생태주의자들은 자연의 조화가 절대적으로 필요하다고 믿는다. 이들은 인간 행위와 세상에 대해 절대적으로 책임져야 한다고 생각한다. 안내자인 신은 존재하지 않고 인간이 안내자라고 본다. 그래서 대부분의 생태주의자들은 공식적인 종교가 없다. 비종교적 반란에서 시작한 생태주의자들은 가끔 열렬하게 종교적으로 변하지만 일반적으로 범신론적 종교관을 갖고 있다. 생태주의자들은 자연이 영원한 현실을 구원하고, 과학적 방법이 진실을 밝히는 수단이라 믿는다. 이들은 전통적인 과학을 의심하는 경향이 있지만 과학의 객관성을 거부하지 않는다.

생태학에 대한 연구는 아직 초보 단계를 벗어나지 못하고 있다. 특히 역사학 분야에서 생태학 연구는 다른 분야에 비해 더욱 미진하다. 그러나 역사학은 생태연구에 가장 적합한 학문이다. 그런데도 역사학에서 생태학에 관심을 갖지 않는 것은 역사학의 전통적인 방법론에서 벗어나지 못하기 때문이다. 고증과 인문생태 중심의 전통적인 역사학의 방법론은 20세기까지 학문 분야에서 역사학을 견고하게 지킬 수 있었던 원동력이었지만, 급변하는 시대에 적응하거나 시대를 창조적으로 이끄는 데는 한계가 있었다. 특히 한국 역사학 연구 사례를 살펴보면, '생태'를 다룬 작품은 찾아볼 수 없거니와 생태라는 단어를 언급한 작품조차도 확인하기 어렵다. 그만큼 우리나라 역사학계에서 '생태' 개념은 낯설다. 다만 중국사 연구자 정철웅의

『역사와 환경-중국 명청시대의 경우』는 선구적인 업적이다. 우리나라와 달리 중국 역사학계에서는 생태에 대한 관심이 우리나라보다 훨씬 높다. 중국의 경우 역사학 연구에서 생태 개념을 쉽게 발견할 수 있을 뿐 아니라 구체적인 연구 사례도 적지 않다. 아울러 중국을 여행하다보면 곳곳에서 생태 간판을 목격할 수 있다. 중국은 학문 분야만이 아니라 일상에서조차 생태 단어를 즐겨 사용하고 있다.

III. 생태역사학과 역사 연구 방법론

'생태역사학'은 역사를 생태관점에서 이해하는 것이다. 그러나 생태역사학은 그간 역사학자들이 사용하지 않은 개념이다. 지금까지 역사학에서 생태 개념을 사용한 사례는 거의 찾아볼 수 없다. 이 같은 현상은 역사학자들이 생태학에 대해 상대적으로 관심이 적다는 뜻이다. 역사학자들의 생태학에 대한 소극적인 태도는 역사학자의 보수적인 연구 방법과 무관하지 않다. 그간 국내 역사학자들이 사용하고 있는 연구 방법론은 대부분 19세기 랑케의 실증사학에서 크게 벗어나지 못하고 있다. 물론 실증사학은 역사학 연구에서 가장 기초적인 부분을 차지한다. 그러나 기존의 실증사학은 생태에서 가장 중요한 자연생태에 대한 접근이 거의 불가능하다.

생태역사학에서 가장 중요한 것은 연구방법론의 구축이다. 생태역사학의 연구 방법론에서 가장 기본적인 것은 역사학에 대한 인식의 전환이다. 국내는 물론 세계 역사학계에서는 여전히 나무를 역사학의 한 분야로 취급하지 않는다. 지금의 역사학은 19세기 근대학문의 산물이다. 근대학문으로서의 역사학은 역사의 전문성을 확보하는 데 성공했지만, 역사 내용의 다양성을 잃었다. 즉 근대역사학은 다른 분야에서 쉽게 접근할 수 없는 연구방법론을 구축하는 대신 임학과 생물학 등 생태역사학의 기초를 다른 학문 분야에게 넘겨줬다. 그래서 역사학자들은 생태학이 유행하는 지금도 이 분야에 관심을 갖지 않고 있다. 내가 나무를 학문으로 삼아 첫 책을 냈던 2002년까지만 해도 나무를 역사의 분석 대상으로 삼는다는 것은 상상조차 할 수 없었다. 국내에서 나무를 학문으로 인정한 시기는 겨우 몇 년 전의 일이다. 나무를 학문의 대상으로 삼는다는 것은 역사학의 뿌리가 자연생태에 있다는 인식의 전환을 의미한다.

자연생태에 기초한 역사학의 이해는 시간 중심의 편도 혹은 아날로그의 역사학에서 공간을 포함한 왕복 혹은 디지털의 역사학으로의 전환을 의미한다. 자연생태의 관점에서 역사를 연구하려면 무엇보다도 인간 역사의 출발점인 공간에 대한 이해가 필수다. 공간에 대한 이해는 지리학에 대한 관심을 전제한다. 지리학에 대한 관심은 생명체의 조건과 생명체와 인간의 관계에 대한 이해를 낳을 뿐 아니라 생물학의 영역까지 확대된다. 이런 관점은 역사학이 삶의 모든 영역을 연구의 대상으로 삼을 수밖에 없다는 것을 보여준다. 이처럼 역사학 연구를 공간에서 시작하면 그간의 역사학에서 다루지 않았던 내용을 역사학의 중요한 부분으로 끌어들일 수 있다. 그 결과 생태역사학은 자연스럽게 기존의 역사학과 전혀 다른 융합의 역사학으로 다시 태어날 수 있다.

생태역사학의 연구 방법론에서 다음으로 중요한 것은 선입견 없는 역사 내용의 서술이다. 그간의 역사학 연구방법론은 정치 혹은 정치제도, 국가 경제, 사회 등 몇 가지 영역에서 크게 벗어나지 못했다. 자연생태를 포함한 생태역사학에서는 어떤 분야든 관심의 대상으로 삼는다. 그러나 생태역사학에서 모든 분야에 관심을 갖는다는 것이 단순히 기존의 역사학에서 다루지 않았던 분야에 대해 관심을 넓힌다는 것을 의미하지 않는다. 단순한 영역의 확대는 역사학의 본질인 융합학문으로서의 역사학이 아니라 기존의 다른 학문과 연계하는 데 지나지 않기 때문이다. 따라서 생태역사학의 분석대상은 근본적으로 '관계성'이라는 생태의 의미를 구현할 때만이 의미를 갖는다. 예컨대 나무를 역사 분석의 대상으로 삼을 경우 나무는 물질로서의 나무만이 아니라 인간의 삶과 역사의 주인공이어야 한다. 즉 나무는 역사의 객체 혹은 종속개념이 아니라 역사의 주체 혹은 독립개념이어야 한다.

나무를 역사의 독립 개념으로 수용하기 위해서는 무엇보다도 나무의 생태를 정확하게 이해해야 한다. 나무의 생태는 인간의 삶과 역사현장을 이해하는데 매우 중요하다. 인간의 삶과 역사 현장을 한마디로 정리하면 의식주(衣食住)다. 의식주는 역사의 전체다. 그러나 기존의 역사학에서는 의식주를 역사의 핵심 주제로 다루지 않고 있다. 현재 의식주 중에서 '의'는 의상학과에서, '식'은 식품학 혹은 식품영양학에서, '주'는 건축학의 영역이다. 역사학에서 '의'는 복식사(服飾史)에서, '식'은 농업사에서, '주'는 고고학에서 분석의 대상으로 삼고 있지만, 변방의 주제에 지나지 않는다. 더욱 심각한 것은 의식주를 분석의 대상으로 삼더라도 의식주의 원류인 식물 자체에 대해서는 관심조차 기울이지 않는다는 점이다. 그런데 의식주의 원료가 생태역사학에서 중요한 것은 원료의 생태에 따라 의식주의 내용이 달라지기 때문이다. 따라서 의식주를 정확하게 이해하기 위해서는 반드시 원료의 생태를 파악해야 한다.

생태역사학의 연구방법론에서 중요한 부분 중 하나는 역사 서술 방법이다. 역사의 중요한 내용은 인간 삶에 대한 이야기다. 이야기를 서술하는 방식은 아주 다양하다. 그러나 국내 역사학자의 역사 서술은 아주 단조로울 뿐 아니라 문학성을 거의 찾아볼 수 없다. 중국과 우리나라 역사서의 기준인 사마천의 『사기』는 문학성을 높이 평가받고 있다. 그러나 근대이후 역사학의 전통을 계승한 현대 역사학자들의 역사 서술 수준은 역사학 전공자가 아니면 이해하기 어려울 만큼 낮다. 특히 일본의 고증학 전통에 익숙한 우리나라 역사학자들의 역사 서술은 역사학의 문학성을 거의 기대할 수 없다. 인문학으로서의 역사학이 문학성을 갖추지 못하면 생명력을 유지할 수 없다. 생태역사학은 역사 서술의 다양성을 추구한다. 역사 서술의 다양성은 단순히 서술 방식의 문제가 아니라 내용의 다양성과 밀접한 관계가 있다. 글과 말을 어떻게 서술하느냐의 문제는 사람을 평가하는 데 아주 중요한 요소다. 이러한 말의 중요성은 『논어(論語)·요왈(堯曰)』에 나오는 공자의 말에서도 확인할 수 있다.

> 공자가 말했다. 명(命)을 알지 못하면 군자가 될 수 없으며[不知命, 無以爲君子也],
> 예를 알지 못하면 설 수 없으며[不知禮, 無以立也],
> 말을 알지 못하면 사람을 알 수 없다[不知言, 無以知人也].

공자의 제자들은 『논어』에서 말의 중요성을 스승의 마지막 문장으로 삼았다. 미국의 조나단 D. 스펜스는 역사학자로서 문학적 역사 서술로 유명한 학자다. 국내에 번역된 그의 작품 중 『천안문』, 『왕여인의 죽음』, 『강희제』, 『현대중국을 찾아서』 등 그의 역사 서술은 국내 역사학자들의 역사서와 전혀 다르다. 스펜스의 역사 서술 방식은 단순히 문학성을 드러내는데 그치지 않고 사료에 대한 시각도 아주 다르다. 따라서 역사 서술 방식의 차이는 역사를 이해하는데 매우 중요한 요소다. 역사 서술의 문제는 역사교육론과 불가분의 관계다. 현재 국내 역사교육론은 국내 역사학자들의 연구 산물이다. 따라서 역사교육론도 기존의 역사학이 안고 있는 문제를 고스란히 안고 있다. 역사교육론은 학생들의 역사학에 대한 이해는 물론 미래 역사학자의 양성에도 큰 영향을 미친다는 점에서 역사학에서 매우 중요한 비중을 차지한다. 즉 역사교육론은 학생들의 역사학에 대한 관심 여부를 결정한다. 그러나 현재 현장에서 이루어지고 있는 역사교육론은 시대에 따른 약간의 변화를 제외하면 내용 변화를 거의 찾아볼 수 없다.

생태역사학은 '생산의 역사학'을 추구한다. 생산의 역사학은 기존의 역사학을 '소비의 역사학'으로 규정하는데서 출발한다. '소비의 역사학'은 역사학자들이 기존의 역사 사료를 소비하는 데 불과하다는 의미이고, '생산의 역사학'은 기존의 역사 사료만을 역사 서술의 대상으로 삼는 것이 아니라 역사학자가 스스로 역사 자료를 생산한다는 뜻이다. 역사학자들이 활용하고 있는 사료 중에는 당대에 생산된 것들이 적지 않다. 아울러 사료 중에는 국가 기관에서 공적으로 생산한 것 외에도 사적으로 생산한 것들이 아주 많다. 예컨대 중국과 우리나라의 실록은 대부분 기존의 사료를 활용한 것이 아니라 당시에 자체적으로 생산한 것이다. 중국과 우리나라의 문집도 개인이 생산한 사료다. 물론 문집은 역사학자가 생산한 것은 아니지만, 문집 중에는 역사학자의 역할을 담당한 사람도 있다. 따라서 역사학자의 역할은 단순히 기존의 사료를 활용하는데 그칠 것이 아니라 적극적으로 자신의 눈으로 역사적 사실을 서술해야 한다. 역사학자들이 생산의 역사학을 추구해야하는 또 다른 이유는 사료의 다양성과 확장성 때문이다. 만약 역사학자가 기존의 사료만 소비한다면 사료의 가치를 충분히 지녔지만 기록되지 않은 것들이 많이 사라질 것이다. 따라서 역사학자의 눈으로 역사적 가치를 부여하면 훗날 사료로 평가받을 수 있다. 역사학자들은 기존의 사료를 활용하면서도 정작 자신은 기록을 남기지 않는 모순을 반성해야 한다.

IV. 『코끼리의 후퇴』와 생태역사학의 사례

1. 『코끼리의 후퇴』의 구성과 특징

내가 생태역사학의 모델 중 하나로 삼고 있는 저서는 마크 엘빈의 『코끼리의 후퇴-중국의 환경사The Retreat of the Elephants : An Environmental History of China』이다. 이 작품은 제목부터 문학적이다. '코끼리의 후퇴'는 중국의 환경사를 상징적으로 표현한 개념이다. 다만 저자가 사용한 환경사는 생태사와 어떤 차이가 있는지에 대해서는 약간의 설명이 필요하다. 『코끼리의 후퇴』를 번역한 정철웅에 따르면, 환경사는 "자연적 환경이 인간의 물질적인 활동을 어떻게 제약했는지를 살피는 것", "인간이 자연이나 자연이 상징하고 있는 것들과 대립하는 양상 혹은 인간과 자연의 두 요소의 조화 등"을 연구하는 것이다. 이처럼 환경사는 인간을 둘러싼 자연 환경을 수직적인 관계에서 인식하는 연구 방법이다. 따라서 환경사는 자연을 수평적인 관계에서 바라보는 생태사와 약간의 차이가 있다.

『코끼리의 후퇴』는 중국의 문명 단계인 상(商)나라, 즉 은나라부터 청대까지 3000년에 걸친 중국의 환경사를 다루고 있다는 점에서 기존의 역사서에서는 찾아볼 수 없는 대작이다. 영국 캠브리지에서 태어난 마크 엘빈은 우리나라 동양사학계에서 『중국 역사의 발전 형태』(이춘식 역, 신서원, 1989)로 잘 알려진 학자지만 『코끼리의 후퇴』는 그의 작품 중에서도 가장 뛰어난 역작이다. 『코끼리의 후퇴』는 '환경'이라는 주제를 통해 3000여 년에 걸친 중국의 역사를 분석하고 있다는 점에서 아날학파의 연구 방법론과 맞닿아 있다. 아직까지 우리나라 역사학계에서는 마크 엘빈의 『코끼리의 후퇴』와 같은 대작은 존재하지 않는다. 『코끼리의 후퇴』와 같은 대작이 탄생하려면 역사를 생태 관점에서 연구할 때 가능하다.

『코끼리의 후퇴』의 가장 두드러진 특징은 책의 첫 장에서 공간과 시간을 동시에 다루고 있다는 점이다. 앨빈의 이러한 연구 방법론은 국내 역사학에서 지역사 연구를 제외하면 거의 찾아볼 수 없다. 역사 연구에서 공간은 매우 중요한 위치를 차지하지만 역사학은 대부분 시간 중심으로 구성되어 있다. 생태역사학에서 공간을 중시하는 이유는 공간 없이는 삶이 존재하지 않기 때문이다. 『코끼리의 후퇴』의 또 다른 특징은 제목에서 알 수 있듯이 중국의 환경사를 코끼리와 인간의 투쟁으로 묘사하고 있다는 점이다. 코끼리와 인간의 투쟁은 곧 중국의 환경사가 숲의 제거와 밀접한 관계가 있다는 것을 보여준다. 코끼리와 인간의 투쟁에서 승리자는 책 제목에서 알 수 있듯이 인간이었다. 그러나 인간의 승리는 단순히 코끼리를 숲에서 사라지게 했다는 뜻이지, 인간의 삶이 최적의 상황을 맞이했다는 뜻은 아니다. 오히려 인간이 코끼리와의 투쟁에서 승리한 것은 상처뿐인 승리에 불과했다. 코끼리가 살던 곳에 인간이 삶의 터전을 만들면서 자연의 혹독한 도전에 직면했기 때문이다.

『코끼리의 후퇴』에서 아주 중요한 대목은 '숲의 남벌'에 대한 개괄이다. 생태역사학에서 숲에 대한 개괄은 상식이다. 왜냐하면 숲의 상태에 따라 삶의 내용이 변하기 때문이다. 그러나 기존의 역사학에서 숲을 주요 내용으로 분석하는 사례는 찾아볼 수 없다. 여기서 분명히 지적할 점은 기존 역사학에서 숲을 주요 내용으로 다루지 않는 것이 사료에 관련 내용이 없기 때문이 아니라는 사실이다. 『코끼리의 후퇴』에서 다루고 있는 숲 남벌에 대한 개괄만 하더라도 기존의 역사학자들이 분석의 대상으로 삼고 있는 사료와 크게 다르지 않다. 문제는 사료의 종류가 아니라 사료를 읽는 눈, 즉 사관(史觀)이다. 역사학자는 대부분 자신이 필요한 사료만으로 역사를 구성한다. 따라서 어떤 사관을 갖고 있느냐에 따라 같은 사료라도 읽어내는 수준이 다르다. 예컨대 생태역사학의 관점에서 사료를 읽으면 나무가 보인다. 역사학자들이 분석의 대상으로 삼고 있는 사료에는 적지 않은 나무들이 등장한다.

나무 중심의 사료 읽기는 기존의 역사학에서 보면 아주 낯설지만 역사학 연구에서 매우 특별한 의미를 갖는다. 나무 중심의 사료 읽기는 사료의 분석 대상을 무제한으로 삼을 수 있다. 기존의 역사학에서 분석 대상으로 삼고 있는 사료는 상당히 제한적이다. 그러나 나무 중심의 사료 읽기는 어떤 사료든 분석의 대상으로 삼을 수 있다. 게다가 사료에 등장하는 나무를 통해 사료에서 언급하지 않는 내용조차 읽을 수 있는 가능성이 아주 높다. 이런 점에서 『코끼리의 후퇴』 4장에서 언급하고 있는 '중국 각 지역의 남벌과 수종(樹種)'은 사료 읽기에서 엄청난 정보를 제공한다.

수종은 그 자체만으로 많은 정보를 담고 있다. 수종은 곧 토양과 기후 조건에 따라 결정되기 때문이다. 토양과 기후는 인간 삶에서 절대적인 조건이다. 따라서 사료에서 수종을 확인한다는 것은 당시 인간의 삶을 안다는 것을 의미한다. 예컨대 식물이 존재하지 않는 중국 극서지역에서는 여러 종류의 사막이 존재할 뿐 사람이 살 수 없다. 만주 서부 지역이나 내몽골, 북서 지역의 서쪽 끝과 티베트 등 초원지대는 유목하는 사람들이 살고 있다. 중국의 대부분 인구는 갈잎큰키나무가 많이 살고 있는 북쪽의 온대지역과 늘푸른큰키나무가 살고 있는 남쪽의 아열대에 살고 있다. 내가 살고 있는 곳에서 흔히 만날 수 있는 참나무 종류(상수리나무, 굴참나무, 갈참나무, 신갈나무, 떡갈나무, 졸참나무), 소나무, 느릅나무, 물푸레나무 등은 중국 북쪽에서도 흔히 만날 수 있다. 이러한 현상은 경상도와 중국 북쪽의 토양과 기후가 크게 다르지 않기 때문이다. 그러나 내가 경상도를 벗어나 전라남도나 제주도에 가면 평소에 보지 못했던 나무를 만난다. 그 이유는 토양과 기후가 다르기 때문이다. 특히 기후의 차이는 수종을 결정하는 데 매우 중요하다. 중국의 경우도 남쪽에 가면 북쪽에서 볼 수 없었던 나무들이 아주 많다.

　『코끼리의 후퇴』에서 돋보이는 부분은 중국의 환경사를 개념 중심으로 목차를 구성하고 있다는 점이다. 공간과 시간, 인간과 코끼리와의 경쟁, 남벌과 수종에 이어 전쟁, 물과 수리 문제를 다루고 있다. 개념 중심의 연구는 기존의 역사 연구에서는 거의 찾아볼 수 없는 방식이다. 개념 중심의 연구는 시대를 한정하지 않고 통사적(通史的)으로 서술할 수 있지만, 기존의 연구는 주로 단대(斷代) 중심의 서술이다. 우선 전쟁은 역사에서 아주 중요한 내용을 차지하는 개념이다. 특히 전쟁은 생산력과 생산관계와 더불어 역사를 변화시키는 핵심 요인이다. 그만큼 전쟁이 인간의 삶에 큰 영향을 주기 때문이다. 그래서 중국사에서 춘추전국시대를 비롯해서 오호십육국시대와 오대십국시대 등 전쟁이 장기간에 걸친 시대는 전쟁에 대한 구체적인 분석이 필요하다. 그러나 기존의 전쟁사에서는 전쟁의 발생원인과 과정 및 결과에 대한 분석은 있지만, 전쟁으로 생긴 숲의 훼손이 어떤 영향을 주는지에 대해서는 관심을 갖지 않았다. 물과 수리문제는 중국을 비롯한 농업 국가를 경험한 사회를 분석하는데 매우 중요한 주제다. 독일 출신의 학자 카를 비트포겔(Karl August Wittfogel)이 중국을 '수력사회(水力社會)'라고 분석했듯이, 물은 중국사회를 이해하는 데 중요한 요소였다.

　『코끼리의 후퇴』에서 다루고 있는 환경문제의 개별 사례는 지역사 연구에 해당한다. 지역사 연구는 지역사 자체에 대한 분석이자 전체사를 이해하는데 크게 기여한다. 생태사 연구도 지역과 사료의 한계 때문에 모든 지역을 대상으로 구체적인 실상을 밝힐 수 없다. 따라서 지역사 연구는 특정 지역의 사례를 모델로 삼아서 전체사를 이해하기 위한 부득이한 선택이다. 『코끼리의 후퇴』에서 분석의 대상으로 삼은 지역사 연구에서 나의 관심을 끈 것은 9장 장수마을 준화(遵化)에 대한 분석이다. 준화는 명대의 변방이었던 북동지역과 만주 사이의 산악지대였다. 청대 준화지역 여성의 기대 수명은 40대였다. 준화 지역 여성의 이러한 기대 수명은 같은 시기 절강성 가흥현(嘉興縣) 여성의 기대 수명보다 두 배에 해당한다. 이처럼 같은 시기 엄청난 기대 수명의 차이는 매우 흥미로운 주제다.

수명은 인간에게 매우 예민한 관심사다. 그러나 기존의 역사학에서는 이러한 주제를 거의 다루지 않는다. 『코끼리의 후퇴』에서 이 같은 주제를 다룰 수 있는 것은 바로 '생태'라는 관점 때문이다. 준화지역의 사람들이 다른 지역보다 오래 살았던 이유 중 하나는 식생활이었다. 그들의 식단에서 높은 비중을 차지한 것은 과일과 고기였다. 그들의 식단에 올랐던 과일과 고기는 이들이 거주한 토양과 밀접한 관계가 있었다. 이 지역에서 생산한 기본 작물은 기장과 밀이었다. 경작의 일부는 채소밭이었으며, 이들은 나무를 가꾸는 재주도 있었다. 이 지역은 다양한 사냥감이 존재했으며, 가축 사육도 대규모로 이루어졌다. 이 지역에는 수많은 양과 염소뿐만 아니라 소, 그리고 고기와 수프로 만들어 먹는 당나귀도 있었다. 돼지는 음식 찌꺼기로 키웠다. 준화는 고대부터 복숭아와 자두가 유명한 곳이었다. 특히 이 지역의 사과는 유명해서 다른 지역으로 수출했을 정도였다. 준화지역의 식생활에 대한 분석은 생태역사의 방법을 통해서만 가능하다. 기존의 역사학에서는 음식을 거의 분석의 대상으로 삼지 않기 때문이다. 생태역사학의 관점에서는 『중국음식문화사』나 『음식인문학』 같은 저술이 탄생할 수 있다.

준화지역의 장수 원인은 식생활과 밀접한 관계가 있지만, 식생활은 준화지역의 자연생태와 분가분의 관계가 있다. 따라서 준화지역의 장수 문제를 이해하기 위해서는 반드시 식물에 대한 분석이 필수다. 왜냐하면 과일을 생산하는 나무와 가축의 식량인 풀을 이해해야하기 때문이다. 이처럼 식물은 생명체가 존재하는 기본 요소이자 역사를 이해하는 기초 사료다.

『코끼리의 후퇴』에서 마지막으로 다루고 있는 주제는 '환경인식'이다.

인식의 문제는 역사학만이 아니라 모든 학문 분야에서 중요한 위치를 차지한다. 인식의 문제는 곧 철학의 문제이자 자연과학의 문제이기도하다. 환경 인식은 인간이 자연에 대해서 어떻게 생각했느냐를 다루는 문제다. 인간이 자연에 대해서 대립적인 관계로 인식하느냐, 생태적으로 인식하느냐에 따라 결과는 아주 다르다. 중국의 경우 자연을 정복의 대상으로 인식했다. 물론 일부 지식인들이 자연의 계시의 대상으로 삼았다. 그러나 중국은 숲과 초지를 개간하면서 문명을 만들었다.『코끼리의 후퇴』도 기본적으로 인간과 자연 간의 대립적인 시각에서 중국의 환경을 분석하고 있다. 엘빈의 이러한 시각은 중국만이 아니라 인류 전체사에 적용할 수 있다. 동서양을 막론하고 지금까지 인류의 문명은 대부분 숲의 제거를 통해서 만들었기 때문이다. 그러나 여전히 적지 않은 사람들이 동양에서는 자연을 생태적으로 인식한 반면 서양은 적대적으로 이해했을 것이라는 편견에서 벗어나지 못하고 있다. 이 같은 편견은 노장철학의 영향으로 보이지만, 노장철학은 문명사를 이해하는 데 큰 위치를 차지하지 못한다는 점을 이해할 필요가 있다.

생태역사학은 역사를 이해하는 방법론이지만 자연을 이해하는 인식이기도 하다. 생태역사학은 자연을 대립적인 관계로 인식하는 것이 아니라 수평적인 관계로 인식한다. 이는 현재 인간이 안고 있는 각종 현안 문제를 해결하는데도 일정한 역할을 담당할 수 있다. 이런 점에서 생태역사학은 미래지향적인 역사 연구 방법론이다. 생태역사학은 앞으로 인간이 어떻게 살아가야 하는지를 고민하는 연구 방법론이기 때문이다. 역사학은 단순히 과거 사실을 분석하는 학문이 아니라 현재의 문제까지 심각하게 고민하고 대안을 제시하는 학문이다. 만약 역사학이 과거 사실을 이해하는 학문으로 남는다면 역사학의 미래는 무척 어둡다. 인간의 삶에 실용적 가치가 없다면 학문도 존재할 이유가 없기 때문이다. 학문의 실용성은 시장성과 같은 개념이 아니라 인간의 가치를 실현하는 개념이다. 따라서 생태역사학은 역사학의 본질과 함께 실용성을 강하게 추구한다.

2. 『코끼리의 후퇴』의 생태역사 사례

『코끼리의 후퇴』에서 소개한 생태역사의 사례 중 『시경』의 내용은 아주 중요하다. 『시경』은 단순히 중국의 인문고전이 아니라 중국 최초의 '식물백과사전'이다. 『서경』, 『역경』, 『춘추』, 『예기』와 더불어 중국의 오경(五經) 중 하나인 『시경』은 식물에 대한 이해 없이는 전체 내용을 결코 파악할 수 없다. 따라서 엘빈이 중국 환경사에서 『시경』을 인용한 것은 매우 적절한 선택이다. 『시경』은 중국 고대 주나라 시대 황화 유역의 생태를 이해하는 데 많은 정보를 제공한다. 『시경』만큼 중국의 고대 사회의 생태를 이해하는데 많은 정보를 제공하는 사료도 드물다. 그래서 『시경』에 등장하는 동식물에 대한 이해는 중국 고대사회는 물론 중국 전통시대 전체를 이해하는데 중요한 위치를 차지한다. 『시경』에 등장하는 동식물의 정보는 중국 전체 동식물을 이해하는 기준이기 때문이다. 조선후기 다산(茶山) 장약용(丁若鏞)의 둘째 아들인 정학유(丁學游)가 『시경』의 동식물에 대해 정리한 『시명다식(詩名多識)』만 봐도 식물학 보고(寶庫)로서의 『시경』의 가치를 충분히 짐작할 수 있다.

엘빈은 중국 최초의 청동 국가인 상나라를 멸망시킨 주나라가 벌목에 기초한 왕조라는 사실을 『시경』에서 그 근거를 찾고 있다. 『시경·황의(皇矣)』의 아래 내용에서 벌목의 실상을 구체적으로 확인할 수 있다.

위대하신 상제(上帝)가   皇矣上帝
밝게 아래를 굽어보셔서   臨下有赫
사방을 두루 관찰하여   監觀四方

백성들이 안정할 곳을 찾으셨네	求民之莫
하(夏), 상(商) 두 나라의	維此二國
정치가 도리에 맞지 않기에	其政不獲
넓은 천하 사방 나라에서	維彼四國
여기저기를 찾고 도모했도다	爰究爰度
상제가 이루려는 곳이라면	上帝耆之
그 국경의 규모를 증대하시니	憎其式廓
마침내 서쪽 땅을 돌아보시고	乃眷西顧
이곳을 주시어 거처하게 하시니라	此維與宅
뽑아버리고 제거하니	作之屛之
선 채로 죽은 나무와 말라 죽은 나무며	其菑其翳
닦고 평평하게 하니	脩之平之
떨기나무와 늘어진 가지	其灌其栵
개간하고 넓히니	啓之辟之
위성류와 느티나무며	其檉其椐
가지를 쳐내고 잘라내게 하니	攘之剔之
구지뽕나무와 산뽕나무일세	其檿其柘
상제가 밝은 덕의 임금을 이곳에 옮기게 하니	帝遷明德
곤이(昆夷)가 길 가득히 도망치고	串夷載路
하늘이 좋은 배필을 세우시니	天立厥配
천명(天命)을 받음이 이미 견고하도다	受命旣固
상제가 그 산을 굽어 살피시니	帝省其山
갈참나무와 떡갈나무가 위로 쑥쑥 뻗어 올라가며	柞棫斯拔
소나무와 측백나무 사이로 길이 소통시켰네	松栢斯兌
(후략)	

『시경』의 기사는 중국의 정치지도자들이 어떤 과정을 통해 문명사회를 만들었는지를 잘 보여준다. 더욱이 『시경』에 등장하는 나무는 중국의 생태사를 이해하는데도 매우 중요하다. 그러나 『시경』을 비롯한 사료에 등장하는 나무에 대한 오역(誤譯) 사례가 적지 않아서 상당히 조심할 필요가 있다. 대표적인 사례가 위의 기사에 등장하는 측백(側柏)나무를 의미하는 '백'이다. 측백나무는 중국 황하 유역을 상징하는 나무라는 점에서 구체적인 이해가 필요하다. 측백나무를 정확하게 이해하지 못하면 중국생태사를 파악하기조차 어렵다.

측백(側柏)나무의 이름은 이 나무의 열매와 오행(五行)과 연결되어 있다. 측백나무는 잎이 납작하고 도깨비 뿔 같은 돌기가 달린 손가락 마디만한 열매가 달린다. 측백나무의 한자 백은 바로 이 나무의 열매를 본 떠 만들었다. 그런데 흰 백은 열매 모양이기도 하지만 오행에서는 서쪽을 의미한다. 다른 나무들은 모두 동쪽을 향하고 있는데 측백나무만 서쪽으로 향해 있어 이름을 붙였다는 얘기도 전한다. 그래서 백자와 측을 합한 이름이다.

측백나무의 학명 중 투야(Thuja)는 '나무의 진', 즉 '수지(樹脂)'를 의미하는 그리스어 티아(thya) 혹은 '향기'를 의미하는 투에인(thuein)에서 유래했다. 따라서 측백나무는 잎이나 열매에서 진과 향기가 발생하는 특성을 지녔다. 학명 중 오리엔탈리스(orientalis)는 '동방(東方) 혹은 동부(東部), 즉 동양이 원산지라는 뜻이지만, 구체적으로 어느 지역을 의미하는 지 분명하지 않다.

측백나무는 소나무처럼 늘 푸른 기상을 가지고 있다. 사람들은 늘 푸른 나무의 이미지로 많은 것에 비유했다. 특히 중국과 우리나라 사람들은 측백나무가 성인(聖人)의 기운을 받은 나무로 생각했다. 그래서 중국 주나라 때 측백나무를 제후(諸侯)의 무덤에 심었으며, 한나라 무제는 측백나무를 선장군(先將軍)에, 당나라 무제는 5품의 대부(大夫)에 비유했다. 중국에서 가장 나이가 많은 5000살의 측백나무는 오제(五帝) 중 하나인 황제(黃帝) 능 앞에 지금 살고 있으며, 한나라 무제가 명명한 장군의 4500살 측백나무는 현재 하남성 숭산 자락에 위치한 숭양서원 안에 살고 있다. 아울러 숭양서원 안에는 2700살의 측백나무를 비롯해서 1000살이 넘는 측백나무가 여러 그루 살고 있다. 북송 시대의 왕안석(王安石)은 측백나무의 한자 백(柏) 중 백(白)을 백작(伯爵)으로 풀이하기도 했다.

중국 한나라 무제는 기원전 115년에 측백나무로 대들보를 만들었다. 측백나무로 만든 대들보를 백량대(柏梁臺)라 불렀다. 한나라 무제는 자신이 세운 백량대에서 신하들을 모아 놓고 한시를 짓게 했다. 이곳에서 지은 한시를 '백량체(柏梁體)'라 한다. 이처럼 한나라 무제는 측백나무를 아주 좋아했다. 『태평어람(太平御覽)』의 『태산기(泰山記)』에 따르면, 그는 태산묘(泰山廟) 옆에 1천 그루의 측백나무를 심을 정도였다.

측백나무는 무덤이나 사당 앞에 많이 심었다. 중국 삼국시대 제갈공명의 사당 앞에도 측백나무가 있다. 중국 당나라 시인 두보가 읊은 「고백행(古栢行)」은 중국인들이 왜 측백나무를 즐겨 심는지 알 수 있게 한다.

공명의 사당 앞 늙은 측백나무	公明廟前有老栢
가지는 청동, 뿌리는 돌과 같아	柯如靑銅根如石
서리같은 흰 껍질 빗물에 젖어 둘레는 사십 발	霜皮溜雨四十圍
검은 빛 하늘 찔러 그 높이는 이천 척	黛色參天二千尺
구름이 오면 가운은 무협에 접해 길게 뻗고	雲來氣接巫峽長
달이 나오면 찬 기운 설산에 통하여 희었더라	月出寒通雪山白
임금과 신하가 그 때 그 시절에 만났으니	君臣已與時際會
수목은 오히려 사람을 위해 애석하게 생각하네	樹木猶爲人愛惜
생각하니 옛날 길은 금정 동쪽을 감돌아서	憶昔路遶錦亭東
유선주와 제갈무후 같은 사당에 모셨도다	先主武侯同閟宮
높이 솟은 가지, 줄기는 옛날 교외 언덕에 있고	崔嵬枝榦郊原古
고요한 단청 빛은 창문에 비쳤더라	窈窕丹靑戶牖空

높이 솟고 뿌리박아 자리 잡았지만	落落盤據雖得地
까마득히 홀로 솟아 모진 바람 세차구나	冥冥孤高多烈風
부지하고 버틴 것은 바로 신명의 힘	扶持自是神明力
똑바로 꼿꼿하니 원래가 조화의 힘이라	正直原因造化功
큰 집 넘어질 때 대들보 기둥과 같이	大廈如傾要梁棟
만 마리 소 고개를 돌리니 산처럼 무거워라	萬牛回首丘山重
글을 써서 내지 않아도 세상이 이미 놀랐고	不露文章世已驚
베어도 좋다 버티어도 누가 능히 운반할고	未辭剪伐誰能送
괴로운 마음은 어찌 개미의 괴롭힘을 막을까만	苦心豈免容螻蟻
향기로운 잎은 마침내 난봉의 보금자리 되나니	香葉終經宿鸞鳳
지사와 숨은 선비는 한탄하지 마소서	志士幽人莫恕嗟
예부터 재목이 크면 쓰이기 어렵다네	古來材人難爲用

측백나무의 서릿발 같은 기상은 관리들의 온갖 비리를 조사하는 중국 한나라 어사대의 별칭인 백대(柏臺), 우리나라 고려시대 어사대(御史臺), 조선시대 사헌부(司憲府)의 별칭인 백부(柏府)에서 찾아볼 수 있다. 어사대는 그 주위에 측백나무가 무성한 탓에 까마귀가 많아 앉아 '오부(烏府)'라 불렀다. 『논어(論語)·자한(子罕)』에는 위의 『시경』에 등장하는 송백이 등장한다. 공자가 언급한 '세한연후지송백지후조/歲寒然後知松柏之後彫', 즉 "날씨가 추운 뒤에 소나무와 측백나무가 나중에 시든다는 것을 안다"는 내용 중 '백'은 측백나무지만, 우리나라의 번역본에는 대부분 '잣나무'로 오역하고 있다. 측백나무에 대한 오역은 중국 불교의 유명한 화두(話頭) 중 하나이자 우리나라 사람들도 자주 인용하는 "뜰 앞의 잣나무(庭前柏子)"에서도 발견할 수 있다. 이 화두는 "뜰 앞의 측백나무"이다. 이 화두를 낳은 중국의 백림사(栢林寺) 관음전(觀音殿) 앞에는 오래된 측백나무가 아직도 살고 있다. 중국 당나라의 낭군주(郎君胄)는 백림사에서 다음과 같은 시를 남겼다.

「백림사 남쪽을 바라보다」   「栢林寺南望」

시냇가에서 먼 절 종소리를 들으며   溪上遙聞精舍鐘
오솔길에 배 매 두고 깊을 솔숲 지나가네 泊舟微徑度深松
청산은 비 갠 뒤 구름 아직 남아 있어   靑山霽後雲猶在
서남쪽 삼사봉을 그려내었네   畵出西南三四峰

우리나라의 나무 중 천연기념물 제1호가 대구광역시 동구 도동에 살고 있는 측백나무다. 이곳 측백나무가 천연기념물 제1호인 것은 이 나무가 남방 한계를 알려주기에 식물학 상 매우 중요하기 때문이다. 도동의 측백나무의 나이는 200살 정도다. 이곳의 측백나무도 달성서씨 무덤에 살던 나무들이다.

『시경』의 위 기사에 등장하는 나무 중 뽕나무는 중국의 생태역사를 이해하는데 매우 중요하다. 뽕나뭇과의 갈잎큰키나무 뽕나무 이름 중 '뽕'이 어디서 왔는지 정확하게 알 수 없다. 단만 민간에서는 오디를 먹으면 소화가 잘되어 곧 방귀 소릴 냈기 때문이라는 설이 전한다. 오디가 소화에 좋다는 명대 이시진(李時珍)의 『본초강목(本草綱目)』에 오디에 관한 설명을 감안하면, 이 같은 얘기는 그저 황당한 것으로 치부할 수 없다. 뽕나무와 사랑은 뗄 수 없다. 한국 영화 『뽕』에서 연상할 수 있듯이 뽕밭은 사랑을 연상시킨다. 왜 사람들은 사랑을 뽕나무와 연결시킬까? 그 단서도 『시경·국풍(國風)·용풍(鄘風)』「상중(桑中)」에서 확인할 수 있다.

새삼을 캐러 매고을로 갔었네   爰采唐矣 沬之鄕矣
누구를 생각하고 갔던고? 어여쁜 강씨네 맏딸이지 云誰之思 美孟姜矣
상중에서 날 기다리다가 상궁으로 날 맞아들이더니 期我乎桑中 要我乎上宮
기수가까지 바래다 주더군   送我乎淇之上矣

보리를 베러 매고을 북쪽엘 갔었네　　　　　　　爰采麥矣 沫之北矣
누구를 생각하고 갔던고? 어여쁜 익씨네 맏딸이지　云誰之思 美孟弋矣
상중에서 날 기다리다가 상궁으로 날 맞아들이더니　期我乎桑中 要我乎上宮
기수가까지 바래다 주더군　　　　　　　　　　　送我乎淇之上矣

순무를 뽑으러 매고을 동쪽에 갔었네　　　　　　爰采唐矣 沫之東矣
누구를 생각하고 갔던고? 어여쁜 용씨네 맏딸이지　云誰之思 美孟庸矣
상중에서 날 기다리다가 상궁으로 날 맞아들이더니　期我乎桑中 要我乎上宮
기수가까지 바래다 주더군　　　　　　　　　　　送我乎淇之上矣

위의 노래는 주나라 선혜(宣惠) 시기에 위(衛)나라 공실(公室)이 문란하여 세족(世族)과 재위자(在位者)에 이르기까지 처첩(妻妾)을 서로 훔쳐 뽕밭에서 밀회하는 등 퇴폐적인 풍속을 풍자한 것이다. 그래서 남녀 간 밀회의 기쁨을 '상중지희(桑中之喜)'라 부른다.

뽕나무는 크게 집 뽕나무와 산뽕나무(Morus bombycis Koidzumi)로 나눈다. 집 뽕나무의 한자는 상(桑)이고, 산뽕나무의 한자는 자(柘)이다. 우리가 일반적으로 얘기하는 뽕나무는 집뽕나무이며, 흔히 '가상(家桑)'이라 부른다. 중국은 뽕나무의 원산지이다. 중국을 의미하는 영어 차이나(China)의 어원도 진나라에서 온 게 아니라 '비단(Cina)'에서 유래했다. 그러니 중국은 곧 비단을 의미한다. 중국산 비단을 애용했던 로마인들도 중국을 비단의 나라로 불렀다.

중국 섬서와 사천은 뽕나무 산지였다. 특히 섬서와 가까운 사천은 비단 생산이 많다고 하여 '금성(錦城)'이라 불렀으며, 금직(錦織)을 관리하는 관리를 둬 '금관성(錦官城)'이라 불렀다. 두보의 시 「촉성(蜀城)」에서 '금관재'가 바로 이곳을 말한다. 뽕나무가 섬서를 비롯한 사천지역이 중심이라는 것을 고려시대 이제현을 통해서도 알 수 있다. 그는 사천의 수도 성도(成都)를 여행하면서 다음과 같은 시를 지었다.

「빈주」   「邠州」

그윽한 산길을 더듬어 가며   行穿山窈窕
우거진 산길을 굽어보노라   俯見樹扶疎
두멧골 맑은 시내 마실 만도 하구나   地僻宜澗飮
움집에 사는 사람들 순박도 하다   民醇多穴居
보리는 익어 물방아 돌아가고   麥黃仍水碓
뽕잎이 푸른데 자새소리 들리네   桑綠已繅車
아 전원의 즐거움이여   看取田園樂
주나라의 덕이 남아 있음인가   周家積累餘

「정흥노상」   「定興路上」

비온 뒤 감탕길이 이리 꾸불 저리 꾸불   雨餘泥滑路逶迤
들썩 들썩 말안장에서 사지가 들먹이네   兀兀征鞍撼四肢
편하게야 사나이 뜻 이룰 길 있으랴   安坐豈償南子志
이역에서 그리는 어버이 내 마음 부끄러워   遠遊還愧老親思
다소곳한 들뽕나무에 바람은 잔잔하고   野桑翳翳風來少
아득한 마을 숲에 해는 지기 저어하네   村樹茫茫日下遲
이제 돌아가 나의 사명 아뢰리니   早晚歸來報明主
아는 이 찾아 이 한밤을 지내고저   却尋鷄黍故人期

사천은 '잠총국(蠶叢國)'이라 불릴 만큼 누에를 많이 길렀다. 이제현이 하
북성에서 읊은 시에도 등장한다. "가도 가도 기름진 땅이 태행산에 접했는
데(美壤每每接太行)/오른편은 동진이요 북쪽에는 연항이라(東秦右臂北燕吭)/그
옛날 유랑이 잠총국을 사랑했으니(劉郎却愛蠶叢國)/고향의 뽕나무는 헛되이
푸르렀으리(故里處生羽葆桑)"

뽕나무의 잎을 먹고 자란 누에가 '창조한' 비단은 단순히 옷이 아니다. 중국의 경우 비단은 화폐이기도 했다. 그래서 중국의 중세시대 균전제(均田制)에서는 국가에서 토지를 나누어 주면서 뽕나무를 강제로 심도록 했다. 우리나라에서도 중국처럼 뽕나무를 중시했다. 『삼국사기』, 「신라본기」에 나오는 것처럼 박혁거세도 누에치는 것을 권장했다. 고려 때도 누에치기를 권장했지만, 조선 초기 법전인 『경제육전(經濟六典)』에 따르면 큰 집에는 뽕나무 300그루, 중간쯤의 집에는 뽕나무 200그루, 제일 작은 집에는 뽕나무 100그루를 심도록 했다. 만약 규정대로 심지 않으면 그 지역의 수령을 파면했다. 조선왕조에서는 왕비가 친히 누에를 치는 친잠례(親蠶禮)를 거행했다. 현재 선잠단지(先蠶壇址, 사적 제83호)가 서울 성북구 성북동에 남아 있다. 누에를 키우고 종자를 나누어주는 잠실(蠶室)도 설치했다. 서울의 잠실이 바로 이런 역사적 현장을 알려주는 지명이다.

세종 5년(1423) 잠실을 담당하는 관리가 임금께 올린 공문에는 '뽕나무는 경복궁에 3천590그루, 창덕궁에 1천여 그루, 밤섬에 8천280그루로 누에 종자 2근 10냥을 먹일 수 있습니다'라는 내용이 있다. 지금도 창덕궁엔 천연기념물(제471호)로 지정된 뽕나무가 있다. 경상북도 상주 은척면 두곡리에도 뽕나무의 고장답게 350살 먹은 뽕나무가 살고 있다.

우리나라에서도 뽕나무 재배를 권장한 이유도 중국과 마찬가지겠지만, 다산 정약용의 아래 시에서도 그 이유를 확인할 수 있다.

「완진사」 　　　　　　　　　　　　　　　　　「蚖珍詞」

기상(氣桑)이 좋다 해도 지상(地桑)만 못하거니　氣桑不似地桑肥
한 뙈기만 심어도 열 집 옷은 나온다네　　　　　一畝栽成十室衣
노상(魯桑)이랑 형상(荊桑)이랑 심을 만한 뽕나무　魯沃荊剛具可種
붉은 오디 까마귀가 물고 가게 하지 마라　　　　莫教紅葚烏銜歸

뽕나무와 관련해서 우리에게 가장 익숙한 단어는 아마 '상전벽해(桑田碧海)'일 것이다. 뽕나무밭이 변하여 푸른 바다가 된다는 이 말은 곧 세월의 변화가 아주 빠르다는 뜻이다. 이는 중국의 『신선전(神仙傳)·마고(麻姑)』에 나온다.

『코끼리의 후퇴』에서 소개하고 있는 『자허지부子(虛之賦)』의 아래 내용은 전한(前漢)시기 호북의 자연생태를 보여준다. 『자허지부』는 전한의 사마상여(司馬相如)의 대표 작품이다. 전한의 무제는 『자허지부』를 읽고 감탄했다.

> (전략)
> 신은 초나라에 일 곱 군대의 택지가 있다고 들었습니다.
> 신은 오로지 하나만을 보았을 뿐이며
> 그 나머지는 본 적이 없습니다.
> 신이 본 것은 일곱 군대 가운데 매우 작은 데 지나지 않으며,
> 그 이름은 '운몽(雲夢)'이라 합니다.
> 운몽은 그 둘레가
> 9백리이며
> 그 가운데 산이 솟아 있습니다.
> 첩첩 봉우리로 둘러싸인 그 산은
> 매우 높고 험하며,
> 그 봉우리가 둘쑥날쑥하여
> 해와 달을 가릴 정도입니다.
> 멋대로 솟아 있는 산봉우리에
> 물이 흐르고 그저 못을 이루고……
>
> 그 북쪽에는 울창한 숲과 거목이 있는데,
> 후박나무와 녹나무
> 계수나무, 산초나무, 백목련
> 황벽나무, 백양나무
> 돌배나무, 고욤나무, 밤나무가 있으며,

귤나무와 유자나무의 향이 사방으로 퍼지고 있습니다.

　사마상여가 소개하고 있는 '운몽'은 호북성 중서부에 위치한 초나라의 7택 중 한 곳이다. 운몽은 굴원의 『초사(楚辭)』에도 등장할 만큼 양자강 중류 지역을 대표하는 택지다. 특히 운몽은 전국시대를 통일한 진나라의 행정문서인 '운몽진간(雲夢秦簡)'이 발견된 곳이기도 하다. 이처럼 택지, 즉 습지(물 깊이 6미터 이하)는 중국 고대 황제의 중요한 권력기반을 이해하는데 중요한 부분이다. 사마상여가 언급하고 있듯이 넓은 택지에는 물고기를 비롯해서 수많은 동식물이 살고 있다. 이곳의 생명체는 고대제국 이전에는 대부분 공동체의 재산이었지만 진한제국시대에는 황제의 중요한 경제기반으로 바뀌었다. 아울러 운몽과 같은 습지는 최근에는 운몽진간에서 보듯이 유물 보존의 가치까지 갖고 있다. 운몽진간은 현재 진나라의 역사를 이해하는 데 필수 사료로 자리 잡을 만큼 그 비중이 높다. 이러한 진간이 세상에 나올 수 있었던 것은 운몽이라는 습지 덕분이었다. 만약 진간이 습지에 있지 않고 마른 땅에 있었다면 산화되고 없었을 것이다.

　『자허지부』에 등장하는 나무는 『시경』에 등장하는 나무와 그 종류가 적잖이 다르다. 그 이유는 기후와 토양이 다르기 때문이다. 양자강 중류와 황하 상류의 서로 다른 기후는 나무의 종류에 큰 영향을 주었을 뿐 아니라 인간의 삶에도 큰 영향을 주었다. 특히 후박나무, 녹나무, 계수나무, 귤나무, 유자나무 등은 황하 상류에서는 만날 수 없는 나무다. 아울러 녹나뭇과의 녹나무는 중국의 남쪽 지역을 대표하는 나무 중 하나이자 중국의 건축사에서도 아주 중요한 위치를 차지한다. 녹나무를 모르면 중국의 궁궐의 목재를 이해할 수 없기 때문이다. 녹나무는 명대에 완성한 북경의 자금성을 비롯해서 중국의 주요 궁궐의 기둥에 사용되었다. 굴원이 『초사·귤송(橘頌)』을 남긴 데서도 알 수 있듯이, 귤은 양자강 이남을 대표하는 과일 중

하나다. 양자강 이남을 대표하는 동정호(洞庭湖) 주변에 살고 있는 동정귤(洞庭橘)은 귤 중에서도 대표 상품이었다. 굴원의 『귤송』은 다음과 같다.

하늘과 땅에서 가장 아름다운 나무	后皇嘉樹
귤로 와서 이 땅에 적응했네	橘徠服兮
천명을 받아 다른 곳에 가지 않고	受命不遷
남국에서 자랐네	生南國兮
뿌리는 깊고 튼튼해 옮기기 어렵고	深固難徒
더욱이 곧은 심지까지 가졌네	更壹志兮
푸른 잎에 하얀 꽃	綠葉素榮
무성한 것이 사람을 즐겁게 하고	紛其可喜兮
겹겹 가지의 날카로운 가시	曾枝剡棘
둥근 열매가 알차게 열렸네	圓果摶兮
파랑과 노랑이 섞이고	青黃雜糅
빛깔이 빛나네	文章爛兮
붉은 껍질에 하얀 속살	精色內白
도의를 품은 것 같네	類可任兮
무성하고 잘 다듬어져	紛縕宜脩
아름답고 추하지 않네	姱而不醜兮
어린 그대의 기개를 찬미하노니	嗟爾幼志
남들과 다른 곳이 있네	有以異兮
홀로 서며 옮겨가지 않았으니	獨立不遷
어찌 기쁘지 않으리?	豈不可喜兮
깊고 튼튼해 옮기기 어렵고	深固難徒
마음은 넓어 다른 것을 구하지 않네	廓其無求兮

세상에 홀로 깨어	蘇世獨立
뜻대로 하며 시류를 따르지 않네	橫而不流兮
욕심을 절제하고 자신을 조심해	閉心自愼
끝내 과실을 범하지 않네	終不過失兮
덕을 가지고 사사로움이 없으니	秉德無私
천지와 하나가 되네	參天地兮
바라건대 세월과 함께 흘러도	願歲幷謝
오랫동안 그대와 친구이고 싶네	與長友兮
아름다우면서도 방탕하지 않고	淑離不淫
굳세면서도 일관되네	梗其有理兮
나이는 비록 어리지만	年歲雖少
스승과 어른이 될 수 있네	可師長兮
품행이 백이에 비견할 만하니	行比伯夷
나는 그대를 본보기로 삼으리	置以爲像兮

우리나라에서도 일찍부터 동정귤의 가치를 알고 있었다. 조선 세종 대에
는 제주도에서 동정귤을 유자와 함께 궁중에 바쳤다.

V. 『조선을 구한 신목, 소나무』와 생태역사학의 사례

1. 『조선을 구한 신목, 소나무』의 구성과 특징

강판권의 『조선을 구한 신목, 소나무』는 소나뭇과의 늘푸른큰키나무 소
나무를 통해 조선시대 병선(兵船) 제작 과정과 의미를 정리한 책이다. 『조선

을 구한 신목, 소나무』처럼 한 그루의 나무를 통해 역사를 이해한 작업은 그간 역사학에서 찾아볼 수 없었다. 강판권의 『조선을 구한 신목, 소나무』는 차나뭇과의 차나무를 통해 역사를 분석한 『차 한 잔에 담은 중국의 역사』, 뽕나뭇과의 뽕나무를 통해 역사를 분석한 『중국을 낳은 뽕나무』, 콩과의 회화나무를 통해 역사를 분석한 『회화나무와 선비문화』, 은행나뭇과의 은행나무를 통해 역사를 분석한 『은행나무』와는 성격이 좀 다르다.

『조선을 구한 신목, 소나무』는 소나무를 통해 역사를 이해한다는 점에서는 다른 책과 비슷한 구조이지만 조선시대의 병선이라는 대상에 초점을 맞춰다는 점에서 차이가 있다. 『조선을 구한 신목, 소나무』를 제외한 책들은 각각의 나무가 지닌 특성과 역사 및 문화를 통시대적으로 정리한 반면, 『조선을 구한 신목, 소나무』는 내용 중 대부분을 조선시대라는 특정 시대에 초점을 맞추고 있다. 『조선을 구한 신목, 소나무』에서 조선시대의 병선에 초점을 맞춘 것은 책의 제목과 밀접한 관계가 있다. 책 제목 중 '조선을 구한 신목'은 '소나무가 조선을 구한 신령스러운 나무'라는 뜻이다. 책의 저자가 소나무를 조선을 구한 주인공으로 설정한 이유는 소나무로 만든 병선 덕분에 조선이 각종 전쟁 중에서 해전(海戰)에서 승리할 수 있었기 때문이다. 그러나 그간 조선시대 해전과 관련한 연구 성과는 적지 않았지만 병선에 대한 구체적인 분석은 없었다. 특히 병선 연구에서 조선시대 병선을 만들 때 핵심 재료인 소나무에 초점을 맞춘 연구는 찾아볼 수 없었다. 병선과 관련한 연구에서 더욱 놀라운 사실은 역사학에서는 이 분야에 거의 관심조차 갖지 않았다는 점이다.

조선시대 병선 연구에서 가장 중요한 사료는 『조선왕조실록』이 아니라 소나무다. 그러나 지금까지 병선 연구에서 소나무를 핵심 사료로 삼아 분석한 사례는 없지만, 소나무를 전제하지 않고는 조선시대는 물론 전통시대 우리나라의 병선과 상선을 전혀 이해할 수 없다. 우리나라의 경우 목재로 만든 배의 대부분은 소나무였기 때문이다. 예컨대『조선을 구한 신목, 소나무』에서도 언급하고 있는 것처럼 2005년 경남 창녕군 부곡면 비봉리에서 발굴된 8000년 전 신석기시대의 배도 200살의 소나무로 만들었다. 따라서 우리나라 전통시대의 배를 이해하기 위해서는 반드시 소나무의 특성과 분포를 파악해야 한다. 그래야만 소나무와 관련한 각종 역사와 문화를 구체적으로 이해할 수 있다. 이 같은 인식은『조선을 구한 신목, 소나무』의 구성에 큰 영향을 주었다.

4부로 구성한『조선을 구한 신목, 소나무』에서는 가장 먼저 신목으로서의 우리나라 소나무에 대해 개괄한 후, 조선시대의 소나무 소비와 보호정책을 검토했다.『조선왕조실록』에서 확인할 수 있는 조선시대의 소나무 보호정책은 세계에서 유례를 찾아볼 수 없을 만큼 독특하다. 그러나 안타깝게도 조선시대의 소나무 보호정책이 지닌 세계사적인 평가는 아직도 제대로 이루어지지 않고 있다. 나 역시 소나무처럼 아직 다른 국가의 사례를 분석하지 못했기 때문이다. 조선시대에 체계적이면서 엄격한 소나무 보호정책을 실시한 것은 소비를 전제하지 않으면 이해할 수 없는 부분이다. 조선시대는 소나무 없이는 살아갈 없는 사회였다. 그 이유는 소나무로 집을 짓고, 소나무로 땔감을 사용하고, 소나무로 관을 만들기 때문이다. 따라서 소나무는 조선시대 사람들의 삶에서 절대적인 비중을 차지하고 있었다. 우리나라에 살고 있는 나무 중에서 소나무만이 유일하게 설화를 갖고 있는 것만 봐도 소나무의 위치를 알 수 있다. 소나무의 설화는 경북 안동시 이천동 제비원에서 탄생했다. 소나무의 소비는 여러 가지 요인에서 찾을 수 있지만 인구증가, 조선 왕족의 관곽(棺槨) 제작과 사치, 궁궐의 신축과 보수, 사찰 건립과 양반의 남용 및 기근 등을 꼽을 수 있다.

『조선을 구한 신목, 소나무』의 3부에서 분석하고 있는 병선용 소나무의 생산지역은 병선 제작에 매우 중요한 부분을 차지한다. 소나무로 병선을 만들 때 가장 중요한 것은 소나무의 나이다. 모든 소나무를 병선으로 사용할 수 없기 때문이다. 그래서 조선 정부에서는 병선을 만들 수 있는 소나무가 살고 있는 지역을 선정한 후 그곳에서 배를 만들어 공급하는 정책을 실시했다. 이런 과정에서 현지의 소나무를 보호·관리하는 것은 병선 제작의 승패를 좌우했을 뿐 아니라 원활한 병선 공급 여부는 전쟁의 승패를 가늠했다. 조선시대의 소나무 분포에 대해서는 『조선왕조실록·세종실록·지리지』에 아주 자세하게 수록하고 있다. 세종실록 지리지에는 소나무의 분포만이 아니라 각 지역에서 조공할 병선의 수까지 구체적으로 기록하고 있다.

일본과의 전쟁과 소나무 전함(戰艦)을 다룬 『조선을 구한 신목, 소나무』의 4부는 임진왜란을 비롯한 일본의 조선 침략을 이해하는 데 중요한 정보를 제공한다. 그러나 그간 일본과의 전쟁에서 소나무와 전함을 중심으로 분석한 사례는 없었다. 그간 국내외에서 왜구의 침략 배경에 대해서는 다양한 접근이 있었다. 그러나 왜구의 한반도 침략 배경에 소나무와 전함이 있다는 사실을 주장한 연구는 찾아볼 수 없다. 왜구의 한반도 소나무에 대한 노략질과 소나무로 만든 전함의 약탈은 저자가 책을 구성한 중요한 동기였다. 이와 관련해서 한 가지 중요한 것은 왜구의 소나무 노략질에 대한 내용이 『조선왕조실록』 세종 3년(1421) 8월 24일 다음의 글에서 확인할 수 있다는 사실이다.

전라도 관찰사가 계하기를,
"왜선(倭船) 한두 척이 해도(海島)에 드나든다."
고 보고했다. 임금이 그 까닭을 좌우에게 물으니, 이순몽(李順蒙)이 대답하기를,
"신이 옛날 대마도를 정벌한 후, 왜선을 추격하여 전라도의 연해변 섬을 순행해 보니, 거기는 소나무가 무성하나, 육지와 거리가 멀어서 도왜(島倭)

들이 매양 배를 만들기 위하여 오는 것이니, 염려할 것은 없습니다. 신의 생
각으로는 대마도에도 배 만들 만한 재목이 없으므로 반드시 전라(全羅) 해도
(海島)에 와서 배를 만들어 가지고 돌아가는 것입니다. 그래서 해변에 있는
소나무를 모조리 벌채하여 왜선이 오는 것을 끊게 함이 가합니다."

하니, 임금이 말하기를,

　"어찌 반드시 다 벨 것이 있겠는가."

했다. 순몽이 또 계하기를,

　"배 만들 때 나무를 육지에 운반하는 수고가 더욱 심하여 나무를 꺼내서
물 밖에 내다 놓기가 혹 백여 리나 가게 되니, 농우(農牛)들이 운반하다가
많이 죽습니다. 신의 뜻으로는 병선 수십 척을 거느리고 해도에 들어가서
재목을 수호하면서 배를 만들면 한 산골짜기에서만 베어도 수일 사이에 10
여 척을 만들 것입니다."

　이순몽의 지적에서 보듯이 왜구의 침략의 배경에는 소나무가 자리 잡고
있었다. 왜구는 배를 만들기 위해 조선의 소나무를 베어가기도 했지만, 침
략해서 직접 소나무로 배를 만들기도 했다. 세종 27년(1445) 전라 감사의
보고에 따르면, 흑산도에 배 재목이 많아서 왜인들이 왕래하면서 배를 만
들었다. 왜인들이 흑산도에 침입한 것은 이곳에 소나무가 많기도 했지만
조선의 방비가 허술했기 때문이었다. 세종 26년(1444) 전라감사는 흑산도의
조수가 남북으로 왕래하기 때문에 수로가 험하여 배가 왕래하기 어렵다고
보고할 정도였다.

　왜구의 침략 원인 중 하나가 소나무였지만, 왜구가 소나무보다 관심을
가졌던 것은 병선이었다. 소나무로 만든 조선의 병선은 여러 측면에서 소
나무를 구하는 것보다 유리했기 때문이다. 그래서 왜구는 끊임없이 침략해
서 병선을 불사르기도 하고 병선을 탈취했다. 왜구가 조선의 소나무를 노
략질할 수 있었던 데는 돈에 눈이 어두운 조선인의 협력도 한몫했다. 조선
인이 왜구에게 소나무를 제공하는 문제를 정부에서 공식적으로 논의한 것

은 태종 17년(1417)이었다. 태종은 의정부·육조(六曹)·공신(功臣)·총제(摠制)·대간(臺諫)에게 이 문제를 논의케 했다. 영의정 유정현(柳廷顯)과 예조 참판 허조(許稠)는 다음과 같은 이유로 불가하다고 주장했다.

> 왜인은 성질이 사나워 믿기 어렵습니다. 항상 해도(海島)에 살면서 배를 만들어 횡행(橫行)함을 일삼고 있으니, 그 청을 한 번 들어주면, 뒷날 진실로 막기 어렵습니다. 또 중국에서 이 일을 들으면 사교(私交)는 불가하다고 할 것입니다. 기타의 상사(賞賜)로 쌀이나 베[포(布)]같은 것이라면 교결(交結)서가 아니라 우리 변경을 침략하기 때문에 부득이한 것입니다.

유정현과 허조의 반대 주장 중 주목할 것은 왜인의 사나운 성질과 더불어 중국과의 관계이다. 이들은 조선이 왜인에게 병선 제조에 필요한 소나무를 제공한 사실이 알려지면 외교관계에 문제가 발생한다고 믿었다. 왜인들이 조선 해안지역의 소나무로 배를 만들 수 있었던 것은 해당 지역민들의 협조 때문이었다. 아무리 왜인들이 포악하더라도 소나무를 벌채해서 운반하기란 결코 쉽지 않기 때문이다. 조선인들이 왜인들에게 소나무를 팔아 넘긴 구체적인 예는 성종 5년(1474) 병조의 아래 주장에서 확인할 수 있다.

> 병조(兵曹)에서 아뢰기를,
> 경상도 바닷가의 각 고을의 소나무는 병선을 만드는 데에 가장 긴요한데, 수령들이 게을러서 금벌(禁伐)을 아니하여 사람들이 많이 베어 갑니다. 이로 인하여 소나무가 적어서 배를 만들기가 어려우니, 장래가 우려됩니다. 청컨대 그 도(道) 관찰사와 수군절도사(水軍節度使)로 하여금 엄금하여 베지 못하게 하고, 또 삼포(三浦)에 사는 백성들 가운데 몰래 소나무를 베어서 왜인에게 파는 자를 아울러 엄금하게 하소서.

병조가 경상도 바닷가의 소나무 벌채와 더불어 삼포의 백성들이 왜인들에게 소나무를 팔아넘기는 자를 엄금하라는 지적은 몇 가지 점에서 시사하는 바가 크다. 우선 이러한 병조의 지적은 일찍부터 이러한 현상이 발생했다는 점이고, 다음은 그곳 백성들이 위험을 무릅쓰고 소나무를 팔아넘길 수밖에 없었던 사정이다. 왜 하필 삼포의 백성들이 왜인들에게 소나무를 팔아넘겼을까. 그 이유는 조선 세종 때 왜인들의 왕래를 허가한 세 포구(浦口)였기 때문이다.

조선인이 왜인에게 소나무를 팔아넘길 수밖에 없었던 근본적인 이유는 정부가 삼포에 왕래하는 왜인들을 철저하게 통제할 수 없었기 때문이다. 이와 관련한 내용은 세종 22년(1440) 경상도 관찰사의 지적에서 분명히 드러난다. 경상도 관찰사의 지적에 따르면 삼포의 왜인들은 방종하더라도 조금도 두려워하지 않았다. 이는 조선의 단속 법망이 제대로 작동하지 않았기 때문이다. 우선 삼포에서 왜인의 출입을 점검하는 배가 고작 1-2척에 지나지 않았다. 그러나 왜인이 들어오는 삼포지역은 넓어서 1, 2척의 순시선으로는 도저히 감당할 수 없었다. 그래서 관찰사는 순찰선을 늘려달라고 요청했다. 아울러 항상 거주하고 있는 왜인들에 대한 단속이 제대로 이루어지지 않았다. 특히 왜인들은 불법으로 땔감하기 위해서 밤을 이용했지만, 이에 대한 단속이 제대로 이루어지지 않았다. 왜인들의 삼포 소나무 약탈을 방지하기 위해 조선정부는 항상 살고 있는 왜인이 나무하기 위하여 어두운 밤에 출입하는 자를 모두 엄금했다.

왜구들의 소나무 침탈은 그들이 삼포에 머무르는 한 완벽하게 막을 수는 없었다. 따라서 왜구의 소나무 약탈은 조선정부가 그들을 삼포에 거주하게 하느냐에 달려 있었지만, 조선정부의 정책은 상황에 따라 금지와 허용을 반복하고 있었다. 조선정부가 역대 왕조에 따라 금지와 허용을 반복한 것은 무역관계 때문이었다. 왜구와 조선의 무역은 쌍방의 이해관계 때문에 무조건 금지하는 것만이 능사가 아니었다. 아무리 왜구와 삼포 주민간의 무역이 사적으로 이루어졌더라도 일방적으로 왜구만이 필요한 것은 아니라 삼포 주민들의 삶에도 왜구와의 무역은 때로 필요했던 것이다. 이 과정에서 소나무는 사적 무역의 일부이자 불법 무역의 대상이고, 무역 거래 금액에서 큰 비중을 차지하지 않았더라도 조선 정부의 안위에 직결되어 있는 병선 제작과 관계있는 품목이었다는 점에서는 결코 과소평가할 수 없었다.

2. 『조선을 구한 신목, 소나무』의 생태역사 사례

모든 소나무가 병선용으로 '간택'되는 것은 아니었다. 소나무가 병선용으로 간택되기 위해서는 일정한 시간이 필요하다. 특히 소나무는 1년에 일정하게 성장하는 고정생장(固定生長)형 나무이기 때문에 물질적 가치를 지니려면 절대시간이 필요하다. 병선에 사용할 수 있는 나무는 반드시 소나무여야만 하고, 소나무는 배의 크기에 따라 다르지만 적어도 100년을 기다려야만 한다. 왜 병선용 나무는 소나무여야만 하고, 100년을 기다려야만 하는지를 좀 길지만 세종 12년(1430) 4월 병조 참의 박안신(朴安臣, 1369-1447)의의 상서(上書)를 통해 확인해보자.

(상략) 육병(陸兵) 수십 만이 적을 방어하는 것이 병선 수 척으로 적을 제어함만 같지 못함은 그 밝은 효험과 큰 경험으로 거울로 삼을 만합니다. 병선의 중함이 이와 같은데, 그 재목은 반드시 소나무를 써야 하며, 소나무는 거의 1백 년을 자라야 배를 만들 수 있고, 배 한 척에 소용되는 재목은 거의 수백 주가 됩니다. 대개 소나무가 많이 성하고 크게 자랄 때에 시작하여 병선을 계속하여 짓는다 해도 겨우 50년 후에는 전국 내의 소나무는 거의 다 없어질 것이니, 앞으로 수십 년이 못 가서 인력이 미치는 곳에는 배를 만들 나무가 아주 없게 될 것을 가히 알 것입니다. 배를 만들 재목이 없어서 전함 (戰艦)을 만들지 못하면 전일에 있었던 화(禍)가 여기서 다시 시작될까 두렵

사오니, 이만저만한 사고가 아닙니다. 주상 전하께서는 이런 사리(事理)를 깊이 통촉하시어 지난 갑진년에 성심[성충(聖衷)]에서 계획하여 내신 마음으로 특별히 윤음(綸音)을 내리시기를, '이제 배를 만들 만한 재목이 거의 다했으니, 내가 마음이 아프도다. 그 벌채를 금하고 화재를 막아 잘 가꾸라.'고 하신 말씀은 이제 갖추어 법전에 실려 있사오니, 후환을 염려하시고 위태로움을 생각하시는 뜻이 지극하시고 극진하시옵니다. 신의 어리석은 생각으로는 자라지 않은 재목은 화재를 방지하고 잘 가꾸는 것이 더욱 오늘날의 급무이옵니다. 원컨대 소나무가 장성하기까지를 한정하고 여러 도(道)의 군사 없는 빈 배는 아직 전부 군에서 폐지하며, 공선(貢船)·참선(站船) 및 서울 밖에 있는 사유선(私有船)도 모두 그 수를 감하고, 관사(官舍)와 민가를 건축하는 데에도 일체 소나무 쓰는 것을 금하면, 권도(權道)에 따르고 사변에 맞춰서 장구히 다스리고 오래 편안할 계책이 될까 하옵니다(하략).

병선용 소나무가 100년을 기다려야만 한다는 병조 참의 박안신의 주장은 병조의 주장임과 동시에 조선 정부의 입장이기도 했다. 그러나 병선 만드는 데 필요한 소나무의 긴 성장기간은 조선 정부의 병선 확보에 큰 장애요인으로 작용했다. 조선의 소나무는 50년 뒤에는 병선을 만들 수 없을 만큼 부족했다. 이미 세종 15년(1433)에는 소나무를 구할 수 없어 여러 도의 군액(軍額)없는 예비선(預備船)의 경우 제작을 정지할 수밖에 없었다.

어느 시대든 관련법을 만들지만 그 법이 온전히 지켜질 수 없다. 세종시대에도 소나무 보호법을 만들었지만, 그 실효성이 어느 정도였는지는 의문이다. 세종1년 쓰시마 정벌당시 삼군도통사였던 류정현(柳廷顯, 1355-1426)의 다음과 같은 주장은 소나무 보호는 물론 조선의 해군 사정을 이해하는 데 큰 도움을 준다.

싸움배는 나라의 중요한 무기이나 배를 만드는 재목은 소나무가 아니면 쓸모가 없고, 소나무는 수 십 년이나 자란 것이 아니면 사용하지 못합니다. 요즘 각 도에서 여러 해 동안 배 만들 만한 소나무는 거의 없어졌습니다. 그래서 소나무를 베지 못하게 하는 법령을 만들었는데도 무뢰배들이 사냥하거나 화전(火田)한다고 불을 놓는 터에 소나무가 타버리고, 집 짓는다고 마구 벱니다. 따라서 재목감은 날로 줄어들고 작은 소나무도 미처 자랄 수 없는 상황인지라 2년도 못되어 배 만들 나무가 동이 날지도 모릅니다. 해마다 선공감에 바치는 재목 외에는 각 관청에서 새로 짓는 건물이나 백성들의 집에는 모두 소나무를 사용하지 못하도록 하고, 위반자는 법으로 다스려야 합니다. 소나무가 있는 곳에는 인근 주민들 중 산지기를 정하여 그들에게 부역을 면제케 하여 전적으로 산림을 지키게 할 것입니다. 아울러 고을원은 수시로 살피게 하고, 관찰사도 봄가을에 사람을 보내 조사하게 할 것입니다. 만일 나무를 말라죽게 했거나 잘린 것이 있으면 엄격히 처벌하여 뒤 사람들에게 경계케 할 것이며, 매번 고을원의 업적을 평가할 때도 소나무의 관리 여부로 결정할 것입니다. 또 각 포구의 만호(萬戶)들에게도 별일 없을 때는 언제나 수군을 감독하여 근처의 빈 땅에 소나무를 많이 심게 해서 뒷날 쓰이도록 하겠습니다.

류정현의 주장은 당시 전함을 만드는 데 필요한 소나무가 매우 절실하다는 내용을 담고 있다. 이 시기 조선의 소나무는 엄격한 보호정책에도 여러 가지 요인 등으로 전함을 만드는데 필요한 목재를 구하지 못할 만큼 심각한 상황이었다. 그러나 임금의 지시를 받은 병조와 의정부에서는 결국 실행하지 않았다. 조선 정부는 소나무를 보호하기 위해 전국의 소나무 현황을 파악케 하는 등 한층 구체적인 방법까지 동원했다. 그 이유는 소나무로 집을 짓고 땔감을 사용하는 상황에서는 아무리 강력한 소나무 보호 정책을 펼치더라도 효과를 거둘 수가 없기 때문이다. 특히 수도의 경우는 양반들의 불만은 물론 땔감 부족현상으로 물가가 상승하는 등 부작용이 적지 않았다.

조선 정부의 이 같은 방식의 소나무 보호 정책은 반복해서 이루어졌지만 그 효과는 크지 않았다. 더욱이 벌채와 불조심에 대한 법령은 있었으나 심어서 나무를 기르는 방법은 거의 없었다. 그래서 세종 1년에는 벌채와 불조심에 대한 법령과 함께 연해(沿海)의 황폐한 땅에 소나무를 심고, 감사가 각 고을 수령을 근무 평가할 때 이런 사실도 조사하여 등수를 올리고 내리는 데에 활용하기에 이른다. 특히 이 시기에는 정부에서 연해 지역 소나무에 대한 중요성을 한층 강조하고 있다. 7년 뒤 연해 지역의 소나무 보호에 대한 규정이 병조의 건의에 따라 다음과 같이 마련되었다.

> 근해 지역에 병선을 만들기 위하여 심은 소나무에 대한 방화와 도벌을 금지하는 법은 일찍이 수교(受敎)한 바 있으나, 사선(私船)의 조작에 대해서는 금령(禁令)을 세우지 않기 때문에, 연해 각처에 있는 소나무를 몰래 도벌하여 배를 조작하는 자가 있습니다. 이제부터는 해변의 소나무를 조재지의 수령 및 각 포(浦)의 만호(萬戶)·천호(千戶)로 하여금 엄금하게 하고, 만약 사사로이 선척을 조작하는 자가 있으면, 적발 즉시 논죄하여, 선척은 관에 몰수하고, 수령·만호·천호로서 이를 능히 고찰하지 못한 자도 또한 형률에 따라 논죄하도록 하소서.

소나무에 대한 엄격한 규정은 당연히 적지 않은 폐단을 낳을 수밖에 없었다. 세종 9년(1427) 강원도 감사의 지적에 따르면, 정부의 연해변 소나무에 대한 감독이 강화되자 소나무가 필요한 사람들은 먼 곳에서 구할 수밖에 없었다. 그러나 먼 곳에서 구하려면 유통 상에 문제가 발생한다. 당시 나무를 운반하려면 소와 말을 사용할 수밖에 없었다. 이 과정에서 소와 말이 다치거나 심지어 죽는 경우도 있었다. 소와 말이 다치거나 죽는다면 엄청난 손실이 아닐 수 없다. 당시 소와 말은 큰 재산 가치가 있었기 때문이다.

소나무 보호 규정 중 경기·강원도의 소나무 작벌을 금하는 내용은 『속전등록(續典謄錄)』에 기록되어 있지만, 이 지역 이외의 금지 규정은 제대로 갖추지 못했다. 이에 세종은 다른 지역의 경우도 말라 죽은 나무라든가 바람에 쓰러진 소나무라도 함부로 작벌하지 못하게 하고, 범법자를 잡아 처벌하지 않은 수령(守令)은 모두 율(律)에 의하여 처벌하도록 했다. 더욱이 세종 21년(1439)에는 도성 밑 10리의 소나무에 대해서는 한성부(漢城府)가 전담·감독하고, 사헌부(司憲府)는 한성부의 근무 태도를 감독케 하고, 10리 밖의 소나무에 대해서는 소재지의 수령이 감독하고, 관찰사가 수령의 근무 태도를 감독케 했다. 조선조의 이러한 정책은 4킬로미터 안의 수도 서울 소나무는 이중 삼중으로 보호했다는 뜻이다.

소나무 보호에 매우 중요한 역할을 담당한 산지기는 소나무가 있는 부근 주민 중 먹고 살만한 사람을 중심으로 선발했다. 이들은 요역이 면제되었다. 수령은 산지기가 소나무를 제대로 관리하는지를 살폈다. 아울러 관찰사는 봄과 가을 두 차례 사람을 보내어 현장을 조사했다. 만약 말라 죽거나 벤 것이 있을 때에는 산지기와 수령 등을 엄하게 문책했다. 산지기에 대한 규정은 세조 때 이르러 한층 엄격했다. 세조 7년(1461) 4월 병조의 건의는 다음과 같다.

경외의 소나무가 있는 여러 산에는 부지런하고 조심하는 자를 선택해서 산지기로 정하되, 서울은 병조·한성부의 낭청이, 외방(外方)은 수령과 만호(萬戶)가 불시로 고찰(考察)하고, 매양 사철에 형조·의금부의 낭청과 감사(監司)·수령관(首領官)이 도(道)를 나누어 적간(摘奸)해서 아뢰게 하여, 1, 2주(株)를 벤 자는 장(杖) 1백 대, 산지기는 장 80대, 관리는 태(笞) 40대를 때리고, 3, 4주를 벤 자는 장 1백 대를 때려 충군(充軍)하고, 산지기는 장 1백 대, 관리는 장 80대를 때리고, 10주 이상을 벤 자는 장 1백에 온 집안을 변방으로 옮기고, 산지기는 장 1백 대를 때려 충군하고, 관리는 장 1백 대를 때려 파출(罷黜)하고, 10년 동안에 1주도 벤 것이 없으면, 산지기에게 산관직(散官職)으로 상을 주어서 이로써 권장하고 경계하게 하소서.

세조대의 소나무 보호 정책을 보면, 일반 백성의 경우 소나무 한 그루를 벤 자에게 장 100대, 10그루를 베면 가족을 변방으로 보냈다. 이 같은 규정은 소나무 10그루가 가족 전체를 망하게 하는 수준이다. 세조 때의 이러한 규정은 다음과 같은 예종 1년(1469) 도성(都城) 내외(內外)의 「송목금벌사목(松木禁伐事目)」으로 한층 구체적으로 나타났다.

1. 무릇 소나무를 베는 자는 장(杖) 1백 대를 때리고, 그 가장(家長)이 만약 조관(朝官)이면 파직시키고, 한관(閑官)이나 산직(散職)이면 외방(外方)에 부처(付處)하며, 평민이면 장 80대에 속(贖)을 징수한다.

1. 도성 내외의 4산(山)은 병조와 한성부의 낭관게 나누어 맡겨서 때 없이 검찰(檢察)하게 하고, 매월 말에 계달(啓達)하게 한다.

1. 잘 검찰하지 못하면 4산 감역관(監役官)과 병조·한성부의 해당 낭관을 강자(降資)하고, 산지기는 장 1백 대를 때려서 충군(充軍)시킨다.

1. 산기슭에 사는 사람은 다시 병조·한성부로 하여금 통(統)을 만들어 나누어 맡겨서 금방(禁防)하게 하고, 밤나무와 잡목도 베지 못하게 한다.

1. 삼각산(三角山) 기슭에 사는 사람도 역시 산지기를 정하여 베기를 금하게 하고, 잘 금방(禁防)하지 못하는 자는 4산의 산지기의 예(例)에 의하여 죄를 준다.

1. 4산과 삼각산 절의 중들이 베는 것도 역시 산지기로 하여금 금방하게 한다.

1. 금방하는 근만(勤慢)을 승정원으로 하여금 불시에 계품(啓稟)하여 적간(摘奸)하게 한다.

1. 도봉산(道峯山)은 바로 도성(都城) 주산(主山)의 내맥(來脈)이므로 병조로 하여금 위 항목의 조건에 의하여 검찰하고 금벌(禁伐)하게 한다.

15세기 중엽 예종 시대의 소나무 보호 정책에는 소나무를 벤 자에 대한 처벌 규정과 함께 보호 지역이 구체적으로 명시되어 있다. 보호 지역은 도성 내외의 사산, 북한산의 중심을 이루는 삼각산, 도봉산이다. 세종 27년

(1445)까지 사산과 아차산까지 소나무 벌목을 금했지만, 주산의 내맥인 삼 각산과 청량동(淸涼洞) 및 중흥동(重興洞) 이북과 도봉산은 금하지 않다가 의 정부의 건의에 따라 실시했다.

문종 1년(1451) 사헌부의 건의처럼 사산의 소나무 보호 정책은 인력 부족 등으로 제대로 시행되지 못했다. 사산 지역의 소나무를 제대로 보호할 수 없었던 이유 중 하나는 성종 3년(1472) 한성부의 지적에서 보듯, 이 지역에 서 경작했기 때문이다. 그래서 소나무 보호를 위한 법제화는 규제 대상이 발생하면 계속 추가로 이루어졌다. 1548년(명종3)에도 사산송목금벌사목(四 山松木禁伐事目)이 제정되었다. 예종 때의 「송목금벌사목(松木禁伐事目)」보다 80년 뒤 한성부에서 올린 규정은 아래 내용처럼 앞의 규정이 유명무실하 거나 부족했기 때문에 만들어진 것이다.

> 요즈음 인심이 사나와져서 전혀 법을 두려워하지 않고 내키는 대로 베어 내면서 조금도 꺼리지 않습니다. 그러나 군보(軍堡)를 설치하여 수비하는 곳 에는 감히 도벌하지 못합니다. 바라건대 여염간에 있는 긴하지 않은 군보를 모두 철폐하여 산곡 요해처에 옮겨 설치하고 응직군사(應直軍士)로 하여금 주야로 살피게 하여 만약 나무를 도벌하거나 흙을 파는 사람이 발견될 경우 즉각 잡아 보고하게 하면 금할 수 있을 것입니다. 그러나 본부가 감히 마음 대로 단행할 일이 아니요, 모름지기 승전을 받들고 해당 부서와 같이 의논 하여 시행할 일이기에 감히 아뢰는 것입니다.

소나무 보호 규정은 점차 체계를 갖췄지만 어떤 법령이든 아무리 완벽 하더라도 허점이 있게 마련이다. 그 중 하나가 산지기[산직(山直)]와 관련한 문제다. 세종 23년(1441) 7월 의정부의 지적에 따르면, 이 당시 소나무를 지 키는 산지기의 수가 매우 적었다. 그런데도 병조에서는 산지기에게 많은 쌀를 거두었으며, 산지기도 소장인호(所掌人戶)에게 쌀을 거두었다. 이런 상 황에서 산지기는 해당 주민들이 소나무를 베더라도 처벌하지 않고 눈감아

줄 수밖에 없었다. 그래서 의정부는 산지기 수를 늘이고 해 거두는 것도 모두 금할 뿐 아니라 나누어 준 산명(山名)과 인명(人名)을 사헌부에 이관하여 항상 감독하고, 30주(柱) 이상을 벤 자는 장물(贓物)로 계산하여 죄를 논해서 외방(外方)에 정역(定役)하고, 병조낭청(兵曹郎廳)도 분장(分掌)하여 엄중히 살폈다. 만일 맡은 관할 내에 1백 주 이상을 벤 자가 있으면 즉시 파출(罷黜)할 것을 요청했다. 세종도 의정부의 의견을 수용했다.

소나무 보호 법규가 어느 정도 잘 지켜지지 않았는지를 잘 보여주는 사례는 남산이다. 남산의 사정에 대해서는 1467년(세조13) 대사헌 눌재(訥齋) 양성지(梁誠之, 1415-1482)의 상소에서 확인할 수 있다.

> (전략) 신이 남산(南山) 밑에 살고 있어서 남산의 소나무에 대한 일을 직접 목격하여 이를 반복해서 언급하여 청하는 바입니다. 남산의 소나무는 도읍으로 정한 이후로 70여 년 동안이나 가꾸고 길러서 무려 백만(百萬)여 그루 정도였다. 처음에는 거리의 아들들과 골목의 부녀자들이 삭정이[枯枝]나 솔가리[고엽(枯葉)]를 몰래 져다가 불을 때었고, 중간에는 큰 창고를 짓기 위하여 말라 죽은 나무라고 칭탁하여 베어냈으며, 나중에는 산 근처에 사는 사람들이 귀천을 불문하고 대낮에 떼를 지어 생나무를 바리로 실어다가 간혹 집을 짓는 자가 있었고, 한갓 집만 지을 뿐만 아니라 수레로 실어다가 기와를 굽는다는 소리가 온 나라 안에 들렸습니다. 이렇게 벌채하였으므로 소나무는 거의 다 없어졌고, 겨우 남은 것이라곤 인가의 동산 안에 있는 수천 그루뿐입니다. 신의 어리석은 생각으로는, 남산의 소나무는 진실로 없어서는 안 되지만, 설혹 없다손 치더라도 무방합니다.(후략)

엄격한 소나무 보호 규정은 특히 흉년일 경우 백성들에게 큰 고통을 안겨주었다. 흉년이 들면 곡식이 부족하여 식물이 구황으로 적극 이용되었다. 구황식물 중 참나뭇과의 상수리나무가 제일이었지만 그 다음이 소나무 껍질이었다. 그러나 세종 16년(1434) 2월에 경상도 진제경차관(賑濟敬差官)이 구황대책으로 세종에게 소나무의 벌채를 허가하는 문제에 대해 논의했다. 그러나 호조에서는 반대하는 내용을 임금에게 올렸다. 호조에서 반대한 이유는 벌채의 금지령을 엄중히 내려도 그 금지를 무릅쓰고 베는 자들이 많은데 하물며 꼬불꼬불한 소나무를 베게하면 구황을 핑계 삼아 쓸 만한 소나무까지도 벨 것이라 보았기 때문이다.

소나무 보호 규정이 낳은 또 다른 폐단은 포상을 노린 자들의 등장이다. 세종 28년(1446) 8월 의정부의 지적에 따르면, 별시위(別侍衛)나 갑사(甲士)가 도적을 잡으면 따로 포상했다. 예컨대 강도 1명을 잡으면 3백을, 절도 1명을 잡으면 30을, 범 한 마리를 잡은 사람에게는 1백을 주고, 소나무를 벤 사람에게도 절도의 예에 의거하여 시행했다. 문제는 소나무를 벤 자에게도 절도자를 잡은 자와 같은 포상을 하면서 발생했다. 심할 경우에는 순찰하는 날 그 종으로 하여금 소나무를 고의로 베게 하고 이를 잡아서 관청에 고발하여 포상 받는 일까지 벌어졌다

송충이는 소나무를 훼손하는 주범 중 하나였다. 그러나 조선시대의 송충이는 결코 쉽게 잡을 수 없었다. 많은 사람들을 동원해야할 뿐 아니라 송충이 잡는 사람들을 관리하는 것도 큰일이었다. 세종 3년(1421)에는 송충이를 잡을 수가 없어서 제릉(齊陵) 바깥 산을 불태웠던 적도 있었다. 제릉에는 작년 겨울부터 봄까지 송충이가 솔잎을 먹어서 이루다 잡을 수 없었던 것이다. 다만 제릉 안쪽 산은 백성을 동원하여 송충이를 잡았다.

조선정부에서 송충이 잡이에 심혈을 기울인 것은 단지 소나무가 정부의 목재에 필요했기 때문만이 아니다. 또 다른 이유는 군주의 통치 문제였기 때문이다. 조선의 군주와 신하들은 송충이가 소나무 갉아먹는 것을 일종의 재해로 인식했고, 재해는 군주의 덕이 부족한 탓으로 생긴다는 인식을 가지고 있었기 때문이다. 중종 31년(1536) 4월 시강관 김광진과 특진관 윤희평(尹熙平)의 상소에서 이러한 사실을 확인할 수 있다.

　서울 근처의 소나무는 조종 때부터 길러온 것이니 진실로 평범하게 한 것이 아닙니다. 근래 살펴보면 작년부터 서울 10리 사이의 소나무들을 송충이가 모두 먹었고 능침의 소나무들까지도 송충이가 모두 먹었는데 한성부가 송충이를 잡으려 해도 다 잡을 수가 없습니다. 옛 글에 '공이 없으면서 녹을 먹는 사람이 많으면 송충이가 소나무와 잣나무의 잎을 먹는다.' 했으니, 이 것은 우연한 재해가 아님을 이치로 추측할 수 있습니다. 공자께서 '날씨가 차가와진 뒤라야 송백이 시들지 않는 것을 안다.'고 했습니다. 대저 소나무는 눈서리 속에서 혼자 우뚝하므로 진실로 보통 나무가 아닙니다. 그런데 지금 하찮은 송충이에게 모두 먹혔으니, 이는 반드시 군자의 도가 소멸되고 소인의 도가 자라려는 징조입니다.

　상소의 지적대로 소나무는 『논어』에서 공자가 언급한 것처럼 군자의 상징이다. 그런 군자의 소나무가 하찮은 송충이가 갉아 먹는다는 것은 곧 군자의 기상이 갉아 먹히는 것과 같다. 소나무는 군주의 상징이기도 하다. 군주의 상징인 소나무가 송충이에게 갉아 먹히는 것은 곧 나라가 쇠한다는 증거이다. 송충이의 출현을 왕의 통치와 연결시키는 이러한 인식은 중국의 전국시대부터 생긴 이른바 재이설(災異說) 혹은 천인상관설(天人相關說)에 근거하고 있다.

　사직단 주변의 소나무는 정부에서 매우 소중하게 생각했다. 선조 40년 (1607) 6월에 사직단 밖 남·서·북 3의 많은 소나무를 송충이가 잎을 갉아 먹어 아주 흉측했다. 그러나 사직단을 관리하는 관청에서는 제대로 관리하지도 상부에 보고조차 하지 않았다. 이에 소나무들이 말라 죽었다. 좌승지 이선복(李善復)이 이 사실을 알고 담당 관리를 처벌할 것을 주장하자, 선조가 수용했다. 아울러 사직단의 송충이 잡이를 사직단 관리에게 맡기지 않고 한성부 낭청에게 맡겼다.

　한성부의 낭청이 송충이 잡이의 실무 책임자로 등장한 것은 송충이 잡이가 곧 지방차원이 아니라 중앙정부 차원의 주요한 업무라는 사실을 의미한다. 송충이는 숙종 연간에 극성을 부렸다. 숙종 11년(1685)에는 서쪽에서 동쪽에까지 원릉(園陵)과 사묘(私墓)의 큰 나무들의 잎을 송충이가 먹어 말라 죽었다. 정부는 이러한 현상을 재해로 인식했다. 조선 정부가 재해를 극복하는 데 사용한 가장 기본적인 정책은 제사였다. 송충이의 피해를 재해로 인식한 이상 제사는 필수였다.

송충이가 극성을 부릴 경우 잡는 과정에서 엄청난 노동력이 필요했다. 이 과정에서 송충이 잡이에 동원된 백성들의 고충도 송충이의 극성과 비례했다. 영조 때는 송충이 잡는 데 동원하는 백성들의 고통이 주요한 현안으로 등장했다. 이에 영조는 송충이 잡이에 백성을 동원하지 말 것을 지시했다. 영조의 결정은 송충이의 재해가 자신의 부덕으로 생긴 것이기 때문에 백성들에게 그런 고통을 전가할 수 없다는 덕치의 논리에 근거하고 있다. 영조의 이러한 태도는 17년(1741)에도 확인할 수 있다. 이 당시 송충이가 사산(四山)의 소나무를 갉아 말라 죽자 부민(部民)에게 송충이를 잡아서 날마다 3승(升)씩 바치도록 했다. 그러나 간혹 주민들 중에는 파묻은 송충이를 파서 다시 바치는 폐단이 있었다. 이에 한성 판윤은 태워 죽일 것을 주장했다. 이에 영조는 묻는 것도 부족하여 태워 죽이려는가? 라고 하면서, 백성들의 고충을 고려하여 송충이 잡이를 즉시 중지하라고 명령했다. 영조가 송충이를 불에 태워 죽이라는 한성 판윤의 건의를 묵살한 것은 "맹자도 말하기를, '맹수를 몰아낼 뿐이다.'고 한 말에 근거했다. 이 내용은 『맹자・등문공하』에 "주공(周公)이 맹수를 몰아내자 백성들이 편안해졌다"는 구절을 인용한 것이다.

조선 정부는 병선에 필요한 소나무가 줄어들자 장기적인 안목에서 나무를 심지 않을 수 없었다. 태종 7년(1407) 정부는 소나무를 심기 위해 각 도의 수령에게 초봄에 소나무를 심도록 했다. 태종의 명령은 충청도 경차관(敬差官) 한옹(韓雍, 1352-1425)의 상소에 따른 것이었다. 한옹이 맡은 경차관은 태종 때 정승 하륜(河崙)의 건의에 따라 사용한 관직이다. 정부는 3-5품 관 중에서 경차관을 뽑아 왜구대책을 비롯한 군사적인 것에서 전곡(田穀)의 손실조사와 관련한 경제적 임무, 구황을 비롯한 재민(災民)구제업무, 옥사(獄事)·추쇄(推刷)·추국(推鞫) 등과 관련한 사법적 임무 등을 맡겼다. 그 중에서도 임무에 따라 나무와 관련한 황장(黃腸)경차관·율목(栗木)경차관이 있었다. 그는 병선에 필요한 소나무가 거의 사라지자 소나무 심기를 주장한 것이다. 그는 2차 왕자의 난을 평정한 공으로 태종의 총애를 받았으며 세종은 그가 죽자 사흘 간 조회를 폐할 정도로 신임했다. 그는 각 도에 소나무가 잘 자랄 수 있는 곳에 나무를 심고 불과 벌목을 금지했다. 특히 그는 초봄에 수령들이 직접 나무 심는 것을 감독할 것을 주장했다.

남산의 소나무가 송충이에게 피해를 입었을 때는 태종 9년(1409)의 예에서 보듯 이곳을 담당하고 있던 병조의 관리를 문책했다. 세종 10년(1428) 1월에는 경복궁의 주산(主山)과 좌비산맥(左臂山脈)에 소나무를 심고 보호하기 위해 근방의 인가를 모두 옮기는 조치도 마다하지 않았다. 그래서 소나무를 1년 뒤 심기 위해 그해 10월까지 옮기도록 했다. 조선 정부에서 소나무를 심은 이유 중 하나는 풍수와 무관하지 않았다. 문종 1년(1451) 4월에 경복궁 북쪽 산에 표를 세워 소나무를 심어서 산맥을 보호하게 했다. 풍수 관점에서 경복궁 북쪽에 나무를 심은 이유는 다음과 같다.

경복궁은 백호(白虎)가 높고 험준하나, 청룡(靑龍)이 낮고 미약하므로 가각고(架閣庫, 그림·서적·문서를 보관한 관청) 북쪽 산의 내려온 맥(脈)에 소나무를 심어 길렀는데, 근년에 벌레가 먹어서 반이 넘게 말라 죽었으며, 그 마르지 않은 것도 근방의 무식한 무리가 가지와 줄기를 베어 쳤고, 혹 맥혈(脈穴)을 파고서 집을 짓기도 했습니다. 이 때문에 청룡이 날로 쇠약해지니, 청컨대 표(標)를 세워서 한계를 정하고 소나무를 심어서 산맥을 비보(裨補)하게 하소서.

경복궁의 북쪽에 소나무를 심어 부족한 곳을 보충하는 이른바 비보풍수는 한국 풍수의 특징이다. 문종 2년(1452) 3월 풍수학(風水學) 문맹검(文孟儉)이 각 릉과 각처의 풍수에 대해 얘기한 것도 같은 이치다. 문맹검은 경복궁을 자미원에 해당하는 길지라고 평가한 사람이다.

　명당(明堂)의 수구(水口)에는 3개의 작은 산을 만들어 각기 나무를 심어서 수구를 진압하고 막게 하는 것이 곧 옛날 사람의 법입니다. 지금 국도(國都) 수구의 안에 옛날 사람이 3개의 작은 산을 만들어 각기 소나무를 심었지만 이 작은 산이 수구에 있지 않고서 도리어 수구의 안에 있고, 또 산이 무너져서 낮으며 소나무는 말라 죽었습니다. 지금 보제원(普濟院)의 남쪽과 왕심역(旺心驛)의 북쪽에 작은 산을 혹은 3개나 7개를 만들어 소나무와 회화나무·버드나무를 심어서 수구를 좁게 한다면 매우 다행하겠습니다.

수구는 사방의 산에서 모인 물이 빠져 나가는 입구면서 가장 낮은 지대이다. 이러한 수구를 막아야만 그 안에 살고 있는 사람이 편안하다. 그래서 이른바 수구막이는 한국 전통 풍수에서 매우 중요하다. 수구를 막는 수단은 석축, 조산, 식재, 건물, 시설 등 아주 다양하지만 가장 쉽고 효과가 큰 것이 식재, 즉 나무 심기였다. 『택리지』에도 언급하고 있듯이. 주거지 중 길지를 만들기 위해서는 수구막이가 중요하다. 수구막이로 숲을 조성할 경우 외부로 열린 터를 막아 마을이 외부에서 보이지 않게 하고, 외부에서 불어오는 바람을 부드럽게 만들고, 수구의 습기가 머금은 시원한 바람이 마을로 들어가게 한다. 이러한 수구막이 숲은 전국에서 흔히 찾아볼 수 있다.

VI. 맺음말

19세기 중엽 이후 등장한 생태사는 근현대사회가 안고 있던 각종 현안을 극복하는 과정에서 탄생했다. 그러나 개념사가 복잡하듯이 생태사는 개념의 발생 과정과 연구자의 입장에 따라 다양한 의미로 사용되고 있다. 그래서 생태사를 한마디로 정리하는 것은 애초부터 불가능하다. 나는 생태를 '관계성'으로 해석한다. 관계성으로서의 생태는 수직의 관계가 아니라 수평의 관계다. 학문 분야에서의 생태는 모든 학문 간의 수평적인 관계를 의미한다. 아울러 관계성으로의 생태는 유기적인 관계를 전제한다. 지구상의 생명체는 어떤 경우든 유기적인 관계 속에서만 존재할 수 있기 때문이다. 이런 점에서 모든 학문도 밀접한 관계를 맺고 있다.

생태역사학은 역사를 관계성으로 해석하려는 방법론이다. 이런 점에서 인간의 삶을 분석하는 역사학에서 가장 중요한 부분은 자연생태다. 인간은 한 순간도 식물의 도움 없이는 존재할 수 없기 때문이다. 인간이 만든 이른 바 문명은 기본적으로 자연생태의 산물이다. 역사학에서 금과옥조로 여기는 사료, 예컨대 금석문, 목간, 산성, 각종 문헌자료 등은 기본적으로 자연생태의 도움으로 생성되었다. 그러나 기존의 역사학 연구는 극히 일부를 제외하면 자연생태를 분석의 시각에서 제외했다. 특히 기존의 역사연구는 자연생태를 역사학의 대상으로 파악하기보다는 자연과학을 비롯한 다른 학문 분야로 인식했다.

생태 개념은 애초부터 융합을 전제해야 이해할 수 있다. 역사학은 학문 분야에서 가장 체계적인 융합 학문이다. 그러나 그간의 역사학 연구는 역사학의 기본인 자연생태를 분석의 대상에서 거의 제외한 탓에 융합 학문으로서의 장점을 스스로 발휘하지 못했다. 역사학의 대부분을 차지하는 농업의 시대만 하더라도 반드시 자연생태를 이해해야만 한다. 그러나 그간의 농업 시대에 대한 역사학의 연구는 주로 인문생태 차원에서 이루어졌다. 인문생태 중심의 역사학 연구는 융합 및 통섭의 시대를 이끄는데 한계를 갖고 있다. 특히 인문생태 중심의 역사학 연구 혹은 이해는 인간의 무한한 잠재 능력을 발휘하지 못한다.

교육의 목적은 인간이 태어나면서 갖고 있는 창의성은 발휘시키는데 있다. 역사학의 교육 목적도 역사학을 통해 역사학도의 창의성을 발휘하는데 있다. 창의성은 다양한 경험을 통해서 발휘된다. 만약 역사학을 통해서 창의성을 발휘하려면 역사학의 다양한 내용을 이해해야만 한다. 생태역사학은 역사학도의 창의성을 발휘하는데 중요한 방법이다. 역사학이 역사에 관심을 갖고 있는 사람들의 창의성을 발휘하지 못하면 역사학의 미래는 결코 밝지 않다. 유구한 전통을 가진 역사학이 앞으로 살아남기 위해서는 시대를 이끄는 새로운 방법론을 반드시 갖춰야만 한다. 생태역사학은 위기를 맞은 역사학을 구할 수 있는 새로운 방법론이다.

참고문헌

강판권, 2009, 『중국을 낳은 뽕나무』, 글항아리

____, 2010, 『역사와 문화로 읽는 나무사전』, 글항아리

____, 2011, 『세상을 바꾼 나무』, 다른

____, 2011, 『미술관에 사는 나무들』, 효형

____, 2013, 『조선을 구한 신목, 소나무』, 문학동네

____, 2014, 『선비가 사랑한 나무』, 한겨레출판

____, 2016, 『회화나무와 선비문화』, 문학동네

____, 2016, 『중국 황토고원의 산림훼손과 황사』, 계명대학교출판부

____, 2017, 『생태로 읽는 사기열전』, 계명대학교출판부

____, 2017, 『나무를 품은 선비』, 위즈덤하우스

브람웰, 안나, 김지영 옮김, 2012, 『생태학의 역사-에콜로지의 기원과 전개-』, 산림

스미스, 토마스 M., 스미스, 로버트 레오, 강혜순 외 옮김, 2016, 『생태학』, 라이프사이언스

엘빈, 마크 지음, 정철웅 옮김, 2011, 『코끼리의 후퇴』, 사계절

왕런샹, 주영하 옮김, 2010, 『중국음식문화사』, 민음사

워스터, 도널드, 강헌 외 옮김, 2002, 『생태, 그 열림과 닫힘의 역사』, 아카넷

정철웅, 2002, 『역사와 환경-중국 명청시대의 경우-』, 책세상

정학유, 허경진·김형태 옮김, 2007, 『詩名多識』, 한길사

주영하, 2011, 『음식인문학』, 휴머니스트

15-17세기 세계 무역패권의 향방과 조선의 역할

은은기*

Ⅰ. 머리말

14세기경부터 유럽에서는 중세 봉건사회가 무너지기 시작하고, 중앙집권적인 통일국가가 성장함에 따라 교황권이 쇠퇴하고 중세문화도 시들게 되었다. 이러한 봉건사회의 붕괴와 중세문화의 조락 속에서 새로운 근대사회와 근대문화가 싹트고 자라나기 시작했으며, 유럽 근대사의 여명을 알리는 르네상스, 종교개혁, 그리고 지리상의 발견이 14세기로부터 16세기에 걸쳐 일어났다. 그중에서 지리상의 발견은 유럽 세력을 전지구상으로 팽창·확대시키는 동시에 유럽 경제의 비약적인 발전을 초래하였다.

근대 초기 이래로 포르투갈, 스페인, 네덜란드 그리고 영국이 세계 무역패권을 차례로 장악했다. 그렇지만 아시아에서 15-17세기에 해상 교역 패권을 장악한 것은 먼저 포르투갈이었고, 그 다음이 네덜란드였다. 이 두 나라는 아시아 교역을 통해 세계 무역패권을 장악하였다. 이 당시 스페인은

* 계명대학교 사학과 부교수

아메리카 신대륙의 식민지화에 주력했기 때문에 아시아에서 필리핀을 식민지로 경영하는 것 이외에 포르투갈과 네덜란드에 비해 별다른 활약상을 보이지 않았다. 이점을 고려하여 스페인은 논외로 한다.

필자는 포르투갈과 네덜란드가 15-17세기에 걸쳐 차지했던 세계 교역패권과 그 판도를 고찰하고, 그 가운데서 조선이 어떤 역할을 했는지 살펴보고자 한다.

II. 포르투갈의 세계 상업 패권 장악과 아시아 교역

1. 포르투갈의 전통적인 아시아 해상교역망 진출

포르투갈이 아시아해역에 진출하기 이전에 인도양을 중심으로 한 상업체계는 무역풍과 몬순 때문에 오래전부터 상당히 규칙적인 틀 속에서 이루어져왔다. 그것을 도식적으로 설명하면 다음과 같다.

아덴-소팔라-캘리컷을 연결하는 삼각형의 교역망이 인도양 서쪽에 형성되었는데, 이것은 아랍권에 속한다. 여기에 동쪽의 말라카가 연결되어 이것이 등뼈 역할을 한다. 그리고 말라카로부터 동쪽의 자바, 중국, 일본, 필리핀 등지에 이르는 광범위한 공간이 연결된다. 서쪽의 상업권에서 홍해

루트와 페르시아 만 루트가 뻗어 나가서 지중해권과도 연결된다. 이렇게 짜인 틀 안에서 향신료(후추, 계피, 정향, 육두구 등), 직물, 귀금속 등과 같은 주요 상품들이 유통되었다. 이 네트워크에서 인도양의 캘리컷과 말라카가 2개의 커다란 중심점이므로 척추의 두 끝 부분의 역할을 하고 있다. 이러한 오래된 기존의 아시아의 교역 루트에 유럽 국가들 중 포르투갈이 가장 먼저 침투해 들어가게 된다.

1497년 7월 8일 포르투갈의 바스코 다 가마와 170명 선원이 인도 신항로 개척 길에 올랐다. 인도양에 입성한 포르투갈인은 군함을 가지고 있다는 점에서 아라비아와 아프리카 그리고 인도 해안 지역을 오가는 이슬람교도의 선박보다 유리한 입장에 있었다. 무슬림 선박들에는 전방과 후미에만 작은 대포가 설치된 반면, 포르투갈 선박에는 모든 측면을 따라 기관포가 장착되었다. 그러므로 유럽 함대의 대포는 무슬림 선박에 장착된 무기보다 훨씬 강력했다. 그 덕분에 바다에서 무슬림 선박과 마주쳤을 때 포르투갈은 상당한 우위를 점할 수 있었다.

그런데도 그들의 최종 목표는 향료 무역을 독점하는 것이었고, 그러기 위해서는 반드시 해상권을 장악해야 했다. 해상권 장악을 위해 먼저 해외에 상업 거점을 세우고 뒤이어 상업 거점을 보호할 요새를 만들었다. 처음에는 현지 토착민과 물물거래를 하다가 본토 지원군이 오면 영토를 점령하는 방식이었다.

2. 포르투갈의 '인디아국' 건설과 제국으로의 길

포르투갈인이 인도양 해역에 진출했을 당시 동아시아의 국제적 상거래의 중심지는 말레이반도의 말라카였다. 말라카는 아시아 바다의 서반부인 인도양 해역과 동반부인 중국해 해역의 산물이 만나는 장소였으며, 바람을 기다리는 항구로서도 탁월한 입지조건을 갖추고 있었다. 마침내, 1511년에 '인도양, 자바해, 그리고 동지나해 사이의 좁은 목 부분을 통제하는 중요한 해군기지'라는 호평을 들었던 말라카가 포르투갈의 알부케르크 총독에 의해 정복되었다.

나아가 포르투갈은 1515년에 페르시아의 관문인 호르무즈(Ormuz)도 정복해버렸다. 그 무렵 호르무즈는 아라비아 대상들이 몰려드는 후추 등 향신료 교역의 요충지 항구였다. 16세기 자본주의 제국의 선봉대격인 포르투갈이 역점을 두었던 일은 페르시아만 입구의 호르무즈 해협을 정복하여 봉쇄하는 것이었다. 그래야만 베네치아로 향하는 이슬람 상인들의 향신료 및 비단 수송로를 차단할 수 있고, 포르투갈의 희망봉 항로를 이용한 독점무역이 가능하게 되었다.

포르투갈은 말라카를 점령한 후 계속해서 동쪽으로 전진했다. 말라카는 향료제도로 가는 길목에 불과했고 이제 목표는 암본, 반다, 테르나테, 티도레 등의 섬으로 이루어진 향료제도인 말루쿠 제도와 반다 제도였다.

그리하여 포르투갈은 유럽 국가들에 대한 향신료 공급을 어느 정도 독점할 수 있었다. 그 주된 이유는 향신료가 통과되는 교통의 요충지인 말라카 해협, 아덴, 호르무즈 해협 그리고 남아프리카의 케이프 타운을 사실상 장악했기 때문이다. 이처럼 16세기 초에 이미 포르투갈 함대는 주요 길목이나 항구도시에 군사요새와 상관을 세워 인도양의 해상권을 장악하고 이곳을 지나는 모든 선박에 통행세를 물리고, 무엇보다 유럽으로 들어가는 향료 무역을 자신들이 독점하였다. 이러한 군사요새와 상관들의 네트워크야 말로 하나의 해상제국이었다. 이 식민제국은 이른바 '인디아국'(Estado da India)이라 불렸다. 포르투갈은 이슬람의 상업제국을 분열시키고 동양에 식민제국인 '인디아국'을 건설하여 동양과의 직접 교류를 실현시켰다. 이로써 베네치아로부터 남독일과 플랑드르로 가는 향료의 판로는 포르투갈인들에 의해 흡수되고 소멸되었다.

포르투갈 상인들이 유럽으로 들여온 후추의 양은 결코 적은 것이 아니었다. 포르투갈은 모두 15만 톤의 향신료를 유럽에 들여왔다. 특히 1500-1509년 기간에는 매년 7-8척의 배들이 3,000톤의 향신료를 들여왔는데, 이는 전 세계 생산량의 1/3에 해당한다.

[지도 1] 포르투갈의 세계 무역패권 장악과 해외 상관(출처 : 구글 이미지)

3. 포르투갈의 교역 구조와 귀금속의 유출

포르투갈이 교역을 통해 얻고자 하는 것은 유럽에서 고대 이래 아주 값비싼 가격에 거래되고 있던 육두구와 후추와 같은 향신료, 금을 비롯한 귀금속 그리고 도자기, 설탕, 비단 등의 각종 동양 산물이었다. 포르투갈의 향신료 교역 대상은 주로 인도와 인도네시아 해역의 향료제도였다. 포르투갈은 아시아에서 동양 산물을 구입한 후 유럽에 가서 비싸게 되팔았던 것이다.

포르투갈이 동양과의 교역의 대가로 제공할 수 있었던 것은 주로 금이나 은과 같은 귀금속과 총포류 등이었다. 총포류는 잠재적 적대국인 교역

대상국의 무력을 키워줌으로써 자충수가 되기 때문에 주된 교역 품목에서 배제되었고, 주로 귀금속을 제공해야 했다. 사실 이 당시 포르투갈은 아시아 국가들이 원하는 모직물과 같은 공산품의 수출을 위해 이탈리아와 독일의 금융업자들로부터 돈(은화)을 빌리고 이 돈으로 네덜란드와 영국으로부터 모직물과 같은 공산품을 구입한 후 아시아로 가서 향신료와 바꾸었던 것이다. 포르투갈은 아시아에서 향신료와 바꾸는 과정에서 무력을 행사하여 매우 유리한 조건으로 향신료를 구입하였고, 유럽으로 가는 기존의 향신료 유입 루트였던 호르무즈해협과 홍해 입구의 아덴에 영향력을 행사함으로써 유럽에서의 향신료 공급을 독점했던 것이다.

이 과정에서 유럽의 금과 은이 장기간에 걸쳐 아시아로 지속적으로 빠져나갔다. 이러한 금, 은의 유출은 영국이 금과 은 대신에 아편을 중국에 판매할 때까지 지속되었다. 당시 유럽에서 지폐가 없이 금, 은 등의 귀금속이 화폐 역할을 하던 시절에 금과 은 특히 은의 아시아로의 지속적인 유출은 유럽 경제에 심대한 타격을 가할 것이 자명했다.

4. 중국과 일본 사이의 중개무역과 세계 교역패권 장악

15세기까지 중국은 포르투갈에게는 여전히 신비의 나라였다. 그전까지는 주로 실크로드를 통해 무역이 이루어졌기 때문이다. 그러다가 포르투갈은 1517년부터 중국의 광저우에서 교역을 시작했다. 포르투갈인들은 동아시아에서도 중국 해운업자들을 밀어내지 못했다. 하지만 그들은 오히려 동아시아 지역에서 중국 무역에 새로운 활력을 불어넣었다. 포르투갈인들이 중국에 처음 진출한 1540년대에도 명나라는 민간 해운업을 금지하고 있었다. 그러던 차에 포르투갈 무역선이 나타나자 현지 상인들은 포르투갈 무역선을 반갑게 맞아들여 밀무역을 했다. 나아가 포르투갈인들은 중국 명나라의 해적 진압에 협력함으로서 1557년에 명나라의 관헌으로부터 마카오에 거주하는 것을 인정받았다. 그리하여 포르투갈은 마카오 섬에 합법적으로 무역거점을 설치했던 것이다. 이후 마카오가 포르투갈의 대 일본 무역기지가 되었다. 물론 중국의 여타 지역에서 통상은 금지되었지만, 마카오에서 포르투갈인들의 거래는 중국 정부의 간여를 거의 받지 않았다.

1543년에 두 사람의 포르투갈인이 왜구의 배에 탑승하여 타네가시마에 도달했다. 이를 계기로 1555년경부터 포르투갈 배가 중국의 광주 부근을 경유하여 정기적으로 일본에 내항하게 되었다. 일본은 1571년에 나가사키(長崎)항을 개항하였다.

그렇지만 명과 일본 간의 공식적인 교역은 1520년대 이래 청나라와 일본의 국교수립시(1687년)까지 존재하지 않았다. 이 덕분에 포르투갈 상인은 1609년 네덜란드인들이 일본과 교역을 공식적으로 개시할 때까지 중국과 일본을 연결하는 유일한 합법적인 상인집단이었던 것이다. 명나라의 해금정책은 1567년 복건 순무의 상소로 인해 해제되었다. 그러나 이 해금 철폐는 제한적이었던 것으로 남방무역만을 허가한 것이었고, 일본으로의 항해는 여전히 금지되었다. 오랜 세월 동안 해적의 근거지였던 일본과의 교역금지 조치는 계속 유지된 것이다. 따라서 대일본무역에서 얻어지는 이익이 남방무역에서 얻어지는 것보다 많다는 것을 알았던 중국 상인이나 중국과의 무역을 원했던 일본인에게는 이러한 해금 철폐는 극히 불만족스러운 것이었다. 이런 상황 하에서 포르투갈인은 중국과 일본 사이를 공식적으로 연결해주는 거의 유일한 창구였다.

당시 중국의 밀무역 상인들에게 가장 관심이 많은 품목은 일본산 은이었다. 일본산 은은 중국과 일본 양국의 무역 품목 중 가장 큰 고수익 품목이었다. 포르투갈도 이 일본 무역에 1543년 이래 계속 참여하고 있었다. 물론 사무역자들은 계속 양 지역을 왕래하며 교역을 했지만 공적 무역은 포르투갈인들에 의해서만 진행되었다. 포르투갈 상인들은 아랍인들이 거의 침투하지 못했던 중국과 일본에까지 해상무역을 넓힌 것이다. 포르투갈에 의한 중국과 일본과의 중개무역은 포르투갈의 전체 교역량의 3분의 1 정도를 차지하기까지 성장했다. 포르투갈은 나가사키, 마카오에서 말라카와 인도를 지나는 아시아의 거의 모든 해상을 장악하였다.

일본인은 포르투갈인으로부터 중국산의 생사(生絲), 명주, 도자기, 인도산 화약의 원료인 질산칼륨, 탄환의 원료인 납, 인도산의 면직물 등을 수입하고, 그 대가로서 금·은, 곡물, 노예를 수출하고 있었다. 그러나 1580년대부터 일본에서 은의 생산이 급증하여 은이 일본의 주된 수출품이 되었다. 이 시기에 포르투갈인들은 일본산 은을 중국에 수출했으며, 나아가 말라카와 중국, 일본을 연결하는 삼각무역도 전개하였다. 이와 같은 중개무역은 이제 포르투갈로서는 가장 수익성이 높은 사업 중 하나가 되었다.

이렇게 하여 포르투갈은 15세기말과 16세기 전반에 아시아 무역 항로의 대부분을 장악함은 물론 세계 무역의 절반을 차지했다. 16세기 무렵, 포르투갈 제국은 3대양과 4대륙에 걸쳐 있었다. 즉 모로코의 요새, 기네아만, 서아프리카의 콩고 왕국의 재외상관, 아프리카 동해안의 수많은 요새들, 인도양과 태평양의 수많은 식민지 그리고 브라질 등으로 구성되어 있었다.

III. 네덜란드 동인도회사의 향신료무역 독점의 한계

1. 동인도회사의 창설과 운영

1590년대에 네덜란드에는 아시아 교역을 시도하는 회사들이 다수 만들어졌고 통합 동인도회사가 형성되기 이전에 활동했던 회사들을 '원거리 회사'(Compagnie van Verre)라고 부른다. 연합 동인도회사 형성 이전의 시기 (1595-1601)에 모두 8개 원거리회사가 결성되어 총 65척의 배를 15개의 선단으로 조직하여 아시아에 보냈다. 이런 과정을 거쳐서 아시아 항해가 유망한 사업임이 드러났다.

1602년 3월 20일 원거리회사들이 통합되어 탄생한 것이 통칭 '연합네덜란드동인도회사'이다. 이것이 가능하였던 것은 청어잡이와 발트해 무역을 통하여 상당한 부를 축적한 상인집단들이 하나의 세력이 되어 정부에도 막강한 영향력을 행사할 수 있는 수준에 이르렀고, 무엇보다 상인 특유의 감각으로 독점의 이익과 결집된 힘의 위력을 생리적으로 깨닫고 있었기 때문이다.

그리하여 네덜란드 동인도회사는 4만 명에 달하는 직원을 거느린 세계에서 가장 막강한 조직으로 발전하여, 아시아 무역시장에서 국가 이익을 위해 활약하게 되었다. 이런 점을 감안할 때 네덜란드는 이 방면에서 영국보다 한발 앞서 나가고 있었다.

네덜란드 동인도회사 : 현재 암스테르담대학 건물로 사용(출처 : 다음 블로그)

공식적으로 1602년부터 1799년까지 존립한 이 네덜란드 동인도회사는 약 2세기 동안 세계에서 가장 큰 기업이었다. 당시 유럽의 최대 상업세력이었던 네덜란드의 국가 독점기업으로서 아시아에 들어와서 수많은 상관을 설치하고 대륙간 무역 및 아시아 내의 무역을 주도하게 되었다.

2. 동인도회사의 향신료 무역 독점의 한계

네덜란드는 동인도회사를 통해 각종 교역 물품의 취득과 유통을 독점하려 했다. 동인도회사는 많은 동양 물품들 중에서도 특히 후추, 정향, 육두구 등의 향신료의 생산과 공급을 어떻게 해서든지 독점적으로 규제하려고 했다. 향신료의 생산과 공급 독점은 바로 지리상 발견의 가장 중요한 목적이었다. 또한 '독점'은 이 당시 유럽에서 상업에 종사하는 사람들에게 당연히 실현해야만 하는 목표였던 것이다. 그렇지만, 한두 국가가 독점하기에는 아시아 시장은 너무 광범했다.

그 무렵 유럽에서 향신료는 부피가 적고 공급이 부족한 상황이었기에 매우 수익성이 높은 상품이었다. 유럽에서는 육류의 맛을 내는 데 동양의 향신료가 필수적이었기 때문이다. 네덜란드가 아시아의 향신료 무역을 독점하기 위해서는 이미 후추 교역로를 장악하고 있던 포르투갈과 새로운 경쟁자인 영국과의 대결에서 이겨야 했다. 인도의 무굴제국은 물론 중국도 무시할 수 없는 강력한 경쟁 국가였다.

네덜란드 동인도회사는 포르투갈이 이전 1세기 동안 구축해 놓았던 아시아 교역망을 차지하기 위해 동인도회사가 설립되기 이전인 1595년 향료섬으로 알려져 있었던 인도네시아 동부 몰루카 섬들에 진출했다. 세력 확장 초기만 하더라도 네덜란드인들이 이미 100여 년 가까이 동양을 지배해온 포르투갈인을 밀어내기란 결코 만만한 일이 아니었다. 하지만 네덜란드인들의 세력 확장은 대담하고 신속하게 이루어져 1600년에는 네덜란드 선박이 일본까지 도착했다. 네덜란드 동인도회사는 아시아 각지에서 상관의 개설이나 요새의 건설을 적극적으로 수행하면서 세계 제국인 스페인·포르투갈 연합왕국에 대하여 적극적인 공세를 취했다.

[지도 2] 말루쿠제도(향료제도)(출처 : 중앙선데이, 2016.05.08)

네덜란드 동인도회사는 1605년에 우세한 군사력을 사용해서 향신료 무역의 전략적 요충지인 인도네시아의 '향료제도(Spice Islands)'인 몰루카 제도를 점령하고 이들 지역에서 활동하고 있던 포르투갈인들을 추방하고 요새를 건설했다. 이후 이곳은 네덜란드 동인도회사의 첫 번째 근거지가 되었다. 같은 해 동인도회사는 향료제도의 암본 섬에 있는 포르투갈 항구를 정복하고 인근의 각 섬에서 생산되는 정향 제품에 대한 지배권을 획득했다.

네덜란드 동인도회사는 1630년대와 1640년대에 향료제도 해역을 완전히 장악했다. 더 나아가 1635년 말라카해협을 봉쇄했으며, 1641년에는 인도양과 동아시아 해역의 연결 통로인 말라카를 점령하였다. 이처럼 동인도회사는 아시아에서 포르투갈 세력을 급속히 축출해 나갔다. 나아가 인도네시아의 자바섬 서쪽에 위치한 바타비아(오늘날의 자카르타)를 본부로 삼아서 여러 거점들을 마련하고, 이 거점들을 연결하는 상업망을 조직해 나갔다. 페르시아의 가므론, 인도 북서쪽의 수라트, 인도 남서쪽의 코로만델, 인도 북동쪽의 벵골, 몰루카 제도의 여러 섬들, 대만의 포트 홀란디아, 일본의 데시마 등 여러 지점에 수십 개의 상관을 설치했다. 거기다가 전성기인 17세기 중엽의 네덜란드는 1만 6천 척에 달하는 상선을 보유했는데, 이는 프랑스, 영국, 스페인, 포르투갈 4개국 전체 상선 수의 4분의 3에 달했다. 이 덕분에 네덜란드는 17세기에 전 세계의 해운업과 교역의 패권을 차지했던 것이다.

네덜란드 동인도회사는 1660년대부터 1670년대 초에 걸쳐 대량의 후추를 유럽으로 반입하였다. 이것은 반드시 유럽에서의 시장가격이 좋았기 때문만은 아니고 가격을 대거 낮춤으로써 경쟁 상대인 영국 동인도회사를 후추무역에서 도태시키는 것이 주된 목적이었다. 곧 유럽으로의 대량 공급, 대량 판매를 통해 영국을 비롯한 다른 모든 유럽 상인의 후추거래를 완전히 차단하고 후추공급을 독점하려는 의도에서 나온 것이었다.

그렇지만 유럽에서의 후추 공급의 독점은 가격 인하를 통해 이루어졌기 때문에 후추 판매에 따른 이익은 크게 감소하였다. 따라서 네덜란드 동인도회사는 후추를 대신할 수 있는 다른 수입원을 찾아야 했다. 네덜란드[1]는 중국과 일본 사이의 지방교역(local commerce)을 통해 은을 거래함으로써 후추 판매 이익 감소를 만회하게 된다.

---

[1] 네덜란드의 국토면적은 3만 7334㎢로 우리나라 전체 면적의 1/6 정도이며, 이는 경상북도의 약 2배 크기밖에 안 된다. 이 작은 나라 네덜란드는 17세기에 세계 해상 무역의 패권을 장악하여 세계 무대의 주인공이 되었고, 역사에 길이 남을 황금시대를 열었다. 오늘날 우리에게 익숙한 주식, 주식회사, 증권거래소, 은행, 신용대출, 어음, 상품거래소 등의 각종 경제 수단과 경제 시스템, 경제 공간은 모두 네덜란드인이 만들어 낸 것이다. 네덜란드가 부국이 된 것은 주로 동인도회사의 활약 덕분이다. 네덜란드는 그 주된 이익을 아시아 국가들과의 교역을 통해서 창출했던 것이다.

IV. 전 세계 국제 은 무역의 판도와 동인도회사의 역할

1. 중남미 산 은의 흐름과 아시아 교역에 미친 영향

16-17세기에 전 세계에서 생산된 은은 약 7만 톤 정도로 추정할 수 있는데, 주요 생산지는 중남미 지역, 일본, 독일 지역으로 나누어 볼 수 있다. 이 은들의 상당 부분이 아시아 국가 특히 중국으로 흘러갔다. 이 당시 독일 은광은 채산성이 악화되어 경쟁력을 상실했다는 점에서 논외로 하고, 중남미 산 은과 일본산 은이 흘러간 경로와 그 역할을 차례로 검토하고자 한다.

16-17세기 세계 은 생산량에서 스페인령 아메리카가 차지하는 비중은 80%에 근접한 것으로 평가된다. 일본의 경우 20% 정도를 차지한 것으로 보이며, 나머지 지역에서도 낮은 비율이지만 생산이 유지되었다. 1540년대부터 1700년까지 스페인령 아메리카에서 5만-6만 톤의 은이 생산되었고, 이중 유럽을 경유해 아시아로 1만 6000-1만 9000 톤의 은이 이동하였다. 거기다가 스페인령 아메리카에서 태평양을 경유해 아시아로 직접 들어온 은도 5000톤 정도 되었던 것으로 보인다. 즉, 유럽에서 아시아로 이동한 은의 양과 태평양 마닐라 갤리언 항로를 따라 아시아로 이동한 양을 합치면 2만 1000-2만 4000톤 정도가 된다.[2] 이 시기 일본산 은도 약 5000톤 정도가 대체로 중국으로 수출되었다. 이중 대부분의 은이 아시아 특히 중국으로 유입되었다. 이 시기 중국은 "세계 은의 흡입 펌프"라는 표현에 걸맞게, 세계 은 생산량의 거의 3분의 1 정도를 흡수한 것이다.

유럽을 거쳐 아시아에 유입된 아메리카산 은은 주로 포르투갈 상인들과 네덜란드 동인도회사에 의해 차례로 중국으로 유입되었다. 먼저, 포르투갈은 유럽의 공산품이나 독일의 은과 그리고 스페인의 은을 아시아에 가지

---

2) 현재열, 2015, 「16・17세기 세계 은 흐름의 역사적 의미」, 『해항도시문화교섭학』 13, 한국해양대학교 국제해양문제연구소, 135쪽

고 와서 향신료와 교환했던 것이다. 그렇지만 1580년 포르투갈이 스페인에 병합된 이후 아시아에서 포르투갈 상인들의 교역 활동은 크게 위축되었다. 이러한 포르투갈 상인들의 공백을 네덜란드가 메우게 되었다. 거기다가 마닐라의 스페인 상인들도 당시 명나라나 청나라의 쇄국정책에 적절히 대처하지 못했음을 고려한다면 네덜란드 동인도회사는 태평양을 경유한 아메리카산 은을 중국으로 유입하는데 큰 역할을 했다고 볼 수 있다.

네덜란드 동인도회사는 설립 초기 아시아 지역에서 유럽인들이 필요로 하는 아시아 제품들을 네덜란드로 수출하였다. 그 제품은 후추, 향신료, 생사, 찻잎, 사탕, 도자기, 커피 등이었다. 이에 반해, 매년 네덜란드에서 아시아로 향하는 선박에는 소량의 수출 상품(마직물과 모직물이 대부분)만이 적재되어 있었다. 이것은 대략 보통 항해에 필요한 자본의 4%에 불과하였고, 그 외의 수출품은 은화와 골드바, 실버 바뿐이었다. 그 이유는, 금과 은 등의 귀금속을 제외하고는 아시아는 유럽의 제품들을 필요로 하지 않았기 때문이다. 이러한 무역 형태로 인해 네덜란드의 귀금속이 빠른 속도로 아시아 지역으로 유출되었다. 물론 네덜란드는 스페인이 아메리카 대륙에 수출품으로 가져가는 공산품을 공급함으로써 스페인이 가져온 아메리카산 은을 손에 넣을 수가 있었다. 그렇지만 네덜란드는 자국이 보유한 은이 지속적으로 아시아로 유출되는 문제에 대한 해결책을 찾아야만 했다. 네덜란드 동인도회사는 귀금속 대량 유출이라는 중차대한 문제를 아시아 내에서의 지방교역을 통해 해결하게 된다.

아시아 국가들 사이에서의 지방교역 중에서 중국과 일본 사이에서의 지방교역이 가장 큰 비중을 차지하였다. 지방교역의 교역 품목 중 가장 큰 비중을 차지한 것이 일본의 은과 중국의 생사였다. 일본의 은이 대량 유출되었는데, 그 목적지는 대체로 중국이었다. 일본 은이 중국으로 가는 길은 동인도회사를 통한 루트와 한국을 거쳐 가는 루트로 대별해 볼 수 있다.

2. 네덜란드 동인도회사의 일본과 중국의 은 중개무역

17세기에 들어서자 일본은 1세기 동안 '전국시대'(戰國時代)를 거쳐 마침내 통일을 이루고 도쿠가와(德川)막부 시대로 들어섰다. 통일된 일본은 적극적으로 경제와 대외무역을 발전시키기 시작했다. 이와 동시에 일본 은 생산량이 증가하였고, 일본 국민의 해외 제품의 소비 욕구가 날로 커갔다. 특히 중국의 생사와 비단에 대한 수요가 가장 많았다. 중국은 예부터 비단 생산대국이었다. 생산량이 많을뿐더러 제품의 질 또한 매우 좋았다. 일본은 생사 생산량이 매우 적어 본국의 견직물업을 위해서도 중국의 생사가 꼭 필요했다. 당시 일본이 연간 소비하는 생사는 약 220톤이었고, 본국의 생산량은 연간 최대 95~125톤에 머물렀다. 이처럼 공급부족으로 인해 생사 수입의 필요성이 매우 컸다.

생사의 수요가 급증하고 있던 16세기에 일본의 다이묘(大名)들은 적극적으로 금, 은광을 개발하였다. 가장 많았던 시기에는 1년에 50개가 넘는 금광과 30개가 넘는 은광을 개발하였다. 그리하여 일본의 귀금속 생산량은 나날이 증가하였으며, 특히 은의 생산량은 급증하였다. 일본 해외무역의 전성기(1615~1625년)에 일본에서 수출한 은은 대략 130~160톤으로 예상되며, 당시 세계 은 총생산량의 20%를 넘어서는 양이었다.

1609년 7월 2대의 네덜란드 상선이 항해 중 재난을 만나게 되어 히라도(平戶)항구에 도착하게 되었고, 그 후 상선에 있던 2명의 고위 상무급 인사가 도쿠가와막부에 네덜란드공화국 국서(國書)를 전달하고 네덜란드 상선의 일본 자유왕래 허가를 직접 얻게 되었다. 2개월 후 네덜란드 동인도회사는 히라도에 상관을 설립하였고, 네덜란드와 일본은 정식으로 통상관계를 맺게 되었다. 도쿠가와막부는 성립 초기에 히라도, 나가사키 등 항구를 개방하였고, 외국상인의 자유통상을 허락하였으며, 포르투갈과, 스페인, 네덜란드 등의 유럽 국가와 무역관계를 수립하였다.

일본정부의 개방정책에 편승하여 포르투갈과 스페인 상인들이 전파한 천주교의 활동규모는 나날이 커져갔다. 천주교도의 수가 나날이 늘어가자 도쿠가와막부는 봉건체제를 수호하기 위해 1633년에 천주교를 금지하고 정식으로 "쇄국령"을 공포하였다.

일본의 쇄국 시기에 대외경제정책의 하나의 큰 특징은 기타 항구의 무역을 제한하고 나가사키를 유일한 통상 항구로 설정한 것이다. 1641년 도쿠가와막부는 네덜란드 상관을 히라도에서 나가사키의 데지마(出島)로 이동시켰다. 쇄국령을 공포한 1633년과 상관을 데지마로 옮긴 1941년까지 네덜란드의 일본 은 수출량은 크게 증가했다. 특히 중국과 일본정부가 동시에 본국과 외국 교역을 금지하는 '해금'(海禁)과 '쇄국'정책을 각기 채택하여, 네덜란드 동인도회사를 제외한 여타 경쟁상대인 중국 상인, 일본 상인 및 포르투갈과 스페인 상인들은 중국과 일본 사이에서 합법적 교역에서 배제되었다. 이 덕분에 중국과 일본으로부터 교역권을 허가받은 네덜란드인들은 중일교역을 대부분 독점하게 되었던 것이다. 그리하여 1630년대 후반에

[지도 3] 히라도와 나가사키의 위치(출처 : 다음 블로그 이미지)

은은 일본의 총 수출액의 거의 90% 이상을 차지했다. 이 시기는 네덜란드의 대 일본 무역이 가장 번창한 시기였으며, 이것은 바로 네덜란드 사람이 말하는 "일란(日蘭)무역의 황금시대"였다.

네덜란드 동인도회사는 당시 금과 은의 국제간 시세 차익을 이용한 무위험 차익거래를 통해 돈을 번 것이다. 그도 그럴 만한 것이 당시 서양과 동양의 '금·은 교환비율'은 차이가 매우 컸다.

17세기 초 유럽의 금·은 교환비율도 1 : 12 정도였다. 이에 비해 중국은 1 : 6 정도였다. 딱 두 배 차이였다. 중국에서는 은이 금에 비해 거의 두 배로 높은 평가를 받았던 것이다. 유럽이나 일본에서 상대적으로 싼 은을 구입해 중국에 가져가면 그것만으로 100%의 환차익을 누릴 수 있었던 것이다. 뛰어난 상술을 보유하고 있던 네덜란드인들이 이를 놓칠 리 없었다.

중국이 은을 높게 평가하는 이유는 우선 화폐제도 때문이었다. 중국은 다른 어느 문명권보다 일찍 지폐를 발행했다. 당시 유럽은 지폐라는 개념조차 모를 때였다. 그런데 원대에 들어와서 지폐를 초과 발행하자 초인플레이션이 일어나서 국민들이 커다란 고통을 받았다. 교초라는 지폐의 남발이 강대했던 원나라가 일순간에 망한 가장 중요한 요인의 하나가 되었던 것이다. 원나라를 뒤이은 명나라에서는 지폐남발의 폐단을 목도하고 지폐를 화폐로 이용하는 것을 금지시키고, 신용이 확실한 은화나 금화가 중요한 지불수단이 되게 하였다. 무엇보다 명나라에서는 일조편법[3]이라는 조세제도에 따라 대부분의 세금을 은으로 납부해야만 했다. 세금을 은으로 내기 위해 중국에서는 갑자기 엄청난 양의 은이 필요하였으며, 은이 매우 높은 가치를 지니게 되었다.

하지만 1641년 일본의 도쿠가와막부는 법령을 내려 네덜란드 상관을 히

---

3) 명나라의 세제(稅制)로, 전토(田土)와 정남(丁男)을 단위로 각종 요역을 지은(地銀)과 정은(丁銀)으로 통일하여 은으로 납부하게 한 제도

라도에서 나가사키로 이전시킴으로써 네덜란드 상인들은 나가사키의 새로운 상인들과 교역을 시작했다. 이로 인해 네덜란드 동인도회사는 일본 은 수출액의 격감으로 말미암아 이전만큼 큰 이익을 확보하기 어렵게 되었다. 이점을 고려한다 하더라도 네덜란드 동인도회사가 1609년에 히라도에 상관을 세운 이후부터 1668년 일본이 은 수출 금지령을 선포하기까지 일본 은의 중국 수출을 주도한 것은 네덜란드 동인도회사였다.

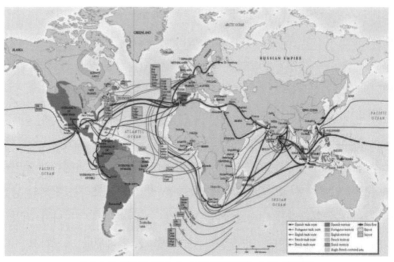

[지도 4] 17세기 세계 은 교역 루트(출처 : 구글 이미지)

위의 [지도 4]는 17세기 전 세계 대부분의 은 유통 경로를 나타내고 있다. 이 지도는 일본 은이 조선을 거쳐 중국으로 흘러갔음을 전혀 고려하지 않고 있다. 즉 조선은 17세기 세계 은 교역에서 아무런 역할도 하지 않았다는 것이다. 이러한 평가를 받는 주된 이유는 이 지도가 네덜란드 동인도회사의 기록에 토대를 두고 작성되었기 때문이다. 이 당시 조선은 네덜란드 동인도회사의 세계 은 교역 루트에서 철저히 배제되었던 것이다.

그렇다고 해서 조선이 16-17세기에 세계 은 생산량의 약 20% 이상을 차지했던 일본과 전 세계 은의 절반 이상을 흡수할 정도로 엄청난 수요를 가지고 있던 중국 사이에서 아무런 역할을 하지 않은 것은 아니다.

V. 조선을 통한 일본 은의 유통 경로

조선 왕조에서 은은 일찍이 왕실과 상류층에 의해 장식 용도로 소비된 귀금속의 하나였다. 은 확보를 위한 광산 개발의 어려움은 있었으나 제련 기술이 발달하면서 은 생산은 국내 소비를 충분하게 감당하였다. 문제는 16세기 이후 은이 지역간 결제 수단인 국제 화폐로 널리 유통되었다는 사실에 있다. 이 무렵 중국은 세계 최대의 은 소비국이자 수입국이었으며, 일본의 은 생산량 및 수출량은 급속하게 늘어났다.

임진왜란이 일어나자 명나라 군대는 조선에서 군량과 군상(軍賞)에도 모두 은을 썼기 때문에 당시 세계 은의 집합지였던 명나라에서 은화가 대량으로 조선에 유출되었다. 이후 조선정부에서 명에 대한 세폐 등 국가적 필요에 의해 국내의 민간인이 소장했던 은을 적극적으로 수용하려 하였고, 금, 은 광산을 개발하기도 했다.

일본에서 은 생산의 급증은 일본의 국내시장의 성장과 해외무역의 활성화를 낳았는데 일본의 팽창하는 해외진출 욕구는 임진왜란의 배경으로 작용하였다. 임진왜란으로 피해를 입은 조선이지만 역설적이게도 무역의 측면에서 보면 17세기 중엽부터 18세기 중엽까지 약 100여년은 조선이 중국과 일본을 연결하는 중개무역이 활성화된 시기였다. 그 이유는 임진왜란 이후 일본은 청나라와의 공식적인 외교채널이 끊어진 반면 조선과는 1609년(광해군)에 국교를 다시 열었기 때문이다.

일본과의 국교가 정상화된 이래 해마다 40여 척의 무역선이 은, 동, 납, 유황 등을 싣고 동래왜관에 들어와 무역하였다. 왜관의 개시대청(開市大廳)에서 조선상인과 대마도인(對馬島人) 사이에 이루어진 사무역은 매달 3·8일로 5일 간격으로 이루어질 수 있었다. 더욱이 임진왜란 후에는 중국과의 사무역이 합법화되었으므로 일본 은으로 중국비단을 수입하는 무역이 새로운 차원으로 성장할 수 있었다.

17세기 중반 경(1636-1667년)의 동인도회사를 통한 일본 은의 수출량과 비교해 보면 조선의 은 수입의 규모를 세계 무역 차원에서 파악할 수 있다.

[표 1] 네덜란드 동인도회사에 의한 일본 은 수출 내역(1636~1667년)[4]

년	수출액(단위 : 냥(兩))	년	수출액(단위 : 냥(兩))
1636	872,000	1652	505,000
1637	1,133,000	1653	581,000
1638	1,716,000	1654	344,000
1639	2,508,000	1655	405,000
1640	1,180,000	1656	587,000
1641	1,112,000	1657	333,000
1642	399,000	1658	553,500
1643	473,000	1659	568,700
1644	686,000	1660	422,000
1645	763,000	1661	536,488
1646	464,000	1662	570,000
1647	411,000	1663	323,000
1648	510,000	1664	510,000
1649	370,000	1665	626,000
1650	352,000	1666	278,000
1651	460,000	1667	341,000

4) 왕 량, 2012, 「1662년 이전 네덜란드 동인도회사의 東아시아무역에 관한 연구」, 부산대학교 석사학위논문, 64쪽

[표 1]은 1636년부터 1667년까지의 동인도회사의 일본 은 수출 내역을 보여준다. 1636년부터 41년까지 네덜란드 동인도회사의 은 수출은 80-250만 냥을 기록하고 있고, 에도 막부의 쇼군이 포르투갈 인들에게 출입 금지령을 내린 1639년에는 250만 냥을 기록하고 있을 정도로 정점을 기록하였다. 이처럼 이 시기에 일본의 은의 수출을 전담한 것은 동인도회사였다.

1642-1668년의 시기는 일본 은 수출의 감소기였다. 1641년과 1642년을 보면, 1641년에 111만 냥을 기록한 동인도회사에 의한 일본 은의 수출량이 1642년에 약 40만 냥으로 급격하게 감소하였는데, 이는 동인도회사의 일본 상관이 히라도에서 데지마로 이동하였고 또한 1641~1642년 대기근으로 인한 막부의 사치품에 대한 금지령이 내려진데 주로 기인한다. 특히 사치품 금지령으로 인해 사치품으로서의 해외 수입 상품 판매량은 크게 감소하였다. 따라서 동인도회사의 일본 은 수출 또한 크게 줄어들었다. 그 이후 동인도회사의 일본 은 수출이 대폭 감소하기 시작했고, 다시는 100만 냥을 넘어서지 못했으며, 계속 연 평균 50만 냥 수준을 유지했다. 이러한 추세는 60년대까지 계속 이어졌다. 더욱이 1668년 일본 막부가 전면적인 은 수출 금지명령을 선포함으로써 동인도회사는 17세기 후반에 은 무역을 포기하고 대신 동(銅)무역에 주로 의존하게 되었다.

동인도회사의 일본 은 매입 감소는 조선의 상인들에게는 기회가 되었다. 1660년대 후반부터 일본의 은 유출이 격감하게 되었지만 조선으로의 은 유입은 줄지 않았다. 일본이 당시 유일하게 국교를 맺고 있던 조선에 대한 은 수출 억제책이 늦게 시행한 덕분에 중국과 일본 사이에서의 조선의 중개무역이 유리해졌던 것이다. 그리고 중국이 1656~1684년간 해금을 부활한 것은 일본의 조선을 통한 대중국 중개무역에 대한 의존도를 높였다. 이때 일본 은은 공인된 사무역에서 많게는 한 해 30만 냥 가량 조선으로 유입되었고, 그 대부분이 다시 청으로 유출되었다.

동래에서 서울을 거쳐 의주로 이어지는 은의 주요 이동로에 위치한 조선의 도시들 역시 은 유통 증가로 인한 수혜를 입고 있었다. 특히 역관, 무역상, 권력층 등 특정 계층이 일본 은의 유입으로 혜택을 입었다. 그렇지만 근대초에 남아메리카산 은의 유입으로 상업혁명을 거치면서 사회세력의 재편을 경험한 서유럽 국가들에 비교해 볼 때 일본 은이 조선의 사회경제에 미친 영향은 큰 의미를 부여하기 어려울 것이다.

1683년 청의 해금정책인 천계령이 해제되고 1687년 청일국교수립에 이어 1713년 중국 상인들이 대일 직접 무역을 개시하자 조선의 중개무역은 쇠퇴기에 접어들었다. 일본이 중국산 비단을 직수입을 추진함과 동시에 아메리카산 인삼과 중국산 인삼을 도입함으로써 조선산 인삼의 수입대체전략을 실시한 것이다. 조선은 18세기 대중 가삼수출, 19세기 금광 개발 및 대중 금수출을 통해 이를 타개하려 했으나 별다른 성과를 얻지 못했다. 이로 인해 조선은 물량 자체가 크게 줄어든 일본 은을 구할 가능성이 더욱 어려워졌다. 그런데도 조선은 중국 비단 등 중국 물품의 수입대체를 이루지 못하여 결국 대중국 무역수지는 적자에 직면하게 되었다.

VI. 맺음말

16-17세기 세계 무역 패권을 차례로 장악한 것은 포르투갈과 네덜란드였다. 이 두 나라는 유럽과 아시아 사이에서 향신료 무역을 독점했다. 왕복을 통한 교역 활동은 많은 이윤을 가져다주었지만 많은 위험을 안고 있었다. 게다가 유럽과 아시아 사이에는 왕복하는데 걸리는 시간이 통상 1-2년 정도가 소요되었다. 그러던 차에 이 두 나라는 지방교역 즉 아시아 국가들 사이에서의 교역을 통해 매우 큰 이윤을 얻을 수 있음을 알고 지방교역에

매진했다.

포르투갈은 향신료를 유럽에 독점적으로 공급했지만 그 과정에서 많은 금융비용을 지출하게 되었다. 이로 인해 향신료 무역은 적자에 직면하였다. 적자 해소를 위해 포르투갈은 중국의 마카오와 일본의 나가사키를 연결하는 교역을 전개했다. 임진왜란 때는 일본 측에 중국의 생사나 비단 그리고 화약 공급 등을 통해 일본 은을 취득하고, 이 은을 중국에 가져가서 중국산 생사와 비단을 사서 일본 측에 팔았던 것이다. 이처럼 포르투갈은 중·일 사이에서 은 무역에 가담하여 상당한 이익을 챙기곤 했으나 장기적으로 아시아 및 대서양 무역에서 얻는 이득보다는 지출이 더 늘어나 쇠락의 길을 걷게 되었다.

이어서 등장한 네덜란드는 중세시대 독일 한자 동맹 도시들이 장악했던 발트 해 무역을 장악하고, 이를 토대로 동인도회사의 주도로 아시아 무역을 주도함으로써 세계의 무역 패권을 차지하게 되었다. 17세기에는 세계 교역량의 60% 이상을 차지했다. 이러한 네덜란드의 세계 무역 패권 장악에서 가장 큰 비중을 차지한 것이 아시아 국가들과의 교역이었다.

네덜란드의 아시아 국가들과의 교역은 본국과 이들 국가들과의 교역과 아시아국가들 내에서의 지방교역으로 나눌 수 있다. 이 두 가지 유형의 교역 중에서 지방교역이 네덜란드 동인도회사에 가장 큰 이득을 가져다주었으며 나아가 네덜란드가 17세기에 세계 교역의 패권을 장악하는데 가장 큰 기여를 하였다. 네덜란드는 당시 해금정책을 밀어붙이고 있던 중국과 일본 사이에서 귀금속 특히 은의 교역으로 가장 큰 이득을 보았다. 네덜란드는 생사나 비단 등의 상품을 일본에 제공하고 대신 일본의 은을 받아 중국에 가서 비싼 가격에 팔았던 것이다.

그렇지만 일본의 도쿠가와 막부가 은의 생산 감소에 다른 재정위기를 극복하고자 은 수출을 크게 감소시키자 네덜란드의 은을 매개로 한 중개무역은 타격을 받게 되었다.

이 당시 조선은 세계 교역의 패권을 장악하고 있던 네덜란드 동인도회사가 주도하는 중국과 일본 사이의 교역에서 배제되어 있었다. 동인도회사는 일본이 필요로 하는 양질의 인삼과 도자기를 생산하고 있던 조선을 교역 대상에 포함시키려는 시도를 했으나 초기에 몇 차례 선박사고로 실패하였고, 또한 일본의 방해로 조선과의 공식 교역 관계를 맺지 못하였다. 물론 조선도 네덜란드가 차지하는 세계 무역패권의 향방에 대한 정보를 얻은 것으로 보이지만, 서양 국가와의 교역으로 말미암아 초래될 체제 불안을 우려하여 교역을 회피한 것을 판단된다.

그렇지만 16-17세기에 조선도 일본 은의 중국으로의 이동을 담당하였다. 조선은 일본과 중국 사이에서 공무역과 사무역을 통해 일본의 은을 받아들인 후 중국에 팔아넘기는 중개무역을 하였다. 이처럼 16-17세기에 조선은 네덜란드 동인도회사가 주도하는 세계 무역의 흐름에는 동참지는 못했지만 일본과 중국 사이에서 귀금속 특히 은의 유통에 참여함으로써 간접적으로나마 전 세계의 공용 화폐였던 은의 세계적인 유통망에 편입되었던 것이다. 조선은 주로 일본과의 국교가 재개된 1609년부터 청나라와 일본의 국교가 수립된 1687년 사이의 시기에 중국과 일본 사이에서 은 중개무역을 통해 혜택을 입었던 것이다.

그렇지만 당시 일본에서 유입된 조선의 은은 대체로 역관이나 무역 상등 일부 층에 의해 유통되다가 대부분 다시 중국으로 유출되었다. 물론 역관, 무역상, 권력층 등 특정 계층의 성장에 기여하면서 조선 후기 경제를 활성화시키는데 일조한 측면도 있으나 유럽에서처럼 사회세력의 재편을 초래하지는 못했다. 왜냐하면 조선에 유입된 일본산 은이 국내에서 피가 돌듯이 활발하게 유통되지는 못하였기 때문이다. 조선은 대체로 일본 은이 중국으로 거쳐 가는 통로의 역할을 했던 것이다.

참고문헌

명지대학교 국제한국학연구소, 2003, 『하멜과 네델란드 동인도회사』, 명지대학교.

주경철, 2008, 『대항해시대』, 서울대출판부

하네다 마사시, 이수열·구지영 역, 2012, 『동인도회사와 아시아의 바다』, 선인

Boxer, C. R., 1973, *The Dutch Seaborne Empire 1600-1800*, Harmondsworth : The Penguin Books

Boxer, C. R., 1973, *The Portuguese Seaborne Empire 1415-1825*, Harmondsworth : The Penguin Books

Brulgn, J. R., Gaastra, F. S., Schoffer, I., 1987, *Dutch-Asiatic Shipping in the 17th and 19th Centuries*, The Hague : Nijhoff, vol.1

Israel, Jonathan I., 1989, *Dutch Primacy in World Trade, 1585-1740*, Oxford : Oxford University Press

Kindleberger, Charles P., 1989, *Spenders and Hoarders : The World Distribution of Spanish American Silver 1550-1750*, Singapore : Institute of Southeast Asian Studies

강장희, 1999, 「1999년의 마카오 : 16세기 포르투갈의 동아시아 무역권 참여과정에 대해」, 『동양학연구』 5

권내현, 2014, 「17세기 후반 18세기 전반 조선의 은 유통」, 『역사학보』 221

김동엽, 2011, 「15-16세기 동남아해상무역의 특성과 변화 : 포르투갈의 진출과 영향을 중심으로」, 『동남아시아연구』 21-2

민덕기, 2011, 「중·근세 동아시아의 해금정책과 경계인식 : 동양삼국의 해금정책을 중심으로」, 『한일관계사연구』 39

산본진, 2013, 「조선후기 은 유통」, 『명청사연구』 39, 명청사학회

신동규, 2005, 「"VOC"의 동북아시아 진출에 보이는 조선무역의 단절과 일본무역 유지 정책」, 『한일관계연구』 22

_____, 2013, 「豊臣秀吉의 조선침략과 포르투갈 관계에 대한 고찰」, 『사총』, 78

신용철, 2015, 「포르투갈 극동무역의 성쇠-1513~1640년간 마카오와 일본을 중심으로-」, 『동양사학연구』 22

신윤길, 1998, 「17세기 양 동인도회사의 향료·후추 쟁탈무역연구」, 『서양사학연구』 1

오현미, 2001, 「세계체제 지배이데올로기로서 자유주의 : 네덜란드, 영국, 미국 헤게모니의 비교 연구」, 서울대학교 석사학위논문

왕 량, 2012, 「1662년 이전 네덜란드 동인도회사의 東아시아무역에 관한 연구」, 부산대학교 석사학위논문

이병헌, 2009, 「16~17세기 네덜란드의 대항해 시대 연구」, 총신대학교 석사학위논문

정성일, 2004, 「조선의 동전과 일본의 은화 : 화폐의 유통을 통해 본 15-17세기 한일관계」, 『한일관계사연구』 20, 한일관계사학회.

_____, 2012, 「조선과 일본의 銀 유통 교섭(1697~1711)」, 『한일관계사연구』 42, 한일관계사학회.

조영현, 2013, 「동아시아사 교과서의 '은 유통과 교역망' : 주제의 설정과 그 의미」, 『동북아역사논총』 39, 동북아역사재단

최영수, 1987, 「1500년 대 포르투갈의 동양제국에 관한 연구」, 『사학지』 21

_____, 2005, 「포르투갈과 일본의 교류에 관한 연구」, 『포르투갈-브라질 연구』 2-1

프탁, 로데릭, 申龍澈 역, 1985, 「포르투갈 極東貿易의 成衰」, 『동양사학연구』 22

한명기, 1992, 「17세기 초 은의 유통과 그 영향」, 『규장각』 15, 서울대학교 규장각

현재열, 2015, 「16·17세기 세계 은 흐름의 역사적 의미」, 『해항도시문화교섭학』 13, 한국해양대학교 국제해양문제연구소

Atwell, William S., 1998, "Ming China and the Emerging World Economy, c. 1470-1650", *The Cambridge History of China*, 96

Atwell, William S., 2005, "Another Look at Silver Imports into China, 1635-1644", *Journal of World History*, 16-4

Barrett, Ward, 1990, "World Bullion Flows, 1450-1800", in James D. Tracy (ed.), *The Rise of Merchant Empires : Long-Distance Trade in the Early Modern World, 1350-1750*, Cambridge : Cambridge Univ. Press

Chaunu, Pierre, 1962, "Manille et Macao, face à la conjoncture de XVIe et XVIIe siècle", *Annales : Economies, Société, Civilisations*, 17

Flynn, Dennis O., 1990, "Review of Spenders and Hoarders : The World Distribution of Spanish American Silver, 1500-1750, by Charles P. Kindleburger", *Journal of Economic History*, 50-3.

Flynn, Dennis O., 2015, "Silver in a global perspective", in *The Cambridge World History*, vol VI, Part 2, eds. by J.H. Bentley, *et al.*, Cambridge : Cambridge Univ. Press

Flynn, Dennis O. and Marie A. Lee, 2013, "East Asian Trade before/after 1590s

Occupation of Korea : Modeling Imports and Exports in Global Context", *Asian Review of World Histories*, 1-1

Hamilton, Earl J., 1929, "Imports of American Gold and Silver into Spain, 1503-1660", *The Quarterly Journal of Economics*, 43-3.

Kim, Seonmin, 2006, "Borders and Crossings : Trade, Diplomacy, and Ginseng between Qing China and Choson Korea", Ph.D. diss. Duke University.

Kobata, A., 1965, "The Production and Uses of Gold and Silver in Sixteenth and Seventeenth-Century Japan", *Economic History Review*, 93-2.

Matao, Miyamoto and Yoshiaki Shikano, 2003, "The Emergence of the Tokugawa Monetary System in East Asian International Perspective", in Dennis O. Flynn, *et al*. (eds.), *Global Connections and Monetary History, 1470-1800*, Aldershot, U.K. : Ashgate.

Oh, Doohwan, 2004, "The Silver Trade and Silver Currency in Choson Korea", *Acta Koreana*, 7-1.

Tashiro, Kazui, 1989, "Exports of Japan's Silver to China via Korea and Changes in the Tokugawa Monetary System During the Seventeenth and Eighteenth Centuries", in Cauwenberghe (ed.), *Precious Metals, Coinage and the Changes of Monetary Structures*.

찾아보기

집필자

　김권구 계명대 교수
　박성현 계명대 교수
　김백철 계명대 교수
　이윤갑 계명대 교수
　강판권 계명대 교수
　은은기 계명대 교수

계명인문역량강화사업단 한국학 우수 총서 ③

한국사 연구의 새로운 동향

초판 1쇄 인쇄 2018년 2월 20일
초판 1쇄 발행 2018년 2월 27일
엮은이 계명대학교 한국학연계전공
펴낸이 이대현
편　집 권분옥
디자인 안혜진
펴낸곳 도서출판 역락
　　　　　서울시 서초구 동광로 46길 6-6 문창빌딩 2층
　　　　　전화 02-3409-2058(영업부), 2060(편집부)
　　　　　팩시밀리 02-3409-2059
　　　　　이메일 youkrack@hanmail.net
　　　　　역락 블로그 http://blog.naver.com/youkrack3888
　　　　　등록 1999년 4월 19일 제303-2002-000014호
ISBN 979-11-6244-135-0 93910